Auch als E-Book vorhanden

Band 560

Grundriss der Psychologie

Band 11

Eine Reihe in 22 Bänden
herausgegeben von Maria von Salisch,
Herbert Selg und Dieter Ulich

Diese in sich geschlossene Taschenbuchreihe orientiert sich konsequent an den Erfordernissen des Studiums. Knapp, übersichtlich und verständlich präsentiert jeder Band das Grundwissen einer Teildisziplin.

Band 1
H. E. Lück
Geschichte der Psychologie

Band 2
D. Ulich/R. M. Bösel
Einführung in die Psychologie

Band 3
H. Selg/J. Klapprott/R. Kamenz
Forschungsmethoden der Psychologie

Band 4
G. Vossel/H. Zimmer
Psychophysiologie

Band 5
D. Ulich/P. Mayring
Psychologie der Emotionen

Band 6
F. Rheinberg
Motivation

Band 7
R. Guski
Wahrnehmung

Band 8
W. Hussy
Denken und Problemlösen

Band 9
T. Herrmann
Sprache verwenden

Band 10
F. J. Schermer
Lernen und Gedächtnis

Band 12
H. M. Trautner
Allgemeine Entwicklungspsychologie

Band 14
T. Faltermaier/P. Mayring/
W. Saup/P. Strehmel
Entwicklungspsychologie des Erwachsenenalter

Band 15
G. Bierbauer
Sozialpsychologie

Band 17
H. J. Liebel
Angewandte Psychologie

Band 18 und 19
B. Sieland
**Klinische Psychologie
I: Grundlagen
II: Intervention**

Band 20
H.-P. Nolting/P. Paulus
Pädagogische Psychologie

Band 21
T. Faltermaier
Gesundheitspsychologie

Band 22
L. v. Rosenstiel/
W. Molt/B. Rüttinger
Organisationspsychologie

Lothar Laux

Persönlichkeitspsychologie

unter Mitarbeit von
Anja Geßner, Anna Laux,
Georg Merzbacher, Karl-Heinz Renner,
Elke Roth, Claudia Schmitt
und Caroline Spielhagen

2., überarbeitete und
erweiterte Auflage

Verlag W. Kohlhammer

Hans Thomae (1905–2001) und Richard S. Lazarus (1922–2002)

Dieses Werk einschließlich aller seiner Teile ist urheberrechtlich geschützt. Jede Verwendung außerhalb der engen Grenzen des Urheberrechts ist ohne Zustimmung des Verlags unzulässig und strafbar. Das gilt insbesondere für Vervielfältigungen, Übersetzungen, Mikroverfilmungen und für die Einspeicherung und Verarbeitung in elektronischen Systemen.

Es konnten nicht sämtliche Rechtsinhaber von Abbildungen ermittelt werden. Sollte dem Verlag gegenüber der Nachweis der Rechtsinhaberschaft geführt werden, wird das branchenübliche Honorar nachträglich bezahlt.

2., überarbeitete und erweiterte Auflage 2008

Alle Rechte vorbehalten
© 2003/2008 W. Kohlhammer GmbH Stuttgart
Gesamtherstellung:
W. Kohlhammer Druckerei GmbH + Co. KG, Stuttgart
Printed in Germany

ISBN 978-3-17-019836-4

Inhaltsverzeichnis

Vorwort 11

Vorwort zur zweiten Auflage 14

I   Einführung 15

1   Drei Kontroversen im Überblick 15
1.1   Einzigartigkeit versus Generalisierbarkeit 15
1.2   Person versus Situation 18
1.3   Außensicht versus Innensicht 21

II Grundlagen 26

**2   Differentielle Psychologie
      und Persönlichkeitspsychologie** 26
2.1   Differentielle Psychologie 27
2.2   Persönlichkeitspsychologie 28
2.3   Differentielle Psychologie und Persönlichkeits-
      psychologie als Fachbezeichnungen 31
2.4   Forschungsmethoden 34

3   Einflüsse aus der Vergangenheit 45
3.1   Persona: ein antiker Begriff und seine Renaissance
      (Lothar Laux und Karl-Heinz Renner) 45
3.2   Charakter, Temperament, Typus 50
3.3   Exkurs: Astrologie als implizite Persönlichkeits-
      theorie
      (Anna Laux und Lothar Laux) 61

4   Aufgaben der Persönlichkeitspsychologie 69
4.1   Aufgaben im Überblick 70
4.2   Liebesstile: Beschreibung, Erklärung, Vorhersage,
      Veränderung 72
4.3   Die Theorie der Liebesstile auf dem Prüfstand . 87

5	**Modelle und Metaphern in Persönlichkeitstheorien**	90
5.1	Klassifikation von Persönlichkeitstheorien	91
5.2	Modelle als Rahmen für Persönlichkeitstheorien	94
5.3	Die Psychoanalyse Freuds und ihre Metaphern	96
5.4	Die Konstrukttheorie von Kelly: der Mensch als Wissenschaftler	104
5.5	Zum Umgang mit Metaphern	110
5.6	Persönliche Faktoren in der Konstruktion von Theorien	111
6	**Biografische Einflüsse auf Persönlichkeitstheorien** *(Lothar Laux und Elke Roth)*	112
6.1	Gordon W. Allport (1887–1967): funktionelle Autonomie	113
6.2	Carl G. Jung (1875–1961): Extraversion-Introversion	114
6.3	Carl Rogers (1902–1987): bedingungslose Akzeptanz	118
6.4	Chancen und Risiken des biografischen Ansatzes	119

III Kontroversen 123

Kontroverse 1: Einzigartigkeit versus Generalisierbarkeit 123

7	**Anfänge: Windelband, Stern, Allport**	124
7.1	Windelband: eine Rektoratsrede mit Folgen	124
7.2	Stern und die Differentielle Psychologie: das Jahrhundertwerk	125
7.3	Allports idiographische Eigenschaftsauffassung	131
8	**Nomothetische und idiographische Gesetzmäßigkeiten**	136
8.1	Gesetzmäßigkeiten auf drei Ebenen	137
8.2	Einzelfall: Warum schnitt sich van Gogh sein Ohr ab? *(Lothar Laux und Elke Roth)*	139
8.3	Einzelfall: Fritzi als erfolgreiche Prognostikerin *(Lothar Laux und Elke Roth)*	146
8.4	Zur Kombination von Idiographie und Nomothetik	156
9	**Psychologische Biografik als Synthese von Idiographie und Nomothetik**	158
9.1	Das idiographische Leitbild von Hans Thomae	159
9.2	Daseinstechniken, Reaktionsformen und Daseinsthemen	166

9.3	Fallstudie: Peter Schiller	169
9.4	Die Expertenschaft des Individuums	171

Kontroverse 2: Person versus Situation 173

10 Der eigenschaftstheoretische Ansatz am Beispiel des Fünf-Faktoren-Modells 174
10.1 Die lexikalische Hypothese 174
10.2 Erfassung der fünf Faktoren 176
10.3 Evolutionspsychologische Perspektive und die Psychologie des Fremden 177
10.4 Die Big Five auf dem Prüfstand 178
10.5 Die Big Five im Modell der Persönlichkeitsebenen . . . 185
10.6 Exkurs: von der Eigenschaftserfassung zum Coaching (*Lothar Laux und Caroline Spielhagen*) 193

11 Der Streit der Ismen: Dispositionismus, Situationismus, Interaktionismus 198
11.1 Mischels Attacke auf traditionelle Persönlichkeitstheorien: Person versus Situation 199
11.2 Was hält den Glauben an Eigenschaften aufrecht? . . . 202
11.3 Lösungsvorschläge: Person und Situation 206

12 Interaktionismus 217
12.1 Unidirektionaler Interaktionismus am Beispiel von Angst und Ängstlichkeit 219
12.2 Dynamischer Interaktionismus am Beispiel der Stressbewältigung 222
12.3 Reziproker Determinismus als allgemeines Modell . . 234

13 Versöhnung von Eigenschaft und Prozess 236
13.1 Integration von Struktur und Prozess am Beispiel des Narzissmus (*Karl-Heinz Renner*) 236
13.2 Das kognitiv-affektive Persönlichkeits-System (CAPS) 239
13.3 Persönlichkeitskohärenz 242

Kontroverse 3: Außensicht versus Innensicht 246

14 Selbstdarstellung und Selbstinterpretation (*Lothar Laux und Karl-Heinz Renner*) 247
14.1 Ich möchte, dass die Leute meine Seele sehen 248
14.2 Komponenten und Stile der Selbstinterpretation 252

15 Persönlichkeitseigenschaften als Prädiktoren und Produkte von Selbstdarstellung
(Lothar Laux und Karl-Heinz Renner) 264
15.1 Persönlichkeitseigenschaften als Prädiktoren von Selbstdarstellung 264
15.2 Persönlichkeitseigenschaften als Produkte von Selbstdarstellung 268

16 Eine Selbstdarstellungsinterpretation von Eigenschaften
(Lothar Laux und Georg Merzbacher) 277
16.1 Das Beispiel Big Five 277
16.2 Situative Identitäten.......................... 280
16.3 Evolutionspsychologische Überlegungen 282
16.4 Vergleich zwischen Selbstbild und Fremdbild 283

IV Herausforderungen 287

17 Auf dem Weg zum pluralen Subjekt
(Lothar Laux und Karl-Heinz Renner) 289
17.1 Soziale Sättigung: vom autonomen Selbst zum Beziehungsselbst 290
17.2 Diskussion der drei Kontroversen 293
17.3 Unitas multiplex: die zielbezogene Organisation der Persönlichkeit 297

18 Frauen: Identität durch Beziehung 299
18.1 Kritik am androzentristischen Menschenbild 300
18.2 Frauen und interpersonelles Selbst 300
18.3 Geschlechtsunterschiede und deren Inszenierung..... 301
18.4 Der Blick zurück und der Blick nach vorn: Soziobiologie und Androgynie 302

V Neue Anwendungsgebiete 308

19 Persönlichkeitspsychologische Aspekte der Internetnutzung
(Karl-Heinz Renner) 308
19.1 Das Internet als Ressource für die Entwicklung und Veränderung von Persönlichkeit............... 309
19.2 Persönlichkeitsmerkmale und Internetsucht 310

19.3 Persönlichkeitspsychologische Forschung
im Internet 310
19.4 Wie genau lassen sich Persönlichkeitsmerkmale
im Internet einschätzen? 311

20   Innovation und Persönlichkeit
(Lothar Laux und Claudia Schmitt) 312
20.1 Einflussfaktoren innovativen Verhaltens 312
20.2 Förderung von Innovationen 318
20.3 Coaching mit persönlichen Werten 319

**21   Neurotransmitter und Persönlichkeit:
das »wahre Selbst« der Zukunft?** 321

**Empfohlene Lehr- und Handbücher
zur Persönlichkeitspsychologie** 323

Informationen im Internet 324

Verwendete Literatur 325

Sachregister 344

Personenregister 350

Vorwort

Was ist die vorrangige Zielsetzung dieses Einführungsbuches? Ich möchte vor allem Neugier für persönlichkeitspsychologische Fragestellungen wecken. Dies setzt voraus, dass die Inhalte nicht allzu gedrängt dargestellt werden. Daher habe ich mich zusammen mit meinen MitautorInnen bemüht, mehr auf Anschaulichkeit als auf Stofffülle zu achten. Aus dem gleichen Grund enthält der Text ebenfalls einige detailreiche Einzelfallstudien (z. B. »Warum schnitt sich van Gogh sein Ohr ab?« oder »Fritzi als erfolgreiche Prognostikerin«). Sie sollen zudem die Debatte um die Einzelfallmethode beispielhaft demonstrieren, an der in der Persönlichkeitspsychologie kein Weg vorbeiführt. Im Vergleich zu den anderen psychologischen Teildisziplinen ist sie geradezu prädestiniert, sich mit den Möglichkeiten und Grenzen der Untersuchung eines einzelnen Individuums zu befassen.

Eine nicht zu knappe Textdarstellung, die sich vieler Originalzitate bedient und zudem von zahlreichen Abbildungen unterstützt wird, geht zwangsläufig zu Lasten möglicher anderer Themenbereiche. So habe ich darauf verzichtet, die Konzeption vieler amerikanischer Lehrbücher zu übernehmen und die wesentlichen Persönlichkeitstheorien eine nach der anderen abzuhandeln. Dieses durchaus erfolgreiche Prinzip lässt sich in einer kurzen Einführung nicht realisieren – wenn daraus kein Kompendium, kein komprimiertes Lehrbuch werden soll. Außerdem frage ich mich, wie viel Sinn es macht, den vielen Darstellungen des Lebenswerks von Persönlichkeitstheoretikern wie Albert Bandura, Raymond Cattell oder George Kelly noch eine weitere hinzuzufügen.

Das Buch will also in erster Linie die Leser[1] an grundlegende Fragestellungen der Persönlichkeitspsychologie heranführen. Dazu ist es nicht notwendig, einen Überblick über alle Inhalte des Fachgebiets zu geben. Diese Aufgabe und eine vertiefende Auseinandersetzung können anschließend umfassendere Lehrbücher übernehmen, auf die im Text häufig verwiesen wird (vgl. auch die Liste der empfohlenen Lehr- und Handbücher im Literaturverzeichnis).

---

1 Aus Gründen der besseren Lesbarkeit wird im folgenden Text nur die männliche Wortform verwendet.

Die Grundkonzeption des Buches baut auf drei Kontroversen auf, die in Kapitel 1 im Vorgriff auf eine ausführliche Erörterung in Teil III kurz skizziert werden. Es handelt sich um:
- das Problem der Einzigartigkeit der Persönlichkeit,
- die Person-Situations-Kontroverse,
- die Frage, ob Persönlichkeit eher aus der Innen- oder der Außensicht bestimmt werden sollte.

Die Kontroversen eignen sich als Einstieg in ein schwer überschaubares Gebiet. Sie können den Lesern als Orientierungshilfen, als Ordnungsprinzipien für die Einarbeitung in die persönlichkeitspsychologische Literatur dienen. Die drei Kontroversen sind didaktisch zugespitzt: Am Ende zeigt sich, dass die anfänglichen Konfrontationen durch integrative Lösungen überwindbar sind.

Die Auswahl der drei Kontroversen entspricht nicht nur meinen persönlichen Neigungen und Erfahrungen. Kontroverse 1 (das Problem der Einzigartigkeit der Persönlichkeit) und Kontroverse 2 (die Person-Situations-Debatte) gehören zu den Kardinalthemen, die die Persönlichkeitspsychologie seit Jahrzehnten bestimmen (vgl. Herrmann, 1991). Kontroverse 3 – zentriert auf den Vergleich von Selbst- und Fremdurteil – reicht ebenfalls weit in die Geschiche der Persönlichkeitspsychologie hinein. Sie steht aber auch im Zentrum aktueller Diskussionen und neuester Forschungsarbeiten – sowohl im Grundlagen- als auch im Anwendungsbereich der Persönlichkeitspsychologie (vgl. Hogan, Johnson & Briggs, 1997).

Den drei Kontroversen geht die Vermittlung von »Grundlagen der Persönlichkeitspsychologie« in Teil II voraus. Dazu zählen die Klärung des Gegenstands, die Erläuterung der Aufgaben und Modelle der Persönlichkeitspsychologie ebenso wie ein Blick in ihre Geschichte. Im letzten Kapitel dieses Teils geht es um persönliche Lebenserfahrungen, welche die Entwicklung der Persönlichkeitstheorien der jeweiligen Autoren beeinflusst haben.

Teil IV setzt sich abschließend mit »postmodernen« Herausforderungen für die Persönlichkeitspsychologie auseinander, die mit dem Aufkommen pluralistischer Theorien verbunden sind. Darunter versteht man Ansätze, welche die Persönlichkeit durch Vielheit und Heterogenität von Selbstbildern gekennzeichnet sehen und sich daher gegen tradierte Einheitsauffassungen richten. Grundlegende, selbstverständlich klingende Positionen der Persönlichkeitspsychologie werden von einigen Vertretern des Pluralismus vehement in Frage gestellt. Mit ihrem Eintreten für die Überwindung kulturell geprägter geschlechtsspezifischer Verhaltensmuster beleben sie außerdem die Debatte um psychische Geschlechtsunterschiede.

Eine ganze Reihe von »Persönlichkeiten« haben mir bei der Vorbereitung des Buches geholfen:

Für die kritische Lektüre von Buchkapiteln bedanke ich mich bei meinen MitautorInnen sowie bei Stephanie Dreutter, Sibylle Enz, Heiko Friedel, Andrea Hofmann, Marcus Hübner, Nina Laux, Katrin Lattermann und Ulrike Starker. Mein ganz besonderer Dank gilt Karen Fries, Simone Gmelch und Karl-Heinz Renner, die mehrere Fassungen des Gesamtmanuskripts sorgfältig durchgesehen und viele Verbesserungsvorschläge gemacht haben. Die Diskussionen mit Karl-Heinz Renner haben mir darüberhinaus neue Sichtweisen eröffnet. Ebenso hilfreiche wie originelle Anregungen habe ich auch von meinen Kollegen Dietrich Dörner, Walter Krohne und Herbert Selg (Mitherausgeber der Grundrissreihe) erhalten. Dietrich Dörner hat mich insbesondere auf das Verfahren der schrittweisen Prognose mit Rückkopplung nach van den Brande aufmerksam gemacht (vgl. Kap. 8).

Es ist mir ein besonderes Bedürfnis, Herrn Georg Merzbacher zu danken: Er hat alle Abbildungen angefertigt bzw. bearbeitet. Sie haben für die Gesamtkonzeption des Bandes einen hohen Stellenwert. Um das Literaturverzeichnis und um die formale Seite der Manuskriptgestaltung hat sich mit der für sie charakteristischen Akribie Anja Geßner gekümmert. Herrn Ruprecht Poensgen vom Kohlhammer-Verlag danke ich für die geduldige Unterstützung meiner Arbeit.

Lothar Laux

Vorwort zur zweiten Auflage

Der Text wurde an vielen Stellen aktualisiert und ergänzt. Neu aufgenommen und in die bestehende Struktur eingepasst habe ich die folgenden Themen: »New Big Five«, Narzissmus, Persönlichkeitsstörungen, Persönlichkeit und Bewältigung sowie das kognitiv-affektive Persönlichkeits-System (CAPS). Hinzugekommen ist auch der Teil V »Neue Anwendungsgebiete«, der die Kapitel 19 (Persönlichkeitspsychologische Aspekte der Internetnutzung), 20 (Innovation und Persönlichkeit) sowie 21 (Neurotransmitter und Persönlichkeit: das »wahre Selbst« der Zukunft?) umfasst.

Mein Dank gilt Anja Geßner, Karl-Heinz Renner und Claudia Schmitt für kritische Lektüre und wertvolle Anregungen, Georg Merzbacher zusätzlich für die Anfertigung von Abbildungen. Danken möchte ich auch Stefan Hackenberg, der mit enormem Aufwand das Personenverzeichnis erstellt hat. Wertvolle Verbesserungsvorschläge aus studentischer Sicht stammen von Tina Dornaus, Nora Jacob und Sascha Meyer. Wichtige Korrekturhinweise habe ich auch von meinem Kollegen Herbert Selg erhalten. Als außerordentlich hilfreich habe ich auch die Lektorentätigkeit von Frau Reutter vom Kohlhammer Verlag empfunden.

Ganz besonders bedanken möchte ich mich bei Anja Meier und Anna Rümenapf, die sich mit großer Sorgfalt und Geduld um die formalen Aspekte des Manuskripts gekümmert haben. Viel profitiert habe ich auch von inhaltlichen Diskussionen mit beiden, die mir sehr geholfen haben, meine eigenen Vorstellungen zu präzisieren.

Lothar Laux

I Einführung

1 Drei Kontroversen im Überblick

1.1 Einzigartigkeit versus Generalisierbarkeit

Als die Wissenschaft am 23. Februar 1997 der Öffentlichkeit das Genschaf Dolly präsentierte, entbrannte eine heftige Diskussion um das Klonen. Wird man das, was man dem Schaf genommen hat, dem Menschen am Ende auch nehmen? Die befürchtete, letzte Konsequenz ist der perfekte Mensch aus dem Labor, dem keine Einzigartigkeit oder Individualität mehr zukommt (vgl. Abb. 1.1).

Die Persönlichkeitspsychologie sieht die Einzigartigkeit des Menschen als sein hervorgehobenes Merkmal an. Theo Herrmann,

Abb. 1.1 Verlust der Einzigartigkeit (Collage von Georg Merzbacher)

der in seinem »Lehrbuch der empirischen Persönlichkeitsforschung« viele unterschiedliche Definitionen von Persönlichkeit miteinander vergleicht, fasst zusammen: »Einigkeit besteht ... darüber, dass die *Persönlichkeit ein bei jedem Menschen einzigartiges, relativ überdauerndes und stabiles Verhaltenskorrelat ist*« (Herrmann, 1991, S. 25). Nach dieser Definition bezieht sich Persönlichkeit nicht auf das konkrete Verhalten und Erleben selbst, sondern wird als einzigartiges Korrelat – als Entsprechung, Bedingung, Hintergrund – des konkreten Handelns und Erlebens aufgefasst.

Die Einzigartigkeit der Persönlichkeit erschließt sich nicht nur als Resultat wissenschaftlicher Reflexion. Auch im Alltagsleben, also außerhalb jeder wissenschaftlichen Beschäftigung, erleben wir uns als einzigartig und unverwechselbar. Dass Individualität unser hervorragendes Kennzeichen ist, scheint uns besonders dann aufzufallen, wenn diese Individualität den Charakter der Selbstverständlichkeit verliert, infrage gestellt oder bedroht wird wie etwa im Fall des Klonens.

Verlust von Individualität ist kein neues Thema. Die Schriftsteller beschäftigt es seit langem, z. B. in Form des meist als unheimlich oder sogar als traumatisch empfundenen Doppelgängererlebnisses. Das scheinbar identische Ich wird als existenzielle Bedrohung wahrgenommen, wie z. B. in Dostojewskis Novelle »Der Doppelgänger«:

> Ganz außer sich lief der Held unserer Erzählung in seine Wohnung ... und blieb wie vom Donner gerührt auf der Schwelle seines Zimmers stehen. Alle seine Ahnungen hatten sich vollauf erfüllt. Alles, was er befürchtet und vorausgefühlt hatte, war jetzt Wirklichkeit geworden. Sein Atem stockte, ihm wurde schwindlig. Der Unbekannte saß gleichfalls in Mantel und Hut vor ihm, auf seinem Bett, lächelte ein wenig und nickte ihm mit etwas zusammengekniffenen Augen freundschaftlich zu. Herr Goljadkin wollte schreien, brachte aber keinen Laut hervor. Er wollte auf irgendeine Art Einspruch erheben, aber seine Kraft reichte nicht aus. Das Haar stand ihm zu Berg, er sank sinnlos vor Entsetzen auf einen Stuhl. Er hatte auch allen Grund dazu. Herr Goljadkin hatte seinen nächtlichen Freund nun erkannt. Dieser nächtliche Freund war kein anderer als er selber, ein zweiter Herr Goljadkin, der aber genauso aussah wie er selber – mit einem Wort das, was man einen Doppelgänger zu nennen pflegt ... (Dostojewski, 1987, S. 59).

Zwischen beiden kommt es zu einem grotesken Kampf, der für Goljadkin im Wahnsinn endet. Der Doppelgänger bewirkt in nahezu allen literarischen Beispielen den Untergang seines Urbilds, das sich der Konfrontation mit dem Alter Ego nicht gewachsen fühlt (vgl. Hildenbrock, 1986).

Nach Gordon W. Allport, dem Nestor der amerikanischen Persönlichkeitspsychologie, tun sich alle Wissenschaften schwer, die Einzigartigkeit der Persönlichkeit als ihr Schlüsselmerkmal zu begreifen:

> Jeder Mensch ist ein einzigartiges Produkt der Kräfte der Natur. Es hat niemals eine Person wie ihn gegeben, und es wird niemals wieder eine geben. Denken wir an den Fingerabdruck: Sogar er ist einzigartig. – Alle Wissenschaften, einschließlich der Psychologie, neigen dazu, diese entscheidende Tatsache der Individualität zu vernachlässigen … Im täglichen Leben andererseits sind wir nicht in Gefahr zu vergessen, dass die Individualität das wesentlichste Kennzeichen des menschlichen Wesens ist. Ob wir uns im Wachzustand oder sogar im Traum befinden – immer erkennen wir ganz klar und handeln entsprechend, dass wir es mit Menschen als besonderen, ausgeprägten und einzigartigen Individuen zu tun haben … In Anbetracht der Einzigartigkeit von Vererbung und Umwelt bei jeder Person könnte es auch nicht anders sein (Allport, 1966, S. 4).

Welches Problem hat die Wissenschaft mit der Einzigartigkeit der Persönlichkeit? Die Wissenschaft strebt das Erkennen von Gesetzmäßigkeiten an, die für viele oder alle Menschen gelten (allgemeine Gesetzmäßigkeiten): Sie verfolgt damit eine *nomothetische* Zielsetzung (*Nomothetisch* leitet sich ab von *nomothetikos*; griechisch: das, was Gesetze stiftet). Menschen werden damit als einander gleich oder ähnlich aufgefasst. Schon die mittelalterlichen Scholastiker warnten davor, Wissenschaft und Individualität zusammenzubringen: »Scientia non est individuorum.« Bedeutet dies, dass Persönlichkeitsforschung nur möglich ist, wenn man von der Einzigartigkeit und Unverwechselbarkeit eines einzelnen Menschen absieht? Kann die Wissenschaft das »blutvoll Einmalige eines Lebendigen« (Wellek, 1966) also überhaupt nicht zu ihrem Gegenstand machen? Oder umgekehrt: Ist Persönlichkeitspsychologie eine Disziplin, die eigentlich nur *idiographisch* vorgehen darf, d. h. sich auf das Beschreiben der Besonderheit einzelner Persönlichkeiten konzentrieren muss? (*Idiographisch* stammt von griechisch *idios* und bezeichnet das Eigene, das Besondere).

Die Frage, wie die Persönlichkeitspsychologie als Gesetze suchende Wissenschaft mit dem einzelnen Individuum umgehen soll, macht den Kern einer inzwischen hundertjährigen Kontroverse aus: Muss man Menschen als jeweils einzigartige Individuen verstehen, die unvergleichbar sind, sodass sich eine Abstraktion vom einzelnen Individuum verbietet? Oder lassen sie sich als im Wesentlichen gleich oder zumindest ähnlich auffassen, sodass man vom einzelnen Individuum absehen und zu Generalisierungen gelangen kann? **Kontroverse 1** befasst sich mit diesem Streit zwischen »Idiographen« und »Nomothetikern« und vor allem mit den Möglichkeiten, ihn zu überwinden.

1.2 Person versus Situation

Wie Herrmann in seiner Kurzdefinition zum Ausdruck bringt, besteht bei ansonsten sehr unterschiedlichen Persönlichkeitsauffassungen Einvernehmen darüber, dass Persönlichkeit etwas relativ Stabiles, Konsistentes (Beständiges), die Zeit Überdauerndes darstellt. Wichtig ist die Betonung von »relativ«, denn neben Auffassungen, welche die weitgehende Stabilität von Persönlichkeitseigenschaften über Jahrzehnte hinweg betonen (vgl. Kap. 10), gibt es auch dynamische Interpretationen der Persönlichkeit, die Entwicklungen und Prozesse in den Mittelpunkt stellen (vgl. die biografische Persönlichkeitstheorie von Hans Thomae in Kap. 9). Solche dynamischen Interpretationen befassen sich aber ebenfalls mit der Stabilität des Verhaltenskorrelats, wenn z. B. untersucht wird, unter welchen Bedingungen aktuelle prozesshafte Formen der Lebensbewältigung chronisch, also stabil werden.

Nach Auffassung einiger Persönlichkeitspsychologen hängt das Kriterium der Stabilität oder Konsistenz mit dem Kriterium der Einzigartigkeit zusammen: Um die Einzigartigkeit einer individuellen Persönlichkeit in den Griff zu bekommen, also um z. B. die Eigenschaften zu erfassen, die sie von anderen unterscheidet, muss man nach konsistenten Unterschieden zwischen ihr und anderen Personen über verschiedene Situationen und über die Zeit hinweg suchen (z. B. Krahé, 1992).

Stabilität oder Konsistenz wird demnach von vielen Persönlichkeitsforschern als ein grundlegendes, unverzichtbares Definitionsmerkmal von Persönlichkeit eingeschätzt. Sie argumentieren, dass das Konzept der Persönlichkeit seinen zentralen Stellenwert verlöre, wenn wir in unserem Verhalten nur von temporären Stimmungen oder situativen Einflüssen abhängig wären. Gibt es Argumente, die die Bedeutung dieses kardinalen Definitionsmerkmals von Persönlichkeit infrage stellen?

> Berus (ein Wärter): »Und weil Siebenundsiebzig die Regeln immer noch nicht begriffen hat, wird er jetzt mit seinem Kleidchen die Toilette putzen. Und bevor nicht alles blitzt und blinkt, gibt es für niemanden Besuch.« Tarek, Häftling Nr. 77, kniet nackt auf dem Fliesenboden und säubert die Toilette, während ihn die Wärter verhöhnen: »Unsere Nacktputze, hä.« Berus: »Da klebt noch was am Rand.« Gehorsam kratzt 77 mit den Fingern auch noch den Rand der Schüssel sauber.

Die Szene stammt aus dem deutschen Film »Das Experiment« von Oliver Hirschbiegel nach einer Romanvorlage von Mario Giordano.[1] Den Hintergrund lieferte ein Experiment, das Philip G. Zimbardo und seine Mitarbeiter 1971 an der Stanford University durchführten (vgl. Haney, Banks & Zimbardo, 1973). In dieser Studie, die heute zu den bekanntesten psychologischen Untersuchungen gehört (vgl. auch www.zimbardo.com und www.prisonexp.org), wurde das Verhalten von Studenten untersucht, die in einem Schein-Gefängnis (einem umgebauten Kellertrakt im Psychologiegebäude der Stanford University) entweder die Rolle eines Wärters oder die eines Gefangenen übernahmen.

> Bei den Versuchsteilnehmern handelte es sich um ganz normale Studenten, die sich während der Sommermonate in der Gegend um Stanford herum aufhielten und sich gegenseitig nicht kannten. Die 21 Teilnehmer waren aus 75 Bewerbern ausgewählt worden. Sie hatten sich auf eine Zeitungsanzeige gemeldet, die nach männlichen Freiwilligen suchte, die bereit waren, an einer psychologischen Studie über *prison life* gegen eine Bezahlung von 15 $ pro Tag teilzunehmen. Die 75 Bewerber wurden intensiv befragt in Bezug auf Familienhintergrund, physische und psychische Gesundheit sowie Gesetzesübertretungen. Außerdem füllten sie einen Persönlichkeitsfragebogen aus, der u. a. Skalen umfasste wie: Emotionale Stabilität, Extraversion, Konformität, Gehorsamsbereitschaft. Nur die in physischer und psychischer Hinsicht stabilsten Studenten, die zugleich am wenigsten durch antisoziale Verhaltensweisen in ihrer Biografie aufgefallen waren, ließ man am Experiment teilnehmen. Sie wurden zufällig den Bedingungen Wärter und Gefangener zugeordnet. Den »Wärtern« wurde gesagt, sie sollten einen vernünftigen Grad von Ordnung aufrechterhalten, um ein effektives Funktionieren des Gefängnisses zu gewährleisten. Den »Gefangenen« wurde angekündigt, dass sie damit rechnen müssten, während der Gefangenschaft überwacht zu werden und einen Teil ihrer bürgerlichen Grundrechte zu verlieren.
> Beeindruckendes, für die Initiatoren überraschendes Ergebnis war, dass das Verhalten der Teilnehmer bei weitem über die Erwartungen hinausging, die man mit den zugeordneten Rollen verband: Die Wärter pochten auf ihre Autorität und schikanierten die Gefangenen, während die Gefangenen mit Widerstand oder Passivität reagierten. Schon nach zwei Tagen mussten fünf der Gefangenen wegen gravierender emotionaler Probleme das Experiment beenden. Bereits nach sechs Tagen musste das ganze Experiment abgebrochen werden. Man ist sich heute einig, dass der Versuch aus forschungsethischen Gründen auf keinen Fall hätte durchgeführt werden dürfen. Ein entsprechender Forschungsantrag würde heutzutage an den Ethikkommissionen der psychologischen Fachverbände und der Förderungsorganisationen scheitern.

---

1 Für die Ausarbeitungen zum Vergleich von Film und Experiment bedanke ich mich bei Andrea Wittmann.

Der situative Druck hatte die Teilnehmer also zu einem extremen Verhalten veranlasst, das nicht zu ihrem üblichen Repertoire gehörte. Ein für die eigenschaftszentrierte Persönlichkeitspsychologie »befremdliches« Ergebnis war, dass das Ausmaß des aggressiven Verhaltens der Wärter und des passiven Verhaltens der Gefangenen nicht mit den vorher im Fragebogen ermittelten Eigenschaften zusammenhing. Unter dem situativen Druck wurde sadistisches Verhalten bei Individuen ausgelöst, die keine »sadistischen Typen« waren (Haney et al., 1973, S. 89). Mit anderen Worten: Die Ausprägungen auf den erfassten Eigenschaftsdimensionen, die doch für die konsistenten, überdauernden und charakteristischen Merkmale der Persönlichkeit der Studenten standen, erlaubten keine Vorhersage des Verhaltens im Versuch. Nach Zimbardo sind es daher nicht Persönlichkeitseigenschaften, die das Verhalten bestimmen, sondern massive Einflüsse der Situation. Er zog daraus den generellen Schluss, dass kaum etwas vorstellbar sei, wozu die meisten Menschen nicht durch den Einfluss der Situation gebracht werden könnten – weitgehend unabhängig von ihren Eigenschaften, Einstellungen, Überzeugungen oder Wertvorstellungen.

Im Gegensatz zu der häufig verkürzten und »dramatisierten« Darstellung des Stanford-Gefängnisexperiments, nach der schon wenige Tage ausreichen, um aus den Versuchsteilnehmern in der Wärterrolle erbarmungslose Folterknechte zu machen, wird bei genauer Betrachtung der Untersuchungsergebnisse deutlich, dass sich die einzelnen Wärter doch erheblich in ihrem Verhalten unterschieden: Nur etwa ein Drittel der Wärter zeigte nämlich schikanöses Verhalten, zwei Drittel verhielten sich entweder streng, aber fair oder sogar freundlich zu den Gefangenen. Für einen Kritiker des Stanford-Gefängnisexperiments, Erich Fromm, beweist die Studie eher das Gegenteil von Zimbardos Schlussfolgerungen, »… dass man die Leute *nicht* so leicht nur mit Hilfe einer geeigneten Situation in Sadisten verwandeln kann« (1985, S. 78).

Zurück zum Film: Als Spielfilm mit fiktiven Inhalten angelegt, löst er sich ganz von der Vorlage des Zimbardo-Experiments. Er enthält nämlich Szenen mit massiver physischer Gewaltanwendung, Mord und Vergewaltigung. Um aber von der Authentizität des realen Zimbardo-Experiments profitieren zu können, warb die deutsche Filmgesellschaft zunächst mit der ungeheuerlichen Behauptung »nach einer wahren Begebenheit«. Verständlicherweise haben Zimbardos Anwälte verlangt, jeden Hinweis auf seine Untersuchung zu entfernen.

Fazit: Die Stanford-Gefängnisstudie hat sich über Jahrzehnte hinweg für die Diskussion um die relative Bedeutung von Situation und Person als sehr anregend erwiesen. Die Studie wird häufig als eindrucksvoller Beleg für den überwältigenden Einfluss von Situationen auf das Verhalten zitiert, scheint aber eher zu belegen, dass eine massive Drucksituation bei einigen, aber eben nicht bei allen Personen (in der Wärterrolle) zu schikanösem und feindseligem Verhalten führen kann. Damit veranschaulicht der Versuch meiner Meinung nach die These einer Wechselwirkung von Situation und Person. Ungeklärt bleibt der Anteil der Persönlichkeit in Form von Eigenschaften: Es ist schon verwunderlich, dass die großen Unterschiede im Verhalten der Wärter nicht zumindest ansatzweise mit den erfassten Eigenschaften in Beziehung standen. Haben die Autoren möglicherweise nicht die wesentlichen Eigenschaften, Motive, Grundüberzeugungen erfasst, die für das Verhalten im Experiment entscheidend waren? Sollte man – über Zimbardo hinausgehend – deutlich unterscheiden zwischen sadistischem Verhalten, das durch entsprechend sadistische Vorschriften ausgelöst wird, und Sadismus als Eigenschaft, bei dem man Gefallen daran findet, andere zu quälen (vgl. Fromm, 1985)?

Die Resultate des Stanford-Gefängnisexperiments wurden von Walter Mischel als Argument gegen die Grundannahmen klassischer Eigenschaftstheorien verwendet (vgl. Kap. 11). Mischel warf den Anhängern von Eigenschaftsauffassungen vor, sie würden von einer überzogenen Konsistenz der Persönlichkeit ausgehen und die Abhängigkeit von situativen Einflüssen ignorieren. Die dadurch ausgelöste Konsistenzdebatte und mögliche Lösungsvorschläge stehen im Mittelpunkt von **Kontroverse 2**.

1.3 Außensicht versus Innensicht

Der Begriff *Persönlichkeit* erfreut sich im Alltag größter Beliebtheit. In den Buchhandlungen gehören Bücher, die *Persönlichkeit* im Titel enthalten, zu den Blickfängern. Repräsentative Buchtitel im Bereich von Training und Weiterbildung sind z. B. »Führen durch Persönlichkeit«, »Charisma: Beruflicher und privater Erfolg durch Persönlichkeit«. In einem Buch mit dem Titel »Persönlichkeitsbildung« soll der Leser in 77 inspirierenden Kapiteln erleben, wie er die Persönlichkeit wird, die er sein möchte, z. B. »Wie Sie persönlichen Magnetismus erzeugen und ausstrahlen können.« In Werbeanzeigen ist ebenfalls oft von »Persönlichkeit« die Rede. Ein Hersteller von Kontaktlinsen wirbt mit dem Spruch: »Ein neues Aussehen – eine neue Persönlichkeit.« In der Outfit-Beratung wird die Faustregel empfohlen, nicht jeden Mode-Unsinn mitzumachen, sondern den Stil auf die »eigene Persönlichkeit« abzustimmen.

1.3.1 Evaluative und deskriptive Bedeutung von Persönlichkeit

In all diesen Beispielen wird der Begriff *Persönlichkeit* in stark wertender (evaluativer) Weise verwendet. Persönlichkeit stellt einen Begriff mit eindeutig positivem Wertakzent dar. Solche evaluativen Aussagen machen wir auch, wenn wir jemanden als große, echte oder starke Persönlichkeit beschreiben. Jemanden als Persönlichkeit zu bezeichnen, stellt also eine Art Würdigung, fast eine Auszeichnung dar. Oft kommen wir zu solchen Aussagen aufgrund der Wirkung, die andere Menschen auf uns ausüben. Personen mit viel Persönlichkeit hinterlassen einen starken Eindruck. Sie imponieren z. B. durch soziale Kompetenz, Durchsetzungsfähigkeit, Charisma oder auch durch Authentizität (Glaubwürdigkeit).

Persönlichkeit wird hier über das *Außenbild* oder die Außenwirkung erfasst, also über die Wirkung auf andere. Die wissenschaftliche Persönlichkeitspsychologie lehnt jedoch eine Einengung des Begriffs Persönlichkeit auf Ansehen, Attraktivität, charismatische Wirkung etc. ab. So urteilt Gordon W. Allport:

> Die Meinung, dass der eine Mensch ›mehr‹, der andere ›weniger‹ Persönlichkeit als dieser oder jener besitze, können wir nicht akzeptieren. Diejenigen, die keinen Charme haben, sind im psychologischen Sinn ebenso reich ausgestattet wie jene, die ihn besitzen, und sind für die Wissenschaft ebenso interessant (Allport, 1970, S. 23).

In der wissenschaftlichen Psychologie wird der Begriff *Persönlichkeit* daher neutral beschreibend (deskriptiv) verwendet. Gegenstand der Persönlichkeitspsychologie sind alle Menschen, auch diejenigen, die normalerweise keine besondere Beachtung finden, wie z. B. der sprichwörtliche Mann auf der Straße. Ebenso werden unter *Persönlichkeit* Menschen subsumiert, die primär durch negativ bewertete Handlungen auffallen, z. B. Kriminelle, Kriegsverbrecher oder Despoten. In diesem Sinn wären auch Adolf Eichmann oder Slobodan Milošević Persönlichkeiten.

1.3.2 Äußere Wirkung und innere Struktur

Die populäre Vorstellung von Persönlichkeit als die »Wirkung nach außen« wurde bereits in der Frühzeit der wissenschaftlichen Persönlichkeitspsychologie diskutiert. Allport hat sie in seinen beiden klassischen Standardwerken der Persönlichkeitspsychologie dargestellt und vehement kritisiert (Allport, 1937; 1966). Er bezeichnet entsprechende Auffassungen von Persönlichkeit als »biosozial«.

Nach dieser Auffassung stellt Persönlichkeit die Summe der Handlungen dar, mit denen jemand andere Leute mit Erfolg beeinflusst, oder – allgemeiner formuliert – Persönlichkeit umfasst die Wirkungen, die ein Individuum auf die Gesellschaft ausübt. Persönlichkeit ist also der Eindruck, den ein Mensch auf andere macht (social stimulus value). Allport kontrastiert die biosoziale Auffassung mit seiner eigenen Konzeption von Persönlichkeit, die er als »biophysisch« bezeichnet:

> Die *biosoziale* Auffassung steht in scharfem Gegensatz zur hier dargestellten *biophysischen* Auffassung, welche daran festhält, dass Persönlichkeit, psychologisch gesehen, das ist, was jemand wirklich ist, ohne Rücksicht auf die Art, in der andere die Eigenschaften des betreffenden Menschen wahrnehmen oder werten (Allport, 1949, S. 42).

Allports eigene Persönlichkeitsauffassung betont demnach die von der sozialen Umwelt abgehobene Existenz des Individuums und stellt dessen innere Eigenschaften in den Mittelpunkt. Allport führt insbesondere zwei Punkte an, die gegen das externe Wirkungsmodell sprechen: Es geht einmal um die (1) Vernachlässigung der persönlichen Eigenschaften und Motive und (2) um die Schwierigkeit, den »wahren« Eindruck der Persönlichkeit zu bestimmen.

Zu (1): Konzentriert man sich ausschließlich auf das Außenbild, also auf den Eindruck, den jemand bei anderen erzeugt, werden möglicherweise die entscheidenden Eigenschaften und Motive nicht erfasst. Folgendes fiktive Beispiel von McMartin (1995) soll Allports Auffassung veranschaulichen:

Jill, eine Studentin, erscheint durch ihr extravertiertes, sozial kompetentes Verhalten als souverän und selbstsicher. Sie selbst sieht sich aber durch innere Leere und durch geringen Selbstwert gekennzeichnet. Es ist für sie eine Horrorvorstellung, allein zu sein. Sie ist davon überzeugt, nur dann wertvoll zu sein, wenn sie es versteht, andere durch ihr Auftreten zu faszinieren. – Jack, ein Student, dagegen lässt sich als wenig gesellig charakterisieren. Er geht kaum aus sich heraus und erscheint anderen langweilig und nichtssagend. In Situationen mit anderen Menschen hält er sich zurück, weil er gar nicht den Wunsch hat, andere zu beeindrucken. Er ist gern allein, weil er über ein reiches Innenleben verfügt, was sich gelegentlich in besonders schöpferischen Leistungen manifestiert.

Fazit im Sinne Allports: In beiden Fällen hätte also die ausschließliche Beachtung des äußeren Eindrucks zu einer Fehleinschätzung geführt. Dagegen lässt sich aber argumentieren, dass im Falle einer Nichtbeachtung des Eindrucks, den sie auf andere machen, auch ein unvollständiges Bild beider Persönlichkeiten entstanden wäre. Es kann also gar nicht um die Wahl zwischen beiden Perspektiven gehen, Persönlichkeit muss sowohl aus der Perspektive des Akteurs (Innenbild) als auch aus derjenigen des Beobachters (Außenbild) erfasst werden.

Zu (2): Erst im Spiegel der Beurteilung durch andere Menschen – so räumt Allport ein – wird unsere Persönlichkeit überhaupt wahrnehmbar, aber welche Persönlichkeit?

> Wie kann man von uns wissen, wenn nicht dadurch, dass wir auf andere Menschen wirken? Das stimmt, aber was nun, wenn wir auf verschiedene Leute unterschiedlich wirken? Haben wir dann mehrere Persönlichkeiten? Wäre es nicht viel eher möglich, dass der eine Urteilende einen richtigen Eindruck von uns hat und die anderen einen falschen? Wenn das so ist, so muss es in uns etwas geben, das unsere ›wahre‹ Natur bildet (wie variabel diese auch sein mag) (Allport, 1970, S. 23).

Wäre es aber nicht auch möglich – so könnte man Allport entgegnen –, dass die verschiedenen Wirkungen, die wir auf verschiedene Leute ausüben, unterschiedlichen Selbstbildern unserer Persönlichkeit entsprechen? Angenommen, jeder Beobachter kennt uns schwerpunktmäßig aus einem anderen Lebensbereich: Verhalten wir uns im beruflichen Kontext häufig nicht ganz anders als in der Familie oder im Freizeitbereich? Wäre es daher nicht legitim, die unterschiedlichen Eindrücke als »gleichberechtigte« Erscheinungsweisen unserer Persönlichkeit zu betrachten und sie nicht vorschnell als richtige oder falsche Eindrücke der Beobachter zu klassifizieren? Hinzu kommt, dass sich Personen in der Fähigkeit und im Motiv, verschiedenen Beurteilern gegenüber unterschiedliche oder übereinstimmende Eindrücke hervorzurufen, drastisch unterscheiden können (vgl. Kap. 15.1 Self-Monitoring). Jedenfalls scheint es mehrere Ursachen für voneinander abweichende Fremdurteile über eine Person zu geben.

Es mag mit der scharfen Ablehnung durch Allport selbst zusammenhängen, dass sich Modelle der externen Wirkung in der Persönlichkeitspsychologie nicht wirklich durchsetzen konnten. Die »Inneren Struktur«-Modelle sind viel charakteristischer für die Persönlichkeitspsychologie als die Modelle der »Äußeren Wirkung«. Untersuchungen über Eindruckssteuerung und externe Wirkung findet man eher im sozialpsychologischen Bereich.

Kritiker des externen Wirkungsmodells wie Allport berücksichtigen meiner Meinung nach zu wenig, dass der äußere Effekt, die Wirkung auf andere, mit den Eigenschaften des Individuums mehr oder weniger korrespondieren kann. So können sich »Außenwirkung« und »innere Eigenschaften« weitgehend entsprechen, wenn z. B. Personen das Ziel verfolgen, ihre Selbstbilder – als subjektive

Repräsentationen ihrer zentralen Eigenschaften – in der Interaktion mit anderen möglichst unverfälscht zum Ausdruck zu bringen.

Allport übersieht zudem, dass unsere Selbstbilder im kommunikativen Austausch mit den Personen unserer Umwelt entwickelt und verändert werden können. Unsere Wirkung auf andere, die Außenbilder, können auf unsere Selbstbilder *zurückstrahlen*, d. h., die Eindrücke, die uns andere über unsere Persönlichkeit mitteilen, können ihrerseits die Sichtweise verändern, in der wir uns selbst betrachten. Verschiedene Trainings- und Therapieverfahren zielen sogar darauf ab, über ein gespieltes – subjektiv zunächst »unechtes« – Verhalten gegenüber einem Publikum eine Persönlichkeitsveränderung zu bewirken (vgl. Kap. 5.4).

Um ein differenziertes, nicht einseitiges Bild der Persönlichkeit zu erhalten, ist es notwendig, Selbsteinschätzung und Einschätzung von Bekannten, Fremdbeurteilern etc. in Beziehung zu setzen. **Kontroverse 3** befasst sich daher mit Persönlichkeit aus der Sicht des Handelnden und mit Persönlichkeit aus der Sicht des Beobachters. Bindeglied ist die Selbstdarstellung des Handelnden: Sie führt zu Eindrücken beim Beobachter, die mit den mitgeteilten Selbstbildern verglichen werden.

II Grundlagen

Der näheren Auseinandersetzung mit den drei Kontroversen soll die Erörterung einiger grundlegender Themen der Persönlichkeitspsychologie vorangestellt werden: In Kapitel 2 erfolgt zunächst eine Klärung des Gegenstands dieses Buchs, der Persönlichkeitspsychologie, und damit verbunden eine Beschreibung ihrer Teildisziplinen und Forschungsstrategien. In Kapitel 3 werden sodann Einflüsse aus der Vergangenheit behandelt: Hervorgehoben wird die Geschichte des Schlüsselbegriffs *persona* und seine Wiederbelebung im Internet. Die Beschreibung historischer Ansätze, die auf Begriffe wie Charakter, Temperament und Typus zentriert sind, leitet über zu impliziten Persönlichkeitstheorien. Sie werden am Beispiel von astrologischen Aussagen erläutert und überprüft. Gestützt auf die Theorie der Liebesstile folgt dann in Kapitel 4 eine Beschreibung der Aufgaben der Persönlichkeitspsychologie und eine exemplarische Erörterung von Qualitätskriterien für Theorien. Anschließend geht es um Modelle und Metaphern als Rahmen für Persönlichkeitstheorien (Kap. 5). Die Bedeutung metaphorischer Modelle für die Persönlichkeitspsychologie wird am Beispiel von zwei konträren Persönlichkeitstheorien veranschaulicht. Es sind dies die klassische psychoanalytische Persönlichkeitstheorie von Freud und die Theorie persönlicher Konstrukte von Kelly. Dieser Teil schließt ab mit einer Erörterung biografischer Einflüsse auf die Entwicklung von Persönlichkeitstheorien (Kap. 6).

2 Differentielle Psychologie und Persönlichkeitspsychologie

Die Definition von Herrmann, die im Mittelpunkt des ersten Kapitels steht, stellt eine Minimaldefinition von Persönlichkeit und damit des Gegenstands der Persönlichkeitspsychologie dar. Innerhalb dieses definitorischen Rahmens lassen sich viele verschiedene Richtungen und Strömungen unterscheiden. Zwei große Definitionsrichtungen treten besonders hervor, die von manchen Autoren sogar als unterscheidbare Fächer oder Teildisziplinen angesehen werden: (1) Die eine Richtung legt besonderes Gewicht auf Unterschiede zwischen Personen (Differentielle Psychologie), (2) die andere Richtung sieht in der Berücksichtigung des ganzen Menschen bzw. der Organisation und dem funktionalen Zusammenspiel von Einzelmerkmalen das entscheidende Definitionsmerkmal (Persönlichkeitspsychologie im engeren Sinn). Was die Bezeichnung des Fachs angeht, ist die Lage damit komplizierter als in anderen Fächern: Psychologische Teildisziplinen, wie z. B. die Entwicklungspsychologie oder die Sozialpsychologie, umfassen jeweils viele verschiedene Richtungen, die aber trotz aller Divergenz unter einer einzigen Fachbezeichnung subsumiert werden.

2.1 Differentielle Psychologie

Während die *Allgemeine Psychologie* nach psychologischen Gesetzmäßigkeiten sucht, die für nahezu alle Personen zutreffen, ist es die Aufgabe der *Differentiellen Psychologie*, Gesetzmäßigkeiten zu bestimmen, die sich auf Unterschiede zwischen einzelnen Personen oder zwischen Gruppen von Personen (z. B. Geschlechtsunterschiede) beziehen. Die Differentielle Psychologie versteht unter Persönlichkeit die Gesamtheit aller Merkmale einer Person, in denen sie sich von anderen unterscheidet. Zentrale Annahme der Differentiellen Psychologie ist, dass eine Persönlichkeit nur durch den Vergleich mit anderen Persönlichkeiten bestimmt werden kann. Wegen dieser deutlichen Betonung von Unterschieden (lat. differre) spricht man eben von *Differentieller Psychologie*.

Die Aufgabenstellung der Differentiellen Psychologie lässt sich am Beispiel des Films »Forrest Gump« illustrieren. Der Film von Robert Zemeckis mit Tom Hanks in der Hauptrolle beschreibt das Leben des unterdurchschnittlich intelligenten Forrest zum größten Teil in einer Rückblende. Er sitzt auf einer Bank vor einer Bushaltestelle und erzählt anderen Leuten die Geschichten seines Lebens: Wie er als kleiner Junge seine Jugendliebe Jenny traf, wie er Elvis Presley den Hüftschwung beibrachte, wie er trotz seines niedrigen IQs das College abschließen konnte, wie er in Vietnam kämpfte, wie er mit verschiedenen Präsidenten der USA zusammentraf …

In diesem fiktiven Beispiel würde man unter dem Gesichtspunkt der Differentiellen Psychologie vor allem die Unterschiede zu erfassen versuchen, die zwischen Forrest Gump und seiner Freundin Jenny oder zwischen ihm und anderen Schülern bestehen. Nahe liegend wäre es, den Intelligenzbereich heranzuziehen. Tatsächlich kreist eine Schlüsselszene des Films um das Resultat einer Intelligenzmessung von Forrest:

> Mrs. Gump: »Denke immer daran, was ich dir gesagt habe, Forrest, du bist nicht anders als die anderen. Hast du gehört, was ich gesagt habe, Forrest? Du bist genauso wie alle anderen Menschen auch. Du bist nicht anders als die anderen …«
> Der Schulleiter: »Ihr Sohn ist anders, Mrs. Gump. Sein Intelligenzquotient beträgt 75.«
> Mrs. Gump: »Nun ja, kein Mensch ist wie der andere, Mr. Hankock.«
> Schulleiter: »Ich möchte Ihnen mal etwas zeigen, Mrs. Gump. Also, das hier ist normal, und Forrest ist genau hier. Vorschrift für den Besuch einer staatlichen Schule ist ein Intelligenzquotient von mindestens 80, Mrs. Gump …«

Unterschiede zwischen Forrest und anderen Personen könnte man auch für andere Fähigkeits- und Persönlichkeitsmerkmale feststellen, z. B. für emotionale Stabilität, für moralische Integrität oder für sportliche Fähigkeiten. Es wäre auch möglich, sein Profil von Eigenschaftsausprägungen mit den entsprechenden Profilen der amerikanischen Präsidenten, denen er im Film begegnet (Johnson, Kennedy, Nixon), zu vergleichen.

2.2 Persönlichkeitspsychologie

Den meisten Persönlichkeitspsychologen würde es aber nicht ausreichen, lediglich einen Profilvergleich von Forrest und anderen Personen vorzunehmen. Sie verbinden mit dem Begriff *Persönlichkeit* mehr als das Studium interindividueller Unterschiede. Dem trägt eine umfassende Definition von Persönlichkeit Rechnung, die Pervin vorgeschlagen hat. Sie berücksichtigt viele Sichtweisen und bringt vor allem das besondere Spezifikum von *Persönlichkeit* zum Ausdruck:

> Persönlichkeit ist die komplexe Organisation von Kognitionen, Emotionen und Verhalten, die dem Leben der Person Richtung und Zusammenhang gibt.
> Wie der Körper so besteht auch Persönlichkeit aus Strukturen und Prozessen und spiegelt »nature« (Gene) und »nurture« (Erfahrung) wider. Darüber hinaus schließt Persönlichkeit die Auswirkungen der Vergangenheit ein, insbesondere Erinnerungen, ebenso wie die Konstruktionen der Gegenwart und der Zukunft (1996, S. 414).

Im Folgenden sollen die einzelnen Kennzeichen dieser Definition besprochen werden.

(1) Komplexe Organisation von Komponenten: Die Untersuchung individueller Unterschiede ist für Pervin nur ein Teilziel der Persönlichkeitspsychologie. Persönlichkeit ist mehr als die Summe ihrer Unterschiede zu anderen Personen. Das grundlegende Kennzeichen seiner Definition sieht er in der Organisation, im funktionalen Zusammenspiel der Einzelkomponenten der Persönlichkeit zu einem Gesamtsystem. Über die Erfahrung kommt dabei auch die Beziehung zur Umwelt ins Spiel.

Für dieses Zusammenspiel von Einzelmerkmalen und für ihre Wechselwirkung mit der Umwelt gibt es in Forrest Gump viele Beispiele. Hier eine typische Episode: Von klein auf muss Forrest Beinschienen tragen, um seinen schwachen Körper zu stützen. Wegen seiner intellektuellen und körperlichen Beschränktheit wird er zur Zielscheibe von Spott und Aggressionen seiner Altersgenossen. »Lauf Forrest, lauf«, sagt Jenny, als sie wieder einmal hinter ihm her sind. Während des Laufens fallen seine Beinschienen allmählich von ihm ab. Er entkommt seinen Peinigern. Am Ende rennt er so schnell, dass er schließlich in die Football-Mannschaft eines Colleges aufgenommen wird, das ihn ohne diese sportliche Kompetenz sicherlich nicht akzeptiert hätte.

Zugegeben, dieses Beispiel ist als fiktives Filmgeschehen stark dramatisiert und vereinfacht. Es veranschaulicht aber die Grundidee eines dynamischen Zusammenspiels von Fähigkeiten, Motiven, Bewältigungsformen etc. und Umwelteinflüssen: Die feindliche Reaktion der Umwelt auf seine körperliche und geistige Schwäche motiviert Forrest zu einer Form der Bewältigung, aus der sich im Laufe der Zeit eine besondere sportliche Fähigkeit entwickelt. Die neu erworbene Fähigkeit resultiert in Selbstbewusstsein und sozialem Aufstieg. Sie gibt seinem Leben Richtung und Zusammenhang.

Für viele Autoren ist die Berücksichtigung des ganzen Menschen bzw. der Organisation und dem funktionalen Zusammenspiel von Einzelmerkmalen das eigentliche definitorische Spezifikum der Persönlichkeitspsychologie (vgl. Jüttemann, 1995; McAdams, 2005; Mogel, 1985; Sader & Weber, 2000). So definieren Magnusson und Törestad Persönlichkeitsforschung

> … als die Untersuchung dessen, wie und warum Individuen so denken, fühlen, agieren und reagieren, wie sie es tun – d. h. aus der Perspektive des Individuums als Organismus, in dem Denken, Fühlen und Handeln zu einem Ganzen integriert sind (1993, S. 428).

In der häufig beklagten Fragmentierung der Persönlichkeitsforschung, d. h. in ihrer Aufteilung in voneinander getrennte Bereiche – wie Wahrnehmung, Kognition, Emotion, Genetik, Physiologie – und dem geringen Ideenaustausch zwischen diesen Bereichen, sehen sie eine der größten Behinderungen des wissenschaftlichen Fortschritts.

Block (1995) beklagt, dass Persönlichkeitspsychologie häufig mit dem Studium unterschiedlicher Eigenschaftsausprägungen von Menschen, also mit Differentieller Psychologie gleichgesetzt wird, und fordert die Einordnung dieser Eigenschaften in einen zusammenhängenden theoretischen Rahmen, der Schlussfolgerungen für jeden Einzelfall erlaubt. McMartin sieht das Studium der interindividuellen Merkmalsunterschiede ebenfalls als nicht ausreichend an:

> … Individuen verhalten sich normalerweise als ganze vollständige Personen, nicht als fragmentierte Merkmale. Konsequenterweise bezieht sich das Konzept der Persönlichkeit auf irgendeine Art von *vereinheitlichender* Tendenz oder Kraft, die unsere einzelnen Fähigkeiten, Interessen, Fertigkeiten, Gefühle usw. integriert (1995, S. 4).

(2) Betonung von Kognitionen, Emotionen und Verhalten: Ein zweiter Punkt betrifft die Einzelkomponenten selbst. Die Analyseeinheiten, die Pervin aufführt – Kognitionen, Emotionen und Verhalten –, sollte man nur als Beispiele für eine große Zahl unterschiedlicher Komponenten verstehen, die in der Persönlichkeitsforschung eine Rolle spielen. Weitere bedeutsame Einzelkonzepte sind z. B. Motive, Triebe, Ziele, Fähigkeiten, Eigenschaften, Überzeugungen, Werte.

Nach Pervin wird das, was wir denken, fühlen und tun, oft isoliert voneinander untersucht. Einige Persönlichkeitstheorien heben mehr die Kognitionen hervor, andere mehr die Emotionen. Manchmal wird auch eine Abhängigkeit zwischen diesen Elementen unterstellt, z. B. die allgemeine Annahme, dass die Art, wie wir Situationen einschätzen (Kognitionen), unsere Emotionen und unser Verhalten bestimmt. Schätzen wir z. B. eine Situation als bedrohlich ein, kann Angst entstehen, die wiederum Verhalten zur Bewältigung der Angst auf den Plan ruft. Pervin geht es jedoch um eine *wechselseitige* Beeinflussung, um eine dynamische Interaktion (vgl. Kontroverse 2): Was wir denken, fühlen und tun, beeinflusst sich gegenseitig. Angst wirkt zwar auf unser Verhalten, aber die Konsequenzen des Verhaltens haben Implikationen für die Angst und die nachfolgende Beurteilung der Situation. Gelingt es, die Angst durch unser Verhalten zu reduzieren, erscheint die vormals bedrohliche Situation in einem anderen Licht (siehe auch Krohne, 1996; Lazarus,

1999). Wesentlich für die Persönlichkeitsauffassung von Pervin (1996) ist demnach die Annahme einer fortlaufenden Wechselwirkung von Kognitionen, Emotionen und Verhalten (vgl. dynamischer Interaktionismus in Kap. 12).

(3) Zeitdimension: Ein weiteres besonderes Merkmal seiner Definition sieht Pervin in der Zeitdimension. Persönlichkeit kann nur in der Gegenwart wirken, aber die Vergangenheit übt durch Erinnerungen Einfluss auf die Gegenwart aus. Auch die Zukunft beeinflusst uns, z. B. durch persönliche Erwartungen und Zielsetzungen: Jemand, der Negatives für die Zukunft erwartet, fühlt und handelt in der Gegenwart anders als jemand mit einer positiven Erwartungshaltung. Unsere Zukunftsträume gehören ebenso zu unserer Persönlichkeit wie unsere Erinnerungen und unsere Wahrnehmungen in der Gegenwart.

(4) Gesamteinschätzung des definitorischen Ansatzes von Pervin: In seinem Lehrbuch der Persönlichkeitspsychologie bewertet Walter Mischel (2003) Pervins Definition von Persönlichkeit als einen integrativen Ansatz, den die meisten Persönlichkeitspsychologen akzeptieren könnten. In der Tat kommt Pervins Auffassung als Rahmen für viele unterschiedliche Ansätze in der Persönlichkeitspsychologie infrage: für vergangenheits- ebenso wie für zukunftsorientierte Theorien, für stabilitätszentrierte Eigenschaftstheorien ebenso wie für dynamische veränderungsbezogene Theorien (vgl. Kontroverse 2). Seine Sichtweise von Persönlichkeit ist zugleich sehr anspruchsvoll und komplex, wenn er die dynamische Organisation, das Zusammenspiel von Einzelkomponenten zum Dreh- und Angelpunkt seiner Definition macht:

> Es ist diese Komplexität der Organisation, die den Schlüssel für eine Definition von Persönlichkeit darstellt ... Angesichts dieser Komplexität und der Einzigartigkeit jedes untersuchten Individuums überrascht es nicht, dass Fortschritte in diesem Bereich so schwer zu erreichen sind (Pervin, 1996, S. 415).

2.3 Differentielle Psychologie und Persönlichkeitspsychologie als Fachbezeichnungen

Fachvertreter definieren die beiden Teildisziplinen und ihre Beziehung zueinander keineswegs einheitlich. Dies spiegelt sich in den unterschiedlichen Stellen- und Fachbezeichnungen wider: An manchen deutschen Universitäten wird der Fachbezeichnung entsprechend *Persönlichkeitspsychologie*, an anderen *Differentielle Psychologie* studiert. Es gibt auch Kombinationen wie z. B. *Differentielle und Persönlichkeitspsychologie*. Solche Benennungsfragen spielten bei der Bildung der Fachgruppe der Deutschen Gesellschaft für Psychologie in Heidelberg 1990 eine große Rolle. In der konstituierenden Sitzung gab es Befürworter sowohl für die Bezeichnung *Persönlichkeitspsychologie* als auch für *Differentielle Psychologie*. Am Ende entschied man sich dafür, beide Begriffe für die Benennung der Fachgruppe heranzuziehen. In solchen Benennungsproblemen kommen unterschiedliche Auffassungen über den Inhalt und über die Unterscheidbarkeit der Fächer zum Ausdruck. Sieht man einmal davon ab, dass die beiden Begriffe häufig in gleicher Bedeutung verwendet werden (vgl. Pawlik, 1996), lassen sich derzeit drei grundsätzliche Auffassungen unterscheiden:

(1) Die Mehrzahl der deutschsprachigen Fachvertreter bevorzugt heute die Bezeichnung »Persönlichkeitspsychologie« als Oberbegriff und betrachtet *Differentielle Psychologie* als ein Teilgebiet oder als einen von mehreren möglichen Schwerpunkten innerhalb der Persönlichkeitspsychologie. In den aktuellen Hand- und Lehrbüchern der angloamerikanischen Persönlichkeitspsychologie taucht dieser Begriff, der sich lange Zeit mit dem Lehrbuch »Differential psychology« von Anastasi (1971) verband, dagegen gar nicht mehr auf. Welches Bild ergibt sich bei den Fachzeitschriften? Die einschlägige deutschsprachige Zeitschrift nannte sich »Zeitschrift für Differentielle Psychologie und Diagnostik«. Sie wird neuerdings unter dem Titel »Journal of Individual Differences« herausgegeben. Bei den meisten internationalen Fachzeitschriften taucht der Begriff »differences« dagegen nicht mehr im Titel auf: Journal of Personality and Social Psychology; Journal of Social Behavior and Personality; Personality and Social Psychology Bulletin; European Journal of Personality; Journal of Personality; Journal of Personality Assessment; Journal of Research in Personality; Personality and Individual Differences.

(2) Eine andere Gruppe deutschsprachiger Fachvertreter stellt beide Teildisziplinen gleichberechtigt nebeneinander. Nach Rost z. B. richtet sich die Differentielle Psychologie auf die Untersuchung von Unterschieden zwischen den Menschen. Womit befasst sich dann die Persönlichkeitspsychologie (Rost, 1998, S. 499)?

> Man kann sagen: mit der intraindividuellen Konstanz des Erlebens und Verhaltens, mit der Konsistenz des Erlebens und Verhaltens innerhalb des

Menschen: Was macht die Eigenart eines Menschen aus, warum verhält er sich in verschiedenen Situationen gleichartig, aber anders als andere Menschen, warum ist er gar ›einzigartig‹?

Nach Schneewind liegt in diesem einzigartigen Muster von Persönlichkeitsmerkmalen (vgl. Kap. 1) der definitorische Hauptunterschied zwischen Persönlichkeitspsychologie und Differentieller Psychologie. Die Trennungslinie zur Differentiellen Psychologie zieht er aber anders als Rost; denn zur Differentiellen Psychologie gehören für Schneewind nicht nur die *interindividuelle* Betrachtung (= Bestimmung von Unterschieden zwischen Personen), sondern auch die *intraindividuelle* Betrachtung von Persönlichkeitsmerkmalen, also das Studium von Unterschieden innerhalb einer Person. Ein Beispiel wäre die Untersuchung der Stimmung einer Person in Abhängigkeit von ihren Eigenschaften oder den Situationen, in denen sie sich befindet. Schneewind fasst zusammen:

> Während die Persönlichkeitspsychologie eben die Gesamtheit aller Dispositionen im Auge hat, beschäftigt sich die Differentielle Psychologie mit der inter- und intraindividuellen Variation von Persönlichkeitsmerkmalen, wobei jedoch häufig lediglich eine einzige individuelle Verhaltensdisposition (z. B. Intelligenz, Aufgeschlossenheit, Hilfsbereitschaft etc.) Gegenstand der Betrachtung ist (Schneewind, 1992, Bd. 1, S. 47).

Innerhalb der Differentiellen Psychologie berücksichtigen Amelang, Bartussek, Stemmler & Hagemann (2006) sowie Pawlik (1996) ebenfalls inter- und intraindividuelle Unterschiede. Sie unterscheiden zwischen einer Querschnittsbetrachtung (Unterschiede zwischen Personen zu einem gegebenen Zeitpunkt) und einer Längsschnittbetrachtung (Unterschiede innerhalb einer Person in Abhängigkeit von Situationen und Zeitpunkten).

(3) Auf einer ganz anderen Ebene liegt eine weitere Auffassung. Sie hängt mit der Diagnostik von Eigenschaften zusammen (vgl. Amelang et al., 2006). Traditionellerweise wird unterschieden zwischen Persönlichkeitsmerkmalen im engeren Sinn – wie Eigenschaften des Temperaments, der Emotionalität, der Motivation, des interpersonellen Verhaltens etc. – und Fähigkeits- bzw. Intelligenzmerkmalen. Diese Unterscheidung ist im diagnostischen Bereich weit verbreitet und hebt Persönlichkeitstests (z. B. Persönlichkeitsfragebogen) von Leistungs- oder Fähigkeitstests (z. B. Intelligenztests) ab. Nach dieser Auffassung bezeichnet Persönlichkeit eine Untermenge der in der Differentiellen Psychologie erfassten Erlebnis- und Verhaltensmerkmale (vgl. Pawlik, 1996).

Eine solche Einteilung verträgt sich nicht mit der heute üblichen umfassenden Konzeption von Persönlichkeit, die natürlich leistungsbezogene Merkmale wie Intelligenz, Merkfähigkeit, Kreativität etc. nicht ausklammern darf, sondern als genuine Persönlichkeitsbereiche einbeziehen muss. Von den Anforderungen an die Probanden her gesehen, macht es aber Sinn, zwischen Leistungstests und Tests zur Erfassung von Merkmalen ohne Leistungsbezug (= Persönlichkeitstests im engeren Sinn) zu unterscheiden. Im ersten Fall sollen die Probanden möglichst maximale Leistungen erbringen, im zweiten Fall vor allem die durchschnittliche Art und Weise ihres Erlebens und Verhaltens beschreiben.

Ich möchte empfehlen, Persönlichkeitspsychologie als Oberbegriff zu verwenden. Innerhalb dieser umfassenden Bezeichnung kann man sich dann mehr für die Untersuchung individueller Differenzen oder mehr für die Beachtung der intraindividuellen Organisation von Teilkomponenten wie Eigenschaften, Motiven, Fähigkeiten etc. aussprechen. Die Unterteilung in zwei Fächer scheint mir auch deshalb inadäquat, weil beide Orientierungen aufeinander angewiesen sind. Wie lässt sich das Zusammenspiel der einzelnen Komponenten untersuchen, wenn nicht vorher die Beschaffenheit dieser Komponenten analysiert wurde? So gesehen stellt die Erfassung inter- und intraindividueller Unterschiede eine Art Voraussetzung dar für die Beschäftigung mit der komplexen Integration von Einzelmerkmalen.

2.4 Forschungsmethoden

Die unterschiedlichen Akzentuierungen in den Definitionen der Persönlichkeitspsychologie bzw. der Differentiellen Psychologie ziehen den Einsatz entsprechender Forschungsmethoden nach sich. Sie lassen sich grob unterteilen in Forschungsstrategien und Methoden der Datengewinnung.

2.4.1 Forschungsstrategien

Die meisten Lehrbücher der Persönlichkeitspsychologie stellen drei große Gruppen von *Forschungsstrategien* vor: (1) die korrelative Methode, (2) die experimentelle Methode und (3) die Einzelfallstudie (vgl. z. B. Hjelle & Ziegler, 1992; Liebert & Spiegler, 1998; Mischel, 2003; Pervin, Cervone & John, 2005). Die Auseinandersetzung mit den drei Forschungsstrategien setzt Kenntnisse in der Forschungsstatistik voraus, deren Darstellung über die Zielsetzung dieses einführenden Buchs hinausgeht. Die Forschungsstrategien sollen hier nur so weit erläutert werden, dass ihre Anwendung in den Untersuchungen, die später im Text folgen, verständlich wird (vgl. Tab. 2.3). Ausführliche Darstellungen liefern Bortz und Döring (2006), Liebert und Spiegler (1998) sowie Selg, Klapprott und Kamenz (1992).

Die Korrelative Methode

Die weitaus größte Zahl von Untersuchungen in der Persönlichkeitspsychologie ist *korrelativ* ausgerichtet. Ziel ist es, Zusammenhänge zwischen Persönlichkeitsvariablen zu ermitteln, die für viele Personen gelten. Typische Fragestellungen lauten z. B.: Hängt Durchsetzungsfähigkeit mit Geselligkeit zusammen? Korrelieren Intelligenz und Kreativität miteinander? Lässt sich eine Beziehung zwischen Lernfähigkeit und Extraversion-Introversion nachweisen? Welcher Zusammenhang besteht zwischen grundlegenden Persönlichkeitseigenschaften und körperlicher sowie psychischer Gesundheit? Korreliert der Körperbau mit Temperamentseigenschaften? Welche Beziehung ergibt sich zwischen physischer Attraktivität (Schönheit) und Ausgeglichenheit?

Korrelationsrechnung: Die Beantwortung von Fragestellungen dieser Art stützt sich auf die Berechnung des Korrelationskoeffizienten. Meistens wird die Produkt-Moment-Korrelation von Pearson verwendet. Mit diesem Koeffizienten kann man Aussagen machen (1) über die Enge des Zusammenhangs zwischen zwei Variablen, (2) über die Richtung des Zusammenhangs (positiv oder negativ). Der Korrelationskoeffizient kann einen Wert von $r = +1.00$ (eine perfekte positive Korrelation) bis $r = -1.00$ (eine perfekte negative Korrelation) annehmen. In einer Zufallsstichprobe von mehreren hundert Erwachsenen werden »Körpergröße« und »Körpergewicht« hoch positiv miteinander korrelieren, d. h. hohe Werte auf der Variablen Körpergröße werden zumeist mit hohen Werten auf der Variablen Körpergewicht einhergehen. Eine negative Korrelation liegt dagegen vor, wenn hohe Werte auf der Variablen Körpergröße mit geringen Werten auf der Variablen Körpergewicht einhergehen. Ein Wert um Null herum besagt, dass die beiden Variablen keinen Zusammenhang aufweisen, d. h., jedes beliebige Gewicht tritt zusammen mit jeder beliebigen Körpergröße auf.

In der Persönlichkeitspsychologie wie in der Psychologie im Allgemeinen korrelieren die Variablen nicht extrem hoch miteinander. Korrelationen um $+.70$ oder $-.70$ sind eher selten und als hoch zu bezeichnen. Korrelationen um $+.30$ oder $-.30$ zeugen dagegen nur von einem schwachen Zusammenhang. Ob ein niedriger Korrelationskoeffizient überhaupt noch interpretiert werden darf, wird durch statistische Signifikanzbestimmung ermittelt (vgl. Bortz, 2004).

Faktorenanalyse: Die Bezeichnung *Faktorenanalyse* stellt einen Sammelbegriff für verschiedene, sehr komplexe mathematische Verfahren dar, mit denen Korrelationsmuster analysiert werden. Das allgemeine Ziel der Faktorenanalyse besteht darin, eine größere Anzahl von Variablen auf eine kleinere Anzahl unabhängiger Dimensionen (= Faktoren) zurückzuführen. Ein Beispiel aus der Intelligenzdiagnostik soll dies veranschaulichen. Angenommen mehrere hundert Probanden haben die elf Subtests des *Hamburg-Wechsler-Intelligenztests für Erwachsene* bearbeitet (vgl. Tab. 2.1).

Tab. 2.1 Subtests und Beispielaufgaben aus dem HAWIE-R (Tewes, 1991)

(1) Allgemeines Wissen	Wer erfand das Flugzeug?
(2) Zahlennachsprechen	Folgen von 3–9 Ziffern sind vorwärts und rückwärts nachzusprechen
(3) Wortschatz	Was bedeutet konkordant?
(4) Rechnerisches Denken	Ein Zug fährt 275 km in 5 Stunden. Wie groß ist seine Durchschnittsgeschwindigkeit in km pro Stunde?
(5) Allgemeines Verständnis	Wenn Sie sich am Tage im Wald verirrt hätten, was würden Sie tun, um wieder herauszufinden?
(6) Gemeinsamkeiten finden	Was ist das Gemeinsame von Arbeit und Spiel?
(7) Bilderergänzen	Fehlende Details von Zeichnungen sind zu bezeichnen
(8) Bilderordnen	Bilder sind in die richtige Reihenfolge zu bringen
(9) Mosaiktest	Zweidimensionale Muster sind mit Hilfe von Klötzchen nachzubauen
(10) Figurenlegen	Zerschnittene Figuren sind zusammenzusetzen
(11) Zahlen-Symbol-Test	Vorgegebene Ziffern sind bestimmten Zeichen zuzuordnen

Für jeden Probanden ist die Zahl der richtig gelösten Aufgaben pro Subtest bestimmt worden. Die elf Testvariablen werden nun miteinander korreliert. Nehmen wir an, dass die resultierenden Interkorrelationen alle positiv ausfallen. Sie unterscheiden sich aber in der Höhe des Zusammenhangs: Einige Korrelationen erweisen sich als hoch, z. B. die Korrelation zwischen »Mosaiktest« und »Bilderergänzen«. Einige Korrelationen sind eher niedrig, z. B. die Korrelation zwischen »Figurenlegen« und »Zahlennachsprechen«.

Mit der Faktorenanalyse kann man nun feststellen, auf wie viele Faktoren sich das Korrelationsmuster zurückführen lässt. In unserem Beispiel ist eine Zweifaktorenlösung wahrscheinlich: Wie die Aufgaben- und Korrelationsbeispiele nahe legen, kommt in den Leistungen der Tests 1–6 der Faktor *Verbale Intelligenz*, in den Leistungen der Tests 7–11 die *Handlungsintelligenz* zum Ausdruck. Diese Zweifaktorenlösung ist jedoch nicht so selbstverständlich, wie es auf den ersten Blick erscheinen mag: Die Faktorenanalyse könnte zu einer differenzierteren Aufteilung führen: Eine Reihe von spezifischeren Faktoren sind denkbar, z. B. *räumliches Vorstellungsvermögen* (Test 7, 9 und 10). Plausibel wäre aber auch ein faktorenanalytisches Ergebnis, bei dem sich alle Testleistungen auf eine homogene Grundfähigkeit zurückführen lassen, auf einen einzigen *generellen Faktor* der Intelligenz (g-Faktor). Ein Indiz dafür sind die durchweg positiven Korrelationen zwischen allen Testleistungen.

Die Faktorenanalyse hat in der Persönlichkeitspsychologie eine enorme Bedeutung erlangt, da sie darauf abzielt, eine verwirrende Vielzahl möglicher Persönlichkeitseigenschaften auf einige, voneinander unabhängige Grunddimensionen zurückzuführen (vgl. die sog. Big Five in Kap. 10). Bei der Faktorenanalyse kommen jedoch viele subjektive Entscheidungen ins Spiel, z. B. bei der Auswahl des Faktorenmodells, bei der Bestimmung der Zahl der Faktoren oder bei der Benennung der Faktoren (vgl. Bortz, 2004). Die Berechnung einer Faktorenanalyse war früher sehr aufwändig. Erst seit der Einführung von EDV-basierten Statistikprogrammen, wie z. B. SPSS, lassen sich Faktorenanalysen schnell und mühelos durchführen.

Die experimentelle Methode

Korrelationen dürfen nicht kausal interpretiert werden. Wenn Ängstlichkeit mit Schulleistung negativ korreliert ist, darf nicht behauptet werden, dass Ängstlichkeit die Ursache für die schlechte Leistung sei. Die Ängstlichkeit könnte sich auch als Folge des häufigen schlechten Abschneidens bei Schularbeiten ergeben haben. Außerdem ist es möglich, dass sich eine dritte, gar nicht erfasste Variable ausgewirkt hat: Ein geringes Selbstwertgefühl z. B. könnte sowohl Ängstlichkeit als auch Leistung negativ beeinflussen.

Im Unterschied zur korrelativen Methode kann man mithilfe des Experiments – zumindest nach klassischem Verständnis – Ursache-Wirkungs-Zusammenhänge herstellen. Das Experiment ist eine Methode, bei der eine Variable (oder mehrere Variablen) variiert und alle anderen konstant gehalten werden. Die Variable, die vom Versuchsleiter (Vl) variiert oder manipuliert wird, ist die *unabhängige*

Variable (UV). Diese unabhängige Variable wirkt auf das bei den Versuchspersonen (Vpn) zu beobachtende Phänomen ein, das durch die *abhängige* Variable (AV) repräsentiert wird. Diejenigen Variablen, die kontrolliert oder konstant gehalten werden müssen, sind die *Störvariablen* (z. B. Lärm während der Untersuchung, Müdigkeit der Vpn, Merkmale der Vpn und der Vl). Sie sind nicht Gegenstand der Untersuchung. Es soll verhindert werden, dass sie zusätzlich zur UV die Werte der AV beeinflussen. Ziel des Experiments ist es also, die Werte der AV ausschließlich als Folge der Manipulation der UV zu begreifen. Wegen der Möglichkeit, solch eine Ursache-Wirkungs-Beziehung herzustellen, bezeichnen einige Forscher das Experiment auch als »Königsweg« unter den psychologischen Methoden.

Als Beispiel für ein Experiment soll eine sehr bekannt gewordene Untersuchung von R. S. Lazarus kurz dargestellt werden (Lazarus, Opton, Nomikos & Rankin, 1965). Im Rahmen der Entwicklung seiner Stress- und Bewältigungstheorie (vgl. Kap. 12) ging es ihm darum, die stressreduzierende Wirkung von Bewertungsvorgängen zu demonstrieren. Dazu schuf er Stress-Situationen, in denen sich seine Vpn Filme mit bedrohlichen Inhalten ansehen mussten, z. B. Beschneidungsriten bei australischen Ureinwohnern oder Unfälle. In dem Experiment, um das es hier geht, wurden den Vpn Unfälle in einem Sägewerk in Großaufnahme gezeigt: Beim ersten Unfall wird gezeigt, wie ein Arbeiter mit seinem Finger in eine Hobelmaschine gerät, beim zweiten wird einem Arbeiter ein Finger in einer Fräsmaschine amputiert. Beim dritten Unfall sieht man, wie aufgrund des Leichtsinns eines Arbeiters ein Brett von einer Kreissäge weggeschleudert und in den Unterleib eines zufällig vorbeikommenden Arbeiters eindringt. Vor dem Zeigen des Films wurden zwei unterschiedliche Formen von stressreduzierenden Einschätzungen vermittelt: (1) *Verleugnung:* Man sagte einer Gruppe von Vpn, der Film sei gedreht worden, um bei Industriearbeitern Furcht hervorzurufen, die sie motivieren solle, die Sicherheitsvorschriften zu befolgen. Alles im Film sei gestellt: Bei den Arbeitern im Film handele es sich um Schauspieler, das ausströmende Blut sei Farbe usw. (2) *Intellektualisierung:* Einer anderen Gruppe von Vpn wurde gesagt, sie sollten sich Gedanken machen über die Effektivität des Films in Bezug auf die Unfallverhütung. Es ging also darum, die Vorgänge im Film in distanzierter, wissenschaftlicher Manier zu beurteilen. Einer dritten Gruppe von Vpn, der *Kontrollgruppe*, wurde der Film ohne Vorgabe einer spezifischen Form der Einschätzung gezeigt. Ihre Instruktion bestand nur in der Zusammenfassung des Filminhalts. Als Indikator für emotionale Erregung dienten u. a. die Niveauwerte der Hautleitfähigkeit (SCL: Skin conductance level, vgl. Vossel & Zimmer, 1998). Wie die Befunde deutlich machen (siehe Abb. 2.1), führten die drei Unfallszenen unter jeder der drei Instruktionsbedingungen zu einem deutlichen Anstieg der Hautleitfähigkeit. Entscheidendes Ergebnis war aber die Wirksamkeit der vermittelten Bewertungsformen: Die Vpn der

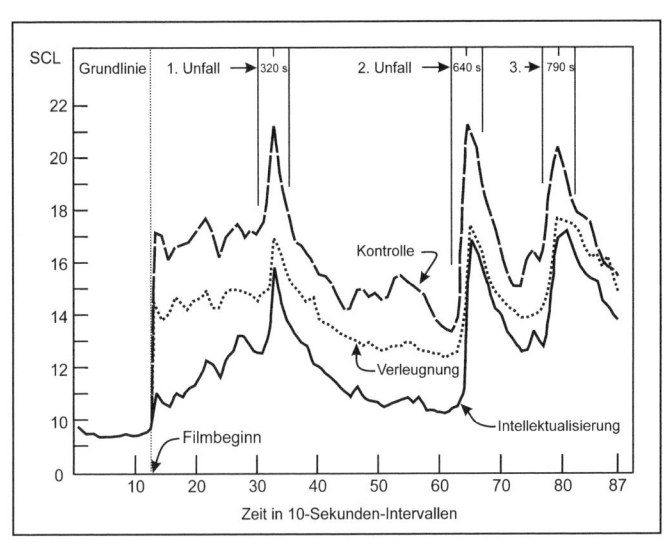

Abb. 2.1 Reduzierung der emotionalen Erregung während eines Unfallfilms durch Einsatz von Bewertungsformen (SCL: Skin conductance level)

Kontrollbedingung, die den Film ohne den »Schutz« einer bedrohlichkeitsreduzierenden Bewertungsstrategie sahen, wiesen die höchsten Erregungswerte auf, die Vpn der Intellektualisierungsbedingung die niedrigsten. Die Erregungswerte für die Verleugnungsbedingung lagen zwischen denen der beiden anderen Bedingungen.

In Begriffen der experimentellen Methode stellen die drei Bewertungsinstruktionen unterschiedliche Stufen der UV, die Hautleitfähigkeit als Indikator für emotionale Erregung die AV dar. Potenzielle Störvariablen wurden kontrolliert, z. B. das Geschlecht: Die 22 studentischen Vpn pro Bedingung bestanden jeweils zur Hälfte aus Männern und Frauen. Eine weitere Störvariable könnte die Nationalität der beteiligten Studenten sein. Unter den überwiegend amerikanischen Studierenden befanden sich einige Studenten mit einer anderen Nationalität. Sie wurden möglichst gleichmäßig auf die drei Bedingungen verteilt. Allein aufseiten der Studierenden sind viele andere potenzielle Störvariablen denkbar, z. B. Unterschiede in der emotionalen Ansprechbarkeit, unterschiedliche Erfahrung mit emotionsinduzierenden Spielfilmen, unterschiedlich kritische Haltung gegenüber psychologischen Experimenten. Solche Variablen können – wie in dem Experiment von Lazarus et al. (1965) – am besten dadurch kontrolliert werden, dass der Vl die Vpn den drei Bedingungen nach Zufall zuordnet.

Im Gegensatz zu vielen Autoren einführender Lehrbücher erkennen einige Persönlichkeitspsychologen das Experiment in der bisher vorgestellten Form nicht als Methode der Persönlichkeitspsychologie an (z. B. Amelang et al., 2006). In der Tat wird ja der Einfluss situativer Variablen und nicht derjenige von Persönlichkeitsvariablen erfasst. Es werden Beziehungen zwischen manipulierbaren situativen Variablen (z. B. unterschiedliche Instruktionen im Filmexperiment) und abhängigen Reaktionsvariablen (z. B. Indikatoren für emotionale Erregung) untersucht. Diese Beziehungen sind allgemeiner Natur, d. h., es werden keine Unterschiede für bestimmte Gruppen von Personen erforscht, z. B. für Ängstliche im Vergleich zu Nichtängstlichen. So gesehen ist das Experiment eine Methode der Allgemeinen Psychologie.

Dieser Einwand lässt sich ausräumen, wenn Persönlichkeitsvariablen oder Organismusvariablen explizit in den Versuchsplan aufgenommen werden. Im Falle des Filmexperiments ist es z. B. sinnvoll, hochängstliche und niedrigängstliche Probanden hinsichtlich der Auswirkung der drei Instruktionen zu vergleichen (siehe Tab. 2.2). Plausibel wäre die Hypothese, dass Hochängstliche wegen ihres vermutlich höheren Erregungsniveaus mehr als Niedrigängstliche von den beiden über die Instruktion vermittelten Bewertungsformen profitieren. Dementsprechend müssten sie unter der Kontrollbedingung ein höheres Erregungsniveau als Niedrigängstliche aufweisen. Von Interesse wäre auch, das Geschlecht explizit als unabhängige Variable einzuführen. In dem Fall hätte man aus einer Störvariablen eine unabhängige Variable gemacht, für deren Auswirkung man sich interessiert. Für ein solches um ein oder mehrere Persönlichkeitsvariablen erweitertes Experiment schlagen Amelang et al. (2006) den Begriff *differentialpsychologisches Experiment* vor. Mit einem derartigen Versuchsplan lassen sich vor allem *Wechselwirkungseffekte* zwischen situativen und differentiellen Variablen untersuchen. Solche Effekte liegen vor, wenn sich z. B. Unterschiede zwischen Hoch- und Niedrigängstlichen nicht durchgängig für jede der drei Bedingungen ergeben, sondern nur für eine oder zwei Bedingungen.

Tab. 2.2 Versuchsplan eines differentialpsychologischen Experiments

	Kontrollbedingung	Verleugnung	Intellektualisierung
Hochängstliche	Gruppe 1	Gruppe 2	Gruppe 3
Niedrigängstliche	Gruppe 4	Gruppe 5	Gruppe 6

Es ist noch wichtig, auf den prinzipiellen Unterschied zwischen Persönlichkeitsvariablen und situativen Variablen hinzuweisen. Werte auf Persönlichkeitsvariablen können von Natur aus nicht wie situative Variablen vom Vl manipuliert werden: Man kann einer Vp nicht nach Belieben den Wert »hochängstlich« oder »niedrigängstlich« zuordnen. Jede Vp bringt ihre Ausprägung auf Persönlichkeitsvariablen wie Ängstlichkeit, Optimismus, Intelligenz zum Versuch natürlich schon mit! Selg (1992, S. 54) spricht von »vorgefundener Variiertheit«. Vpn lassen sich aber entsprechend ihrer Ausprägung auf solchen Variablen selegieren, also auswählen. Hochängstliche und niedrigängstliche Vpn kann man z. B. bestimmen, indem man die Werte eines vor dem eigentlichen Experiment durchgeführten Ängstlichkeitstests heranzieht.

Mit der Nicht-Manipulierbarkeit von Persönlichkeitsvariablen ist ein weiterer Unterschied zu den situativen Variablen verknüpft. Es lassen sich nicht ohne weiteres wie bei den situativen Variablen Ursache-Wirkungs-Beziehungen herstellen. Ein Beispiel: Ängstlichkeit ist mit vielen anderen Persönlichkeitseigenschaften (positiv oder negativ) korreliert, z. B. mit Selbstsicherheit, Depressionsneigung, Pessimismus. Ein bedeutsamer Unterschied zwischen hoch- und niedrigängstlichen Vpn in der emotionalen Erregung kann daher prinzipiell auch auf eine oder mehrere dieser korrelierten Eigenschaften zurückgeführt werden. Der interpretative Vorteil der Methode des Experiments – die Möglichkeit, eine Ursache-Wirkungs-Beziehung herzustellen – gilt also nur für die situative, nicht jedoch für die Persönlichkeitsvariable.

Als großer Nachteil des Experiments wird häufig seine Künstlichkeit und Lebensferne genannt. Prinzipiell ist es aber möglich, Experimente nicht nur im Labor (siehe Filmexperiment), sondern auch in natürlichen Umgebungen als sog. *Feldexperiment* durchzuführen (siehe das Experiment zum Thema situative Identitäten in Kap. 16.2). Ein Kompromiss besteht darin, Merkmale natürlicher Situationen im Labor in Form eines Rollenspiels zu simulieren (siehe Gefängnisexperiment von Zimbardo in Kap. 1.2). Der Vollständigkeit halber sei noch auf die *Feldstudie* hingewiesen. Da bei der Feldstudie keine Bedingungen vom Vl variiert werden, handelt es sich *nicht* um ein experimentelles Vorgehen. Das Verhalten in natürlichen Situationen wird nur beobachtet, z. B. emotionale Reaktionen beim Bungeejumping oder aggressive Reaktionen von Kindern auf einem Spielplatz.

Als weiterer Nachteil gelten *Erwartungseffekte*: Vom Versuchsleitererwartungs- oder Rosenthaleffekt spricht man, wenn die Erwartungen des Versuchsleiters unbeabsichtigt die Ergebnisse des Experiments beeinflussen. Diese Störquelle scheidet aus, wenn sowohl die Manipulation der unabhängigen Variablen einschließlich der Instruktion als auch die Erfassung der abhängigen Variablen ohne Vl, also automatisch erfolgt oder wenn der Versuchsleiter die dem Experiment zugrunde liegende Hypothese nicht kennt. Schwieriger ist es, den Einfluss von Störfaktoren wie den sog. *Vp-Motiven* auszuschließen, in denen basale Einstellungen gegenüber Experiment und Experimentator zum Ausdruck kommen. Beispiele sind: (a) die *gute* Vp, die dem Experimentator bei der Bestätigung seiner vermuteten Hypothese helfen möchte, (b) die *bewertungsängstliche* Vp, der es darum geht, sich dem Experimentator gegenüber möglichst positiv darzustellen und nicht als unfähig oder emotional labil erscheinen möchte (vgl. protektive Selbstdarstellung in Kap. 15). Bei solchen verborgenen Vp-Motiven handelt es sich um nicht kontrollierte Persönlichkeitsfaktoren. Als Störfaktoren können sie zusätzlich zu den explizit variierten Situations- und Persönlichkeitsmerkmalen die Ergebnisse des Experiments beeinflussen (siehe zusammenfassend Mertens, 1975).

Die Einzelfallstudie

Die überwältigende Zahl von Untersuchungen in der Persönlichkeitspsychologie bedient sich der korrelativen oder der experimentellen Methode. Es geht um das Ziel der Gewinnung von Aussagen, die für alle oder bestimmte Gruppen von Menschen zutreffen. Eher gering ist die Zahl von Untersuchungen, in denen das detaillierte Studium von *Einzelfällen* im Mittelpunkt steht (vgl. Kap. 1 und 7).

Als besonderer Vorteil der Einzelfallstudie wird die Möglichkeit gesehen, ein ganzheitliches Bild der Persönlichkeit einschließlich ihrer sozialen Beziehungen zu zeichnen. Die Einzelfallstudie eignet sich speziell für die Erfassung von individuellen Besonderheiten und erlaubt Einblick in die Komplexität des Zusammenwirkens von einzelnen Komponenten der Persönlichkeit (vgl. die Definition von Persönlichkeitspsychologie in Kap. 2.2).

Für die Persönlichkeitspsychologie sehe ich es als grundlegend an, vom Einzelfall auszugehen. Die Einzelfallmethode wird daher in mehreren Kapiteln des Buchs ausführlich behandelt (siehe vor allem Kontroverse 1). Dabei kommt auch ihr größtes Problem zur Sprache: die Generalisierbarkeit, also die Übertragung der Befunde des Einzelfalls auf andere Fälle. Persönlichkeitspsychologie – wie die Psychologie im Allgemeinen – kann nicht bei der Untersuchung des Einzelfalls stehen bleiben. Auch nach Reinecker (1995), der sich in seinem »Fallbuch der klinischen Psychologie« programmatisch für die Einzelfallforschung einsetzt und die »Unumgänglichkeit des Einzelfalles« (S. 1) konstatiert, kommt man nicht umhin, sich dem »Spannungsfeld der Analyse individueller Merkmale einer Person und dem dauernden Versuch zur Verallgemeinerung« (S. 3) zuzuwenden. Die damit angesprochene Möglichkeit einer Kombination von Idiographik und Nomothetik ist das zentrale Thema des 8. Kapitels.

In den nachfolgenden Kapiteln finden sich verschiedene Beispiele für die drei Forschungsstrategien. Für jede der drei Forschungsstrategien wird in Tabelle 2.3 ein typisches Beispiel aufgeführt.

Tab. 2.3 Beispiele für die drei Forschungsstrategien

Forschungsstrategie	Thema	Kapitel
Korrelative Methode	Der eigenschaftstheoretische Ansatz am Beispiel des Fünf-Faktoren-Modells	10
Experimentelle Methode	Situative Identitäten	16.2
Einzelfallmethode	Einzelfall: Fritzi als erfolgreiche Prognostikerin	8.3

2.4.2 Methoden der Datengewinnung

Bei der Darstellung der Forschungsstrategien sind schon einige Möglichkeiten der Datengewinnung genannt worden, z. B. Tests. Methoden der Datengewinnung werden innerhalb der Forschungsstrategien eingesetzt. Solche Erhebungsmethoden werden im Zusammenhang mit den inhaltlichen Beispielen in den einzelnen Buchkapiteln ausführlicher dargestellt. Sie sollen an dieser Stelle nur im Überblick aufgeführt werden. Eine gängige Klassifikation der für die Persönlichkeitsforschung wichtigen Daten ist die von Cattell (1965). Er unterscheidet L-Daten, Q-Daten und T-Daten (vgl. Herrmann, 1991):

(1) *L-Daten* (life record) beziehen sich auf Verhalten in alltäglichen Situationen. Diese Daten ergeben sich meist aus Beurteilungen durch andere. Sie spielen eine große Rolle bei der Fremdbeschreibung von Eigenschaften durch Angehörige, Bekannte, Vorgesetzte etc. (vgl. Kap. 10 und 16).

(2) *Q-Daten* (questionnaire data) resultieren aus der Selbstbeurteilung des Individuums mithilfe von Fragebogen oder Interviews (vgl. Kap. 4, 10 und 12).

(3) *T-Daten* stammen aus objektiven Tests: Das Verhalten des Individuums wird in einer standardisierten Situation gemessen. Das Individuum beurteilt sich weder selbst noch wird es von anderen

beurteilt. Beispiele sind Leistungen in Intelligenztests (vgl. Kap. 2.4.1) oder physiologische Messungen, z. B. der Pulsfrequenz oder der Hautleitfähigkeit (vgl. Kap. 2.4.1).

Im Kontext von Tests werden meistens sog. *Gütekriterien* vorgestellt: Objektivität, Reliabilität und Validität. Sie sind aber auch für alle anderen Erhebungsmethoden von Bedeutung, weil sie allgemeine Prinzipien der Wissenschaftlichkeit darstellen (vgl. Selg et al., 1992). Ein Test gilt als *objektiv*, wenn er sich hinsichtlich Durchführung, Auswertung und Interpretation als relativ unabhängig vom Untersucher erweist. Unter *Reliabilität* oder Zuverlässigkeit versteht man die Genauigkeit, mit der ein Test misst – unabhängig von dem, was er misst. Von einem reliablen Test für Persönlichkeitseigenschaften wird z. B. erwartet, dass wiederholte Messungen – innerhalb gewisser Toleranzgrenzen – zu übereinstimmenden Ergebnissen führen. Demgegenüber geht es bei der *Validität* oder Gültigkeit um die Genauigkeit, mit der ein Test misst, was er zu messen vorgibt. Ein Ängstlichkeitstest sollte in erster Linie Ängstlichkeit und nicht etwa Depressivität erfassen.

Die von Cattell aufgeführten Erhebungsmethoden sind charakteristisch für eine psychometrisch orientierte Forschungstradition. Eine große heterogene Gruppe von persönlichkeitspsychologisch bedeutsamen Verfahren geht über Cattells Klassifikation hinaus. Dazu zählen idiographische, biographische und narrative Verfahren ebenso wie Methoden der Text- und Inhaltsanalyse. Sie werden exemplarisch im Rahmen der Kontroverse 1 (Einzigartigkeit versus Generalisierbarkeit) und des Teils IV (Herausforderungen) vorgestellt. Erst neuerdings gibt es ein Lehrbuch, das einen systematischen Überblick über all diese Verfahren bietet: »Psychologische Interpretation. Biographien – Texte – Tests« (Fahrenberg, 2002). Unter Berücksichtigung wissenschaftlicher Prinzipien werden auch Verfahren wie Traumanalyse, Schriftinterpretation und projektive Tests vorgestellt. Im Anschluss an eine Diskussion von zugespitzten Gegenüberstellungen wie z. B. nomothetisch-idiographisch, quantitativ-qualitativ, naturwissenschaftlich-geisteswissenschaftlich, erklärend-verstehend leitet der Autor Prinzipien einer allgemeinen Interpretationslehre für die Psychologie ab. Das Buch enthält auch einen Ausblick über künftige Entwicklungen im »interpretativen Paradigma« und plädiert für einen Ausbau der Biografischen Methodik und Interpretationslehre im Grundstudium der Psychologie.

3 Einflüsse aus der Vergangenheit

Wie man anderen erscheint und wie man sich selbst sieht, stellt eine Polarität dar, die eng mit der Wortgeschichte von Persönlichkeit zusammenhängt. Der Begriff *Persönlichkeit* und seine Wurzel Person leiten sich von *persona* ab.

3.1 Persona: ein antiker Begriff und seine Renaissance
(Lothar Laux und Karl-Heinz Renner)

3.1.1 Die Bedeutung von persona in der Antike

Nach Allport (1949, S. 28) führt bereits Cicero (106–43 v. Chr.) vier Bedeutungen von *persona* im klassischen Latein auf:

(1) Wie man anderen erscheint (aber nicht ist);
(2) die Rolle, die jemand (z. B. ein Philosoph) im Leben spielt;
(3) eine Häufung persönlicher Eigenschaften, die jemanden zu seiner Arbeit befähigen;
(4) Besonderheit und Würde (etwa im Stil).

Die *erste* Bedeutung von *persona* leitet sich von der Tonmaske im Theater ab. Die Masken waren in Rom 100 v. Chr. aufgekommen, nachdem sich die Schauspieler früher nur geschminkt hatten. Der Legende nach soll ein bekannter römischer Schauspieler, der sein störendes Schielen verbergen wollte, für die Einführung der Masken verantwortlich gewesen sein (Rheinfelder, 1928). Wenig wahrscheinlich ist die These einiger Sprachwissenschaftler, dass *persona* auf *personare* (Hindurch-Tönen der Stimme) zurückgeht (Koch, 1960). Überwiegende Anerkennung der Philologen hat dagegen die Ableitung des Begriffs aus dem etruskischen *phersu* gefunden, eine Bezeichnung, die für einen vollständig maskierten Dämon steht. Der *phersu* schmückte die Wände von etruskischen Grabkammern. Persona als die Gesichts- und Theatermaske stellt sozusagen einen kleinen *phersu* dar. Es ist unstrittig, dass diese ursprüngliche Wortbedeutung das Maskenhafte, die Täuschung, den äußeren Schein betont. Diese Wortbedeutung bestätigt diejenigen Definitionen von Persönlichkeit, die der äußeren Erscheinung und nicht der inneren Struktur den Vorzug geben (vgl. Kap. 1.3).

Die *zweite* Wortbedeutung bezeichnet die Rolle, die der Schauspieler spielt. Noch heute wird im Theater von den *dramatis personae* (Personen der Handlung) gesprochen. Diese zweite Bedeutung entwickelte sich aus der ersten: Es ist nahe liegend, dass das Publikum von den Trägern der Masken ein gleich bleibendes Verhaltensmuster erwartet. So entsteht die übertragene Bedeutung von *persona* als Rolle. Jenseits des Theaters bedeutete *persona* dementsprechend soviel wie die Rolle, die man im öffentlichen Leben spielt, die soziale Stellung, aber auch die Ausstrahlung, die mit einer Rolle verbunden ist, oder das Ansehen, das man genießt.

Sowohl in der ersten als auch in der zweiten Bedeutung hat C. G. Jung das Wort *persona* als wissenschaftlichen Terminus beibehalten:

> ... eine Maske, die Individualität vortäuscht, die andere und einen selber glauben macht, man sei individuell, während es doch nur eine gespielte Rolle ist, in der die Kollektivpsyche spricht (Jung, 1971, S. 173).

Mit der Übernahme der *persona* reagiert das Individuum auf die Erwartungen der gesellschaftlichen Umwelt. Der Zweck der Maskierung besteht darin, auf andere einen bestimmten Eindruck zu machen. Die *persona* ist die öffentliche Seite der Persönlichkeit, die Seite, die man anderen vorführt. Das Tragen der *persona* stellt für den gut angepassten Menschen eine Art Schutz dar, der ihm einen reibungslosen Umgang mit der Umwelt erlaubt. Nach Jung ist es problematisch, wenn das Ich als Träger der Individualität mit der persona vollständig verschmilzt, z. B. der Professor, dessen ganze Individualität sich in der *persona* des »Professorseins« erschöpft. Die Persönlichkeit verflacht und wird sich selbst fremd. An die Stelle des autonomen Individuums rückt eine Scheinpersönlichkeit, ein Abbild der gesellschaftlichen Erwartungen.

Erst die *dritte* Wortbedeutung verlässt den Bereich des äußeren Scheins und der Rolle, wenn nämlich unter *persona* der Schauspieler hinter der Maske als ein Mensch mit besonderen persönlichen Eigenschaften verstanden wird. Diese Bedeutung wird von Allport als Fundament für die genuin psychologischen »biophysischen« Definitionen von Persönlichkeit interpretiert, die der inneren Struktur und nicht der äußeren Erscheinung den Vorzug geben (vgl. Kap. 1.3). Von dieser dritten Wortbedeutung lassen sich die eigenschaftszentrierten Ansätze der Persönlichkeitspsychologie ableiten.

Die *vierte* Wortbedeutung hebt Gewicht und Würde einer Person hervor. Sie steht für den juristischen Sprachgebrauch: Als *personae* wurden freigeborene Bürger bezeichnet. Dagegen hatte der Sklave vor Gericht keine *persona*; er fiel mit seinen Angelegenheiten unter das Sachenrecht.

3.1.2 Die Gegensätzlichkeit des Begriffs »persona«

Wie die beschriebenen Wortbedeutungen zeigen, umfasst der Begriff *persona* in der römischen Antike Gegensätzliches: äußeren Schein, das Nichtwesenseigene, die Rolle ebenso wie das Innere, das Wahre, das Wesentliche. Wie lässt sich erklären, dass ein Begriff vollkommen gegensätzliche Bedeutungen in sich vereinigt? Nahe liegend ist die Annahme, dass schon antike Theaterbesucher die Schauspieler mit ihren Rollen gleichsetzten bzw. verwechselten (vgl. Allport, 1949).

Eine faszinierende Möglichkeit diskutiert Rheinfelder (1928): In seiner psychologischen Begriffsanalyse unterscheidet er zwischen zwei Betrachtungsmöglichkeiten: einer theatertechnisch-kritischen und einer eher naiven. Die erste kritisch-analysierende Auffassung sieht in *persona*, verstanden als Maske, etwas Äußeres, ein Täuschungsmittel; der Schauspieler bleibt trotz seiner *persona*, was er ist. *Persona* ist somit die Hülle, die den Kern verbirgt: »Denken wir an den Schauspieler, so denken wir an einen Menschen, der eben in diesem Augenblick einen Ödipus aus sich macht: dazu hat er die *persona* angelegt« (Rheinfelder, 1928, S. 8).

Die zweite Auffassung geht vom naiven, nicht technisch eingestellten Theaterbesucher aus. Für ihn ist die Maske, die Hülle, etwas, das notwendigerweise zur dargestellten Figur gehört: »In dem Augenblick, wo er seine persona abnimmt, verschwindet das Allerwichtigste an ihm, jenes Wesentliche, ohne das er nicht mehr Ödipus ist« (Rheinfelder, 1928, S. 8). So wird *persona* zum eigentlichen Kern der Sache. Entsprechend entwickelte sich außerhalb des Theaters die Bedeutung von *persona* als das Wesentliche, Ureigenste im Menschen überhaupt.

3.1.3 Persona, personalitas und Persönlichkeit

In der Spätantike und im Mittelalter wurde die Entwicklung des Begriffs *persona* nachhaltig durch christlich-theologische Einflüsse bestimmt. Der Begriff bezeichnete im dritten Jahrhundert die drei Personen (personae) der göttlichen Dreieinigkeit (Vater, Sohn, Heiliger Geist). Neben der Gottheit wurde auch eine getaufte Person *persona* genannt. Sehr bekannt geworden ist die Definition von Boethius im sechsten Jahrhundert, in der die Person als einmaliges, unteilbares und vernunftbestimmtes Wesen aufgefasst wird (»Persona est naturae rationalis individua substantia«). Im Lauf des Mittelalters wird *persona* durch die enge Beziehung zur christlichen

Gottesvorstellung mehr und mehr »mit tiefer Innerlichkeit durchtränkt« (Koch, 1960, S. 8).

Ebenfalls im Mittelalter leiteten scholastische Philosophen von *persona* den Begriff *personalitas* ab, den deutsche Mystiker mit *persônlichkeit* übersetzten. Den mystischen Auffassungen entsprechend ist der Mensch persönlich, insofern Christus in ihm wohnt: »Persönlichkeit ist hier die göttliche, die unsterbliche Seite unseres Wesens« (Koch, 1960, S. 9).

Persönlichkeit verliert auch später als säkularisierter Begriff nie völlig den »transzendentalen« Bezug: Der Begriff *Persönlichkeit* wird bevorzugt dann gewählt, wenn die besondere Einmaligkeit und Einzigartigkeit des Menschen, seine rational nicht voll erfassbare Natur oder die Ablehnung seiner Erforschbarkeit mit naturwissenschaftlichen Mitteln hervorgehoben werden soll (vgl. Herrmann, 1991). Gegenüber dem »vollertönenden« Wort *Persönlichkeit* rutschte das einfache Wort *Person* ins Triviale ab (Koch, 1960, S. 10). Es kann sogar in abwertendem Sinn (z. B. »diese Person«) verwendet werden. Das Wort *Versuchsperson* in der experimentellen Psychologie weist in eine ähnliche Richtung. Hier zählt gerade *nicht* das Einmalige oder das Besondere der Person: Vielmehr geht es – nach klassisch-experimentellem Verständnis – gerade darum, das Persönliche der Versuchsteilnehmer als Einflussgröße auszuschalten, damit allgemeine Gesetzmäßigkeiten umso deutlicher ermittelt werden können.

3.1.4 Persona und MUD

Im Zeitalter des Internets erlebt der antike römische Rollenbegriff »persona« eine ganz konkrete Renaissance in den sog. MUDs (multiple-user-dungeons). Dies sind programmierte virtuelle Räume, die den Teilnehmern am PC die Möglichkeit bieten, selbstgewählte Rollen oder *personae* zu spielen. Die meisten MUDs sind rein textbasiert, d. h., sämtliche Orte, Spieler, Gegenstände sind lediglich schriftlich repräsentiert. Ein Spieler kann sich im MUD fortbewegen, indem er die Anfangsbuchstaben der vier Himmelsrichtungen eingibt. Er kann sich aber auch umsehen, Dinge ansehen, nehmen und hinlegen, riechen, horchen, mit anderen kommunizieren und Gefühle ausdrücken, z. B. sich freuen, jubeln, schmollen, weinen, erbleichen, erröten, anschmiegen, »baggern«, knutschen, lieben, drücken, umarmen, »knuddeln« … Für alle diese Aktionen und Interaktionen muss er bestimmte schriftliche Kommandos eingeben.

Entwicklung der persona im MUD: Bei der Gestaltung einer persona im MUD hat ein Spieler viele Möglichkeiten: Er kann sich einen anderen Namen geben oder sogar das Geschlecht wechseln. Die amerikanische Soziologin und Psychologin Sherry Turkle (1998), die als eine der ersten das Leben im MUD untersucht hat, interpretiert das virtuelle Spiel mit den Geschlechtern als »... eine Art Bewusstseinstraining für Fragen der Geschlechtszugehörigkeit« (Turkle, 1998, S. 347). So berichtet eine Bamberger Studentin über ihre ersten MUD-Erfahrungen:

> Ich hatte mich zuerst als Mann eingeloggt, um Erfahrungen mit einem Geschlechtertausch zu machen. Feststellbar wurden die Unterschiede aber erst später, als ich mich als weiblicher Charakter einloggte. Plötzlich wurde ich mit Hilfsangeboten überschwemmt und von allen Seiten umworben. Dies ist am Anfang zwar ziemlich hilfreich, kann aber auch recht bald auf die Nerven gehen.

Jeder Spieler hat in einem MUD zudem die Möglichkeit, mehrere personae zu übernehmen und gleichzeitig zu spielen. Bei entsprechender Benutzeroberfläche ist auch das gleichzeitige Spielen verschiedener personae in verschiedenen MUDs realisierbar. Damit wird die Idee eines multiplen Selbst, das sich innerhalb sozialer Interaktionen und der Sprache ständig ändert, konkret erfahrbar (vgl. Turkle, 1998 und Kap. 17). Voraussetzung für das virtuelle Spiel mit den Geschlechtern bzw. verschiedenen personae ist die Möglichkeit, im MUD völlig anonym zu bleiben.

Persona und »real life«: Die gegensätzlichen Bedeutungen des Begriffs »persona« können in der virtuellen Welt eines MUDs für einen Spieler konkret erlebbar werden: So mag ein Spieler in abenteuerorientierten MUDs wie z. B. UNITOPIA (vgl. www.unitopia.de) in der Maske oder Rolle eines Magiers oder Vampirs »wahre«, angestrebte oder bisher unterdrückte Aspekte seiner Persönlichkeit zum Ausdruck bringen. Welche Beziehungen können zwischen der virtuellen und realen Darstellung von Persönlichkeitsmerkmalen oder Selbstbildern bestehen?
Die persona im MUD entspricht der Persönlichkeit im real life: Erstaunlich viele Spieler geben an, dass sie sich im MUD nicht wesentlich anders verhalten bzw. darstellen als im »realen Leben«, das in virtuellen Gemeinschaften als »real life« bezeichnet wird. Die persona im MUD entspricht nach ihren Angaben somit der »wahren« Persönlichkeit, durch die sich die Spieler auch im real life gekennzeichnet sehen (vgl. dritte Wortbedeutung von persona).
Die persona im MUD unterscheidet sich von der Persönlichkeit im real life: Einige Spieler stellen nach eigenen Angaben im MUD

eine persona dar, die sich von der Persönlichkeit im real life unterscheidet. Die persona entspricht bei diesen Spielern den ersten beiden Wortbedeutungen, also der Maske bzw. Rolle auf dem »virtuellen Theater«. Viele Spieler nutzen das Spiel mit Masken und Rollen, um erwünschte Selbstbilder umzusetzen, die sie im real life anstreben, aber (noch) nicht verhaltensmäßig realisieren können. Das MUD bietet in diesem Fall einen Schutzraum, um mit entsprechenden Verhaltensweisen zu experimentieren. Sherry Turkle (1998) bezeichnet MUDs in diesem Sinne als »Laboratorien für Identitätskonstruktion« (S. 297). Eine schüchterne, unsichere Person kann im MUD z. B. versuchen, andere Spieler anzusprechen bzw. »anzuschreiben« und aktiv virtuelle soziale Beziehungen knüpfen. Ein Spieler kann also versuchen sich so darzustellen, als ob er nicht schüchtern, sondern gesellig und selbstsicher wäre. Ein Spieler bringt es auf den Punkt: »Du bist, was du zu sein vorgibst. (...) Du bist, was du spielst« (Turkle, 1998, S. 310, vgl. Kap. 19.1).

Unter dem Deckmantel einer persona im MUD ist es aber auch möglich, Ressourcen der eigenen Person zu entdecken: Turkle beschreibt in ihrem Buch einen Spieler, dem es gelungen ist, im MUD eigene, bislang verborgene Fähigkeiten zu entdecken und seine Erfahrungen sogar auf das reale Leben zu übertragen (vgl. Turkle, 1998, S. 324 ff.): Robert spielte mehrere Monate lang über achtzig Stunden pro Woche und stieg zu einem wichtigen Administrator eines neuen MUDs auf. Bei den schwierigen und komplexen Aufbau- und Verwaltungsaufgaben, die er in seiner Administratorrolle bewältigen musste, entdeckte er sein Talent für Verhandlungsführung, das er später in einem Beruf als Verkäufer im real life nutzen konnte.

Haben Sie jetzt Lust bekommen, selbst einmal in das »Leben im MUD« einzutauchen und mit einer oder gar mehreren anderen personae zu spielen? Dann schauen Sie sich doch einfach mal die WWW-Seiten der Interessengemeinschaft MUDs (www.mud.de) an. Dort finden Sie Links zu den verschiedenen MUDs in Deutschland.

3.2 Charakter, Temperament, Typus

Neben *Persönlichkeit* werden auch Alternativbegriffe wie *Charakter* oder *Temperament* zur Kennzeichnung der Besonderheit von Personen verwendet. Zu diesen bereits in der Antike geprägten Begriffen gehört auch das Wort *Typus*.

3.2.1 Begriffsgeschichte

Charakter

Das Wort stammt aus dem Griechischen und bedeutet ursprünglich das »Eingeritzte, Eingedrückte, Eingeprägte«. Nach Aristoteles meint Charakter im übertragenen Sinn »die einer Person aufgeprägte Eigentümlichkeit, woran man sie erkennt und wodurch sie sich von anderen unterscheidet« (Koch, 1960, S. 7). Der bekannteste Verwender des Begriffs war sein Schüler Theophrast, der dreißig unterschiedliche Charaktere schilderte (siehe Kap. 3.2.3). Bis in die Neuzeit hinein steht der Begriff *Charakter* für das Fest-Eingeprägte und damit für das Unveränderliche im Wesen des Menschen. Ausgehend von der Stoa und Kant entwickelte sich dann eine zweite Bedeutungsvariante: Charakter im Sinne von moralischer Vortrefflichkeit. Allport (1970, S. 31) schlägt daher vor, Charakter als »Persönlichkeit mit Wertbestimmung« zu definieren.

Charakter war lange Zeit der bevorzugte Begriff in der deutschsprachigen Psychologie. In der Prüfungsordnung für Diplompsychologen aus dem Jahr 1941 hieß das entsprechende Fach *Charakterkunde*. Unter *Deutscher Charakterkunde* versteht man unterschiedlichste persönlichkeitspsychologische Ansätze, die von etwa 1900 bis in die 50er-Jahre im deutschsprachigen Raum entwickelt wurden. Sie umfassen u. a. die charakterologischen Systeme von Krueger, Lersch, Rothacker und Wellek, die philosophisch geprägten Theorien von Dilthey, Klages, Jaspers und Spranger sowie die Typenlehren von Jaensch, Kretschmer und Pfahler (siehe zusammenfassend Angleitner & Borkenau, 1985; Fisseni, 2003; Rohracher, 1975). Die Werke der deutschen Charakterkunde fanden mit wenigen Ausnahmen keine Aufmerksamkeit in der internationalen Psychologie und sind auch in der deutschsprachigen Psychologie fast in Vergessenheit geraten. Dabei könnte die gegenwärtige Persönlichkeitspsychologie von ihren Ideen zum Aufbau der Person sowie den subtilen Klassifikationen von Eigenschaften (Wellek, 1966) und des Selbsterlebens (Lersch, 1970) durchaus profitieren.

In der amerikanischen Psychologie, die durch eine starke Umweltorientierung gekennzeichnet ist, konnte sich der Begriff *Charakter* gegenüber dem offeneren Begriff *Persönlichkeit* nie richtig durchsetzen. Als Folge des dominierenden Einflusses der amerikanischen Psychologie ist der Begriff Persönlichkeit nach dem Zweiten Weltkrieg auch im deutschsprachigen Raum an die Stelle von Charakter getreten (Pekrun, 1996).

Temperament

Der Begriff *Temperament* (lateinisch »temperamentum«) steht für das richtige Verhältnis gemischter Stoffe (Koch, 1960). Die griechische Medizin nahm an, der Körper des Menschen sei aus Blut, Schleim sowie gelber und schwarzer Galle zusammengesetzt. Von dem Mischungsverhältnis dieser Flüssigkeiten – so glaubte man – hingen die Konstitution, die basale körperliche und psychische Beschaffenheit des Menschen sowie seine Gesundheit und Krankheit ab (siehe unten die Temperamentstypen). Später verliert der Begriff Temperament seine unmittelbare Beziehung zur Säftelehre, er wird aber weiterhin vorwiegend zur Kennzeichnung basaler ererbter konstitutioneller Merkmalsbereiche herangezogen, wie z. B. Antrieb, Emotionalität, Stimmung. Schließlich gibt es auch noch eine breitere, offenere Verwendung des Begriffs im Sinne der Art und Weise, *wie* jemand handelt. Es geht dabei um den *Stil* des Verhaltens, z. B. ob er oder sie langsam oder schnell, kontrolliert oder impulsiv handelt (sog. Temperamentseigenschaften).

Für die Definition und Erfassung von Persönlichkeit kommt dem Temperamentsbereich zentrale Bedeutung zu: Häufig wird nämlich von Temperamentsfaktoren als von Persönlichkeitsmerkmalen im engeren, im eigentlichen Sinn gesprochen – in Abgrenzung zu Intelligenz- und Leistungsvariablen, die als weniger persönlichkeitsnah gelten. Nach dieser Interpretation, die auch den gängigen Klassifikationen von diagnostischen Verfahren zugrunde liegt, dienen die klassischen Persönlichkeitsfragebogen vor allem der Erfassung des Temperaments (vgl. Kap. 2 und Amelang et al., 2006). Prononciert wird dieser Standpunkt von Cattell (1965) vertreten, der zur Erfassung des Temperamentsbereichs den 16 PF-Test (16 Persönlichkeitsfaktoren) entwickelt hat.

Typus

Typus (griechisch, in der Bedeutung von »Schlag«) ist ein weiterer Begriff, der bereits in der Antike geprägt wurde. Mithilfe des Typusbegriffs lässt sich die Vielfalt menschlicher Erscheinungsweisen vorläufig ordnen. Es gibt viele Definitionen von Typus oder Typ, eine der gebräuchlichsten ist diejenige von Rohracher: »Typus ist eine durch einen bestimmten Merkmals-Komplex charakterisierte Gruppe, wobei die Einzelmerkmale in sehr verschiedenem Grad vorhanden sein können« (Rohracher, 1975, S. 13). Damit soll gesagt werden, dass die Merkmale oder Eigenschaften, die einen Typus bestimmen, mehr oder weniger stark bei den einzelnen Individuen vorhanden sein können. Einige Merkmale können sogar ganz fehlen, ohne dass auf eine Zuordnung dieser Individuen zu einem Typus verzichtet werden muss. Um jemanden dem Typus des Melancholikers zuzuordnen, brauchen demnach nicht alle Merkmale der Melancholie gegeben zu sein. Rohracher verwendet den Begriff nicht nur für Gruppen von Menschen. In einer zweiten Bedeutung benutzt er den Begriff auch für ein Individuum, wenn dies alle Merkmale seiner Gruppe in besonders ausgeprägter Weise besitzt, wenn es sich also um einen »reinen« Vertreter des Typus handelt (z. B. der typische Melancholiker).

3.2.2 Temperamentstypen

Die älteste Temperamentstypologie ist zugleich diejenige, die sich bis heute gehalten hat. Der griechische Arzt Hippokrates (460–377 v. Chr.) unterschied vier Typen, die er vier Körpersäften (humores) zuordnete. Die einzelnen Temperamentstypen ergeben sich durch die Dominanz des jeweiligen Körpersafts (vgl. Tab. 3.1).

Tab. 3.1 Die vier Temperamente von Hippokrates

Typen	Temperament	Körpersaft
der leichtblütig Sanguinische	sorglos, augenblicksbezogen	Blut
der kaltblütig Phlegmatische	langsam, untätig	Schleim
der warmblütig Cholerische	leicht erregbar, aufbrausend	gelbe Galle
der schwerblütig Melancholische	besorgt, pessimistisch	schwarze Galle

Die moderne Endokrinopsychologie (Teilbereich der Physiologischen Psychologie, der sich mit der Beziehung zwischen Hormonen und psychischen Vorgängen befasst) hat nicht die Einzelheiten der Säftelehre, jedoch die Grundidee bestätigen können, dass Körperflüssigkeiten (z. B. Hormone) Temperamentsausprägungen beeinflussen (vgl. Netter, 2005). Ganz unabhängig von der körperlichen Verursachungshypothese hat die Einteilung in Temperamentstypen außerdem Eingang in viele moderne Klassifikationssysteme von Eigenschaften gefunden. Das bekannteste Beispiel stammt von Eysenck (vgl. Abb. 3.1), der die vier Temperamente auf seine zwei Dimensionen *Extraversion* und *Emotionale Labilität* bezog (siehe zusammenfassend Amelang et al., 2006).

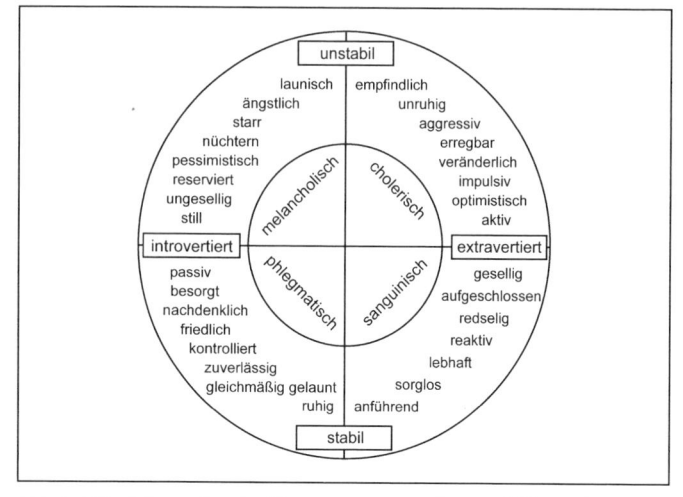

Abb. 3.1 Beziehung der vier Temperamente zu den zwei Dimensionen von Eysenck

3.2.3 Literarische Charakterologie

Theophrast (371–287 v. Chr.) schildert dreißig Charaktere – in der Absicht, »dass aus unseren Kindern bessere Menschen werden, wenn sie solche Aufzeichnungen vorfinden« (Theophrast, o. J.). Die meist karikaturhaft und satirisch beschriebenen Charakterbilder weisen alle lasterhafte oder zumindest sozial unerwünschte Züge auf. Sie reichen vom »Verstellungskünstler« über den »Ekelhaften« bis hin zum »Freund dunkler Existenzen«. Sympathisch wirkende oder vorbildliche Charaktere als Gegengewicht kommen nicht vor:

> Der Taktlose
> Taktlosigkeit ist ein Verpassen der rechten Gelegenheit, das für die Betroffenen peinlich ist. Der Taktlose besucht jemanden, der keine Zeit hat, und will seinen Rat hören. Seiner Geliebten bringt er ein Ständchen, wenn sie im Fieber liegt. An jemanden, der gerade für eine Bürgschaft aufgekommen ist, tritt er mit der Bitte heran, erneut als Bürge für ihn zu haften. Soll er als Zeuge aussagen, so erscheint er, wenn die Verhandlung bereits zu Ende ist. Zu einer Hochzeit geladen, hält er eine Rede gegen das weibliche Geschlecht. Wenn jemand gerade von einer weiten Reise heimgekehrt ist, so lädt er ihn zu einem Spaziergang ein. Ist ein Verkauf eben abgeschlossen, so bringt er womöglich einen Käufer, der mehr bietet. Wenn man eine Sache anhört und begriffen hat, dann erhebt er sich und erklärt sie einem noch einmal von vorne. Er ist immer dann gern bereit, seine Dienste an-

zubieten, wenn man sie nicht braucht, aber auch nicht gut abschlagen kann. Begeht jemand ein Opfer und hat dabei Ausgaben, so erscheint er, um seine Zinsen einzufordern. Wird ein Sklave gezüchtigt, so steht er dabei und erzählt, wie einmal einer von seinen Leuten sich erhängt habe, nachdem er geschlagen worden sei. Als Schiedsrichter entzweit er die beiden Parteien, die sich eben einigen wollen. Und will er tanzen, so wählt er einen Partner, der noch nüchtern ist (Theophrast, o. J., S. 31 f.).

Offenbar zeichnet sich der Taktlose durch entsprechendes Benehmen in vielen unterschiedlichen Situationen aus. In jedem dieser Charakterbilder steht eine einzige dominante Eigenschaft im Mittelpunkt, deren Auswirkung in verschiedenen Situationen beschrieben wird. Die Kenntnis der Kardinaleigenschaft oder das Verhalten in einer Situation gestattet mühelos eine treffende Vorhersage auf das Verhalten in anderen Situationen. Hier wird eine Dominanz, eine Durchschlagskraft von personalen Faktoren zugrunde gelegt, von der Eigenschaftstheoretiker des 20. Jahrhunderts nur träumen können (vgl. Person-Situations-Debatte in Kontroverse 2).

3.2.4 Physiognomik

Diese von der Antike bis in die heutige Zeit weit verbreitete Lehre schließt von der äußeren Erscheinung auf innere Merkmale. Der Neapolitaner Porta (1538–1615) verglich in seinem Buch »De humana Physiognomia« Menschenköpfe mit Tierköpfen. Von den als bekannt vorausgesetzten Eigenschaften von Tieren schloss er auf entsprechende Eigenschaften des Menschen, z. B. vom Fuchsgesicht auf Schlauheit, vom Löwengesicht auf Mut, vom Eselsgesicht auf Dummheit (vgl. Rohracher, 1975).

Der Schweizer Johann Caspar Lavater (1741–1801) war der berühmteste aller Physiognomiker. Seine Grundthese war, dass sich das Psychische zwangsläufig im Physischen ausdrücke: »Physiognomik ist die Wissenschaft, den Charakter (nicht die zufälligen Schicksale) des Menschen ... aus seinem Aeußerlichen zu erkennen« (Lavater, 1772; zitiert nach Weigelt, 1991, S. 96). Sein besonderes Interesse richtete sich dabei auf die Gesichtsform. Von den konstanten Zügen des Gesichts – besonders in der Profilsicht – erwartete er die zuverlässigsten Aussagen über den Charakter des Menschen (vgl. Weigelt, 1991). Dementsprechend hat er auch die Temperamentstypen von Hippokrates physiognomisch veranschaulicht (vgl. Abb. 3.2).

Der Arzt Franz Josef Gall (1758–1828) entwickelte die *Phrenologie* (Schädellehre). Unterschiedliche psychische Merkmale ordnete er unterschiedlichen Hirnregionen zu. Aus der Schädelform

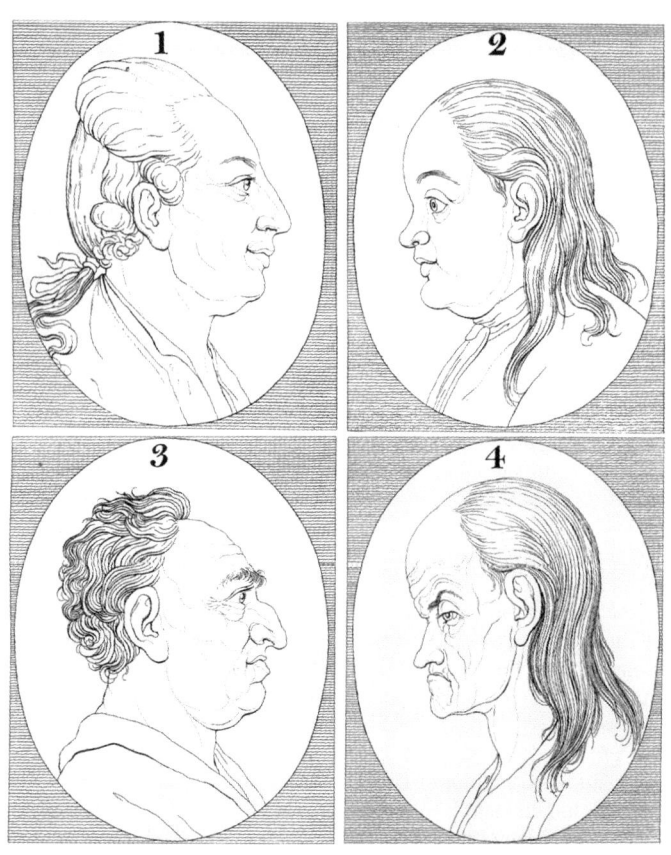

Abb. 3.2 Die vier Temperamente aus den Physiognomischen Fragmenten von Lavater – 1: Sanguiniker, 2: Phlegmatiker, 3: Choleriker, 4: Melancholiker (nach Lavater, 1969)

schloss er auf die individuelle Ausprägung eines Merkmals. Gall, der seine Lehre Organologie nannte, entwickelte außerdem ein Kategoriensystem für mehr als zwanzig psychische Merkmale, das vom Fortpflanzungstrieb bis zur metaphysischen Gedankentiefe reicht.

3.2.5 Exkurs: Was verrät das Ohr über den Charakter?

Wir stellen uns eine Studentin im dritten Semester vor: Katrin. Ihren Freund Florian hat sie während des Studiums kennen gelernt. Da sie ganz gut mit ihm auskommt, kam es ihr bisher nicht in den Sinn, seinen Charakter genauer unter die Lupe zu nehmen. Eines Tages fällt ihr ein Buch in die Hand mit dem Titel »Was Ohren verraten«. Das Werk stammt von einem ehemaligen Chirurgen, dem deutschen Professor Walter Hartenbach. Sein Interesse gilt nicht der Funktion des Organs, dem Hörvermögen, sondern dem sichtbaren Teil des Ohrs, der Ohrmuschel. »Wissenschaftlich fundiert« – so rühmt er sich – hat er eine »methodische Charakteranalyse anhand der Ohrstrukturen« entwickelt (Hartenbach, 1993).

Sich der diagnostischen Möglichkeiten der Ohranalyse zu bedienen, ist nicht ungefährlich, muss die Studentin erkennen. Auf diesem Weg kann man schlagartig zu verblüffenden Erkenntnissen kommen, die einen Menschen in ganz anderem Licht erscheinen lassen. Einflussreiche Größen des öffentlichen Lebens werden plötzlich enttarnt. Hier sei nur auf die Ausführungen Hartenbachs, der übrigens selbst ein großes Ohr hat, über »Kanzlerohren und Ohren von Kanzlerkandidaten« hingewiesen. Eindringlich macht Hartenbach auf die charakterologischen Schwächen eines ehemaligen Kanzlers mit halbem Ohr aufmerksam. Das Schlimmste aber sei uns erspart geblieben: ein Kanzler mit zwei unterschiedlich geformten Ohren; der Betreffende sei aber bereits als Kanzlerkandidat gescheitert! Mit Hartenbachs Ohranalyse tun sich ganz neue Möglichkeiten auf: Man könnte den Politiker in Zukunft nicht mehr aufgrund seiner Taten, sondern aufgrund seiner Ohren wählen.

Mit der Unbefangenheit der Beziehung zwischen der Studentin und ihrem Freund ist es nun vorbei: Beim nächsten Treffen schaut die Studentin ihn nun verstohlen von der Seite an: »Hoffentlich hat er kein Ohr, das nach Professor Hartenbach auf einen abwegigen Charakter hinweist«:

- lappenförmiges, großes, hässliches Ohr, das dem quadratischen Affenohr ähnelt
- Verformungen und Knickbildungen im Kurvenverlauf der Außenleiste
- zu breite, plumpe, konturenschwache, eher verwaschene Innenleiste
- fehlender Einschnitt am unteren Ende der Ohrbucht
- abnorm großes, quadratisch geformtes, nach unten gezogenes Ohrläppchen

Wir können uns vorstellen, wie erleichtert sie ist, als sie bei einer ersten Diagnose am Ohr ihres Freunds kein einziges dieser Kriterien entdeckt (vgl. Abb. 3.3). Im Gegenteil: Die schöne, wohlgerundete Außen- und Innenleiste, die wohlgeformte große Ohrbucht, der markante, aber nicht zu tiefe Einschnitt …, alles spricht dafür, dass

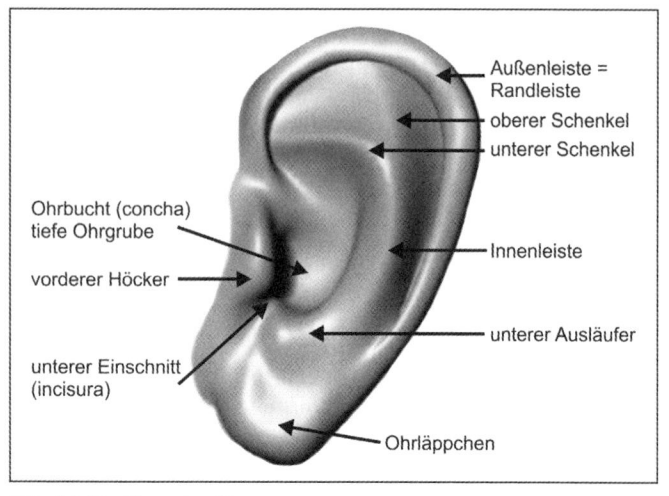

Abb. 3.3 Idealform des Ohrs

»ein geselliger, fleißiger, stabiler, großzügiger und liebevoller Mensch« (Hartenbach, 1993, S. 252) neben ihr sitzt.

Dieses Beispiel ist natürlich fiktiv, aber es beruht auf Zitaten des 1993 (!) erschienenen Buchs von Hartenbach. Dies macht deutlich, dass es keinen Anlass gibt, sich über die Leichtgläubigkeit der Menschen in vergangenen Jahrhunderten zu mokieren. Und das Ohrenbuch ist keine Ausnahme. Es gibt Dutzende solcher pseudowissenschaftlicher Werke. Man schaue nur einmal in die Bücher zur »Charakterkunde« von Delacour (1982) oder Wirth (2000). Schon die Überschriften sprechen für sich:»Hirnabschnitte als Sendezone«,»Unsere Haare als Antennen zur Außenwelt«,»Zerlegte Gesichter enthüllen den Menschen«,»Wie die Lippen so der Charakter«,»Der Mensch im Spiegel seiner Fingernägel«,»Füße können mehr als Laufen« usw. Oder handelt es sich vielleicht nur um eine sehr subtile Form von Satire? Kein Problem! Satiriker erkennt man sofort: an den Grübchen in den Wangen!

3.2.6 Konstitutionstypologien

Besonders bekannt geworden ist die Typologie des deutschen Psychiaters Ernst Kretschmer. Sein 1921 veröffentlichtes Buch »Körperbau und Charakter« ist zum Bestseller geworden. Es erschien 1977 in der 26. Auflage. Kretschmer vermutete, dass das, was die »Phantasie der Völker« in Jahrhunderten hervorgebracht hat, »Niederschläge von Massenbeobachtungen« sein könnten (1977, S. 3):

> Der Teufel des gemeinen Volkes ist zumeist hager und hat einen dünnen Spitzbart am schmalen Kinn …
> Die alte Hexe zeigt ein dürres Vogelgesicht.
> Wo es heiter und saftig zugeht, da erscheint der dicke Ritter Falstaff, rotnasig und mit spiegelnder Glatze …
> Heilige erscheinen überschlank, langgliedrig, durchsichtig, blass und gothisch.

Aussagen und Darstellungen über die Beziehung von Körperbau und Charakter finden sich überall in Literatur und Kunst, z. B.

Cäsar:	Lasst wohlbeleibte Männer um mich sein
	mit glatten Köpfen und die nachts gut schlafen.
	Der Cassius dort hat einen hohlen Blick;
	Er denkt zuviel; die Leute sind gefährlich.
Antonius:	Oh fürchtet den nicht; er ist nicht gefährlich.
	Er ist ein edler Mann und wohl begabt.
Cäsar:	Wär er nur fetter …!

(Shakespeare, Julius Caesar)

Kretschmer selbst ging von drei Körperbautypen aus (vgl. Abb. 3.4):
- *Leptosome* mit dünnen Extremitäten, schmalen Schultern und magerem Körper
- *Pykniker*, gekennzeichnet durch gedrungenen Körperbau mit Neigung zum Fettansatz »am Stamm« und Rundlichkeit
- *Athletiker* mit breiten Schultern und grobem Knochenbau.

Diesen Körperbautypen ordnete er bestimmte Temperamentsmerkmale zu. So ist das *schizothyme* Temperament der Leptosomen durch Empfindsamkeit, Distanziertheit und Introversion gekennzeichnet. Das sog. *zyklothyme* Temperament des Pyknikers imponiert durch den Wechsel von heiterer und trauriger Stimmung sowie durch Extraversion. Der *visköse* Athletiker wird als explosiv-phlegmatisch charakterisiert (zusammenfassend Rohracher, 1975).

Terminologisch von Interesse ist an Kretschmers Ansatz die unterschiedliche Verwendung von *Charakter* und *Temperament*. Für Kretschmer ist das Temperament im Charakter enthalten. Unter Temperament versteht er die energetisch-dynamische Seite der Persönlichkeit. Charakter umfasst die Gesamtheit der affektiven und willensmäßigen Reaktionsmöglichkeiten eines Menschen, wie sie im Lauf seiner Lebensentwicklung aus Erbanlagen und sämtlichen Umwelteinflüssen entstanden sind. Das Temperament sei relativ umweltstabil, der Charakter relativ formbar. (So gesehen müsste das

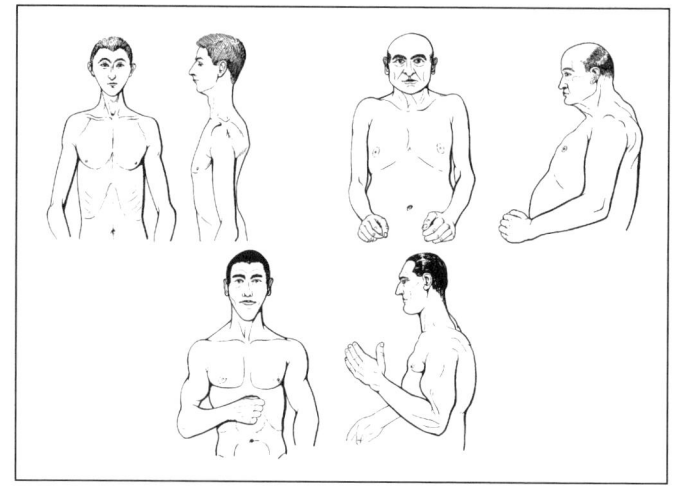

Abb. 3.4 Drei Formen des Körperbaus: leptosom, pyknisch, athletisch (nach Kretschmer, 1977; © Springer-Verlag Heidelberg)

Buch von Kretschmer eigentlich »Körperbau und Temperament« heißen.)

Wie lässt sich nun die von Kretschmer angenommene Beziehung zwischen Körperbau und Temperament erklären? Kretschmer ging von einer Konstitutionshypothese aus. Er nahm an, dass Körperbaumerkmale und Temperament zusammenhingen, weil sie von einer dritten Größe, der Konstitution, bestimmt würden. Konstitution bezeichnet die Gesamtheit aller Erbanlagen. Angeborene hormonale Determinanten können sowohl auf den Körperbau als auch das Temperament Einfluss nehmen. So wirken etwa die Hormone des Hypophysen-Vorderlappens sowohl auf das körperliche Wachstum als auch über nachgeordnete Hormonsysteme auf die Steuerung der Affektivität und der Stimmung.

Kretschmer hatte drei Gruppen von Probanden herangezogen: (1) berühmte Personen aus Literatur und Wissenschaft (»Geniale«), (2) psychotisch Erkrankte (Schizophrene, Depressive, Epileptiker) und (3) gesunde Personen der Normalbevölkerung. Er war sich sicher, seine Thesen über die Korrespondenz von Körperbau und Temperament bestätigt zu haben. In Untersuchungen außerhalb seines Arbeitskreises ergaben sich jedoch keine substanziellen Zusammenhänge (vgl. zusammenfassend Amelang et al., 2006). Die Konstitutionstypologie teilt damit letztlich das Schicksal der vorwissenschaftlichen physiognomischen Ansätze.

Jenseits der empirischen Nichtbestätigung der Körperbau-Temperament-Korrespondenz bleibt jedoch die Frage bestehen, ob sich dieser in Kunst und Literatur seit Jahrtausenden behauptete Zusammenhang als alltagspsychologisches »Wissen« nachweisen lässt. Tatsächlich konnte empirisch gezeigt werden, dass Menschen dazu neigen, zwischen Körperbau und Temperament *Wenn-Dann*-Zusammenhänge herzustellen. So wurden z. B. Studierende der Anfangssemester gebeten, die drei Silhouetten der Körperbautypen – also schematische schwarze Ganzkörperdarstellungen ohne individuelle Merkmale – mithilfe von vorgegebenen Adjektiven zu beschreiben. Tatsächlich wählten sie für die drei Typen solche Adjektive aus, die den von Konstitutionstheoretikern behaupteten Temperamentseigenschaften entsprechen (vgl. Hofstätter, 1977).

Offenbar verfügt jeder Mensch als Alltagspsychologe über tradierte Überzeugungen, die solche Körperbau-Eigenschafts-Zusammenhänge zum Inhalt haben. Wie stark wir durch solche Überzeugungen geprägt sind, zeigt auch die Darstellung der körperlichen Erscheinung von Jesus. Von den frühesten Zeiten an ist die Christusfigur eher schlank als muskulös oder wohlbeleibt dargestellt worden. Es scheint eine Bereitschaft vorhanden zu sein, die Befähigung zur Innerlichkeit, zur Abwendung von der Welt, zur Introversion mit einem länglichen schlanken, also leptosomen Körperbau zu verbinden.

3.3 Exkurs: Astrologie als implizite Persönlichkeitstheorie
(Anna Laux und Lothar Laux)

Alltagspsychologische Überzeugungen, die die Beziehung zwischen Körperbau und Eigenschaft betreffen, sind Beispiele für naive oder subjektive Theorien. Im Gegensatz zu den explizit ausformulierten Theorien der Wissenschaft stellen sie *implizite* Theorien dar.

Alle Menschen, Psychologen und Nichtpsychologen, verfahren im Alltagsleben nach bestimmten Überzeugungen, mit denen sie versuchen, das Verhalten anderer Menschen zu erklären und vorherzusagen.

3.3.1 Macht die Zugehörigkeit zu einem Sternzeichen die Persönlichkeit aus?

Ein differenziertes System von *impliziten Persönlichkeitstheorien*, das von Griechen, Römern, Ägyptern, Indern und Chinesen entwickelt wurde, stellt die Astrologie dar (Pekrun, 1996). Fast jeder kennt astrologische Aussagen, die sich aufgrund der Zugehörigkeit zu einem Sternzeichen ergeben. Solche Aussagen betreffen den Körperbau, aber auch Persönlichkeitseigenschaften im engeren Sinn. Bei einem bestimmten Sternzeichen z. B. wird auf den »gedrungenen Wuchs« und die »fleischige« Konstitution hingewiesen. Kardinale Persönlichkeitseigenschaft dieses Zeichens ist »die große Empfindlichkeit und Anfälligkeit des Gemüts, das zu außerordentlichen Stimmungsschwankungen neigt« (Löhlein, 1980, S. 180). An weiteren Merkmalen nennt der Autor:

> Im Wesenskern findet sich keinerlei Härte oder extremes Verlangen nach Ich-Durchsetzung, vielmehr Hilfsbereitschaft, Mitleid, Einfühlungsgabe und Tierliebe. Nie sind solche Menschen ›Ellbogentypen‹ – sie werden im Gegenteil sehr oft unterdrückt oder bleiben mehr oder minder im Hintergrund. Sie lassen die Dinge eher auf sich zukommen, als dass sie tatkräftig und energisch den Erfolg suchen. Das Naturell zeigt also Passivität, auch Bequemlichkeit – man lässt den Dingen ihren Lauf (Löhlein, 1980, S. 184 f.).

Bei solchen Worten sollten sich etwa acht Prozent der Leser dieses Buchs angesprochen fühlen, diejenigen nämlich, die dem Sternzeichen der Fische angehören (wie auch die Autoren). Und: Haben *Sie* sich in dieser Beschreibung Ihrer Persönlichkeit wiederentdeckt?

Die Astrologie behauptet einen festen Zusammenhang zwischen der Sternenkonstellation, unter der man geboren wurde, und Persönlichkeitsmerkmalen. Ein solcher Zusammenhang wurde mehrfach mit den Mitteln der empirischen Psychologie plausibel untersucht und bestätigt (z. B. Mayo, White & Eysenck, 1978). Dieses Ergebnis hat in den Medien viel Beachtung gefunden. Es lässt die ernsthafte Beschäftigung mit der Astrologie, ihren Aussagen über Persönlichkeitseigenschaften und ihren Vorschlägen zur Partnerwahl jeweils in Abhängigkeit vom Tierkreiszeichen als legitimiert erscheinen. Aber ist es denn tatsächlich so, wie es scheint? Macht die Zugehörigkeit zu einem Sternzeichen wirklich die Persönlichkeit aus? Oder gibt es andere Erklärungen, die für dieses Ergebnis herangezogen werden können? Dieser Frage sind Pawlik und Buse (1979) nachgegangen. Ausgangspunkt der Untersuchung von Pawlik und Buse waren zwei astrologische Hypothesen, die einen Zusammenhang zwischen Sternzeichenzugehörigkeit und Persönlichkeitsunterschieden in Extraversion und Emotionaler Labilität beschreiben:

(1) Personen, die unter sog. »ungeradzahligen Sternzeichen« (Widder, Zwillinge, Löwe, Waage, Schütze, Wassermann) geboren wurden, sind im Durchschnitt extravertierter als Personen, die unter sog. »geradzahligen Sternzeichen« (Steinbock, Stier, Jungfrau, Fisch, Krebs, Skorpion) auf die Welt kamen.

(2) Personen, die unter den sog. »Wassersternzeichen« (Krebs, Skorpion, Fisch) geboren wurden, sind im Durchschnitt emotional labiler als Personen, die unter einem der übrigen Sternzeichen geboren wurden.

Extraversion und *Emotionale Labilität* sind psychologische Begriffe, die zwei Persönlichkeitsvariablen bezeichnen. Ein eher extravertierter Mensch zeichnet sich vor allem durch seine Geselligkeit, Lebhaftigkeit und Aktivität aus. Jemand, der eher zurückhaltend und distanziert ist, Ruhe schätzt und wenig Gefallen am Beisammensein mit anderen findet, kann dagegen als introvertiert charakterisiert werden. Auch beim Persönlichkeitsmerkmal der Emotionalen Labilität (Neurotizismus) lässt sich zwischen extremen Graden differenzieren: Ein tendenziell emotional labiler Mensch neigt zu Missstimmung, Grübeleien und emotionaler Überempfindlichkeit. Jemand, der eher als emotional stabil zu beschreiben ist, zeigt eine ausgeglichene Stimmung, macht sich wenig Sorgen und weist eine hohe Selbstsicherheit auf.

Wie aber gelangte man nun von der Astrologie zur Psychologie? Die erste Hypothese hat folgenden Ursprung: Gemäß einer uralten astrologischen Überzeugung sind die Sternzeichen abwechselnd positiv/ungeradzahlig und negativ/geradzahlig. Die unter positiven bzw. ungeradzahligen Zeichen Geborenen werden nach dieser Überlieferung eher als gesellig und spontan, die unter negativen bzw. geradzahligen Zeichen Geborenen eher als passiv und wenig unternehmungslustig gekennzeichnet. Diese astrologischen Beschreibungen entsprechen dabei direkt den psychologischen Beschreibungen von Extraversion bzw. Introversion. So wird z. B. der Fische-Mensch (»geradzahliges Sternzeichen«) als zurückhaltend und wenig unternehmungslustig beschrieben – typische Kennzeichen von Introversion. Im Unterschied dazu vermag es der Waage-Mensch (»ungeradzahliges Sternzeichen«) nach gängiger astrologischer Beschreibung (z. B. Handbuch der Astrologie von Löhlein, 1980, S. 161) »... meisterhaft, Freundschaften und Beziehungen anzuknüpfen, insbesondere auf dem gesellschaftlichen Parkett.« Er zeigt also höchste Kontaktfähigkeit – ein wesentliches Kennzeichen von Extraversion.

Die zweite Hypothese hat folgenden Ursprung: Abgesehen von der Einteilung der Zeichen in positive/ungeradzahlige und negative/geradzahlige werden die Zeichen nach alter astrologischer Überzeugung unter anderem auch in Wasser- und Nicht-Wasser-Zeichen eingeteilt. Unter Wasser-Zeichen Geborene weisen gemäß dieser astrologischen Tradition eine höhere Emotionalität und Intuition auf als unter Nicht-Wasser-Zeichen Geborene. Der Fische-Mensch (»Wasser-Sternzeichen«) ist »leicht erkennbar an der großen Empfindlichkeit und Anfälligkeit des Gemüts, das zu außerordentlichen Stimmungsschwankungen neigt« (Löhlein, 1980, S. 184). Demgegenüber wird z. B. ein Mensch mit dem Sternzeichen »Widder« (»Nicht-Wasser-Sternzeichen«) als eine Person beschrieben, die mit »erhöhtem Selbstbewußtsein« (Löhlein, 1980, S. 126) ausgestattet ist – ein Persönlichkeitsmerkmal, das ein wesentliches Kennzeichen von Emotionaler Stabilität darstellt. Die Tabellen 3.2 und 3.3 zeigen die beiden Hypothesen im Überblick.

Tab. 3.2 Erste astrologische Hypothese

Extraversion	*Introversion*
Geselligkeit, Lebhaftigkeit und Aktivität	Ungeselligkeit, Ruhe und Zurückhaltung
Ungeradzahlige Sternzeichen:	*Geradzahlige Sternzeichen:*
Widder	Steinbock
Zwillinge	Stier
Löwe	Jungfrau
Waage	Fisch
Schütze	Krebs
Wassermann	Skorpion

Tab. 3.3 Zweite astrologische Hypothese

Emotionale Labilität	*Emotionale Stabilität*
Missstimmung, Grübeleien, emotionale Überempfindlichkeit	Ausgeglichene Stimmung, Gelassenheit, Selbstsicherheit
Wassersternzeichen:	*Alle anderen Sternzeichen*
Fisch	
Krebs	
Skorpion	

Erstaunlicherweise wurden beide Hypothesen durch die empirische Psychologie mehrfach bestätigt (zusammenfassend Eysenck & Nias, 1982; Mayo et al., 1978). Es scheint also ein substanzieller

Zusammenhang zu bestehen zwischen Sternzeichenzugehörigkeit und Persönlichkeitsunterschieden in Extraversion und Emotionaler Labilität.

3.3.2 Die Selbstattribuierungshypothese

Pawlik und Buse (1979) bieten eine alternative Erklärung an: Der berichtete Zusammenhang zwischen Sternzeichen und Persönlichkeit sei nicht kausal (»Weil Fisch, daher passiv«) zu verstehen. Er sei vielmehr durch die Wirkung einer dritten Größe entstanden, nämlich durch den *Glauben* der Person an die Astrologie (»Weil Fisch und astrologiegläubig, daher passiv«). Diese dritte Größe, der Grad der Astrologiegläubigkeit der Probanden, stifte als *Moderatorvariable* den Zusammenhang zwischen den beiden anderen Größen. Moderatorvariable heißt eine solche Größe deshalb, weil sie den Zusammenhang zwischen zwei anderen Variablen (hier: Persönlichkeitsmerkmale und Sternzeichen) moderiert, d. h. die eigentliche Ursache für die augenscheinlich kausale Abhängigkeit der beiden Variablen darstellt. In ihrer *Selbstattribuierungshypothese* formulieren Pawlik und Buse (1979) den Zusammenhang zwischen den drei Größen folgendermaßen: Personen schreiben sich bestimmte, d. h. zum Sternbild passende Persönlichkeitseigenschaften zu, weil sie an den Zusammenhang von Persönlichkeitseigenschaften und Sternbild glauben (Zuschreibung = Attribution). Das setzt allerdings voraus, dass sie die Persönlichkeitseigenschaften, die mit ihrem Sternbild verbunden sind, kennen.

Ansatzpunkt für eine solche Alternativerklärung bot die Fragebogenuntersuchung von Mayo et al. (1978): Sie wurde nur mit Probanden durchgeführt, die mindestens einmal von sich aus einen Astrologen aufgesucht hatten. Der gefundene Zusammenhang zwischen Sternbild und Persönlichkeitsmerkmalen kann nach Ansicht von Pawlik und Buse (1979) allein durch den Astrologieglauben der Probanden erklärt werden. Sie gehen davon aus, dass die Probanden die astrologischen Hypothesen und damit die ihrem Sternzeichen zugeordneten Persönlichkeitseigenschaften gekannt, sich zu Eigen gemacht und in diesem Sinne die Fragen beantwortet haben.

Die Untersuchung von Pawlik und Buse (1979) prüft folglich die Alternativerklärung, dass der Zusammenhang zwischen Sternzeichen und Persönlichkeitseigenschaften allein von der Einstellung der befragten Person zur Astrologie und dem Grad abhängt, in dem die Person über die fraglichen astrologischen Annahmen Bescheid weiß und an diese glaubt.

Zur Gewinnung von Probanden wurde in einer großen Hamburger Tageszeitung über ein Forschungsvorhaben des Psychologischen Instituts zum Thema *Astrologie* berichtet. An die Leser erging die Bitte um größtmögliche Beteiligung – unabhängig von der Einstellung gegenüber Astrologie. Auf diese Weise konnten insgesamt 800 Männer und Frauen zur Mitarbeit motiviert werden. Sie füllten einen Fragebogen aus (Eysenck-Personality-Inventory), der aus Fragen zur Erfassung von *Extraversion-Introversion* (z. B. Haben Sie Lust, etwas Aufregendes zu erleben?) und *Emotionaler Labilität* (Fühlen Sie sich manchmal ohne Grund einfach »miserabel«?) bestand. Ein zweiter Fragebogen enthielt Fragen zur Astrologiekenntnis und -gläubigkeit (z. B. Wissen Sie, welcher Persönlichkeitstyp zu Ihrem Sternzeichen gehört? Glauben Sie, dass Sternzeichen und Charakter zusammenhängen?). Abgesehen davon wurden Daten zur jeweilig befragten Person erhoben (z. B. Geburtsdatum, Geschlecht, Schulabschluss). Die Probanden wurden je nach Testwert im Astrologiefragebogen in Gruppen eingeteilt, also je nach dem Ausmaß ihrer Astrologiegläubigkeit in *strenggläubige*, *gläubige* oder *ungläubige*.

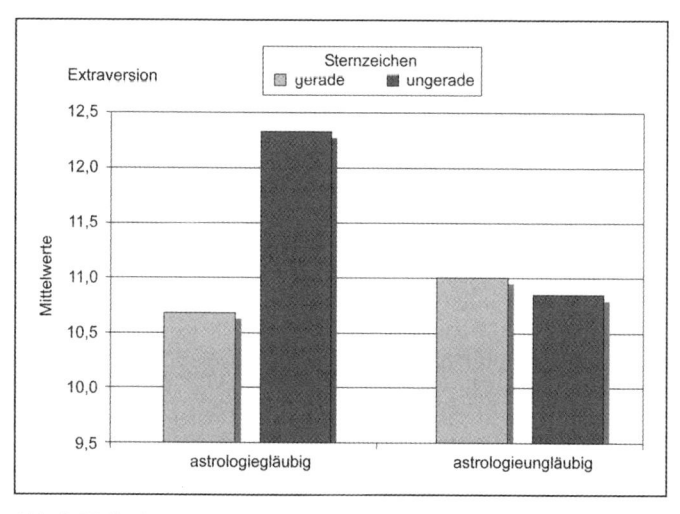

Abb. 3.5 Mittelwerte im Merkmal Extraversion für geradzahlige und ungeradzahlige Sternzeichen unter Berücksichtigung der Astrologiegläubigkeit

Beide Hypothesen konnten bestätigt werden, wobei der Effekt für Frauen tendenziell stärker ausfiel. Abbildung 3.5 veranschaulicht die Ergebnisse bei der weiblichen Teilstichprobe für die erste Hypothese (Zur Vereinfachung der Ergebnisdarstellung sind »strenggläubige« und »gläubige« Probanden zusammengefasst.). Unter ungeradzahligem Sternzeichen geborene Personen beschreiben sich im Persönlichkeitsfragebogen im Durchschnitt als extravertierter als unter geradzahligem Sternzeichen geborene, aber nur dann, wenn sie an die Astrologie glauben. Für astrologieungläubige Personen ergibt sich kein Unterschied. Die Ergebnisse für die zweite Hypothese (Emotionale Labilität) fielen entsprechend aus.

3.3.3 Internalisierung von astrologischen Deuteregeln

Nach Pawlik und Buse (1979) sind diese Ergebnisse »... darauf zurückzuführen, daß die Probanden selbst die entsprechenden astrologischen Deuteregeln internalisiert haben« (S. 67). Der Begriff der Internalisierung enthält unserer Meinung nach aber zwei Fassetten, nach denen differenziert werden sollte:
  (1) »Weil ich Waage bin und daran glaube, dass Waagemenschen gemäß der astrologischen Hypothese kontaktfähig sind, deshalb *bin* ich kontaktfähig.«
  (2) »Weil ich Waage bin und daran glaube, dass Waagemenschen gemäß der astrologischen Hypothese kontaktfähig sind, deshalb *beschreibe* ich mich als kontaktfähig.«

Mit anderen Worten: Ist die Waage-Person extravertiert, bzw. empfindet sie sich als kontaktfähig, weil die Astrologie sagt, dass sie so sei? Oder beschreibt sie sich als extravertiert, bzw. glaubt sie, sich so beschreiben zu müssen, weil die Astrologie sagt, dass sie so sei? Handelt es sich folglich um eine unbewusste Übertragung des Bilds, das man von der eigenen Person hat, in den Persönlichkeitsfragebogen? Oder handelt es sich um einen bewussten Prozess der Eindruckssteuerung bei der Beantwortung des Fragebogens (vgl. Kontroverse 3)?
  Ungeachtet dieser Differenzierung bleibt doch ein eindeutiges Resümee dieser Studie bestehen: Das Ergebnis bedeutet das Aus für astrologische Hypothesen, die einen kausalen Zusammenhang zwischen Sternzeichen und Persönlichkeit behaupten. Vergessen Sie also Ihre Fische- oder Waage- oder Steinbock-Persönlichkeit! Anstatt sich als eine von zwölf möglichen Persönlichkeiten zu begreifen, entdecken Sie doch lieber Ihre ureigenste, individuelle. Wie wär's, wenn Sie damit anfangen, sich zu fragen, ob Sie astrologiegläubig sind?

3.3.4 Von der vulgären Astrologie zur Selbstfindung

Mit der Widerlegung des kausalen Zusammenhangs von Sternzeichen und Persönlichkeit soll die Astrologie nicht in Bausch und Bogen verdammt werden. Die Darstellung richtet sich gegen diejenige Auffassung von Astrologie, die das gesamte Leben eines Menschen durch die Sterne determiniert sieht. Ob jemand studieren soll oder nicht, ob zwei Liebende zusammenpassen, welche Aktien man kaufen soll – alles wird durch das Horoskop festgelegt. Der Bereich der Gesundheit macht keine Ausnahme: Fische-Typen z. B. haben schwache Knöchel, neigen im Alter zu Darmerkrankungen, sind häufig medikamentenabhängig und tendieren zu Gemütskrankheiten. Wenn sie Urlaub machen, bevorzugen sie Seereisen – versteht sich (Löhlein, 1980)! Einige neuere astrologische Entwicklungen distanzieren sich vom vulgären Determinismus und scheinen verstärkt auf Selbstfindung und Weiterentwicklung zu setzen. Mit der Ausdeutung des Horoskops wird nicht die Zukunft vorhergesagt, vielmehr sollen der Persönlichkeit Wege aufgezeigt werden, ihre individuellen Ressourcen optimal zum Ausdruck zu bringen.

Für die wissenschaftliche Psychologie bleibt die Klärung vieler spannender Fragen. Worauf lassen sich z. B. die Befunde zur sog. »Planetenpersönlichkeit« zurückführen? Michel Gauquelin z. B. hat behauptet, dass es einen statistisch gesicherten Zusammenhang zwischen der Planetenposition bei der Geburt und dem späteren Beruf bzw. den Persönlichkeitseigenschaften der Neugeborenen gibt. Introvertierte sollen z. B. häufig unter dem »Einfluss« von Saturn, Extravertierte unter dem »Einfluss« von Mars und Jupiter geboren sein (vgl. Ertel, 1988; Eysenck & Nias, 1982). Dieser Planeteneffekt stellt eine Herausforderung für die Wissenschaft dar, da er sich nicht wie im Falle der populären Tierkreiszeichen mit der Selbstattribuierungsthese erklären lässt. Allerdings kann der Planeteneffekt heutzutage nicht mehr mit den Ergebnissen von Gauquelin belegt werden: In Nachuntersuchungen wurde entdeckt, dass er seine Daten derart selektiert hatte, dass sie zu seiner Planetenhypothese passten (vgl. Hergovich, 2005).

4 Aufgaben der Persönlichkeitspsychologie

Die Theorien der Persönlichkeitspsychologie unterscheiden sich oft drastisch in ihrer Sichtweise des Menschen. Die Psychoanalyse z. B. betont die Bedeutung »irrationaler« Triebe, die außerhalb des Bewusstseins unser Verhalten determinieren. Kognitive Theorien dagegen sehen den Menschen als weitgehend rationales Wesen an. George A. Kelly vergleicht ihn sogar mit einem »Wissenschaftler«. Bei all ihrer inhaltlichen Divergenz müssen Persönlichkeitstheorien aber die gleichen Aufgaben erfüllen – Aufgaben, die aus den allgemeinen Merkmalen einer wissenschaftlichen Theorie abgeleitet sind. So heißt es bei Asendorpf:

> Theorien in den empirischen Wissenschaften sind Systeme von Aussagen über einen bestimmten Gegenstandsbereich, die es erlauben, möglichst viele Beobachtungen zu beschreiben, vorherzusagen und zu erklären. Psychologische Theorien sind Systeme von Aussagen über menschliches Erleben und Verhalten; eine Persönlichkeitstheorie ist ein System von Aussagen über die individuelle Besonderheit von Menschen (2007, S. 6).

Diese drei hier genannten Aufgaben – Beschreiben, Erklären und Vorhersagen – lassen sich noch durch eine vierte Aufgabe ergänzen: Verändern. Diese Aufgabe zielt auf die Modifikation individuellen Erlebens und Verhaltens ab, z. B. in Form von Beratung, Training oder Therapie.

Theorien können danach beurteilt werden, in welchem Ausmaß sie diesen vier Aufgaben genügen (siehe Kap. 4.1 und Kap. 4.2). Daneben gibt es weitere Beurteilungskriterien von Theorien, die mit ihrem wissenschaftlichen Status zusammenhängen, z. B. ob die Begriffe und Aussagen der Theorie nach expliziten Regeln dargelegt oder ob sie empirisch verankert sind. Ziel ist es, Theorien zu konstruieren, die derartige Kriterien möglichst optimal erfüllen. Die wesentlichen Beurteilungskriterien werden in Abschnitt 4.3 aufgeführt und veranschaulicht.

4.1 Aufgaben im Überblick

1. Persönlichkeitsbeschreibung

Beschreiben meint in erster Linie das sprachliche Darstellen von Phänomenen, z. B. von Erscheinungsformen einer Eigenschaft wie Extraversion. Man kann ganz konkret einzelne Beobachtungen mitteilen (»Sie besucht gerne Parties«) oder auf abstrakter Ebene Definitionen formulieren (»Extraversion ist …«). *Beschreiben* im wissenschaftlichen Sinn umfasst aber noch mehr, nämlich das, was man tun muss, um überhaupt zu solchen Aussagen zu gelangen (z. B. etwas beobachten, auszählen, bewerten, vgl. Nolting & Paulus, 2002). Dies ist Aufgabe der Diagnostik. Sie bedient sich bestimmter Erhebungsmethoden wie Fragebogen, Interviews, Tests, Verhaltensbeobachtungen etc. Traditionellerweise widmet sich die Persönlichkeitspsychologie der systematischen Beschreibung von stabilen Merkmalen (Eigenschaften) wie z. B. Ängstlichkeit. Bei einem umfassenden Verständnis von Persönlichkeit geht es aber ebenso um die Erfassung von Zuständen (z. B. Angst als vorübergehender Zustand) oder Prozessen (z. B. die Abnahme von Angst als Folge therapeutischer Maßnahmen).

2. Persönlichkeitserklärung

In der Alltagssprache weist der Begriff *Erklärung* verschiedene Bedeutungen auf, u. a. Erläutern oder Aussprechen. Im wissenschaftlichen Bereich versteht man unter einer Erklärung die Angabe von Ursachen für bestimmte Sachverhalte. Eine Erklärung gibt also Antwort auf Fragen nach dem *Warum* (Breuer, 1991; Groeben & Westmeyer, 1975). Beschreiben und Erklären sind eng aufeinander bezogen, denn Erklären setzt voraus, dass ein Sachverhalt adäquat beschrieben wurde. Herrmann (1991) spricht von *deskriptiven* und *explikativen* Konstrukten. Sucht die Persönlichkeitspsychologie nach Beschreibungsmerkmalen, dann sucht sie nach deskriptiven Konstrukten. Geht es ihr aber darum zu ermitteln, wie es zu den Unterschieden zwischen Individuen kommt, dann sucht sie nach explikativen Konstrukten. Nimmt man wieder *Extraversion* als Beispiel, käme soziales Lernen oder Vererbung als explikatives Konstrukt in Frage. Mit anderen Worten: Wir *beschreiben* das Verhalten von Menschen als mehr oder weniger extravertiert, wir *erklären* die Ausprägung von Extraversion durch bestimmte Lernvorgänge oder durch vererbte neurophysiologische Merkmale.

Zu den eindrucksvollsten Entwicklungen in der »erklärenden« Persönlichkeitforschung der letzten Jahrzehnte zählt der Beitrag der

Genetik (Vererbungslehre). Die sog. Verhaltensgenetik wendet genetische Forschungsstrategien wie z. B. den Vergleich von eineiigen und zweieiigen Zwillingen auf die Untersuchung von Verhalten an. Ziel ist es, den relativen Einfluss von genetischen und Umweltfaktoren zu bestimmen (Mischel, 2003). Für die meisten Persönlichkeitsdimensionen (z. B. Extraversion-Introversion oder Emotionale Labilität, vgl. die Big Five in Kap. 10) sowie für kognitive Fähigkeiten (z. B. allgemeine Intelligenz) lässt sich ein substanzieller genetischer Einfluss aufzeigen. Gut lesbare Einführungen in die Verhaltensgenetik haben Borkenau (1993) sowie Plomin, DeFries, McClearn und Rutter (1999) geschrieben. Eine elaborierte Darstellung zum Thema Genetik und Persönlichkeit stammt von Riemann und Spinath (2005).

3. Persönlichkeitsvorhersage

Vorhersagen lassen sich als Erklärungen von Verhalten und Erleben bezeichnen, die in die Zukunft gerichtet sind: Derselbe regelhafte Zusammenhang zwischen Variablen, den man erklärt hat, kann auch die Basis für eine Vorhersage darstellen (vgl. Selg & Dörner, 2005).

Eine Vorhersage besteht aus zwei Konzepten: Prädiktor nennt man die Mittel, auf die man seine Vorhersage gründet, z. B. Persönlichkeitstests. Als Kriterium wird das bezeichnet, was vorhergesagt werden soll, z. B. der berufliche Erfolg.

Die Möglichkeit einer Vorhersage des individuellen Verhaltens und Erlebens gilt bei vielen Wissenschaftlern als die wichtigste Leistung einer Theorie. Cattell hat die Vorhersage sogar zum zentralen Bestimmungsstück seiner Persönlichkeitsdefinition gemacht: »Persönlichkeit ist das, was eine Vorhersage darüber erlaubt, was eine Person in einer gegebenen Situation tun wird« (1965, S. 25).

4. Persönlichkeitsveränderung

Viele Persönlichkeitspsychologen haben entscheidende Anregungen für die Entwicklung ihrer Theorien durch die Behandlung von Patienten gewonnen. Freuds Fälle waren die Basis für seine psychoanalytische Theorie. Das Gleiche gilt für die klientenzentrierte Persönlichkeitstheorie von Carl Rogers. So ist es nicht überraschend, dass Persönlichkeitstheorien auch Aussagen darüber machen, mit welchen Maßnahmen sich im Kontext von Beratung und Therapie Persönlichkeitsveränderungen erreichen lassen.

Insgesamt drei Formen von Interventionen lassen sich unterscheiden: Korrektion, Prävention und Optimierung (vgl. Schneewind, 1992). Bei der *Korrektion* werden Störungen beseitigt oder reduziert (z. B. Therapie von Depressionen). *Prävention* hat die Verhütung von unerwünschten zukünftigen Entwicklungen zum Ziel (z. B. Prophylaxe von Suizid). Bei der *Optimierung* schließlich wird gefragt: Was können Psychologen tun, damit Personen erwünschte Zielzustände erreichen, z. B. selbstsicherer werden oder eine positivere Lebenseinstellung finden?

4.2 Liebesstile: Beschreibung, Erklärung, Vorhersage, Veränderung

Die bisher nur skizzierten Aufgaben der Persönlichkeitspsychologie sollen nun am Beispiel der Liebesstile von Lee (1973; 1988) veranschaulicht werden. Die Theorie der Liebesstile berücksichtigt nur einen Teilbereich der Persönlichkeit, wenn auch einen sehr bedeutsamen: Liebe spielt eine zentrale Rolle in der Regulation unseres Selbstwertgefühls. Sie stellt somit eine Art Schlüssel zur Persönlichkeit dar. Warum habe ich gerade diese Theorie der Liebe ausgewählt? Die Theorie der Liebesstile spielt eine wichtige Rolle in der aktuellen Forschung über Liebe. Hinzu kommt, dass Lee Positionen vertritt, die sich »schön kontrovers« diskutieren lassen. Die Theorie ist außerdem nicht allzu umfangreich, sodass sie sich in einem Einführungstext sowohl als Beispiel für die Erörterung persönlichkeitstheoretischer Aufgaben als auch für die Diskussion der Kriterien einer Theorie eignet (vgl. Kap. 4.3). Dies wäre mit einer *grand theory* der Persönlichkeitspsychologie wie z. B. derjenigen von Freud, Cattell, Kelly oder Bandura nicht zu leisten.

4.2.1 Persönlichkeitsbeschreibung: Ein Liebesstil oder sechs?

Es ist offensichtlich, dass sich Personen darin unterscheiden, wie sie Liebe verstehen und ihrem Partner/ihrer Partnerin gegenüber zeigen. Bedeutet dies, dass man zwischen unterschiedlichen Grundformen von Liebe differenzieren kann, oder handelt es sich bei der Liebe um etwas *Einheitliches*, das nur in unterschiedlicher Weise ausgedrückt wird, wie z. B. die Definition im Wörterbuch von Wahrig (2000) vermuten lässt: »starke Zuneigung, starkes Gefühl des Hingezogenseins, opferbereite Gefühlsbindung.« Die psychologischen Experten, die »Liebesforscher«, haben sich bisher nicht auf eine Lösung einigen können: Entweder fassen sie Liebe als einheitliches Phänomen oder aber als ein Phänomen auf, das mehrere unterschiedliche Komponenten umfasst. Autoren, die sich auf die *romantische Liebe* konzentrieren, betrachten diese häufig als alleinige Form von Liebe, zumindest aber als deren Kernbereich. Andere Autoren lehnen die Vorstellung einer »Einheits-Liebe« ab und unterscheiden zwischen mehreren unterschiedlichen Formen der Liebe. Aber wie viele unterschiedliche Formen gibt es? Was gehört zum Phänomen *Liebe* und was nicht? Handelt es sich bei den beiden folgenden Beispielen noch um Liebe?

Rollenspiel 1:

Er: Weißt du noch, wie wir damals im Hofcafé saßen im ersten Semester? (Zum Publikum) Wir kommen beide aus dem nördlichen Oberfranken, ehemaliges Zonenrandgebiet. Wir kannten uns schon als Kinder. Bamberg war für uns die aufregende weltoffene Stadt.
Sie: Ich weiß es noch wie heute. Wir haben damals die römischen Elegien von Goethe gelesen und stundenlang über das Versmaß diskutiert.
Er: Und abends auf dem Domplatz Lieder gesungen. Ich verstehe gar nicht, dass die heutigen Jugendlichen immer gleich miteinander in die Kiste müssen.
Sie: Bei uns war das anders. Wir haben uns einfach gut verstanden. Wir waren Freunde.
Er: Ich sage immer: Eine Beziehung muss wachsen.
Sie: Entscheidend ist, dass man sich versteht, das geistige Verständnis, das ist es!

Rollenspiel 2:

Er: (zum Publikum) Das ist Veronika, sieht gut aus, nicht? Und bringt einiges mit in die Beziehung. Abgeschlossenes Staatsexamen, zwei Fremdsprachen, sportlich, stellt was dar, nicht? Wie bin ich an diese Frau gekommen? Mit Excel! Da staunen Sie. Jawohl, mit einem Tabellenkalkulationsprogramm. Ganz genau! Ich habe mir überlegt, ich brauche eine Frau, die was hermacht. Also woher krieg ich die Informationen über solche Frauen? Na klar: Partnerschaftsanzeigen. Welche Eigenschaften muss eine Frau haben, die zu mir passt, die ich lieben kann? Kommunikativ, akademisch gebildet, sportlich. Dann habe ich eine Inhaltsanalyse über die Texte laufen lassen, eine Tabelle angelegt, die Eigenschaften gewichtet, und jetzt spuckt mir mein Laptop die Frauen aus, die ich brauche. Veronika hat die besten Rankings (triumphierend).

Das erste Beispiel verdeutlicht eine Haltung zum Partner, die sich in erster Linie durch Freundschaft und gemeinsame Interessen auszeichnet. Der Eindruck von Leidenschaft (»bis über beide Ohren verliebt sein«) drängt sich nicht auf. Im zweiten Beispiel steht die Suche nach einem Partner mit Sozialprestige im Vordergrund. Um den geeigneten Partner zu finden, bedient man sich ausgefeilter Suchstrategien. Bei solch einer pragmatischen Orientierung scheint *Liebe* in der vertrauten Bedeutung des Wortes keine große Rolle zu

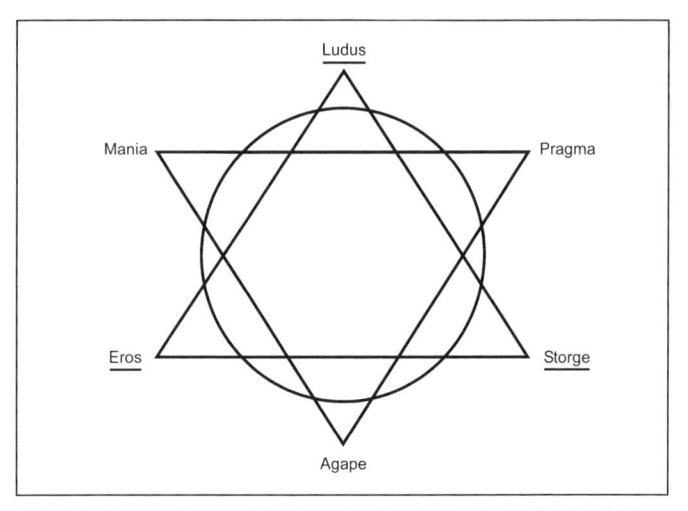

Abb. 4.1 Primäre (unterstrichen) und sekundäre Liebesstile (nach Lee, 1973)

spielen. Beide Haltungen zählt Lee (1973; 1988) aber zu den Liebesstilen. Seine Theorie gehört zu den mehrdimensionalen Ansätzen: Er unterscheidet sechs Liebesstile (vgl. Abb. 4.1 und Abb. 4.2), die er mit lateinischen oder griechischen Begriffen kennzeichnet. Drei dieser Liebesstile sieht er als primär an: *Eros* (romantische Liebe), *Ludus* (spielerische Liebe) und *Storge* (freundschaftliche Liebe). Drei weitere betrachtet er als sekundär, da sie für ihn Kombinationen aus den drei Primärformen darstellen: *Mania* (leidenschaftliche Liebe), *Pragma* (pragmatische Liebe) und *Agape* (altruistische Liebe). Lee hat noch weitere Sekundär- und Tertiärformen ausgearbeitet. Forscher, die die Klassifikation von Lee übernehmen, beschränken sich aber im Allgemeinen auf die genannten sechs Stile, wobei die explizite Unterteilung in Primär- und Sekundärstile meist unterbleibt, die sechs Stile also gleichberechtigt nebeneinander stehen.

Im Titel seines Buchs spricht Lee (1973) von den »Colours of love«. In Analogie zu den Grundfarben, aus denen sich viele weitere Farben mischen lassen, entstehen aus den primären Liebesformen weitere Liebesstile. Diese Analogie bringt nach Lee auch zum Ausdruck, dass kein Liebesstil von vornherein als der bessere oder überlegene anzusehen ist. Solche Bewertungen hängen von der Persönlichkeit des Liebenden ab – so wie ja auch die Lieblingsfarbe in Abhängigkeit von persönlichen Präferenzen gewählt wird.

Abb. 4.2 Sechs Liebesstile von Lee (nach Amelang, 1993; © Hogrefe-Verlag Göttingen)

Den Begriff *Stil* benutzt Lee im Sinne von Haltung oder Orientierung gegenüber dem Partner oder der Partnerin. Es geht ihm um das *Wie* der Beziehung zum Partner oder zur Partnerin. Ein Liebesstil steht immer für eine Kombination von Einzelmerkmalen. So ist z. B. der manische Stil gekennzeichnet durch folgende Merkmale: Betonung der Exklusivität der Beziehung, dauernde Konzentration auf den Partner, Erleben von Kontrollverlust über Emotionen, starke Eifersucht etc.

Wie ist Lee zu seiner Theorie der Liebesstile gekommen?

Lee lässt keinen Zweifel daran, dass er sich aus sehr persönlichen Gründen mit dem Thema *Liebe* befasst:

> Ich habe die Liebe studiert, weil sie das schwierigste Problem in meinem Leben ist. Obwohl ich dabei große Fortschritte erzielt habe, bleibt der utopische Traum von einer wirklich erfüllenden gegenseitigen Liebe (Lee, 1988, S. 38).

Er reiht sich damit in die Gruppe von Autoren ein, deren biografische Erfahrungen die Entstehung ihrer Theorien stark bestimmt hat (vgl. Kap. 6).

Wissenschaftlich näherte er sich seinem Thema zunächst von der belletristischen Literatur her. Es folgte die Auseinandersetzung mit philosophischen und psychologischen Auffassungen von Liebe. Bei der Lektüre verschiedener Werke (z. B. Plato, Paulus, S. Freud, D. Lessing, D. H. Lawrence) notierte er sich jede einzelne Aussage über die Natur der Liebe und gelangte so zu mehr als 4000 Liebesbeschreibungen, die er in einem weiteren Schritt in verschiedene Kategorien zusammenfasste. Diese vorläufige Klassifikation entwickelte er weiter, indem er die Ergebnisse eigener empirischer Untersuchungen einarbeitete. Die Untersuchungen bestanden im Wesentlichen aus offenen Interviews, in denen er seine Probanden intensiv nach ihren Liebeserfahrungen befragte.

Wie lassen sich die Liebesstile erfassen?

Bei der Interviewmethode, die Lee entwickelt hat, werden die Teilnehmer offenbar nicht nur intellektuell angesprochen: Er berichtet, dass die Teilnehmer beim Erzählen häufig in einen nostalgischen Zustand verfielen, bei dem sie emotional stark beteiligt waren. Viele Liebesforscher, die die Theorie von Lee aufgreifen, bevorzugen aber nicht seinen ganzheitlich orientierten Interviewansatz, sondern die Fragebogenmethode. Gestützt auf die Feststellungen eines Fragebogens beschreiben die Probanden dabei, in welcher Art und Weise sie Liebe verstehen und mit ihrem Partner/ihrer Partnerin leben. Die Erfassung von Persönlichkeitsmerkmalen mithilfe eines Fragebogens ist typisch für die derzeitige, differentiell und quantitativ ausgerichtete Persönlichkeitspsychologie.

Ausgehend von amerikanischen Liebesstilskalen haben Bierhoff und Mitarbeiter einen Fragebogen zur Messung der Liebesstile für den deutschsprachigen Bereich entwickelt, den sie »Marburger Einstellungs-Inventar für Liebesstile« (MEIL) nennen (Bierhoff, Grau & Ludwig, 1993). Das MEIL wurde bisher mehr als 2000 Personen, meist Studierenden, vorgelegt. Jede der Liebesstilskalen besteht aus zehn Feststellungen, die auf einer 9-Punkte-Skala beantwortet werden, deren Endpunkte mit »absolut falsch« und »absolut richtig« bezeichnet sind (siehe Beispielitems in Tab. 4.1). Zwei für die Theorie der Liebesstile wesentliche Ergebnisse, die mit dem MEIL gewonnen wurden, sollen kurz skizziert werden.

(1) Beziehungen der Liebesstile untereinander: Die korrelativen Beziehungen zwischen den sechs Skalenwerten sind relativ niedrig. Insgesamt spricht dies für die Unabhängigkeit der sechs Liebesstile und bestätigt den mehrdimensionalen Ansatz von Lee. Zwei Korrelationen sind jedoch vergleichsweise hoch, sodass sie erwähnt werden sollen. Der höchste positive Zusammenhang findet sich zwischen Agape und Eros: Die starke Beachtung des Wohlergehens der geliebten Person geht demnach mit romantischer Liebe einher. Der

Tab. 4.1 Klassifikation der Liebesstile nach Lee (nach Bierhoff & Grau, 1999)

Beschreibung	Beispielitems aus dem »Marburger Einstellungs-Inventar für Liebesstile«
Romantische Liebe (Eros) betrifft die unmittelbare Anziehung durch die geliebte Person, die mit einer physiologischen Erregung und sexuellem Interesse verbunden ist.	Wenn ich meinen Partner unerwartet auf der Straße sehe, fühle ich eine innere Erregung.
Freundschaftliche Liebe (Storge) entsteht aus einer langen Freundschaft. Im Vordergrund stehen gemeinsame Interessen und Aktivitäten. Die sexuelle Anziehung tritt erst relativ spät auf, wenn schon eine feste Bindung zwischen den Partnern entstanden ist.	Die beste Grundlage für eine Liebe ist, wenn man sich gegenseitig gut kennt und akzeptiert.
Spielerische Liebe (Ludus) betont Verführung, sexuelle Freiheit und sexuelle Abenteuer. Die Komponente der Bindung ist eher niedrig ausgeprägt. Das Hier und Jetzt dominiert gegenüber einer längerfristigen Perspektive. Versprechen sind nur in dem Augenblick wahr, in dem sie ausgesprochen werden.	Ein bisschen Hinhaltetaktik erhöht den Reiz einer Beziehung.
Besitzergreifende Liebe (Mania) ist über Eros hinaus noch durch die Betonung der Exklusivität der Beziehung, die dauernde Konzentration auf den Partner und durch Eifersucht gekennzeichnet. Im Extremfall kreist das ganze Denken um den Partner, die Partnerschaft wird zur Besessenheit, der Partner/die Partnerin wird als Besitz betrachtet.	Bei dem Gedanken an eine Trennung von meinem Partner kann ich mir mein Leben nicht weiter vorstellen.
Pragmatische Liebe (Pragma) basiert darauf, dass es wünschenswert wäre, einen passenden Partner bzw. eine passende Partnerin zu finden (z. B. um sich eine große Wohnung leisten zu können oder um Kinder zu haben). Lee spricht von »go shopping for a suitable mate«. Die Entscheidung über eine längerfristige Bindung wird auf einer »soliden« Grundlage getroffen.	Für mich ist es wichtig, dass mein Partner ein gewisses Sozialprestige hat.
Altruistische Liebe (Agape) stellt das Wohl der geliebten Person über das eigene Wohlergehen. Die Aufmerksamkeit ist auf die Bedürfnisse des anderen gerichtet. Die Opferbereitschaft für den Partner beruht oft auf Gegenseitigkeit.	Echte Partnerschaft ist ohne gegenseitige Fürsorge nicht vorstellbar.

höchste negative Zusammenhang findet sich zwischen Eros und Ludus: Offenbar beißt sich der ludische Stil, der die Bindung zum Partner »aufs Spiel setzt«, mit romantisch orientierter Liebe.

(2) Geschlechtsunterschiede: Es wurden nur wenige bedeutsame Geschlechtsunterschiede ermittelt, die sich über mehrere Untersuchungen hinweg als stabil erwiesen: Männer haben höhere Werte in altruistischer Liebe (Agape), Frauen in besitzergreifender Liebe (Mania). Bierhoff und Grau (1999) erklären die Unterschiede in Mania als Effekt der Geschlechtsrolle: Frauen neigen generell stärker dazu, ihre Emotionen auszudrücken, was sich eben auch bei Mania, einer stark expressivitätsbetonten Dimension, zeigt. Der Geschlechtseffekt auf Agape ließ sich dagegen nicht einfach auf Geschlechtsrollen zurückführen. Die größere Hilfsbereitschaft von Männern – und zwar insbesondere gegenüber Frauen – deckt sich nach Bierhoff und Grau (1999) mit den generellen Ergebnissen der Forschungen zum Altruismus, einer durch Rücksicht auf andere gekennzeichneten Denk- und Handlungsweise.

Ist der Liebesstil eine Eigenschaft oder ein partnerabhängiger Zustand?

Handelt es sich beim Liebesstil um eine Eigenschaft, also um eine Tendenz zu fühlen, zu denken und zu handeln, die über Zeit und Situation bzw. Partner stabil bleibt, oder um einen (vorübergehenden) Zustand? Ein Teil der von Bierhoff und Klein (1991) untersuchten Probanden wurde zweimal im Abstand von sechs Wochen getestet (Retestuntersuchung). Die hohen Korrelationen, die ermittelt wurden, können als erster Hinweis auf die zeitliche Stabilität der Liebesstile gewertet werden, d. h., die Einstellungen zur Liebe und zum Partner sind vermutlich längerfristiger Natur und hängen kaum von der Tagesform ab. In dieser Untersuchung wurde auch die momentane Befindlichkeit erfasst (z. B. Aktiviertheit, gehobene Stimmung, Deprimiertheit): Die Beantwortung der Liebesstil-Skalen erwies sich als weitgehend unabhängig von der momentanen Befindlichkeit. Beide Ergebnisse scheinen für die Eigenschaftsqualität der Liebesstile zu sprechen. Dabei ist aber zu berücksichtigen, dass sich bei der Retestuntersuchung die Beantwortung der Items zu beiden Messzeitpunkten auf denselben Partner bezog. Es wäre also möglich, dass die Liebesstile sich nur dann durch Stabilität auszeichnen, wenn die Partner gleich bleiben. Mit anderen Worten: Die Neigung, einem bestimmten Liebesstil entsprechend zu denken, zu fühlen und zu handeln, kommt eventuell nur in Verbindung mit einem bestimmten Partner zum Ausdruck. Mit dem Wechsel des

Partners, auf den die Liebe gerichtet ist, könnte sich auch der Liebesstil ändern. Lee geht sogar noch weiter: Seiner Auffassung nach kann eine Person in einer Beziehung einen bestimmten Stil zeigen (z. B. ludisch) und *zur gleichen Zeit* in einer zweiten Beziehung einen anderen (z. B. erotisch). Eine noch offene Frage in diesem Zusammenhang ist, ob jede Kombination von Stilen infrage kommt: Gibt es Personen, die je nach Partner zwischen entgegengesetzten Liebesstilen hin- und herwechseln können?

Schließlich lässt sich auch untersuchen, ob alle einzelnen Liebesstile im gleichen Maße vom Partner abhängig sind. Es könnte durchaus sein, dass z. B. der altruistische Liebesstil (Agape) ein Persönlichkeitsmerkmal darstellt, das die Haltung *jedem* Partner gegenüber bestimmt, damit also unabhängig vom Partner wäre. Personen, die durch diesen Liebesstil gekennzeichnet sind, könnten generell ihre Aufmerksamkeit auf das Wohlergehen anderer Personen richten – vielleicht sogar auch in solchen zwischenmenschlichen Beziehungen, die mit Liebe im engeren Sinn nichts mehr zu tun haben. Der altruistische Liebesstil wäre dann ein Beispiel für eine *generelle* Persönlichkeitseigenschaft, eine Eigenschaft, die viele Partner und Lebensbereiche betrifft. Umgekehrt könnte sich z. B. der romantische Liebesstil (Eros) als im hohen Maße partnerabhängig erweisen. Tatsächlich hat Amelang (1993) ermitteln können, dass altruistische, pragmatische und besitzergreifende Liebe über verschiedene Partnerschaften relativ stabil bleibt, während romantische, freundschaftliche und spielerische Liebe stark vom Partner abhängt.

Ein Paradebeispiel für einen Liebesstil als generelle Persönlichkeitseigenschaft liefert Ally, die überdrehte Anwältin aus der TV-Serie »Ally McBeal«, kreiert von David E. Kelley. Der unfreiwilligen Single-Frau gelingt es offenbar nicht, sich von ihrer Jugendliebe Billy zu lösen, mit dem sie in der gleichen Kanzlei arbeitet. Sie hat Angst vor ihrem 30. Geburtstag und sucht immer noch nach ihrem Traumprinzen. Wenn sie neue Partner kennen lernt, bleibt sie zumeist dem romantischen Stil treu, den sie mit Billy gelebt hat. Vielleicht läuft deshalb die Sache mit neuen Männern immer wieder schief, sodass ihr am Ende oft nur ihre aufblasbare Männerpuppe bleibt.

Wie hängt der Liebesstil mit anderen Persönlichkeitsmerkmalen zusammen?

In ihrem Liebesstil – so kann man annehmen – artikuliert sich eine Persönlichkeit in ganz besonderer Weise. Die Liebesstile müssten daher mit anderen zentralen Persönlichkeitsmerkmalen zusammenhängen – je nach Liebesstil natürlich in unterschiedlicher Weise. Dies ist auch der Fall. So ergaben sich häufig bedeutsame Zusammenhänge zwischen Selbstwertgefühl und Liebesstil: Hoher Selbstwert war mit romantischer Liebe verbunden, niedriger Selbstwert mit besitzergreifender Liebe. In einer Untersuchung mit amerikanischen PsychologiestudentInnen korreliert Eros mit der Neigung zu Aggressionen und Dominanz, Ludus mit Sensation-Seeking (Suche nach neuen Anreizen) und Extraversion, Pragma und Agape mit sozialer Einfühlung. Korrelative Beziehungen der Liebesstile wurden auch mit Merkmalsbereichen wie Selbstoffenbarung, religiösen Werthaltungen und Einstellungen zur Sexualität nachgewiesen (siehe zusammenfassend Amelang, 1991). Viele weitere Aussagen über Merkmalszusammenhänge sind denkbar. Auf der Suche nach neuen, aussichtsreichen Hypothesen ist es nicht ohne Reiz, die belletristische Literatur durchzugehen, z. B. die Kolumnen von Elke Heidenreich. Über Liebhaber schreibt sie:

> Das war ein Kerl! Rothaarig, wild, unberechenbar, so einen habe ich nie wieder gehabt. Der hatte Vergangenheit, das sah man – aber solche haben keine Zukunft, sie leben zu exzessiv. Er passte sich an gar nichts an, hielt sich an keine Uhrzeiten, keine Gebräuche, an keine guten Sitten. Ich wusste es sofort, als er in mein Leben trat: Das ist ein Pirat, ein Abenteurer, ein Routinier der Liebe, den hast du nicht lange! Er nistete sich bei mir ein, rücksichtslos, egoistisch, selbstbewusst. Er wusste, wie schön er war, ach, und er war so leidenschaftlich! Keiner konnte so zuschlagen wie er, wenn ihm was nicht passte, und meine Freundin zeigte entsetzt auf meine Wunden und sagte: »Wie siehst du denn aus?« – »Das war er!« strahlte ich, und alles war schon längst verziehen, denn von ihm bekam ich nicht nur Hiebe, sondern auch tüchtig Liebe. Ihm hätte ich so sehr ein langes Leben gegönnt, er hat alles so genossen – die Sonne, das Leben, die Mahlzeiten –, aber er wurde überfahren ... (Heidenreich, 1998, S. 62).

4.2.2 Persönlichkeitserklärung: Liebe jenseits der Gene

In den vorausgehenden Abschnitten standen die sechs Liebesstile als deskriptive Konstrukte im Mittelpunkt. Jetzt geht es darum, das Zustandekommen der Unterschiede in den sechs Liebesstilen zu erklären. Wir suchen also nach explikativen Konstrukten.

Es gibt gute Gründe anzunehmen, dass die Liebesstile zumindest teilweise vererbt sind. In früheren Untersuchungen wurden nämlich Korrelationen der Liebesstile mit Persönlichkeitseigenschaften ermittelt, und Persönlichkeitseigenschaften weisen eine nicht unbeträchtliche genetische Basis auf, wie viele Studien zeigen. Ebenso ist bekannt, dass verschiedene Einstellungen, z. B. berufliche Vorlieben und Freizeitinteressen, ja sogar religiöse Orientierungen, stark genetisch beeinflusst sind. Vor diesem Erwartungshintergrund haben Waller und Shaver (1994) die erste genetische Studie zu den Liebesstilen durchgeführt.

Sie untersuchten insgesamt 445 Zwillingspaare. 338 davon waren weiblich, 107 männlich. Zum Zeitpunkt der Untersuchung waren sie im Durchschnitt Mitte dreißig. Bei 345 Paaren handelte es sich um eineiige (monozygotische) Zwillinge; sie wiesen also identische Erbanlagen auf. Bei 100 Paaren handelte es sich um zweieiige (dizygotische) Zwillinge, genetisch betrachtet also gewöhnliche Geschwisterpaare. Den Probanden wurde eine größere Batterie von Persönlichkeits- und Einstellungstests vorgelegt; darunter befanden sich auch die »Love Attitude Scale« (LAS), mit der die sechs Liebesstile von Lee erfasst wurden, und ein mehrdimensionaler Persönlichkeitsfragebogen (IPS: Inventory of Personal Styles), der häufig in Zwillingsstudien eingesetzt wird. Er bezieht sich auf Konstrukte wie z. B. Wohlbefinden, Soziale Potenz, Aggression, Kontrolle, die als überdauernde Persönlichkeitsmerkmale erfasst werden. Im Zuge der Datenanalyse wurden die Werte auf den einzelnen Skalen, die sich für jeweils einen Zwilling ergaben, mit den Werten für den jeweils anderen Zwilling korreliert.

Hauptergebnis war, dass die Korrelationen für die sechs Liebesstile bei den eineiigen Zwillingspaaren nicht größer waren als bei den zweieiigen (vgl. Tab. 4.2). Die Art und Weise, wie Liebe eingeschätzt und gelebt wird, ähnelt sich bei den eineiigen Zwillingen also nicht stärker als bei den zweieiigen. Für beide Zwillingsgruppen waren die Korrelationen zudem relativ niedrig. Eineiige Zwillingspaare lieben demnach grundverschieden – vergleichbar mit den zweieiigen Zwillingspaaren. Hinsichtlich Leidenschaft, Treue, Opferbereitschaft etc. ähneln sie einander nicht mehr als jedes andere Paar von Geschwistern.

Tab. 4.2 Korrelationen der Liebesstile für eineiige und zweieiige Zwillingspaare

Liebesstil	Eineiige Zwillingspaare (N = 345)	Zweieiige Zwillingspaare (N = 100)
Eros	.16	.14
Ludus	.18	.30
Storge	.18	.12
Pragma	.40	.32
Mania	.35	.27
Agape	.30	.37

Diese Ergebnisse wurden von den Autoren, die Experten in der Zwillingsforschung sind, als sehr ungewöhnlich eingeschätzt. Ihre Ergebnisse für die Liebesstile haben nämlich Ausnahmecharakter: Es gibt keinen anderen Persönlichkeitsbereich, in dem der genetische Einfluss derart unbedeutend ist. Zunächst vermuteten sie daher, dass sie einen Fehler gemacht haben könnten, z. B. bei der Bildung der Stichproben. Um solche möglichen Fehler zu entdecken, wurden die Ergebnisse des multidimensionalen Persönlichkeitsfragebogens genauer betrachtet. Anders als bei den Liebesstilen erwiesen sich die Korrelationen für eineiige Zwillinge in zehn von elf Dimensionen des Fragebogens tatsächlich als höher als die entsprechenden Korrelationen für zweieiige Zwillinge. Wie in früheren Untersuchungen konnte damit ein deutlicher genetischer Einfluss auf die Persönlichkeitseigenschaften nachgewiesen werden. Wegen der großen Übereinstimmung mit früheren Ergebnissen lassen sich die ungewöhnlichen Resultate bei den Liebesstilen also kaum auf Stichprobenfehler zurückführen.

Warum nun fallen ausgerechnet bei den Liebesstilen die Gene als Erklärung aus? Warum spielt die genetische Basis aber für die erfassten Persönlichkeitseigenschaften, z. B. für die Neigung zu Stressreaktionen oder Aggressionen, eine einflussreiche Rolle? Die Antwort der Autoren lautet: Liebesstile ergeben sich als Resultat von Erfahrungen, die man in Beziehungen gemacht hat. Im Gegensatz zu den erfassten Persönlichkeitseigenschaften, die stärker in vererbten zentralnervösen Strukturen verankert sind, werden Liebesstile in familiären oder außerfamiliären Interaktionen erworben und später dann in der Beziehung zum Partner stabilisiert.

Kritisch möchte ich anmerken, dass diese Interpretation von Waller und Shaver (1994) nicht bedeutet, dass alle Persönlichkeitseigenschaften genetisch verankert sind. Auch Persönlichkeitseigenschaften können sich ausschließlich als Folge sozialer Lernprozesse ergeben. In diesem Sinn kann man die Liebesstile durchaus als Persönlichkeitseigenschaften betrachten, deren Generalität aber unterschiedlich ist: Wie im Abschnitt 2 erörtert, können einige Liebesstile eher als generelle Persönlichkeitseigenschaften angesehen werden, während andere sehr spezifische partnerbezogene Interaktionen reflektieren (vgl. Amelang, 1993).

4.2.3 Persönlichkeitsvorhersage: Wer mit wem?

Sich gegenseitig zu lieben, bedeutet nicht, dass der Partner viel Liebe zurückgibt. Entscheidend für die Qualität der Liebesbeziehung ist nach Lee, *wie* er dies tut. Wenn Sie beispielsweise spielerische Liebe bevorzugen, Ihr Partner jedoch einen manischen Liebesstil präferiert, dann wird Ihre Unzufriedenheit umso größer, je mehr Ihr Partner Sie liebt, denn die Liebe Ihres Partners wird wahrscheinlich fordernd und besitzergreifend sein – und ist oft mit quälender Eifersucht verbunden.

Die Kenntnis der Liebesstile von Partnern erlaubt nach Lee (1988) also eine gewisse Vorhersage darüber, wie zufrieden Sie mit Ihrer Partnerschaft sein werden. Lee geht von einer geometrischen Darstellung seiner Liebesstile aus (siehe Abb. 4.1). Er stellt ein Gesetz der Nähe auf: Je näher sich zwei Liebesstile in dieser Darstellung zueinander befinden, desto wahrscheinlicher ist es, dass die Partner zusammenpassen. Die Passung scheint perfekt zu sein, wenn beide denselben Liebesstil aufweisen. Allerdings könnte die Beziehung dann schnell langweilig werden. Da viele Liebesbeziehungen ein gewisses Maß an Spannung und Konflikt benötigen, könnte es besser sein, sich einen Partner mit einem »nearby lovestyle« zu suchen: Eine *storgische* Liebhaberin und ein *pragmatischer* Liebhaber z. B., haben genügend Gemeinsamkeiten, um zu einer für beide befriedigenden Beziehung zu kommen.

Wichtig ist es hierbei, zwischen der kurzfristigen befriedigenden Partnerschaft und der lang anhaltenden befriedigenden Partnerschaft zu unterscheiden. Brisante Stilkombinationen können kurzfristig erfüllend sein, langfristig scheitern sie oft. Die beste Antwort, die Partner mit »heiklen« Stilkombinationen auf die Frage nach der Dauer ihrer Beziehung geben können, wäre: »Wer macht sich darüber schon Gedanken? Wir genießen es, zusammen zu sein« (Lee, 1988, S. 55).

Eine weitere einflussnehmende Größe ist das Entwicklungsstadium einer Beziehung. Nach Bierhoff und Grau (1999) kann z. B. Mania besonders in der ersten Phase der Beziehungsentwicklung förderlich sein, Storge und Pragma können dann später der Stabilisierung der Beziehung dienen. Möglicherweise gibt es aber auch *den* Liebesstil, der immer oder meistens zur partnerschaftlichen Zufriedenheit führt. Es wird vermutet, dass Eros, die romantische Liebe, solch ein »Glücksbringer« ist.

In weiteren Untersuchungen müsste auch geklärt werden, ob sich Probanden tatsächlich – wie Lee annimmt – überwiegend durch jeweils einen einzigen Liebesstil kennzeichnen lassen. Möglicherweise ergibt sich eine Abhängigkeit von der Methode der Erfassung: Im freien Interview tritt eher ein markanter Liebesstil hervor; im Fragebogen, der systematisch Einstellungs- und Verhaltensaspekte abfragt, können Probanden häufiger mehreren Stilen zustimmen.

4.2.4 Persönlichkeitsveränderung: Wie man das Monster bewältigen kann[1]

Unter dem Gesichtspunkt von Beschreiben, Erklären und Vorhersagen werden die verschiedenen Liebesstile als gegebene Merkmale der Persönlichkeit angesehen. Die mögliche Veränderung eines Liebesstils ist dabei kein Thema. Die Modifizierung von Liebesstilen kann allerdings notwendig werden, wenn Liebesstile negative affektive Konsequenzen hervorrufen – beim Adressaten, aber auch beim Akteur, z. B. im Falle von starker Eifersucht. Die Neigung zur Eifersucht gehört nach Lee (1973) sowie Bierhoff und Grau (1999) zu den besonderen Merkmalen von Personen mit einem besitzergreifenden Liebesstil (Mania). Eifersucht ergibt sich, wenn die liebende Person die Beziehung zu ihrem Partner als bedroht wahrnimmt. Dabei spielt die tatsächliche oder vermutete Beziehung des Partners zu einem – vielleicht nur imaginären – Rivalen eine entscheidende Rolle (vgl. White & Mullen, 1989).

Zur Bewältigung von starker Eifersucht sind viele unterschiedliche psychotherapeutische Verfahren eingesetzt worden. Sie lassen sich grob in *beziehungsorientierte* und *individuumsorientierte* Ansätze unterteilen (vgl. White & Mullen, 1989). Zu der ersten Gruppe gehören Paartherapien, die beispielsweise mit Rollenspiel und Rollentausch arbeiten. Vom Therapeuten angeleitet stellen die Partner einen aktuellen oder typischen Eifersuchtskonflikt dar. Der eifersüchtige Partner soll dabei lernen, sich nicht eifersüchtig zu verhalten. Gleichzeitig kann sein Partner ausprobieren, sich angemessener zu verhalten als bisher, z. B. eine zusätzliche Eskalation zu vermeiden. Der Tausch der Rollen zielt auf das gegenseitige Verstehen und damit auf eine Unterbrechung des destruktiven Interaktionsmusters ab.

Individuumsorientierte Ansätze konzentrieren sich entweder auf Veränderungen im kognitiven Bereich, im emotionalen Bereich oder im Bereich des Verhaltens. Zu den kognitiv orientierten Verfahren gehört die *Rational-Emotive-Therapie* (RET) von Albert Ellis, die hier etwas ausführlicher dargestellt werden soll: Die ausgeprägte Betonung des Kognitiven zeigt sich im Bemühen des Therapeuten, irrationale Überzeugungen seiner Klienten infrage zu stellen. Wie schon die Benennung der Therapie zum Ausdruck bringt, sind auch Emotionen von Bedeutung; sie werden aber als Konsequenzen von Kognitionen in Form von Bewertungen, Überzeugungen etc. aufgefasst. Das ABC-Modell der RET besagt, dass

---

[1] Mit Monster ist nicht der Partner, sondern die »Eifersucht« gemeint.

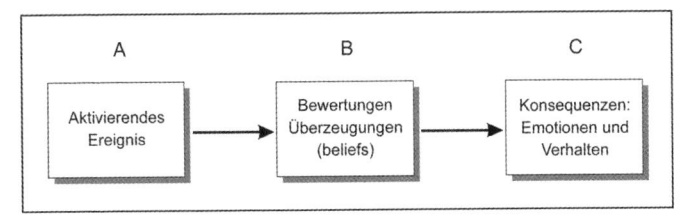

```
┌─────────────────────────────────────────────────────────┐
│      A                    B                    C        │
│  ┌──────────┐        ┌──────────┐         ┌──────────┐  │
│  │Aktivier- │───────▶│Bewertun- │────────▶│Konsequen-│  │
│  │endes     │        │gen Über- │         │zen:      │  │
│  │Ereignis  │        │zeugungen │         │Emotionen │  │
│  │          │        │(beliefs) │         │und Ver-  │  │
│  │          │        │          │         │halten    │  │
│  └──────────┘        └──────────┘         └──────────┘  │
└─────────────────────────────────────────────────────────┘
```

Abb. 4.3 ABC-Modell der RET

Ereignisse, die aktivieren (A), zu Bewertungen, Überzeugungen, »beliefs« (B) führen. Diese bewirken wiederum Konsequenzen, »consequences« (C) für Emotionen und Verhalten (siehe Abb. 4.3). In unserem naiven Alltagsdenken glauben wir häufig, dass A direkt zu C führt, wir überspringen also das Zwischenglied der kognitiven Annahmen. Die Ursachen für emotionale Störungen liegen nach Ellis aber vor allem im kognitiven Bereich (B), in gestörten Denkmustern. Dabei kann es sich um Überbewertungen, grobe Vereinfachungen oder unlogische sowie absolutistische Annahmen handeln. Durch die kognitiven Strategien der RET, vor allem durch das Hinterfragen, durch das Disputieren solcher Überzeugungen können emotionale Störungen beseitigt werden. Gestörte Denkmuster, irrationale Überzeugungen und ihre emotionalen Konsequenzen können hinsichtlich Dauerhaftigkeit und Generalität durchaus die Qualität von Persönlichkeitsmerkmalen aufweisen. Führt die Disputation irrationaler Kognitionen zum Erfolg, kann zu Recht von einer Veränderung der Persönlichkeit gesprochen werden (vgl. Pervin, 1981).

Ein Beispiel für Eifersucht stammt von Ellis (1979): Es geht um eine Frau, die in einen Mann verliebt ist, der sagt, dass er sie auch liebe. Sein Verhalten veranlasst sie aber oft zu glauben, er liebe sie nicht genug und interessiere sich auch für andere Frauen. Nach Ellis besteht das aktivierende Ereignis (A) darin, dass sie einen Mangel an Interesse wahrnimmt. Als emotionale Konsequenz kommt es bei ihr zu intensiven Gefühlen der Eifersucht und der Feindseligkeit dem Partner gegenüber (C). Diese emotionalen Reaktionen tragen einiges dazu bei, dass die Beziehung zu ihrem Partner noch problematischer wird, als sie ohnehin schon ist. Der RET entsprechend dreht sich bei diesem Eifersuchtsproblem alles um B, um das System von Überzeugungen, mit dem sich die Frau ihre emotionalen Konsequenzen selber schafft. Typische irrationale Überzeugungen, die die RET zutage fördert, wären: »Wie furchtbar, dass er mich so behandelt! Wie kann er nur so unfair sein! Er darf mich nicht so behandeln. Wenn er es trotzdem tut, ist er ein mieser Typ.«

Für die therapeutische Einwirkung auf irrationale Kognitionen hat die RET eine ganze Reihe von Disputationsverfahren entwickelt. Ziel ist es, den Klienten auf didaktisch wirkungsvolle Weise von der Irrationalität und Dysfunktionalität seiner Annahmen zu überzeugen und ihm angemessene, zielführende Denkmuster aufzuzeigen. Die Lösung des Eifersuchtsproblems dieser Frau besteht für die RET darin, ihre »Bs« infrage zu stellen, darauf hinzuweisen, dass ihre Annahmen unlogisch oder unbeweisbar sind: Es ist nicht »entsetzlich« oder eine Katastrophe, dass ihr Freund sie so behandelt. Es steht dem Partner als einem unvollkommenen Menschen zu, Fehler zu machen und Ungerechtigkeiten zu begehen. Es wäre schöner für sie, wenn er sich liebevoller verhalten würde, aber es gibt keinen Grund dafür, dass er dies unbedingt »muss«. Er mag sich in der Tat unfair verhalten, aber das macht ihn noch nicht insgesamt zu einem schlechten Menschen, zu einem »miesen Typen«. In vielerlei anderer Hinsicht verhält er sich vielleicht gar nicht mies, sondern sogar positiv ihr gegenüber. Sie verurteilt fälschlicherweise ihn insgesamt und nicht einen Teil seines Verhaltens.

Im Zuge solcher Disputationsverfahren werden auch diejenigen irrationalen Überzeugungen aufgedeckt, die das eigene Selbst der Frau betreffen: Eine ihrer grundlegenden Annahmen könnte beispielsweise sein, dass ihr Freund sie total, hingebungsvoll und ewig lieben müsse, da sie sich selbst sonst nicht liebenswert finden könne. Es ist charakteristisch für das Denkmuster »neurotisch« Liebender, dass sie von sich und dem Partner derartige Haltungen nicht bloß wünschen, sondern dies oft in absolutistischer Weise verlangen.

Eifersucht gehört zu den beliebtesten Themen von Film, Theater und Literatur. In ihrem literarischen Lesebuch bezeichnet Bronnen (1995) Eifersucht als »die schwarze Schwester der Liebe«. Bronnen kann der Eifersucht durchaus positive Züge abgewinnen. Eifersucht kann nämlich – psychologisch gesprochen – auch eine Ressource darstellen. Folgendes Zitat enthält eine Auswahl positiver Qualitäten (Bronnen, 1995, S. 11):

1. Ein guter Eifersüchtiger hat Phantasie und verfügt über ein außerordentliches Einfühlungsvermögen.
2. Ein guter Eifersüchtiger wäre manchmal selber gern an Stelle der Betrüger.
3. Ein guter Eifersüchtiger kann phantastisch projizieren.
4. Ein guter Eifersüchtiger hat ein fabelhaftes Gedächtnis.

4.3 Die Theorie der Liebesstile auf dem Prüfstand

Persönlichkeitstheorien lassen sich danach beurteilen, inwieweit sie den vier genannten Aufgaben gerecht werden. In erster Linie hängt ihr Wert davon ab, in welchem Maße sie in der Lage sind, bekannte Tatsachen zu erklären und noch unbekannte Tatsachen vorherzusagen (Groeben & Westmeyer, 1975, S. 76). Als Systeme wissenschaftlicher Aussagen müssen sie zusätzlich bestimmten formalen Qualitätskriterien genügen (Breuer, 1991). Asendorpf hat eine repräsentative Liste solcher Kriterien aus der persönlichkeitspsychologischen Literatur zusammengestellt. Sie werden im Folgenden zur Beurteilung der Liebesstil-Theorie herangezogen (vgl. Tab. 4.3).

Tab. 4.3 Kriterien für Theorien in empirischen Wissenschaften (nach Asendorpf, 2007)

Kriterium	Erläuterung
Explizitheit	Die Begriffe und Aussagen der Theorie sollen explizit dargelegt sein.
Empirische Verankerung	Die Begriffe der Theorie sollen sich direkt oder indirekt auf Beobachtungsdaten beziehen.
Widerspruchsfreiheit	Die aus der Theorie ableitbaren Aussagen sollen sich nicht widersprechen.
Prüfbarkeit	Die Aussagen der Theorie sollen sich empirisch überprüfen lassen.
Vollständigkeit	Die Aussagen der Theorie sollen alle bekannten Phänomene des Gegenstandsbereichs erklären.
Sparsamkeit	Die Theorie soll mit möglichst wenigen Grundbegriffen auskommen.
Produktivität	Die Theorie soll neue Fragestellungen erzeugen und dadurch die Forschung voranbringen.
Anwendbarkeit	Die Theorie soll sich praktisch anwenden lassen.

Explizitheit: Die Begriffe einer Theorie müssen genau definiert sein, damit sie von unterschiedlichen Wissenschaftlern in gleicher Weise verstanden werden. Dies ist bei den sechs Begriffen, die für die Liebesstile stehen, der Fall.

Empirische Verankerung: Theorien sollten empirisch überprüft werden können. Voraussetzung dafür ist, dass ihre Konstrukte operationalisierbar sind, d. h. mit Beobachtungsdaten verknüpft werden können. Dies ist bei der Theorie von Lee gegeben. Bisherige Untersuchungen haben sich auf die Erfassung von Selbstbeurteilungen hinsichtlich der Liebesstile konzentriert. In den meisten Studien wurden Fragebogenitems zur Operationalisierung der Stile herangezogen. Lee selbst ist skeptisch, was die Verwendbarkeit von Fragebogen zur Erfassung von Liebesstilen betrifft, und plädiert daher für ganzheitlichere Interviewmethoden.

Widerspruchsfreiheit: Die Aussagen einer Theorie dürfen sich nicht widersprechen. »Gleich und gleich gesellt sich gern« und »Gegensätze ziehen sich an« sind offensichtlich unvereinbare Aussagen (siehe Schneewind, 1992). Erfüllt die Theorie von Lee das Kriterium der Widerspruchsfreiheit? Schon die vollendete geometrische Lösung (vgl. Abb. 4.1) weckt Misstrauen. Ganz ausgegoren scheint seine Konzeption der räumlichen Nähe nicht zu sein. Er selbst weist auf Ausnahmen hin: Trotz ihrer räumlichen Nähe sei die Kombination von Mania und Ludus aufgrund unterschiedlicher Vorstellungen über die Liebe sehr problematisch! Dies bringt Lee zu der Aussage, dass eine zufriedenstellende Beziehung daraus nicht entstehen könne. Gerade Anhänger dieser beiden Stile zögen sich aber in verhängnisvoller Weise an: Sie vor allem lieferten den Stoff für Romane, Theaterstücke und Filme. Zweite Aussage von Lee: Manische Liebe gedeihe besonders bei Schwierigkeiten, für die gerade ein ludischer Lover mit seinem flatterhaften Verhalten die beste Garantie sei. Und: Die Eitelkeit des ludisch Liebenden werde durch die ständige Aufmerksamkeit des manischen Partners befriedigt. Also kann diese Paarung doch mit Zufriedenheit einhergehen, zumindest kurzfristig. Aber gerade das hat Lee in seiner ersten Aussage in Abrede gestellt. Fazit: Die Widerspruchsfreiheit ist nicht gegeben.

Prüfbarkeit: Prinzipiell ist es möglich, die Aussagen von Lee empirisch zu überprüfen. Nehmen wir z. B. die Zufriedenheit mit der Partnerschaft als Folge der Ähnlichkeit der Liebesstile. Als Vorhersagegrößen (Prädiktoren) benötigt man Kenntnisse über den bevorzugten Liebesstil der Zielperson und des Partners. Als Kriterium wird die Zufriedenheit mit der Partnerschaft bei der Zielperson und beim Partner erfasst.

Vollständigkeit: Eine gute Theorie sollte alle Phänomene eines bestimmten Inhaltsbereichs umfassen. Diesem Anspruch genügt die Theorie von Lee in besonderer Weise. Jede Form von Liebeserfahrung wird von ihm beachtet, sei sie nun flüchtig oder lang anhaltend, glücklich oder unglücklich, »normal« oder krankhaft. Lee kritisiert, dass die Anhänger eines Liebesstils diesen häufig verabsolutieren, ihn als alleinigen Liebesstil postulieren und andere Stile – häufig Ludus und Pragma – kurzerhand als nicht zur Liebe gehörig ausgrenzen. Nach Lee sollte man an die Erforschung von Liebesstilen möglichst vorurteilsfrei, nicht ahistorisch (nur bezogen auf die heutige Zeit) und nicht ethnozentristisch (nur bezogen auf unsere westliche Kultur) herangehen. Das heutige Hollywood-Ideal der romantischen Liebe sei nur *eine* mögliche Konzeption von Liebe.

Der Geltungsbereich seiner Theorie berücksichtigt zudem unterschiedliche Gruppen von Liebenden: Seine ersten Interviewpartner waren zunächst ausschließlich heterosexuelle Paare. Später befragte er auch Homosexuelle und stellte fest, dass sich seine Typologie auch auf sie anwenden ließ. Schwul und lesbisch Liebende sind offenbar durch die gleichen kulturellen Definitionen von Liebe bestimmt, die ihnen genauso wie heterosexuellen Paaren durch Romane, Filme und andere Medien vermittelt werden. Allerdings – so Lee – unterscheiden sie sich von Heterosexuellen in der Bevorzugung bestimmter Liebesstile.

Sparsamkeit: Eine Theorie sollte mit möglichst wenigen Konstrukten auskommen. In der Konzeption von Lee stellt sich eher die Frage, ob er nicht zu wenige Konstrukte heranzieht. Seine Liebesstile sind bereits auf einer hohen Abstraktionsebene angesiedelt. Ein differenziertes Klassifikationssystem ergäbe sich, wenn für jeden Stil Subkategorien oder Fassetten angenommen würden. Um nur ein Beispiel zu nennen: Mir erscheint es notwendig, bei Eros einen Unterschied zu machen zwischen tatsächlich realisierter erotisch-sexueller Liebe und romantischer Liebe, die nur auf der Ebene der Vorstellung stattfindet. Im Extremfall weiß dabei der Partner gar nicht, dass er geliebt wird – wie z. B. in Stefan Zweigs Novelle »Briefe einer Unbekannten«.

Produktivität: Die Typologie von Lee hat im populären wie im wissenschaftlichen Bereich außerordentliche Verbreitung gefunden und eine Fülle von Untersuchungen angeregt. Ein Grund dafür ist sicherlich, dass er versucht, sich dem Phänomen der Liebe in umfassender Weise zu nähern. Sein multidimensionales System eignet sich auch als Rahmen für andere, weniger umfassende Theorien der Liebe. Weiterhin lässt sich seine Theorie gut mit anderen Theorien in den Bereichen Partnerschaft und Liebe verknüpfen. So haben Bierhoff und Grau (1999) den Zusammenhang von Liebesstilen und Bindungsstilen untersucht. Mit der Bindungstheorie können differenzierte Aussagen über die Ursachen und die Entwicklung der einzelnen Liebesstile gemacht werden.

Anwendbarkeit: Bei diesem Kriterium geht es um die Tauglichkeit einer Theorie für die Umsetzung in der Praxis. Lewin hat es mit seinem Aphorismus auf den Punkt gebracht: »Es gibt nichts Praktischeres als eine gute Theorie.« Es stellt sich die Frage, ob der Ansatz der Liebesstile für die Praxis nicht zu grob ist. Wenn jemand Probleme im Bereich Partnerschaft und Liebe hat, dann wird die bloße Zuordnung zu einem der sechs Stile dem individuellen Beratungs- und Liebesbedürfnis vermutlich nicht ausreichen. Eine anwendungsbezogene Elaboration des Ansatzes wäre durchaus im Sinne von Lee, denn die praktische Anwendbarkeit seiner Theorie liegt ihm am Herzen:

> Meine Theorie ist dann ein Erfolg, wenn sie Ihnen hilft, Ihre eigenen Erfahrungen mit der Liebe zu verstehen und die Entscheidungen zu treffen, die dazu führen, dass Sie in der Liebe glücklicher werden (Lee, 1973, S. 13).

5 Modelle und Metaphern in Persönlichkeitstheorien

In den Lehrbüchern der Persönlichkeitspsychologie werden die einzelnen Theorien meist zu Kategorien oder Familien zusammengefasst. Klassisch ist die Gegenüberstellung von psychoanalytischen und verhaltensbezogenen Theorien, von denen sich humanistische Ansätze als »dritte« Kraft abheben: Diese drei Richtungen werden in Abbildung 5.1 veranschaulicht:

(1) die von Sigmund Freud angeführte psychoanalytische Bewegung mit ihrer Betonung unbewusster Determinanten; (2) der auf John B. Watson zurückgehende Behaviorismus (von behavior = Verhalten) mit der Konzentration auf Lernvorgänge in Form von S-R-Verknüpfungen, also Verknüpfungen zwischen Stimuli in der Umwelt und Reaktionen des Organismus. Der Behaviorismus geht von der Allgemeingültigkeit der Lerngesetze aus: Sie gelten nicht nur für den Menschen, sondern auch für Tauben und Ratten (siehe Abb. 5.1); (3) die u. a. mit dem Namen von Carl Rogers verbundene humanistische Psychologie, die sich von Psychoanalyse und Behaviorismus gleichermaßen abgrenzt. Sie hebt die positive Grundtendenz des Menschen und sein Streben nach Selbstverwirklichung hervor.

Abb. 5.1 Humanistischer Ansatz als dritte Kraft (nach Völker, 1980; © Richard Peel)

5.1 Klassifikation von Persönlichkeitstheorien

Mit dieser Dreiteilung kommt man heute nicht mehr aus. Die Kategorisierung, die Mischel in seinem Lehrbuch (2003) vorschlägt, wird der Differenziertheit gegenwärtiger Persönlichkeitstheorien eher gerecht. Er unterscheidet zwischen folgenden Gruppen von Theorien: psychodynamische Ansätze, eigenschaftsbezogene und biologische Ansätze, phänomenologische Ansätze, verhaltensbezogene Ansätze und sozial-kognitive Ansätze.

Psychodynamische Ansätze gehen davon aus, dass miteinander in Konflikt liegende internale Kräfte das Verhalten motivieren und die Persönlichkeit formen. Die klassische Psychoanalyse von Freud, die das dynamisch wirkende Unbewusste betont, repräsentiert diese Theoriengruppe am besten.

Eigenschaftsbezogene und *biologische* Ansätze, zu denen man auch Typologien zählt (vgl. Kap. 3.2), stellen die ältesten Ansätze der Persönlichkeitspsychologie dar. Hauptziel ist die Bestimmung von überdauernden Merkmalen, mit denen man Unterschiede zwischen Personen beschreiben und erklären kann. Die meisten Eigenschaftstheorien gehen von einer biologisch-genetischen Grundlage von Eigenschaften aus. In die Kategorie der Eigenschaftstheorien lassen sich auch die neuen evolutionspsychologischen Ansätze einordnen. Sie gründen auf der Annahme, dass Eigenschaften im Laufe der Menschheitsentwicklung als Folge von basalen Aufgaben wie Überleben und Reproduktion entstanden sind (vgl. Kap. 18 sowie Buss, 2004).

Phänomenologische Ansätze gehen davon aus, dass das Verhalten eines Individuums nur verstanden werden kann, wenn man seine subjektiven Wahrnehmungen und Interpretationen kennt. Die subjektive Wirklichkeitsauffassung rückt an die Stelle der objektiven Beobachterperspektive. Phänomenologische Ansätze überlappen sich mit humanistischen Theorien, die sich gegen die These wenden, der Mensch werde im Wesentlichen durch interne Determinanten wie Triebe oder externe Determinanten wie situative Einflüsse bestimmt und geformt. Stattdessen betonen sie die Autonomie des Menschen, sein zielgerichtetes Handeln und sein aktives Streben nach Selbstverwirklichung bzw. nach Ausschöpfung seiner Potenziale (vgl. Abb. 5.1).

Verhaltensbezogene Ansätze – besonders in ihren frühen radikalen Programmen – stehen in deutlichem Kontrast zu den phänomenologischen Theorien. Ihnen geht es um die Analyse des offen sichtbaren und beobachtbaren Verhaltens. Eine objektive Beschreibung des Verhaltens und die deutliche Betonung situativer Einflüsse auf das Verhalten kennzeichnen diese Ansätze. Neben innerpsychischen Vorgängen vernachlässigen sie auch die biologische und genetische Ausstattung des Menschen.

Sozial-kognitive Ansätze haben sich erst in den letzten vierzig Jahren entwickelt. Ihr Fokus auf Prozesse der Informationsverarbeitung (kognitive Prozesse) und des Lernens im zwischenmenschlichen Bereich (soziales Lernen) ist in jüngster Zeit durch die explizite Beachtung von Emotionen erweitert worden. Sozial-kognitive

Ansätze stellen eine Weiterentwicklung verhaltensbezogener Ansätze dar. Sie sind aber ebenso durch andere theoretische Richtungen beeinflusst worden. Der Beitrag der phänomenologischen Theorien wird an der Betonung der subjektiven Bedeutsamkeit der Situation oder an der Konzeption des Menschen als einem aktiven und intentional handelnden Individuum deutlich. Sozial-kognitive Theorien heben auch die Wechselwirkung von Person und Situation oder zwischen verschiedenen Personen hervor. Sie sind also interaktionistische Theorien (vgl. Kontroverse 2).

In der Klassifikation von Mischel lassen sich die biografischen Theorien und die neue Gruppe der narrativen Theorien nicht unterbringen. Sie sollten als sechste Kategorie unter der Bezeichnung *biografisch-narrativ* angefügt werden. Bei ihnen steht die Lebenserzählung im Mittelpunkt, das Beschreiben oder Herstellen des Selbst durch die autobiografische Erzählung.

Tab. 5.1 Kategorien von Persönlichkeitstheorien (adaptiert nach Mischel, 2003)

Gruppen von Theorien	Beispiele	Kapitel
Psychodynamische Ansätze	S. Freud	5.3
	C. G. Jung	6.2
	W. Reich	6.4.3
Eigenschaftsansätze	P. T. Costa und R. R. McCrae	10
	G. W. Allport	7.3
Phänomenologische Ansätze	G. Kelly	5.4
	C. Rogers	6.3
Verhaltensbezogene Ansätze	der frühe W. Mischel	11
Sozial-kognitive Ansätze	A. Bandura	12.3
	der späte W. Mischel	13
Biografisch-narrative Ansätze	H. Thomae	9

Die Gliederung dieses Buchs basiert nicht auf einer Einteilung nach Theorien. Wie Tabelle 5.1 zeigt, werden aber Repräsentanten aller sechs Theoriengruppen – meist unter einem besonderen Blickwinkel – in den verschiedenen Kapiteln dargestellt.

5.2 Modelle als Rahmen für Persönlichkeitstheorien

Die Theorien innerhalb einer Gruppe gehen trotz markanter Unterschiede von gemeinsamen Grundannahmen aus. Nehmen wir als Beispiel die psychodynamischen Theorien: In seiner psychoanalytischen Theorie misst Freud dem Sexualtrieb zentrale Bedeutung bei. C. G. Jung lehnte den Pansexualismus von Freud ab und entwickelte seine eigene Theorie, in der er die *Libido* mit allgemeiner Lebensenergie gleichsetzte. Er teilte jedoch weiterhin einige Grundannahmen mit Freud, z. B. die Bedeutung des Unbewussten oder den starken Einfluss der Kindheitsentwicklung auf die Erwachsenenpersönlichkeit. Es ist daher sinnvoll, Freud und Jung unter *psychodynamische Persönlichkeitstheorien* zu subsumieren.

Bei der Erörterung von Theorien mit gemeinsamen Grundannahmen fällt häufig der Begriff *Modell* – ein Terminus, der in der Psychologie ganz unterschiedlich verwendet wird (vgl. Herzog, 1984). In diesem Kapitel soll besonders die illustrierende und repräsentierende Funktion von Modellen betont werden: Es geht darum, einen komplexen Sachverhalt zu veranschaulichen. Modelle sind Vereinfachungen, also Versuche, »Wirklichkeit« abzubilden unter besonderer Hervorhebung spezifischer Merkmale.

In der Psychologie ist eine ganze Reihe von Modellen herangezogen worden. Auf den ersten Blick machen sie deutlich, dass der Mensch unter vollkommen unterschiedlichen Perspektiven betrachtet werden kann. Gebräuchlich sind z. B. folgende Modelle: der Mensch als Maschine, als Ratte, als Wissenschaftler, als Schauspieler, als Computer (zusammenfassend Wiggins, Renner, Clore & Rose, 1976). Diese bildhaften Vergleiche haben den Charakter einer *Metapher*, weshalb man auch von metaphorischen Modellen vom Menschen spricht. Unter einer Metapher versteht man die übertragene Bedeutung eines Wortes, es wird nicht im eigentlichen wörtlichen Sinn verwendet. Manchmal verrät bereits die Wortwahl, wie der jeweilige Autor zu dem Modell steht, das er beurteilt, wenn z. B. von einer »Rattenebenbildlichkeit« des Menschen oder vom Modell einer »Reflexamöbe« die Rede ist.

Bei einer Metapher treten zwei Bedeutungsfelder in Wechselwirkung. Ein Beispiel ist die Bezeichnung des Menschen als »Wolf«. Das alte Bedeutungsfeld »Mensch« wird durch das neue Bedeutungsfeld »Wolf« erweitert; denn wir interpretieren nun den Menschen wegen seiner Wolfsähnlichkeit als aggressives Wesen. Metaphern beruhen auf *Analogien*. Eine Analogie ist ein Vergleich, der zumindest in einem Punkt eine Gemeinsamkeit zwischen zwei ansonsten verschiedenen Bereichen oder Vorgängen zum Ausdruck bringt. Dem Menschen und dem Wolf wird als gemeinsames Merkmal die Aggressivität zugeschrieben. Daneben gibt es viele nicht übereinstimmende Aspekte der beiden Bedeutungsfelder: »Wenn man den Menschen als Wolf bezeichnet, so ist damit nicht gemeint, der Mensch gehe auf vier Beinen und habe einen buschigen Schwanz« (Herzog, 1984, S. 89).

Welche Funktion haben Metaphern? Offenbar übernehmen Psychologen Ideen, die außerhalb der Psychologie entwickelt wurden, um sich gestützt auf einen Vergleich Klarheit über ihren Gegenstand zu verschaffen. Die Autoren betrachten menschliches Verhalten und Erleben so, als lasse es sich unter der Leitidee der Maschine, des Regelkreises, der Schauspielerrolle etc. verstehen. Sie machen damit auf eine bestimmte Interpretation der Wirklichkeit aufmerksam, die sich erst durch die metaphorischen Modelle ergibt (vgl. Herzog, 1984).

Dietrich Dörner z. B. fasst in seinem Buch »Bauplan für eine Seele« (1999) den Menschen als ein informationsverarbeitendes System auf, dessen seelische Vorgänge als Rechenprozesse darstellbar sind. Dörner bedient sich explizit der Maschinenmetapher. Allerdings wird der Mensch bei ihm nicht als Staubsauger, also als einfache Maschine, sondern als sehr komplizierte einzigartige Maschine begriffen. Die konsequente Anwendung der Maschinenmetapher bringt es mit sich, Seelenprozesse als ein komplexes Gefüge von Determinismen anzusehen – und zwar nicht nur, wenn es um den Verstand geht, auch beim freien Willen, beim Gemüt, beim Gefühl. Erst durch die Metapher also wird man stimuliert, die Ergriffenheit beim Hören der Matthäuspassion oder die Liebe zwischen Romeo und Julia als ein Muster von Wenn-Dann-Aussagen wahrzunehmen und es mit entsprechenden Konzepten der Informationsverarbeitung (z. B. Kompetenz, Unbestimmtheit) zu analysieren.

Erstaunlich groß sind die Diskrepanzen zwischen den Modellen, die die Autoren von Persönlichkeitstheorien als Leitvorstellungen heranziehen. Es überrascht daher nicht, dass auf der Basis solch unterschiedlicher Leitvorstellungen sehr konträre Persönlichkeitstheorien entwickelt wurden. Diametral entgegengesetzt z. B. sind die Persönlichkeitstheorien von Sigmund Freud und George Kelly, die im Mittelpunkt dieses Kapitels stehen sollen. Freud, der Gründer der Psychoanalyse, hat den Menschen als ein Wesen gesehen, das weitgehend von irrationalen Trieben gesteuert wird. Kelly entwickelte dagegen die personale Konstrukttheorie, nach der sich jeder Mensch im Grunde wie ein Wissenschaftler verhält. Freud und Kelly gingen also von vollkommen gegensätzlichen Modellen aus.

5.3 Die Psychoanalyse Freuds und ihre Metaphern

Freuds psychoanalytische Theorie lässt sich unter mindestens drei Perspektiven betrachten. Sie ist zunächst einmal eine allgemeinpsychologische Theorie, d. h., sie macht Aussagen, die für alle Menschen zutreffen sollen. Sie ist zweitens eine differentielle bzw. eine persönlichkeitspsychologische Theorie, da sie die Entwicklung unterschiedlicher Charaktertypen zu erklären versucht. Schließlich stellt die Psychoanalyse auch noch ein psychotherapeutisches Verfahren dar.

5.3.1 Die Psychoanalyse als allgemeinpsychologische Theorie

Kernstück der psychoanalytischen Metaphorik ist der Vergleich des Menschen mit einem Energiesystem. Freud übertrug damit die Aussagen des Physikers Helmholtz zur Energiedynamik auf den Menschen. Er nahm z. B. an, dass die Energie in verschiedenste Formen bzw. Aktivitäten umgewandelt werden könnte. Die Energiemenge ist aber begrenzt und wird durch Aktivitäten aufgebraucht: Energie, die sexuell umgesetzt wurde, steht nicht mehr für den kulturellen Einsatz zur Verfügung und umgekehrt. Die Energie für das System stammt nach Freud aus zwei Grundtrieben: dem Eros und dem Destruktionstrieb.

Reichtum an Metaphern

Der Mensch als Energiesystem ist bei weitem nicht Freuds einzige Metapher. Freud liebte es, in vielen unterschiedlichen Vergleichen zu denken. Daher kann man in seinen Werken Analogien aus ganz verschiedenen Bereichen finden: aus Rechtswissenschaft, Medizin, Archäologie, Physik, Chemie, Biologie, Technik, Kriegsführung, Kunst usw. Beispielsweise ist die Chemie in sehr grundsätzlicher Weise vertreten durch den Begriff *Psychoanalyse*. Bezüge zu den Rechtswissenschaften findet man in der *Instanzenlehre*. Sie ist sehr klar beschrieben in seiner lesenswerten Spätschrift »Abriß der Psychoanalyse« (Freud, 1941). Seine Darstellung beginnt mit einem technischen Vergleich, nämlich mit der Annahme, das Seelenleben habe die Funktion eines Apparates, »… dem wir räumliche Ausdehnung und Zusammensetzung aus mehreren Stücken zuschreiben, den wir uns also ähnlich vorstellen wie ein Fernrohr, ein Mikroskop u. dgl.« (Freud, 1941, S. 67). Dieser Apparat wird nun von Freud in die bekannten psychischen *Instanzen* Es, Ich und Über-Ich unterteilt.

Konfliktmodell und Abwehrmechanismen

Besonders auffällig ist Freuds Gebrauch von Analogien aus der Kriegsführung: Zentrale Begriffe seiner Theorie sind *Besetzung*, *Widerstand*, *Abwehr*, *Verdrängung* (zusammenfassend Mahoney, 1989). Wie die vielen kampf- und kriegsbezogenen Metaphern vermuten lassen, orientiert sich die Psychoanalyse grundsätzlich am Konflikt, an Kräften, die gegeneinander wirken. Dies zeigt sich vor allem in den Aufgaben des Ichs. Es muss den Ansprüchen dreier Herren genügen: dem Es, dem Über-Ich und der Realität. Damit befindet es sich permanent in einer mehrfachen Konfliktsituation. Es sieht sich mit drei Gefahren konfrontiert, die jeweils mit einer bestimmten Art von Angst verbunden sind: (1) Die *Realangst* bezieht sich auf objektive oder vermeintliche Gefahren aus der Außenwelt. Ihre Bewältigung verlangt ein Vorgehen nach verstandesmäßigen Realitätsprinzipien. (2) Eine Unterdrückung von sexuellen oder aggressiven Triebimpulsen aus dem Es, das nach dem Lustprinzip funktioniert, bringt die Gefahr mit sich, dass *neurotische Angst* ausgelöst wird, dass also verbotene Wünsche das Ich überfluten. (3) Lässt sich das Ich dagegen auf die Wünsche des Es ein, kann *moralische Angst* oder Über-Ich-Angst entstehen, die mit schlechtem Gewissen und Schuldgefühlen verbunden ist. Das Ich befindet sich nach Freud also in einem fast permanenten Zustand der »Rundumverteidigung« (vgl. Schmidt, 1986, S. 41).

Das Ich ist aber den inneren Gefahren, die vom Über-Ich und vom Es ausgehen, nicht hilflos ausgeliefert: Ihm stehen konfliktreduzierende *Abwehrmechanismen* zur Verfügung. Abwehrmechanismen sind unbewusst ablaufende Vorgänge, mit denen das Ich die Angst zu verringern versucht. Der wichtigste ist die *Verdrängung*. Wünsche, Vorstellungen, Bilder, die Angst oder Peinlichkeit hervorrufen würden, werden in das Unbewusste abgeschoben, sodass sie dem Bewussten nicht mehr zugänglich sind. Die verdrängten Inhalte sind aber nicht ausgelöscht, sie bleiben *dynamisch* und können sich ins Bewusstsein drängen. Basierend auf den Ausführungen von Sigmund Freud hat seine Tochter Anna Freud (1936) in ihrer Schrift »Das Ich und die Abwehrmechanismen« eine Liste von ca. zehn Abwehrmechanismen zusammengestellt, die von anderen Autoren noch ergänzt wurde. Eine Auswahl der prominentesten Mechanismen findet sich in Tabelle 5.2.

Die emotionale Erleichterung, die der Einsatz von Abwehrmechanismen für das Ich bewirkt, wird aber nach Freud mit dem Nachteil der Verzerrung und Verleugnung von Realität erkauft. Beim Abwehrmechanismus der Projektion z. B. nimmt sich die feindselig eingestellte Person nicht als feindselig wahr, sondern projiziert ihre

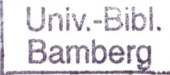

Tab. 5.2 Einige Abwehrmechanismen des Ichs

Begriff	Definition
Verdrängung	Unerwünschte oder gefährliche Impulse werden aus dem Bewusstsein ins Unbewusste abgeschoben bzw. daran gehindert, wieder ins Bewusstsein zu treten.
Regression	Die Person fällt auf eine frühere Entwicklungsstufe mit primitiveren Reaktionen zurück (ein Kind, welches das Sauberkeitstraining schon erfolgreich abgeschlossen hat, nässt nach Ankunft eines Geschwisterchens wieder ein).
Reaktionsbildung	Nicht akzeptable Impulse werden durch Betonung des Gegenteils in Gedanken oder im Handeln abgewehrt (»Ich hasse mein Kind« wird zu »Ich liebe mein Kind abgöttisch«).
Projektion	Eigene nicht akzeptable Impulse werden anderen zugeschrieben (siehe Text).
Rationalisierung	Verhalten, das den Selbstwert des Individuums bedroht, wird durch das Angeben von betont vernünftigen, aber nicht zutreffenden »fadenscheinigen« Gründen erklärt (Bei äußerst harter Bestrafung von Kindern: »Mein Kind soll schon früh die Härte des Lebens spüren. Dann hat es später weniger Probleme.«).
Sublimierung	Triebenergie wird in sozial hoch bewertete Verhaltensweisen umgestaltet (Leonardo da Vincis Bild der Mona Lisa als künstlerische Transformation der verbotenen Mutterliebe).

Gefühle auf andere Personen mit der Folge, dass sie diese dann als feindselig empfindet.

Die Psychoanalyse betrachtet Abwehrmechanismen, wenn sie gehäuft und rigide gebraucht werden, als pathologisch. Die neuere Stress- und Bewältigungsforschung weist jedoch darauf hin, dass sich realitätsverzerrende Bewältigungsformen unter gewissen Umständen auch förderlich auswirken können (vgl. Lazarus, 1999). Verleugnung bei einer schweren Krankheit z. B. kann zu einer zeitweisen emotionalen Erleichterung führen. Die Verleugnung wirkt sich aber negativ aus, wenn sie gesundheitsfördernde Handlungen behindert.

5.3.2 Psychoanalyse als Persönlichkeitstheorie

Mit ihrem Konflikt- und Instanzenmodell beschreibt die Psychoanalyse universelle Annahmen, also Annahmen, die für alle Menschen zutreffen sollen. Persönlichkeitspsychologisch relevante Aussagen – z. B. über die Entwicklung von interindividuellen Unterschieden – erlaubt erst die Einführung der Abwehrmechanismen. Im Laufe der Ich-Entwicklung kann es nämlich zu individuumstypischen Favorisierungen bestimmter Mechanismen der Abwehr von Angst kommen, z. B. einer Neigung, mit Verleugnungen oder Projektionen zu reagieren. Bei regelmäßigem Einsatz werden sie zu chronischen Abwehrstrategien, die zeitstabilen Persönlichkeitsmerkmalen entsprechen.

Wechselnde Schleimhäute

Eine zweite Form der Entwicklung des Charakters bzw. von Charakteranomalien hängt mit der psychosexuellen Entwicklung zusammen, die von »wechselnden Schleimhäuten« (Zimmer, 1990, S. 164) ausgeht. Nach Freud ist die Sexualität – umfassend definiert – bereits im Säuglings- und Kindesalter wirksam. Er unterscheidet fünf Stufen der psychosexuellen Entwicklung, von denen die ersten drei im Zusammenhang mit der Charakterentwicklung besondere Beachtung erfahren haben (vgl. Tab. 5.3).

Tab. 5.3 Die ersten drei Stufen der psychosexuellen Entwicklung nach Freud

Stufe	Alter	Erogener Bereich	Primäre Entwicklungsaufgabe
Oral	0–1	Lippen, Mund, Zunge	Entwöhnung
Anal	2–3	Anus	Reinlichkeitserziehung
Phallisch	4–5	Genitalien	Bewältigung des Ödipuskomplexes (sexuelles Verlangen gegenüber dem Elternteil entgegengesetzten Geschlechts und Rivalität zum gleichgeschlechtlichen Elternteil)

Wenn das Kind zu wenig oder zu viel Befriedigung erhält, kann es zu einer *Fixierung* kommen, d. h. zu einer starken Bindung libidinöser Energie an die jeweilige Stufe der psychosexuellen Entwicklung. Fixierungen führen dazu, dass das Individuum noch im Erwachsenenalter versucht, genau dieselbe Art von Befriedigung zu erhalten wie in der problematischen Phase. So soll jemand, der oral fixiert ist, seine Befriedigung beim Rauchen oder übermäßigen Essen suchen. Die Beibehaltung von Befriedigungswünschen der Phase, in der die Fixierung erfolgte, macht also den Kern des jeweiligen Charakters aus.

Auch die fixierungsbezogene Charakterentwicklung basiert auf der Leitvorstellung einer konflikthaften Beziehung zwischen zwei Parteien. In der analen Phase z. B. konfligieren die Reinlichkeitsanforderungen der Eltern mit dem Lustgewinn des Kindes beim »Loslassen« oder beim »Festhalten« des Kots. Wie leitet sich nun der anale Erwachsenencharakter von dem Ausgang dieser Konfliktsituation ab? Beispielsweise wird Eigensinn – eine Fassette des *analen Charakters* – von Freud als Auflehnung des Kindes gegen die von den Eltern strikt angeordnete Entleerung interpretiert. Ordentlichkeit und Pedanterie als weitere Fassetten des analen Charakters sind ebenfalls Folgen zu starken elterlichen Drucks: Die lustvolle Beschäftigung mit Kot verkehrt sich beim Kind in das Gegenteil. Über Reaktionsbildung entwickelt sich ein nahezu zwanghafter Wunsch nach Ordnung.

Satire: Kannibalismus und die vegetarische Persönlichkeit

Psychoanalytische Texte fordern zur Satire heraus (vgl. Selg, 2002, Kap. 4.8. Freuds berühmtester Fall: der Wolfsmann). Es ist nicht immer leicht zu erkennen, worin der Unterschied zwischen genuin psychoanalytischen Texten und satirischen Verfremdungen psychoanalytischer Aussagen besteht. Ist der Unterschied in der Darstellung der psychosexuellen Entwicklung und der folgenden satirischen Anwendung der Phasenlehre auf das Schreiben von Manuskripten (siehe Tab. 5.4) wirklich so groß?

Satirische Übertragungen finden sich auch bei Ellenbogen (1988), der in der Diktion psychoanalytischer Texte einen Zusammenhang von oralem Sadismus und vegetarischer Persönlichkeitsstörung konstruiert:

> Die Fallstudie Feigenlupfers (1895) über Julia V., eine 39jährige schwangere Hysterikerin, die Wiener Schnitzel zwanghaft erbrechen musste, beleuchtete das fleischlose Phänomen zuerst. Die Zeitgenossen Feigenlupfers jedoch verwarfen seine psychosexuelle Interpretation des Wiener Schnitzels, und das Interesse an seiner Entdeckung erlahmte schnell. Erst von Krankmann, einer von Feigenlupfers begabteren Studenten, ein unermüdlicher Forscher, Jogger und späterer Gründer der ›Neofeigenlupferschen Schule‹ der Psychoanalyse, erneuerte dieses Interesse am Vegetarismus (Ellenbogen, 1988, S. 43).
>
> Von Krankmanns tragischer und vorzeitiger Tod durch Pilzvergiftung entriss der psychoanalytischen Gemeinschaft einen hervorragenden Geist ... Vielleicht ist es ein angemessener Tribut an von Krankmanns Größe als

Tab. 5.4 Phasenlehre und Manuskriptherstellung (nach Keller, 1988)

Orale Phase	Den Lustgewinn zieht der Forscher in dieser Phase daraus, dass er sich ständig neue Bücher, Artikel, Aufsätze, Vorträge etc. einverleibt … Der ausgeprägt orale Typ schluckt einfach alles …
Anale Phase	Der Forscher mag keine seiner Ideen mehr aufgeben, keine Literaturangabe mehr streichen oder ändern, keinen Abschnitt des Manuskripts mehr umschreiben …
Phallische Phase	… möglicherweise fängt er nun an zu zeigen, was er hat. Hierdurch ausgelöste Kastrationsängste werden beschwichtigt, indem die Identifizierung mit unangreifbaren Autoritäten angestrebt wird, deren Potenz der kleine Forscher sich zu versichern glaubt, indem er sie ständig aus möglichst vielen ihrer Werke zitiert.
Ödipuskomplex	Die phallische Phase ist von stark libidinösen Strebungen geprägt, die sich auf das auserkorene Thema richten. Der Forscher möchte dies am liebsten ganz für sich allein beanspruchen, weshalb er akademischen Autoritäten (z. B. dem »Doktorvater«) gegenüber Aggressionen verspürt. Sie können so intensiv werden, dass er ihre Vernichtung herbeisehnt, indem er beispielsweise wünscht, ein für allemal deren Inkompetenz nachzuweisen.

Forscher, Kliniker und Steuerzahler, dass sich einige Mitglieder der Amerikanischen Psychiatrischen Gesellschaft auf die einmütige Empfehlung der Sonderkommission für Nomenklatur und Statistik … spontanentschlossen, bei der Revision ihres veralteten *Diagnostischen und Statistischen Manuals Psychischer Störungen (DSM)* von Krankmanns Werk … aufzunehmen (ebenda, S. 44).
Hauptmerkmal ist eine Persönlichkeitsstörung mit nachhaltiger Eingrenzung des Denkens auf die Nahrungsaufnahme, schizoidähnlicher Unfähigkeit zu Mitgefühl mit bestimmten lebenden Organismen der Umgebung (gewöhnlich Gemüse), Überempfindlichkeit bei allem, was mit der Nahrungsaufnahme zu tun hat, paranoides Misstrauen gegen die Bestandteile des Essens und gestörte soziale Beziehungen auf Grund des rigiden Essverhaltens, besonders in Restaurants (ebenda, S. 44).

Weitere »Erkenntnisse« ähnlichen Kalibers lassen sich einer amerikanischen Zeitschrift entnehmen, die unter dem Titel »Journal of Polymorphous Perversity« erscheint (kein Witz!). Eine Auswahl findet sich in der Monografie »Journal für seelische Radschläge« (Ellenbogen, 1988), aus der auch die Beispiele *Manuskriptherstellung* und *vegetarische Persönlichkeit* stammen.

5.3.3 Psychoanalyse als Therapie

Die Freud'sche Psychoanalyse zielt auf eine Befreiung von neurotischen Symptomen ab. Auf dem Weg dorthin wird der Patient aufgefordert, dem Analytiker alles mitzuteilen, was ihm in den Sinn kommt (Methode der freien Assoziation). Mithilfe dieser Methode wollen Analytiker und Patient zu den Inhalten des Unbewussten vordringen. Dabei wird der Patient wieder mit den emotionalen Situationen konfrontiert, die er in der Vergangenheit nicht bewältigen konnte. Mittel hierzu ist die *Übertragung*: ein unbewusster Vorgang, bei dem die Gefühle und Erwartungen, die der Patient in der Kindheit zentralen Bezugspersonen entgegengebracht hat, auf den Therapeuten verlagert werden. Dass der Patient auf der Couch hinter einem aufrecht sitzenden Erwachsenen liegt, soll den Übertragungseffekt fördern.

Auch seine Therapieform hat Freud mit Kampf- und Kriegsmetaphern veranschaulicht. Er spricht z. B. von Widerstand, aber auch von Bürgerkrieg, Feind, Pakt etc.:

> Das Ich wurde durch innere Konflikte geschwächt; wir müssen ihm zu Hilfe kommen. Diese Position ist dieselbe wie in einem Bürgerkrieg, der nur durch die Hilfe von außen entschieden werden kann. Der Analytiker und das geschwächte Ich des Patienten müssen zusammen gegen den Feind vorgehen, also gegen die Triebwünsche des Es und die moralischen Forderungen des Überich. Wir schließen einen Pakt miteinander ab (Freud, 1941, S. 98).

Zunächst nahm Freud an, dass die bloße Umwandlung von unbewusstem Material in bewusstes für eine wirksame Therapie ausreichen würde. Später wurde diese rein intellektuell bestimmte Konzeption von Therapie abgelöst durch das Wirkmodell des Überwindens von *Widerständen*, also einer vorwiegend emotionalen Reaktion. Dem zeitintensiven Durcharbeiten von Widerständen des Ichs, das sich der Bewusstmachung von verdrängten Wünschen entgegensetzt, wird von Freud nun die größte verändernde Wirkung auf den Patienten zugeschrieben.

Freud nahm den Widerstand seiner Patienten als Bestätigung dafür, dass er mit seinen sexuellen Interpretationen richtig lag. Der Freud-Kritiker D. E. Zimmer vergleicht die unersättliche Suche Freuds nach dem Sexuellen mit der Suche nach dem Yeti, dem Schneemenschen aus dem Himalaja:

> Ist der Zweig dort nicht wirklich geknickt? Das kann nur der Yeti gewesen sein ... Aber wer es auch noch fertigbringt, aus der Tatsache, dass der Zweig *nicht* geknickt ist, einen Hinweis auf die Existenz des Yeti zu entnehmen (»solch ein Wesen würde sich doch nicht dadurch verraten, dass

es Zweige knickt!«) – der kann sich vor Bestätigungen seiner Theorie kaum noch retten (Zimmer, 1990, S. 166).

5.3.4 Die Bewertung der Freud'schen Metaphern: Dämonen oder närrische Personen?

Obwohl Freud davor warnte, »… das Gerüst für den Bau zu halten« (Freud, 1900, S. 541), sah er häufig in der Analogie mehr als einen bloßen Vergleich. Auffällig sind z. B. seine Personifizierungen von Anteilen der Persönlichkeit wie »… das Über-Ich überstreng, beschimpft, erniedrigt, misshandelt das arme Ich, lässt es die schwersten Strafen erwarten, macht ihm Vorwürfe …« (Freud, 1933, S. 66). Solche Formulierungen sind typisch für die Psychoanalyse: »Das Ich wäre auch nicht abgeneigt, aber das Über-Ich erhebt Einspruch« (Anna Freud, 1936, S. 43). Man wird also zu der Vorstellung verleitet, als habe man es mit drei separaten Einzelpersonen oder Quasi-Ichs zu tun. Kein Wunder, dass Kritiker in der Instanzenlehre eine verspätete Neuauflage mittelalterlicher Dämonologie sehen:

> Die Person erschien als von drei Dämonen bewohnt, die einen unablässigen Streit in ihr aufführen. Einer war geil, rücksichtslos und böse, einer hochmoralisch und streng, und zwischen den beiden suchte der dritte mühsam, listig und anpasserisch Form und Contenance zu wahren (Zimmer, 1990, S. 162 f.).

Die Vorstellung von Quasi-Ichs gilt anderen Autoren – wie z. B. dem Philosophen Rorty – dagegen als besondere Leistung Freuds. Rorty spricht von uns unbekannten Personen, die unterhalb der Ebene unseres Bewussten agieren. Bei der Selbsterkenntnis käme es darauf an,

> … eine oder mehrere verrückte Quasi-Personen kennen zu lernen, ihre närrischen Darstellungen der Sachlage anzuhören, einzusehen, warum sie diese verrückten Ansichten vertreten, und etwas von ihnen zu lernen (Rorty, 1988, S. 49).
> Was den Nichtfachmann bei der Lektüre Freuds fasziniert, ist eben dieser Gedanke, dass hinter den Kulissen eine oder mehrere gescheite, artikulierte, einfallsreiche Personen am Werk sind, die sich unsere Witze ausdenken, unsere Metaphern erfinden, unsere Träume entwerfen, unsere Fehlleistungen vorbereiten und unsere Erinnerungen zensieren (Rorty, 1988, S. 48).

Die Beispiele von Rorty und Zimmer zeigen, wie unterschiedlich man die Metaphern Freuds bewerten kann. Als Ausdruck seines Menschenbilds waren Metaphern für Freud Hilfsmittel, mit denen er Klarheit über seinen Gegenstand gewinnen wollte. Gleichzeitig schuf er sich damit seinen Forschungsgegenstand.

5.4 Die Konstrukttheorie von Kelly: der Mensch als Wissenschaftler

George Kelly (1905–1967) entwickelte eine Theorie, die den Konstruktionen des Menschen besondere Bedeutung schenkt. Im Mittelpunkt steht die Art und Weise, wie wir die Welt wahrnehmen, interpretieren und in Begriffe fassen. Sein zweibändiges Hauptwerk »The psychology of personal constructs« erschien 1955, als Kelly Professor für Psychologie an der Ohio State University war.

5.4.1 Personale Konstrukttheorie

Kelly vergleicht den Alltagsmenschen mit einem Wissenschaftler (siehe Abb. 5.2). Was meint er damit? Jeder Mensch versucht, die Welt zu verstehen, Ereignisse vorherzusagen und zu kontrollieren. Dazu stellt er Hypothesen auf, die er überprüft. Wenn sie sich bewähren, behält er sie bei, andernfalls verwirft er sie und stellt neue, bessere auf. Bei der Vorhersage bedient sich der Mensch *personaler Konstrukte*. Ein Konstrukt im Sinne von Kelly ist eine bestimmte Art und Weise, die Welt wahrzunehmen und zu interpretieren bzw. eine Abbildung von der Welt zu schaffen. *Angenehm-unangenehm* ist z. B. ein einzelnes Konstrukt, das Personen verwenden, um Ereignisse zu betrachten. Kelly vertritt den Standpunkt, dass es viele unterschiedliche Möglichkeiten gibt, die Welt zu konstruieren. Grundsätzlich sind Menschen in der Lage, ihre gegenwärtigen Konstrukte aufzugeben und durch alternative zu ersetzen. Er nennt diese philosophische Position den *konstruktiven Alternativismus*. Jeder Einzelne erschafft sich ein System von personalen Konstrukten, das hinsichtlich Inhalt und Struktur einzigartig ist. Daher lässt sich die Persönlichkeit eines Individuums auch als sein einzigartiges Konstruktsystem definieren.

Im Gegensatz zu Freud ist der Mensch nach Kelly nicht Sklave seiner zurückliegenden Biografie. Seine Theorie ist stark zukunfts- und veränderungsorientiert. Dementsprechend hat er die Methode der *Fixierten Rollentherapie (FRT)* als ein experimentelles Verfahren zur Aktivierung von Persönlichkeitsveränderungen konzipiert. Bei der Fixierten Rollentherapie spielt der Klient für mehrere Wochen die festgelegte (fixed) Rolle einer fiktiven Person. Kelly selbst weist darauf hin, dass die FRT auf zwei Prinzipien seiner Personalen-Konstrukt-Theorie beruht (1973): Das erste betrifft die direkte Anwendung der Metapher vom Menschen als Wissenschaftler. Der Klient wird als ein Forscher betrachtet, der bestimmte Hypothesen

Abb. 5.2 Der Mensch als Wissenschaftler (Victor Hugo von Daumier, Lithographie, 1849)

aufstellt und diese durch sein Verhalten überprüft. Die Therapie dient dazu, das Konstruktsystem des Klienten so zu verändern, dass sich die Effizienz seiner Vorhersage verbessert. Der Therapeut übernimmt dabei die Rolle eines Forschungsbetreuers. Er hilft dem Klienten, Hypothesen zu formulieren und entsprechende Experimente durchzuführen:

Fixierte Rollentherapie ist ein rein kreativer Prozess, in dem Therapeut und Klient ihre Fähigkeiten vereinigen. Jeder Versuch, daraus einen Reparaturprozess ... zu machen, führt zum Scheitern (Kelly, 1955, S. 380).

Das zweite Prinzip bezieht sich auf Kellys Konzeption von Rolle: Nur in dem Maße, in dem ein Mensch in der Lage ist, die Welt durch die Konstrukte des anderen zu sehen, kann er eine Rolle spielen, die den anderen einbindet. Gemeint ist, dass wir den anderen nur dann verstehen können, wenn wir imstande sind, die Welt mit seinen Augen zu betrachten und unser Verhalten danach auszurichten. Die erfolgreiche Durchführung der FRT erfordert, dass der Klient die Bedeutung von *Rolle* im Sinne von Kelly versteht, sich also auf die Konstrukte wichtiger Bezugspersonen einlässt.

5.4.2 Komponenten der Fixierten Rollentherapie

Selbstcharakterisierung: Als Erstes wird die Klientin – nennen wir sie Steffi – gebeten, eine kurze Charakterskizze über sich anzufertigen, die Auskunft über ihr Selbstbild gibt. Sie wird instruiert, die Charakterskizze so zu schreiben, wie es eine Freundin tun würde, die ihr viel Sympathie entgegenbringt und sie sehr gut kennt, vielleicht besser als sonst jemand. Die Skizze soll in der dritten Person abgefasst werden. Sie könnte z. B. so beginnen: »Steffi ist eine Frau, die dabei ist, ihren eigenen Weg zu finden ...«. Bei dieser Selbstcharakterisierung in der 3. Person handelt es sich um eine spezifische Erfassungsmethode, die Kelly entwickelt hat. Ihr Einsatz zu Beginn der FRT dient dazu, die persönlichen Konstrukte der Klientin, die wesentlichen Merkmale ihres Selbstbilds kennen zu lernen.

Rollensketch: Nach der gründlichen Analyse der Selbstcharakterisierung wird von einer Gruppe von Psychologen eine Persönlichkeitsskizze, ein *Rollensketch*, ausgearbeitet. Es handelt sich um die Charakterisierung einer hypothetischen Person, deren Rolle die Klientin später spielen soll. Die Rolle in diesem Sketch wird entsprechend Kellys Rollendefinition gestaltet: Es ist empfehlenswert, sich an dem ausführlich dokumentierten Fallbeispiel »Ronald Barrett« zu orientieren, einem Studenten, der Kellys Beratungsstelle wegen seiner Probleme beim Studieren und im Umgang mit anderen Menschen aufsuchte (Kelly, 1955). In Tabelle 5.5 sind drei Punkte aus der längeren Selbstcharakterisierung des Klienten und dem für ihn geschriebenen Rollensketch *Kenneth Norton* gegenübergestellt. Es wird deutlich, dass das Hauptthema des Rollensketches darin besteht, die Gefühle der anderen zu berücksichtigen und die Selbstzentriertheit aufzugeben.

Tab. 5.5 Vergleich von Selbstcharakterisierung und Rollensketch (nach Kelly, 1955, stark gekürzt)

Selbstcharakterisierung von Ronald Barrett	Rollensketch von Kenneth Norton
Der Haupteindruck, den R. B. vermittelt, ist der einer ruhigen, gelassenen Persönlichkeit …Bei bestimmten Gelegenheiten neigt er aber dazu, andere Leute zu kritisieren und zu korrigieren. Selbst wenn es sich nur um Kleinigkeiten handelt, braust er leicht auf und lässt sich auf einen Disput ein.	Kenneth Norton ist ein Mann, der einem in der Unterhaltung bereits nach wenigen Minuten das Gefühl vermittelt, als ob er einen schon seit längerem gut kenne. Dieser Eindruck entsteht nicht nur durch die Fragen, die er stellt, sondern durch die verständnisvolle Art seines Zuhörens.
Er fühlt sich häufig schuldig, wenn er glaubt, nicht rücksichtsvoll und warmherzig genug gewesen zu sein.	Kenneth Norton ist so vertieft in die Gedanken anderer Menschen, mit denen er spricht, dass kein Raum bleibt für eine überkritische Beschäftigung mit sich selbst.
Man kann sagen, dass er sich zu viele Gedanken darüber macht, Mädchen zu küssen.	Mädchen findet er aus vielen Gründen attraktiv. Einer der wichtigsten Gründe für ihn ist die aufregende Gelegenheit, den weiblichen Standpunkt kennen zu lernen.

Eine wichtige Frage ist, in welcher Weise sich die Merkmale der Rollenpersönlichkeit von den bisherigen Merkmalen der Persönlichkeit der Klientin unterscheiden sollen. Grundsätzlich empfiehlt Kelly, eine Rollenpersönlichkeit zu entwerfen, die sich in Bezug auf eine bedeutsame Dimension nicht nur ein wenig, sondern drastisch von der ursprünglichen Persönlichkeit der Klientin unterscheidet. Es ist im Rollenspiel leichter, von der Ausgangspersönlichkeit deutlich abzuweichen als nur ein klein wenig. Eine Verkehrung ins Gegenteil ist aber nicht sinnvoll, da die Klientin dann ja derselben Konstruktdimension verhaftet bleibt. Beispiel: Wenn sie sich in der Charakterskizze im Kontakt mit anderen als *abhängig* beschreibt, sollte sie nicht die Rolle von jemandem spielen, der sich *dominant* verhält. Kelly befürwortet vielmehr das Entdecken einer neuen Dimension, an die die Klientin vielleicht noch nie gedacht hat, z. B. stark an anderen Menschen interessiert zu sein. Mit anderen Worten: Die neue Dimension sollte in einem Verhältnis von 90 und nicht 180 Grad zur Selbstcharakterisierung stehen.

Studierende fragen häufig, warum die Klienten den Rollensketch nicht selbst schreiben. Dies würde doch der Konzeption des Klienten als Wissenschaftler viel eher entsprechen. Kelly hat dies ausprobiert: Die Klienten entdeckten jedoch zu selten neue Konstruktdimensionen. Es scheint schwierig zu sein, plötzlich auf etwas zu kommen, was man niemals zuvor als persönliches Merkmal in Erwägung gezogen hat (Kelly, 1973).

Vorstellen des Rollensketches: Steffi macht Urlaub. Wichtig ist, dass die Klientin den Rollensketch akzeptieren kann. Sie muss bereit sein, die im Sketch skizzierte Persönlichkeit – nennen wir sie Simone – kennen zu lernen. Andernfalls muss der Sketch umgeschrieben werden. Von Anfang an muss auch klar sein, dass es nicht das Ziel des bevorstehenden »Spiels« ist, die »alte« Persönlichkeit der Klientin zu kritisieren, infrage zu stellen oder sogar auszulöschen, d. h. Steffi durch irgendeine Art von Simone zu ersetzen. Klienten fragen den Therapeuten nämlich manchmal: »Sie meinen, die im Rollensketch porträtierte Person ist so, wie ich sein sollte?« Diese Frage muss eindeutig verneint werden. Der Schlüssel zum Erfolg des wissenschaftlichen Unternehmens ist das »make-believe«. Klientin und Therapeut beobachten beide, was geschieht, wenn sich die Klientin so verhält, *als ob* sie Simone wäre. Keiner von beiden weiß, welche Art von Person die Klientin am Ende werden wird. Das Spiel der Rolle wird ausdrücklich als Hypothese verstanden.

Nach sorgfältiger Vorbereitung wird die Klientin also gebeten, so zu tun, als ob sie die im Rollensketch porträtierte Person wäre. Ihr wird gesagt, dass Steffi für ein paar Wochen in Urlaub gefahren sei und Simone ihren Platz einnähme. Die Klientin erhält eine Kopie des Rollensketches, den sie täglich viermal lesen soll, besonders vor dem Schlafengehen und am Morgen. Sie soll so handeln und sprechen wie Simone, so denken wie sie, die gleichen Dinge tun wie sie, so essen, wie sie essen würde, und möglichst auch die gleichen Träume wie sie haben.

Spielphase: Während der Spielphase treffen sich Therapeut und Klientin regelmäßig. Der Therapeut hilft der Klientin bei der Vorhersage, was sich ereignen könnte, und hilft ihr auch beim Vergleich ihrer Erwartungen mit ihren späteren tatsächlichen Erfahrungen. Der Rollensketch muss so angelegt sein (siehe oben), dass er das Testen von Hypothesen erlaubt. Wie ein Wissenschafter soll die Klientin voraussagen können, was geschieht, wenn sie z. B. in Interaktionen mit nahen Bezugspersonen ihr Interesse an anderen Menschen zum Ausdruck bringt.

Auf die verschiedenen Arten von Interaktionssituationen bereitet der Therapeut sie in den Therapiesitzungen vor (z. B. Interaktion mit einem Dozenten, mit Gleichaltrigen, mit Freund oder Ehepartner). Er übernimmt dabei die Rolle der Interaktionspartner, z. B. die

Rolle eines Dozenten, den die Studentin aufsuchen möchte, um mit ihm über ein Thema aus einer Lehrveranstaltung zu diskutieren. In der Therapiesitzung kann die Klientin die Rolle des Dozenten im Rahmen eines Rollentauschs auch selbst übernehmen, um damit ihre Erwartungen, wie der Dozent auf ihre Rollendarstellung reagieren wird, noch konkreter auszuarbeiten (vgl. Adams-Webber, 1994).

Das Ende des Rollenspiels: Steffi kommt zurück. Nach ca. zwei Wochen endet das experimentelle Spielen, denn Steffi kommt aus dem Urlaub zurück. Die Klientin muss nun selbst beurteilen, was in der Zwischenzeit geschehen ist. Möglicherweise hat sie manchmal vergessen, dass sie eine Rolle gespielt hat. Vielleicht ist auch ein Prozess in Gang gekommen, bei dem die neuen Rollenkonzepte beginnen, sich allmählich mit dem bisherigen Selbstbild zu verbinden. Unabhängig davon, wie wertvoll das Spiel für sie war, ist es vermutlich am besten, die Rolle der Simone ganz aufzugeben. Sie kann sich nun daran machen, allein eine neue Steffi zu schaffen.

Es besteht eine auffallende Analogie zwischen dieser Wirkung des Rollenspiels und dem sog. *Histrionensyndrom*, einer bei Schauspielern unerwünschten »Berufskrankheit«. Das Histrionensyndrom entwickelt sich, wenn persönliche Identität und Rolle verwechselt oder nicht klar getrennt werden (Yablonsky, 1998). Schauspieler entwickeln daher als Schutzmaßnahme eine Art *Doppelbewusstsein:* Sie lenken ihre Aufmerksamkeit auf die Darstellung des Rollencharakters und beobachten doch gleichzeitig diese Darstellung aus der Position ihres vom Rollencharakter unabhängigen Selbst. Dagegen ist in der Therapie mit fixierter Rolle der allmähliche Verlust der Distanz zur Rolle ein erwünschter Vorgang. Die neuen Verhaltens- und Interpretationsweisen werden zur »zweiten Natur«.

Die Therapie mit fixierter Rolle ermutigt den Klienten, im Schutzraum der Rolle neue Verhaltensweisen zu erproben und sich schließlich als Persönlichkeit neu zu konstruieren. Die Selbstzentrierung schwächt sich ab durch das Kennenlernen neuer Verhaltens- und Interpretationsweisen, die immer mehr den Charakter des Fremdartigen verlieren:

> Vor allem hat die Person vielleicht angefangen, für möglich zu halten, dass eine Person sich selbst erfindet und dass sie nicht notwendigerweise für immer Gefangene ihrer Autobiographie und ihrer zur Gewohnheit gewordenen Gedanken und Verhaltensweisen ist (Bannister & Fransella, 1981, S. 135).

Es lässt sich vermuten, dass viele Menschen sich selbst als unveränderlich konstruieren: »Sie richten ihre Anstrengungen ausschließlich darauf, sie *selbst zu sein*, so dass ihnen keine Zeit übrig bleibt, sich *selbst zu entdecken*« (Kelly, 1955, S. 383).

5.5 Zum Umgang mit Metaphern

Die Fixierte Rollentherapie ist nicht nur eine konsequente Umsetzung der Metapher vom Menschen als Wissenschaftler. Sie kann zugleich als eine Metapher für den Umgang mit Metaphern in der Wissenschaft im Allgemeinen verstanden werden. Wie beim Spielen der Rolle sollen wir uns eine Zeitlang auf eine Metapher einlassen, um neue Betrachtungsweisen eines Problems zu erschließen. Aber irgendwann muss man die Rolle aufgeben, das Gerüst also, von dem Freud sprach, wieder abbauen, und feststellen, was die Metapher für das Ausgangsproblem gebracht hat.

Die Beispiele Freud und Kelly veranschaulichen den nicht empirischen Charakter von Modellen. Inhaltlich festgelegt auf seine Kampf- und Konfliktanalogien hatte Freud keine andere »Wahl«, als seinen Patienten tatsächlich konfliktreiches Material zu entlocken. Kelly war wohl in der Lage, selbst bei stark irrational handelnden Personen noch Anhaltspunkte für die Stimmigkeit seiner Metapher vom Wissenschaftler zu finden. Modelle entziehen sich einer Überprüfung mit Mitteln der Empirie:

> Modelle können also nicht empirisch widerlegt werden. Die einzige Möglichkeit, Modelle in Frage zu stellen, sind andere Modelle. Andere Modelle können ein bestehendes Modell nutzlos machen, weil sie besser geeignet sind, ein Forschungsfeld konzeptuell zu strukturieren und entsprechend fruchtbarere (was auch heißt: empirisch gehaltvollere) Theorien zu liefern. Der Entscheid darüber, ob ein bestimmtes Modell beibehalten oder aufgegeben werden soll, ist nicht empirisch begründbar, sondern legitimiert sich im Hinblick auf mögliche Modellalternativen. Modellkonkurrenz ist daher eine notwendige Bedingung, um die psychologische Forschung voranzutreiben (Herzog, 1984, S. 95).

Nach Jahrzehnten der überscharfen Modellkonkurrenz kann man sich andererseits fragen, ob nicht die Zeit für eine Integration von Modellen gekommen ist. Könnte es sein, dass sich Freud und Kelly gar nicht in erster Linie widersprechen, sondern aneinander vorbeireden, weil sie sich auf unterschiedliche Bereiche der Psyche beziehen? Müsste man nicht beide Modelle (und andere) heranziehen, um zu einem Gesamtverständnis des Menschen zu kommen?

5.6 Persönliche Faktoren in der Konstruktion von Theorien

Es wurde schon gesagt, dass die verschiedenen Modellarten jeweils mit unterschiedlichen Annahmen über die menschliche Natur verbunden sind. Solche Annahmen oder Menschenbilder stellen Axiome dar, die im Prozess des empirischen Arbeitens meist nicht mehr hinterfragt werden. Hjelle und Ziegler (1992) haben insgesamt neun solcher Grundannahmen zusammengestellt, die sich unschwer auf philosophische Menschenbilder zurückführen lassen.

Tab. 5.6 Grundannahmen von Persönlichkeitstheorien (nach Hjelle & Ziegler, 1992; vgl. auch Schneewind, 1992, Band 1)

(1) Freiheit versus Determiniertheit	Hier ist der Gegensatz zwischen der Freiheit, die eigenen Gedanken, Gefühle und Handlungen steuern und kontrollieren zu können, und der Abhängigkeit von inneren oder äußeren Faktoren gemeint.
(2) Rationalität versus Irrationalität	Ist der Mensch ein Spielball unbewusster, irrationaler Kräfte (Freud), oder verhält er sich wie ein Wissenschaftler (Kelly)?
(3) Ganzheitlichkeit versus Elementarismus	Kann der Mensch nur als integrierte Gesamtheit seiner Merkmale erfasst werden, oder ist er nur durch die Untersuchung jedes einzelnen spezifischen Merkmals unabhängig vom Rest zu bestimmen?
(4) Konstitutionalismus versus Environmentalismus	Mit dieser Dimension wird der Gegensatz zwischen einem weitgehend vererbten und einem vorwiegend durch Umwelteinflüsse bedingten Verhalten thematisiert.
(5) Subjektivität versus Objektivität	Werden subjektive Erfahrungen als Datenquelle anerkannt, oder sind nur von außen beobachtbare Ereignisse für die Theoriekonstrukion erlaubt?
(6) Proaktivität versus Reaktivität	Handelt der Mensch von sich aus in seine Umwelt hinein, oder reagiert er vorwiegend auf äußere oder innere Reize?
(7) Homöostase versus Heterostase	Geht es um die Aufrechterhaltung eines vorgegebenen Gleichgewichtszustands analog zu physiologischen Bedürfnissen wie Hunger und Durst, oder stehen Sollwertveränderungen im Zentrum, z. B. in theoretischen Ansätzen, die aktives Streben nach Selbstverwirklichung als Schlüsselkonzept ansehen?

(8) Erkennbarkeit versus Unerkennbarkeit	Kann der Mensch durch Wissenschaft vollkommen erklärt werden, oder gibt es etwas in der Natur des Menschen, das die Möglichkeiten wissenschaftlichen Erkennens grundsätzlich übersteigt?
(9) Veränderbarkeit versus Unveränderbarkeit	Ist der Mensch zu beträchtlichen Veränderungen in der Lage, oder bleibt er im Wesentlichen über Zeit und Situationen stabil?

Die Entwicklung von Persönlichkeitstheorien wird im hohen Maße von subjektiven Faktoren geprägt. Dazu gehören Menschenbilder, kulturelle Einflüsse, der »Zeitgeist«, aber auch ganz persönliche Lebenserfahrungen der Persönlichkeitstheoretiker. Diese biografischen Erfahrungen stehen im Zentrum des nächsten Kapitels.

6 Biografische Einflüsse auf Persönlichkeitstheorien

(Lothar Laux und Elke Roth)

Während seiner ersten Reise nach Europa hatte der Persönlichkeitspsychologe Gordon W. Allport, der damals 22 Jahre alt war, Gelegenheit, Sigmund Freud in Wien zu besuchen. Er beschreibt die für ihn wegweisende Episode mit folgenden Worten (Allport, 1967, S. 8):

> … er bat mich in sein inneres Sprechzimmer. Er sagte nichts zu mir, sondern schwieg und wartete darauf, dass ich mein Anliegen vortrug. Ich war auf sein Schweigen nicht vorbereitet und mußte schnell nachdenken, um ein geeignetes Thema für den Gesprächsbeginn zu finden. Ich erzählte ihm von einem Erlebnis in der Straßenbahn, das ich auf dem Weg zu ihm hatte. Ein kleiner Junge von etwa vier Jahren war durch eine deutliche Schmutzphobie aufgefallen. Er sagte immer wieder zu seiner Mutter ›Ich möchte nicht dort sitzen … lass' diesen schmutzigen Mann nicht neben mir sitzen.‹ Für ihn war alles *schmutzig*… .
> Als ich meine Geschichte beendet hatte, schaute mich Freud mit seinen freundlichen therapeutischen Augen an und sagte: ›Und dieser kleine Junge, waren Sie das?‹ Verblüfft und mich etwas schuldig fühlend gelang es mir, das Thema zu wechseln. Wenn auch Freuds Missverstehen meiner Motivation amüsant war, so löste es doch eine ganze Kette von Gedanken in mir aus. Ich erkannte, dass er an neurotische Widerstände gewöhnt war und dass ihm meine manifeste Motivation (eine Art ungestümer Neugier

und jugendlichen Ehrgeizes) entgangen war. Wenn es um therapeutischen Fortschritt gegangen wäre, hätte er meine Abwehr durchbrechen müssen, aber therapeutischer Fortschritt stand hier gar nicht zur Diskussion. Diese Erfahrung zeigte mir, dass die Tiefenpsychologie trotz aller Verdienste zu tief graben kann und dass Psychologen gut daran täten, den manifesten Motiven volle Beachtung zu schenken, bevor sie das Unbewusste untersuchen.

Für Allport veranschaulichte dieses Schlüsselerlebnis, dass die übertriebene Fokussierung auf unbewusste Motive die Beachtung offensichtlicher Motive verhindern kann. Richtig schön »psychodynamisch« lässt sich die Episode interpretieren, wenn man einen Kommentar von Pervin heranzieht. Danach soll Allport ein sehr sauberer, übergenauer und ordentlicher Mensch gewesen sein. Er wies also Eigenschaften einer leicht zwanghaften Persönlichkeit auf: »Freuds Frage war vielleicht gar nicht so abwegig, wie Allport es hinstellte« (Pervin et al., 2005, S. 287).

Ist diese Episode nur ein einmaliges Beispiel oder lohnt es sich grundsätzlich, nach dem Einfluss biografischer Erfahrungen auf die Entwicklung von Persönlichkeitstheorien zu fragen? Atwood und Tomkins (1976) gehen davon aus, dass jeder Mensch aufgrund seiner persönlichen Eindrücke und Erlebnisse zu einer sehr individuellen Sicht der Welt gelangt. Dies gilt natürlich auch für Menschen, die Persönlichkeitstheorien entwickeln. Ihre Theorien sind mehr oder weniger durch ihre Biografie geprägt. In jeder Theorie lassen sich biografische Aspekte finden, die für die spezifische Ausformung der Theorie sehr aufschlussreich sind. Dies soll an der Biografie von Allport sowie an zwei weiteren Fällen – C. G. Jung und C. Rogers – veranschaulicht werden.

6.1 Gordon W. Allport (1887–1967): funktionelle Autonomie

In seiner Persönlichkeitstheorie schenkt Allport dem Prinzip der *funktionellen Autonomie* besondere Beachtung. Motive können von ihrer ursprünglichen Funktion unabhängig werden, wie folgendes Beispiel zeigt: Zunächst fuhr der Seemann zur See, weil er damit sein Brot verdienen konnte. Jetzt ist der ehemalige Seemann längst ein reicher Geschäftsmann, der immer noch begeistert zur See fährt, obwohl dies für den Broterwerb überhaupt nicht mehr notwendig ist (vgl. Allport, 1970). Was früher Mittel zum Zweck war, ist nun selbst Zweck geworden. Die Befreiung von den ursprünglichen Motiven aus Kindheit und Jugend gilt für Allport als zentrales Merkmal einer reifen Persönlichkeit.

Atwood und Tomkins liefern Anhaltspunkte dafür, dass gerade Allports persönliche Entwicklung nach dem Prinzip der funktionellen Autonomie verlief. Wie aus der Autobiografie von Allport hervorgeht, stand seine Entwicklung ganz im Schatten seiner älteren Brüder. Obwohl Allport nur wenig über seine Kindheit schreibt, erwähnt er, dass er sich im Kreise seiner Brüder und ihrer Freunde ständig isoliert und minderwertig gefühlt habe. Lange Zeit hatte er das Vorbild seines Bruders Floyd vor Augen und befand sich immer in dessen Fußstapfen: Wie Floyd studierte er in Harvard, wie Floyd promovierte er in Psychologie und wie Floyd wurde er ein führender Experte in einer psychologischen Disziplin. Dies lässt sich mit Atwood und Tomkins so interpretieren, dass Allports Ausbildung und Berufswahl zu einem großen Teil *funktionell abhängig* waren, d. h. durch den kindlichen Wunsch bestimmt, an der Größe seines Bruders teilzuhaben, um so die eigenen Minderwertigkeitsgefühle zu überwinden. Später jedoch distanzierte er sich von diesem Leitbild, seine Arbeit wurde *funktionell autonom*.

Dies steht in enger Verbindung mit einem zweiten Konzept, das in Allports Schaffen dominierte: die *Einzigartigkeit der Persönlichkeit*. Die Identifikation mit seinem Bruder erwies sich als ein Hindernis auf dem Weg zu einer einzigartigen Persönlichkeit. Bei der Entwicklung seiner eigenen Identität überwand er diese Identifikation und konnte schließlich im Rückblick konstatieren, dass er abgesehen von wenigen Ausnahmen niemals richtig mit seinem Bruder zusammengearbeitet habe und seinen eigenen Weg gegangen sei (Allport, 1967). So kann Allports eigener Lebenslauf als Beispiel für die funktionelle Autonomie der Motive interpretiert werden – als ein grundlegendes Prinzip, das die Einzigartigkeit des Individuums sichert.

6.2 Carl G. Jung (1875–1961): Extraversion-Introversion

Der Gedanke, dass Persönlichkeitstheoretiker ihr Verständnis vom Menschen im Rahmen der eigenen Lebensgeschichte entwickeln, ist auch von manchen Urhebern von Persönlichkeitstheorien selbst vertreten worden. C. G. Jung bemerkte hierzu, dass das Mittel zur Erforschung der Psyche die Psyche selbst sei. Beobachter und Beobachteter sind also in einer Person vereint. Damit ist die Psyche nicht nur Objekt, sondern auch Subjekt der Psychologie als Wissenschaft (vgl. Atwood & Tomkins, 1976). Jung selbst zog sein eigenes Leben explizit als empirische Grundlage heran, indem er sich selbst gründlich analysierte, was sich exemplarisch an seiner Typenlehre verdeutlichen lässt. Er postulierte zwei grundsätzlich unterschiedliche Einstellungstypen, den Introversions- und den Extraversionstypus (Jung, 1921, S. 27):

> Die allgemeinen Einstellungstypen unterscheiden sich, wie von mir vielfach hervorgehoben wurde, durch ihre eigentümliche Einstellung zum Objekt. Der Introvertierte verhält sich dazu abstrahierend; er ist im Grunde genommen immer darauf bedacht, dem Objekt die Libido zu entziehen, wie wenn er einer Übermacht des Objekts vorzubeugen hätte. Der Extravertierte dagegen verhält sich positiv zum Objekt. Er bejaht dessen Bedeutung in dem Maße, dass er seine subjektive Einstellung beständig nach dem Objekt orientiert und darauf bezieht ... Jedermann kennt jene verschlossenen, schwer zu durchschauenden, oft scheuen Naturen, die den denkbar stärksten Gegensatz bilden zu jenen anderen offenen, umgänglichen, öfter heiteren oder wenigstens freundlichen und zugänglichen Charakteren ...

Inwiefern hängen Jungs »Psychologische Typen«, die er 1921 veröffentlichte, nun mit seiner Biografie zusammen? Vorausgegangen war 1912/13 der Bruch mit Freud. Nach Meinung des Jung-Biografen Stern (1988) bedeutete die Trennung für Jung ein Trauma, mit dessen Folgen er noch jahrelang zu kämpfen hatte. Bei der Ausarbeitung der Typenlehre sei es Jung letztlich darum gegangen, den Konflikt mit Freud als schicksalhaft aufzufassen, weil er eben charakterologisch fundiert und damit auf dem Vernunftwege nicht lösbar sei.

C. G. Jung selbst hebt in seiner Autobiografie hervor, dass bei der Entstehung des Typenbuchs für ihn folgende Frage eine wichtige Rolle gespielt habe: »Wie unterscheide ich mich von Freud und wie von Adler? Welches sind die Unterschiede unserer Auffassungen?« (Jung, 1962, S. 211). Daraus ergab sich für ihn schließlich die Erkenntnis, dass der Typus von vornherein das Urteil des Menschen über sich selbst und andere bestimmt und beschränkt: Eine Verständigung zwischen Vertretern polarer Typen sei kaum möglich, weil sie eben in subjektiv heterogenen Welten leben.

Nach Atwood und Tomkins war das Thema *Extraversion-Introversion* für Jung schon von größter Bedeutung, als er von Freud und Adler noch nichts gehört hatte. Carl Gustav Jung wuchs in familiären Verhältnissen auf, die von Weltschmerz und Trübsal geprägt waren (vgl. Stern, 1988). Der Vater, ein Landpfarrer, war ein griesgrämiger und pedantischer Mann, der von seinem Leben enttäuscht war. Die Mutter wurde von C. G. Jung auf der einen Seite als biedere und gesellige Pfarrersfrau erlebt, auf der anderen Seite jedoch als vereinnahmende, mächtige Persönlichkeit, von der er sich bedroht fühlte:

> Was die Mutter besonders unheimlich machte, war der scharfe Kontrast zwischen ihrer Alltags- und ihrer dämonischen Persönlichkeit und der jähe Wechsel von der einen zur anderen. Inmitten der prosaischsten Verrichtung, beim Reinigen oder beim Bügeln, konnte sich die biedere Hausfrau urplötzlich in die heidnische Seherin verwandeln, mit abwesendem Gesichtsausdruck seltsame Worte vor sich hinraunen – Worte, die scheinbar an niemanden gerichtet waren, sich aber bei näherem Hinhören Carls meist als auf ihn gemünzt erwiesen, und zwar so unfehlbar auf ihn Beschäftigendes gezielt, dass er sich davon ›im Innersten‹ getroffen fühlte (Stern, 1988, S. 21 f.).

Die meisten Erinnerungsbilder seiner Kindheit sind geprägt von Kranksein, Unfällen, Schmerzen und dem Gefühl von Ohnmacht und Verwundbarkeit. In der Schule hatte Jung bald das Stigma des Außenseiters. Von seinen Mitschülern fühlte er sich gedemütigt, von den Lehrern als wenig begabt und zu Unrecht als Sündenbock für alle möglichen Missetaten abgestempelt. So mutet es nicht überraschend an, dass Jung die Flucht nach innen ergriff, um vor dieser unfreundlichen Außenwelt Schutz zu finden. Er baute sich eine mythisch verklärte Welt auf, in der alles von geheimem Sinn erfüllt war und er sich als Auserwählter Gottes empfand.

In seinen Memoiren äußert Jung, er habe »von Anfang an« das Gefühl einer »Schicksalsbestimmtheit sondergleichen« gehabt (vgl. Stern, 1988, S. 7). Seit seiner Kindheit hatte er die Vorstellung, kosmischen Mächten ausgeliefert und vom Unbewussten gesteuert zu sein. Er kam schon früh zu der Überzeugung, dass er zwei Persönlichkeiten in sich trug, die er Persönlichkeit Nr. 1 und Persönlichkeit Nr. 2 nannte. Erstere war das Kind, das seine Eltern und Lehrer kannten, das in der Schule Schwierigkeiten hatte, sich als Außenseiter fühlte und von Mitschülern und Lehrern drangsaliert wurde. Es war die Persönlichkeit, für die die äußere Welt eine große Rolle spielte. Die Persönlichkeit Nr. 2 hingegen war das geheim gehaltene innere Selbst, das anderen nicht bekannt war, das Zugang zu den Mysterien des Kosmos hatte. Diese Persönlichkeit erschien meist in Form eines machtvollen und ehrfurchtgebietenden Würdenträgers aus dem 18. Jahrhundert (vgl. Tab. 6.1).

Die extravertierte und die introvertierte Einstellungsform sind nach Jung trotz ihrer Gegensätzlichkeit in jedem Menschen vorhanden; meistens ist aber eine von ihnen dominant und bewusst, die andere untergeordnet und unbewusst. Bei Jung stand während einiger Zeitspannen seines Lebens die extravertierte Persönlichkeit (Nr. 1) stärker im Vordergrund und ließ ihn sowohl im Umgang mit

Tab. 6.1 Die zwei Persönlichkeiten C. G. Jungs

Persönlichkeit Nr. 1	Persönlichkeit Nr. 2
• nach außen orientiert • unterdrückt, wenig selbstbewusst • von der Umwelt abhängig • naturwissenschaftlich orientiert • Schüler, Gymnasiast	• nach innen orientiert • machtvoll, ehrfurchtgebietend • mit Gott verbunden • philosophisch, religiös orientiert • Prophet, Emissär (Sendbote)

anderen als auch in seiner beruflichen Arbeit aktiv werden. Seine Beschäftigung mit phantastischen Inhalten kam ihm in solchen Zeiten sinnlos und unwirklich vor. Dann gab es wieder Perioden, in denen die überwältigende innere Welt der introvertierten Persönlichkeit (Nr. 2) dominant wurde und zuweilen sogar seinen Kontakt zur geordneten äußeren Realität gefährdete. – Die Merkmale der beiden »Persönlichkeiten« Jungs geben die gängige wissenschaftliche Auffassung von Extraversion-Introversion aber nicht exakt wieder. So wird Extraversion nicht durch Selbstunsicherheit charakterisiert.

Aus klinisch-psychologischer Sicht erscheint das Auftreten eines zweiten Selbst fast als Dissoziation, als Spaltung der Persönlichkeit (vgl. Stern, 1988). Jung bestreitet dies jedoch:

> Spiel und Gegenspiel zwischen den Persönlichkeiten Nr. 1 und Nr. 2, die sich durch mein ganzes Leben zogen, haben nichts mit einer ›Spaltung‹ im üblichen medizinischen Sinne zu tun. Im Gegenteil, sie werden bei jedem Menschen gespielt. Vor allem sind es die Religionen, die seit jeher zu Nr. 2 des Menschen, zum ›inneren Menschen‹ gesprochen haben (Jung, 1962, S. 51).

Die Entscheidung C. G. Jungs, Psychiater zu werden, lässt sich nach Atwood und Tomkins als Zusammenführung der kontroversen Persönlichkeitsanteile deuten. Der Einfluss der Persönlichkeit Nr. 2 veranlasste ihn, sich mit Philosophie, Religion und Mythologie zu beschäftigen, während die Persönlichkeit Nr. 1 im Bemühen um finanzielle Sicherheit und im Interesse für die eher weltlichen Themen der Wissenschaften (insbesondere der Medizin) ihren Ausdruck fand. Indem er die Psychiatrie wählte, gelang es Jung, beiden Tendenzen Rechnung zu tragen.

6.3 Carl Rogers (1902–1987): bedingungslose Akzeptanz

Während bei C. G. Jung das Konzept der Ganzheit und Integration im Mittelpunkt seiner Theorie steht, rückt der *klientenzentrierte* Ansatz von Carl Rogers das Bedürfnis des Menschen nach bedingungsloser und uneingeschränkter Akzeptanz in den Vordergrund. Das oberste Gebot in der Therapie besteht für ihn darin, eine Atmosphäre zu schaffen, in der die Klienten ganz sie selbst sein können und vom Therapeuten in ihrem Selbstwert anerkannt werden.

Hängt die starke Betonung der bedingungslosen Wertschätzung möglicherweise mit entsprechenden Erfahrungen in der eigenen Biografie zusammen? Betrachtet man die Umstände, unter denen Rogers aufwuchs, so zeigt sich, dass seine Sozialisation durch eine an Bedingungen geknüpfte elterliche Liebe bestimmt war, die ihm sehr wenig Freiheit zugestand, sich nach eigenen Wünschen zu entwickeln. Rogers selbst beschreibt seine Eltern als sehr liebevoll und besorgt um das Wohl ihrer Kinder. Gleichzeitig jedoch vermittelten die Eltern ihre Idealvorstellungen eines religiösen und ethisch »richtigen« Lebens:

> Sie glaubten und ich akzeptierte es, dass wir anders waren als andere Menschen – keine alkoholischen Getränke, kein Tanzen, keine Karten oder Theater, sehr wenig gesellschaftliches Leben und *viel* Arbeit. Es fällt mir schwer, meine Kinder davon zu überzeugen, dass sogar kohlensäurehaltige Getränke einen leicht sündigen Beigeschmack hatten; und ich erinnere mich an das leichte Gefühl der Verworfenheit, als ich meine erste Flasche ›Limo‹ trank (Rogers, 2006, S. 21).

Auch wenn es niemals direkte Anweisungen oder Vorschriften gab, so verstanden es seine Eltern offensichtlich in einer sehr subtilen Art, ihre Kinder auf den von ihnen vorgesehenen Pfad zu lenken. Rogers reagierte darauf, indem er sich den Wertvorstellungen der Eltern anpasste und jene Seiten in sich unterdrückte, die ihren Auffassungen zuwiderliefen. Erst während seiner Studienzeit, als er nicht mehr im Elternhaus wohnte, begann er, sich von ihren Anforderungen zu emanzipieren. Auf einer sechsmonatigen Studienreise nach China kam er zu folgender Einsicht:

> Zum ersten Mal emanzipierte ich mich in sehr entschiedener Weise von den religiösen Ansichten meiner Eltern und erkannte, dass ich ihnen nicht länger folgen konnte. Diese Freiheit meiner Gedanken war recht schmerzlich und für unsere interfamiliäre Beziehung sehr belastend; wenn ich zurückblicke glaube ich dennoch, dass ich hierbei – mehr als zu irgendeinem anderen bestimmten Zeitpunkt – ein unabhängiger Mensch wurde (Rogers, 2006, S. 23).

Der Umgang mit solchen restriktiven Einflüssen (insbesondere die an Bedingungen geknüpfte Wertschätzung), die die Entwicklung zur – von Rogers so genannten – »fully functioning person« verhindern, wurde für ihn zum Hauptthema seiner Persönlichkeitstheorie und der darauf basierenden Therapie. Er weist selbst auf die Verbindung zwischen seiner Person und seinem psychotherapeutischen Vorgehen hin, indem er schreibt: »Mittlerweile ist mir klar geworden, dass die Sichtweise, die ich in der Therapie entwickelt habe, eigentlich die Art von Hilfe ist, die ich für mich selbst wünsche« (zitiert nach Atwood & Tomkins, 1976, S. 172).

6.4 Chancen und Risiken des biografischen Ansatzes

6.4.1 Integration von Persönlichkeitstheorien

Die drei Beispiele legen nahe, dass Persönlichkeitstheorien vor dem Hintergrund persönlicher Einflüsse entstehen, denen im Leben des Theoretikers entscheidende Bedeutung zukommen. In der Regel sind es vor allem problematische oder besonders schwierige Erfahrungen. Die theoretische Sicht auf die grundlegenden menschlichen Bedürfnisse wird mit sehr hoher Wahrscheinlichkeit den eigenen Bedürfnissen entsprechen (vgl. Atwood & Tomkins, 1976).

Die Anwendung der biografischen Methode ermöglicht eine systematische Interpretation von Persönlichkeitstheorien im Lichte der Lebenserfahrungen des jeweiligen Autors. Damit wird die subjektive Färbung von Persönlichkeitstheorien zu einem expliziten Untersuchungsthema. Jedes theoretische System hat andere Erfahrungswerte und Perspektiven als Ausgangspunkt, die von der Individualität desjenigen abhängig sind, der sie aufgestellt hat. Diese subjektive Prägung ist nach Atwood und Tomkins ein Grund für die Anhäufung stark unterschiedlicher Persönlichkeitstheorien, die meist nicht unter einen Hut zu bringen sind. Atwood und Tomkins sehen es als ihr Fernziel an, mithilfe ihres biografischen Ansatzes die unterschiedlichen Inhalte verschiedener Persönlichkeitstheorien aus der Lebensgeschichte der Autoren heraus zu erklären, um damit zur Entwicklung eines einheitlichen Rahmens für alle Persönlichkeitstheorien beizutragen.

6.4.2 Kohärenzbedürfnis und Selbstverklärung

Das Ziel von Atwood und Tomkins ist es, bedeutsame Themen, die im Zentrum der jeweiligen Persönlichkeitstheorien stehen, mithilfe von biografischen Erfahrungen zu erklären. Sie gehen aber nicht so weit zu fragen, ob der eine oder andere Persönlichkeitstheoretiker sogar motiviert gewesen sein könnte, persönlichkeitstheoretische Aussagen von seinen biografischen Erfahrungen abzuleiten. Für Persönlichkeitstheoretiker gibt es sicherlich viele Gründe, einen derartigen Zusammenhang in ihren Autobiografien besonders zu betonen. Einer der häufigsten ist es, dem Leben Struktur und Sinn zu geben, mit anderen Worten, eine kohärente (zusammenhängende) Geschichte zu erzählen, die Biografie und Werk verknüpft. Ein derartiges Kohärenzbedürfnis entspricht dem Menschenbild aller drei dargestellten Autoren: Es wäre kaum vorstellbar, dass z. B. C. G. Jung uns am Ende seines Lebens einerseits ein integriertes theoretisches System und andererseits ein verwirrendes Chaos persönlicher Erfahrungen hinterließe.

In der Autobiografie Jungs, die er im Alter schrieb, fällt die einseitige Orientierung am eigenen Innenleben auf, während er äußere Umstände und Menschen, die in seinem Leben bedeutsam waren, kaum beachtet (vgl. Jung, 1962). Im Dienste der Darstellung seines Lebens als Mythos wird die Realität an manchen Stellen nachweisbar umgestaltet und jegliche Zufälligkeit ausgeblendet (vgl. Stern, 1988). Wie in seinem Lebenswerk ging es Jung um eine subjektive Wahrheit, wie sie von jedem Einzelnen – und hier eben von ihm selbst – wahrgenommen wurde. Der entscheidende Einfluss der Außenwelt, die letztendlich seine Wendung nach innen bedingt hatte, wurde dabei bagatellisiert. Seine Autobiografie, deren Niederschrift er als »schicksalhaften Zwang« bezeichnete, lässt sich nach Stern als eine Art Interpretationsschlüssel zu seinem theoretischen System auffassen.

Darüber hinaus diente Jungs Autobiografie aber auch seiner Selbstdarstellung mit dem Ziel einer Selbstverklärung. Wie sein Biograf Stern kritisch resümiert, neigte Jung bei der Niederschrift gelegentlich zur Mystifikation:

> Die von ihm virtuos retuschierte Biographie war zugleich Logbuch seines inneren Werdegangs, gleichnishaftes Evangelium seiner Lehre und der Selbstverklärung dienender Propagandaakt (Stern, 1988, S. 12).

Damit wird klar gesagt, dass es sich bei Jungs Autobiografie um alles andere, nur nicht um einen halbwegs »objektiven« Lebensbericht handelt. Doch gerade die selbstverklärende Darstellung verdeutlicht, welche Aussagen seines Werks er der Nachwelt als höchstes Gut mitteilen wollte.

6.4.3 Die Gefahr der »Biografisierung«: Das Kindheitstrauma von Wilhelm Reich

Der Versuch, Biografie und Theorie miteinander zu verknüpfen, kann im Einzelfall »gewollt« wirken und unter Heranziehung aller Quellen wissenschaftlich nicht vertretbar sein. Dies lässt sich am Beispiel von Wilhelm Reich verdeutlichen, den Atwood und Tomkins als einen ihrer Paradefälle anführen. Der Psychoanalytiker und Antifaschist Wilhelm Reich, der heute weitgehend vergessene Prophet der sexuellen Befreiung in der Studentenrevolte von 1968, lebte von 1897 bis 1957. Er führte soziale Missstände auf Nichtbefriedigung im sexuellen Bereich zurück und behauptete, dass das Sexuelle der Kerninhalt des menschlichen Seelenlebens sei. Wie kein anderer trat er für das absolute Ausleben der sexuellen Lebensenergie des Menschen ein. Die »orgastische Potenz« war für ihn der Schlüssel zur seelischen Gesundheit. Reich, der glaubte, auf dem Boden der Freud'schen Lehre zu stehen, wurde von den übrigen Psychoanalytikern eher mit Reserviertheit behandelt. Freud selbst kritisierte ihn als »Steckenpferdreiter« und undifferenzierten Eiferer, der versuche, im genitalen Orgasmus das Gegengift zu jeder Neurose zu sehen (vgl. Rattner, 1990).

Die wahrscheinliche Ursache für Reichs Obsessionen sehen Atwood und Tomkins (1976) in einem Kindheitserlebnis: Der Vater von Reich besaß ein Landgut, auf dem Wilhelm mit seinen Geschwistern heranwuchs. Sein Vater war ein autoritärer Mann, der die damalige repressive Sexualmoral im hohen Maße verkörperte. Er war extrem eifersüchtig auf andere Männer, die sich für seine gut aussehende Frau interessierten. Reichs relativ glückliche Kindheit wurde im Alter von 13 Jahren durch den Suizid seiner von ihm sehr geliebten Mutter überschattet. Sie nahm sich das Leben, weil sie die heftigen Vorwürfe ihres Mannes, den sie mit einem Hauslehrer betrogen hatte, nicht mehr ertragen konnte. Folgt man Ilse Reich, der dritten Frau von Wilhelm Reich, soll Wilhelm dieses Liebesverhältnis dem Vater verraten haben. Reichs späterer Kampf gegen jede Form von sexueller Unterdrückung wird von Atwood und Tomkins auf den Versuch Reichs zurückgeführt, seine quälenden Schuldgefühle zu bewältigen: Als Junge hatte er auf der Basis eines engen, intoleranten Moralkodexes gehandelt und war damit schuldig am Tod des Menschen geworden, den er am meisten liebte. Was lag für

Wilhelm Reich näher, als gegen genau die lebensfeindlichen Werte anzukämpfen, die ihn als Kind beherrscht hatten?

Kein Zweifel, dass die Erklärung von Atwood und Tomkins eine gewisse Stimmigkeit für sich beanspruchen kann. Es macht allerdings stutzig, dass andere Biografen einen derartigen Zusammenhang zwischen einem einzelnen Lebensereignis, dem dramatischem Suizid der Mutter, und Reichs späterem Kampf gegen repressive Sexualmoral überhaupt nicht in Erwägung ziehen (z. B. Rattner, 1990). Stattdessen machen sie auf eine Vielzahl anderer biografischer Einflüsse aufmerksam, die mit seinem späteren Kardinalthema zusammenhängen könnten: Durch das Leben auf dem Land waren ihm natürliche Lebensfunktionen – auch die sexuellen – sehr vertraut. Als Student hatte er sich von materialistisch orientierter Philosophie und besonders vom Marxismus anregen lassen. Rattner (1990, S. 275) erwähnt sogar, dass Reich durchaus als konventioneller Psychoanalytiker begonnen habe und erst später zum Außenseiter, zum »Steckenpferdreiter«, geworden sei.

Dies alles sind keine Gegenbelege für die These von Atwood und Tomkins; sie können auch kaum den obsessiven wahnwitzigen Pansexualismus Reichs erhellen, der in die Paranoia mündete. Sie zeigen aber doch, dass eine Analyse des Zusammenhangs von Lebensereignissen und Persönlichkeitstheorie auf breiter Basis erfolgen und durch unterschiedliche Quellen abgesichert sein sollte. Sonst entsteht schnell der Eindruck einer gewollten Biografisierung, die den gesamten biografischen Ansatz in Misskredit bringen kann.

III Kontroversen

Kontroverse 1: Einzigartigkeit versus Generalisierbarkeit

»Warum schnitt sich van Gogh sein Ohr ab?« Mit dieser Frage überschreibt Runyan (1981) einen Artikel, in dem er den Nutzen der Einzelfallstudie für die Persönlichkeitspsychologie demonstriert. Es geht ihm vor allem darum zu veranschaulichen, was das Studium des Einzelfalls für die Verhaltenserklärung leisten kann. Man fragt sich erstaunt, ob solch ein Plädoyer für den Einzelfall nicht vollkommen überflüssig ist: Wie denn sonst sollte der Gegenstand der Persönlichkeitspsychologie, das Individuum, die einzelne Persönlichkeit, erforscht werden? Erscheint nicht gerade die Persönlichkeitspsychologie unter allen psychologischen Teilfächern dafür prädestiniert, den Einzelfall zu untersuchen (vgl. Kontroversen im Überblick, Kap. 1.1)?

In Kapitel 7 werden die Anfänge der inzwischen mehr als hundertjährigen Debatte um den Einzelfall skizziert. Kapitel 8 enthält zwei ausführlich dargestellte Einzelfallstudien, die die Möglichkeiten und Grenzen einer idiographischen Vorgehensweise illustrieren. Das Kapitel schließt ab mit Überlegungen, das idiographische und das nomothetische Vorgehen nicht als Alternativen, sondern als sich ergänzende Forschungsstrategien aufzufassen und zu nutzen. Als Beispiel für eine Synthese von Idiographie und Nomothetik wird in Kapitel 9 der Ansatz der psychologischen Biografik von Hans Thomae vorgestellt.

7 Anfänge: Windelband, Stern, Allport

Die Frage, wie die Psychologie als Gesetze suchende Wissenschaft mit der einzelnen Person umgehen soll, hat immer wieder zu heftigen Kontroversen geführt, in denen das Spannungsverhältnis zwischen zwei unterschiedlichen Vorgehensweisen, dem sog. *nomothetischen* und dem *idiographischen* Vorgehen, zum Ausdruck kam (Asendorpf, 2000; Schmitz, 2000; Weber, 2005). *Nomothetisch* leitet sich ab von *nomothetikos* (gr.: das, was Gesetze stiftet). *Idiographisch* stammt von *idios* (gr.) und bezeichnet das Eigene, das Besondere. In *Idiom* und in *Idiosynkrasie* findet sich dieselbe Wurzel, die oft mit *ideo* (lat.: Idee, Vorstellung) verwechselt wird.

7.1 Windelband: eine Rektoratsrede mit Folgen

Der Philosoph Wilhelm Windelband ahnte sicherlich nicht, welche Kontroverse er ins Leben rief, als er 1894 anlässlich einer Rede zum Antritt seines Rektorats an der Universität Straßburg darlegte, dass es in den »Erfahrungswissenschaften« zwei grundsätzlich unterschiedliche Zugangswege gäbe. Windelband nannte den einen dieser beiden methodischen Wege *nomothetisch*: die Suche nach dem »Allgemeinen in der Form des Naturgesetzes«. Den anderen, bei dem es um die Untersuchung des »Einzelnen in der geschichtlich bestimmten Gestalt«, also um das einmalige Ereignis geht, nannte er *idiographisch* (Windelband, 1894, S. 12). Seitdem wird als idiographische Methode die Beschreibung und Interpretation einzelner, einmaliger Gestalten und Ereignisse verstanden. Windelband postulierte weiterhin, dass beim idiographischen Weg die Neigung zur Anschaulichkeit, beim nomothetischen Weg diejenige zur Abstraktion vorwiege.

Mit seiner neuen, methodisch orientierten Gegenüberstellung übte Windelband Kritik an der schon damals geläufigen Einteilung in Geistes- und Naturwissenschaften: Die Psychologie sei nämlich in dieser Zweiteilung nicht unterzubringen. Von ihrem Gegenstand her gesehen sei sie eine Geisteswissenschaft, da sie sich mit Geist im Sinne von Sinn, Seele, Bewusstsein, Verstand etc. befasse. Von ihren Forschungsmethoden her, von ihrem »methodischen Gebahren« (S. 11), müsse sie jedoch den Naturwissenschaften zugeordnet werden. Gelegentlich sei die Psychologie daher schon einmal als »Naturwissenschaft des inneren Sinnes« oder sogar als »geistige

Naturwissenschaft« bezeichnet worden (S. 11). Windelband vermied allerdings eine starre Verknüpfung von Gegenstand und Methodik, denn dieselben Gegenstände könnten sowohl zum Objekt einer nomothetischen wie auch einer idiographischen Untersuchung gemacht werden. Also lassen sich nach Windelband nomothetische Fragestellungen auch in den Geisteswissenschaften und idiographische in den Naturwissenschaften behandeln. Das hängt damit zusammen, dass der Gegensatz des Immergleichen (nomothetische Orientierung) und des Einmaligen (idiographische Orientierung) relativ ist:

> Was innerhalb sehr großer Zeiträume keine unmittelbar merkliche Veränderung erleidet und deshalb auf seine unveränderlichen Formen hin nomothetisch behandelt werden darf, kann sich doch von einem weiteren Ausblick als etwas nur für einen immerhin begrenzten Zeitraum Gültiges, d. h. als etwas Einmaliges erweisen (Windelband, 1894, S. 12).

Windelband betonte ferner, dass wir uns dem Einzelnen, dem Einzigartigen gewöhnlich mit besonderer Aufmerksamkeit zuwenden. Unser Interesse, unsere emotionale Zuwendung lässt schnell nach, wenn sich ein Fall unter vielen anderen Fällen als gleichartig erweist. In diesem Sinn kann man eine der grausamsten Stellen in Goethes Faust interpretieren, in der Mephisto Gretchens Schicksal als »gefallenes« Mädchen mit den Worten kommentiert: »Sie ist die erste nicht.« In der Einmaligkeit oder Unvergleichlichkeit ist nach Windelband die Basis unserer Wertvorstellungen zu sehen. Dies gilt auch für unsere eigene Persönlichkeit, etwa dann, wenn unsere Einzigartigkeit bedroht wird, z. B. beim Doppelgängererlebnis (vgl. Kap 1.1):

> Ist es nicht schreckhaft, unausdenkbar, dass von uns selbst mit dieser unserer individuellen Eigenart noch ein zweites Exemplar in der Wirklichkeit vorhanden sein sollte? Daher das Grauenhafte, das Gespenstige in der Vorstellung des Doppelgängers . . . (Windelband, 1894, S. 22).

7.2 Stern und die Differentielle Psychologie: das Jahrhundertwerk

William Stern (1871–1938) begründete die Differentielle Psychologie in Deutschland. Im Übergang zum 20. Jahrhundert war die Psychologie weitgehend allgemeinpsychologisch ausgerichtet. Man orientierte sich – wie Stern kritisierte – an der »Idee eines allgemeingültigen Individuums« (Stern, 1911, S. 16). Einzelfälle wurden als Manifestationen genereller Gesetzmäßigkeiten betrachtet.

Stern jedoch verfolgte das Ziel, die *Differentielle* Psychologie von der *allgemeinen* Psychologie als eigenständige psychologische Disziplin abzuheben. Er sah die Individualität »als Problem des XX. Jahrhunderts« und wollte einen ersten Schritt in Richtung Individualitätsforschung gehen.

7.2.1 Vier Teildisziplinen der Differentiellen Psychologie

In seiner Epoche machenden Unterscheidung von vier Teildisziplinen der Differentiellen Psychologie (vgl. Abb. 7.1) übernahm Stern die Windelbandsche Aufteilung von nomothetischer und idiographischer Forschung.

Nomothetisch sind Stern zufolge die *Variationsforschung* (Verteilung eines einzelnen Merkmals bei vielen Individuen, z. B. die Verteilung der Werte eines Intelligenztests) und die *Korrelationsforschung* (Zusammenhang zwischen zwei oder mehreren Merkmalen an vielen Individuen, z. B. der Zusammenhang zwischen emotionaler Stabilität und Extraversion-Introversion, vgl. Kap. 2.4.1).

Stern kritisierte das damalige Wissenschaftsverständnis der Psychologie als zu einseitig nomothetisch und forderte dazu auf, die idiographischen Fragestellungen, »welche nicht auf das Allgemeine, sondern gerade auf das Besondere, das Historische gehen« (Stern, 1911, S. 4), den nomothetischen als gleichberechtigt gegenüberzustellen. Individualität sei nämlich aus allgemeinen Gesetzmäßigkeiten nicht vollkommen ableitbar:

> Jedes Individuum ist ein in identischer Form nirgends und niemals sonst vorhandenes Gebilde. An ihm bestätigen sich wohl gewisse Gesetzmäßigkeiten, in ihm verkörpern sich wohl gewisse Typen, es ist in vielen Hinsichten mit anderen Individuen vergleichbar – aber es geht nicht restlos auf in diesen Gesetzmäßigkeiten, Typen und Gleichungen, stets bleibt ein Plus, durch welches es sich von anderen Individuen unterscheidet, die den gleichen Gesetzen und Typen unterliegen. So ist die Individualität die Asymptote der Gesetze suchenden Wissenschaft (Stern, 1911, S. 3 f.).

Aus dieser Grundgegebenheit der Individualität folgerte Stern, dass die Differentielle Psychologie ihr Methodenspektrum um idiographische Vorgehensweisen erweitern müsse: Neben die gruppenbezogenen Methoden muss die *Psychographie* treten (das Studium des einzelnen Individuums in Bezug auf viele Merkmale, z. B. eine Analyse der Persönlichkeitseigenschaften von Goethe). Als zweite idiographische Methode stellte er die Komparationsforschung vor (Vergleich der Merkmale verschiedener Personen in Bezug auf dieselben Merkmale, z. B. der Vergleich der Persönlichkeitseigenschaften von Goethe und Schiller). Besonderer Beachtung bedarf,

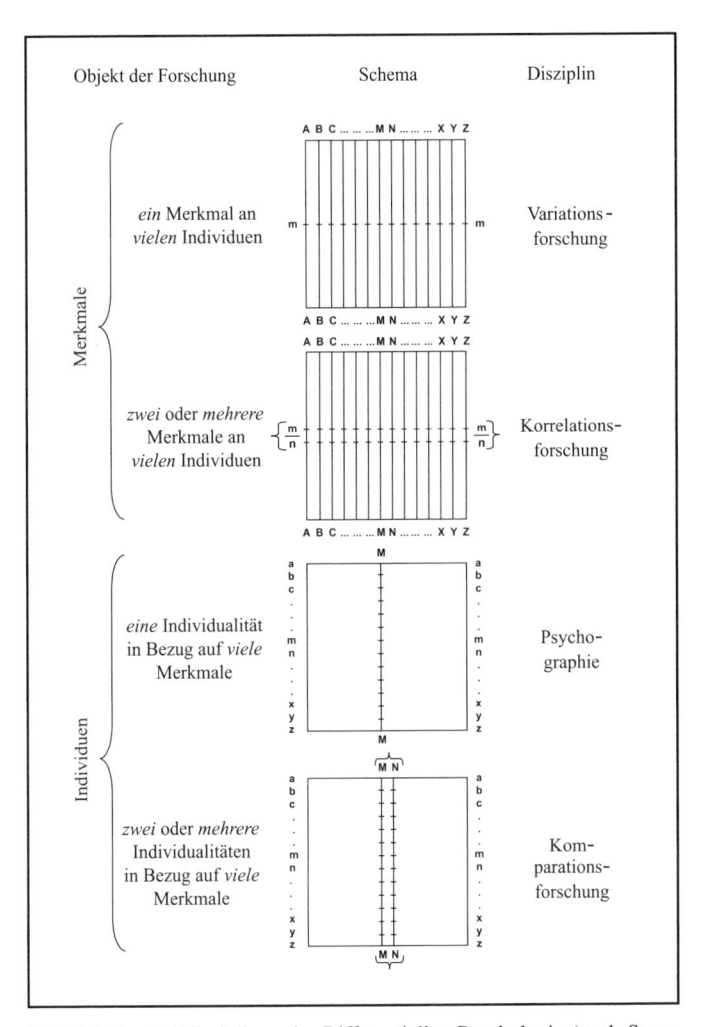

Abb. 7.1 Vier Teildisziplinen der Differentiellen Psychologie (nach Stern, 1911)
Große Buchstaben kennzeichnen in diesem Schema Personen, kleine Buchstaben Merkmale oder Variablen. Der obere Teil bezieht sich auf die nomothetische, der untere Teil auf die idiographische Vorgehensweise.

dass Stern diese beiden idiographischen Methoden als Basis für die nomothetischen Vorgehensweisen verstand, da der Vergleich genau psychographierter Individuen das beste Material für Variations- und Korrelationsuntersuchungen biete.

Für die Zukunft empfahl Stern anderen Wissenschaften, die die Psychologie als Hilfswissenschaft heranziehen, besonders auf idiographisch gewonnene Erkenntnisse zu bauen. Nur auf dieser Basis sei z. B. eine Zusammenarbeit mit historischen Disziplinen möglich. Historiker hätten bisher auf die Zusammenarbeit mit einer nomothetisch ausgerichteten Psychologie verzichtet: »Nicht allgemeine Gesetze des seelischen Lebens, sondern individuelle Verhaltensweisen, Charaktere, Persönlichkeiten, Entwicklungsgänge will der Historiker verstehen« (Stern, 1911, S. 4).

Hervorzuheben ist, dass Stern (1911) auch für die idiographische Forschung eine streng empirisch-systematische Vorgehensweise forderte. Er vermied damit eine Gleichsetzung von idiographischer Forschung mit subjektiv-unsystematischem Vorgehen. Dennoch ist die Kritik an idiographischer Forschung in den nachfolgenden Jahrzehnten häufig durch eine solche Gleichsetzung von *idiographisch* mit *subjektiv* gekennzeichnet. Idiographische Psychologie galt vielen naturwissenschaftlich orientierten Psychologen schlichtweg als unwissenschaftlich. Autoren, die den Begriff des Individuums ernst nähmen, wurde geraten, doch aus der Psychologie in die unterhaltende Literatur überzuwechseln (zusammenfassend Thomae, 1968). Manche dieser Vorbehalte sind stark vorurteilsgetränkt. Hans Jürgen Eysenck z. B. rühmte einmal seine methodische Vorgehensweise bei der Messung von Intelligenz:

> Das hier umrissene Paradigma ist gänzlich quantitativ und wissenschaftlich. Es wurde nicht versucht, mit so genannten humanistischen und anderen idiographischen (subjektiven) Methoden das Problem anzugehen (1980, S. 259).

Idiographisches Vorgehen ist ebenfalls nicht gleichzusetzen mit qualitativer Forschung. In der *qualitativen* Forschung werden Daten (z. B. Aufzeichnungen eines offenen Interviews) interpretativ verarbeitet, während in der *quantitativen* Forschung Daten, die aus Messungen stammen (z. B. Werte aus Intelligenztests), statistisch analysiert werden (vgl. Bortz & Döring, 2006). Idiographisches Vorgehen kann durchaus quantitativer Natur sein, wie die sog. *quantitative Einzelfallbetrachtung* unterstreicht. Sie dient z. B. der Wirksamkeitsbestimmung therapeutischer Maßnahmen, indem für den Einzelfall gezielt Hypothesen aufgestellt und auf statistische Signifikanz überprüft werden (Petermann, 1996).

7.2.2 Aktualität des Ansatzes von Stern

(1) Merkmals- und personzentrierte Ansätze: Mit seinem Schema der vier Teildisziplinen verdeutlichte Stern, dass es zwei komplementäre, aber sich nicht ausschließende Ansätze in der Differentiellen Psychologie gibt. In der Variations- und Korrelationsforschung steht das Merkmal im Mittelpunkt, in der Psychographie und Komparationsforschung ist die einzelne Person die Betrachtungseinheit. Stern kann somit als Urheber der bedeutsamen Unterscheidung von merkmals- bzw. variablenbezogenen und personbezogenen Ansätzen gelten (vgl. Pawlik, 1996). Bis heute dominieren in der Differentiellen Psychologie die variablenzentrierten Ansätze: Typisch ist der Versuch, aus der Erfassung vieler manifester Verhaltens- oder Erlebnisfassetten, die an vielen Probanden erhoben wurden, auf statistischem Wege hypothetische Grunddimensionen (z. B. *Faktoren* wie Extraversion-Introversion, Ängstlichkeit) abzuleiten (vgl. Kap. 2.4).

Das personbezogene Forschungsprogramm in der von Stern vorgeschlagenen Form der Psychographie wurde bisher dagegen selten verwirklicht, wie ein Blick in die Fachzeitschriften der Persönlichkeitspsychologie zeigt. Schon früh – bereits in der Antike – wurde allerdings eine spezielle Variante der Sternschen Komparationsforschung realisiert, die man als *typologisch* bezeichnet. Danach werden Personen nach ihrer Ähnlichkeit in mehreren Merkmalen verglichen und ihrem Ähnlichkeitsgrad entsprechend zu unterschiedlichen Typen zusammengefasst. Die Gruppierung geschieht so, dass Merkmalsunterschiede zwischen Personen desselben Typs möglichst klein ausfallen, zwischen Personen mit unterschiedlichem Typ aber möglichst groß. Typologien blicken in der Persönlichkeitspsychologie auf eine lange Tradition zurück. Sie sind auch in Literatur, Kunst und Theater sehr verbreitet (vgl. Temperaments- und Konstitutionsstypen in Kap. 3.2).

(2) Generelle, differentielle und individuelle Merkmale: Sterns 1911 erschienene »Differentielle Psychologie« wies trotz des Plädoyers für die idiographische Forschung noch stark allgemeinpsychologische Züge auf. Alle vier Teildisziplinen basierten nämlich auf der Untersuchung von generellen Merkmalen, mit denen sich nahezu alle Menschen beschreiben bzw. vergleichen lassen. Selbst die idiographisch orientierte Psychographie und Komparationsforschung fußen nach Stern auf generellen Merkmalen. Erst später vertrat Stern ein radikaleres idiographisches Programm, in dem er zusätzlich zu den *generellen* Merkmalen (gültig für viele Menschen, z. B. Extraversion-Introversion) *differentielle* (gültig für bestimmte

Gruppen von Menschen, z. B. nationale Eigenschaften) und vor allem *individuelle* Merkmale (gültig für ein einziges Individuum) postulierte. Mit den individuellen Merkmalen nahm er die *persönlichen Dispositionen* von Allport (vgl. Kap. 7.3.2) vorweg.

(3) Kritischer Personalismus: In der wissenschaftlichen Psychologie gilt Stern als jemand, der in vielen Teilfächern als empirischer Forscher Pionierarbeit geleistet hat. Wenig beachtet wurde seine philosophische Fundierung der Psychologie, mit der er sich nicht erst im Alter, sondern von Beginn seiner Studienzeit an engagiert befasste. In seinem dreibändigen Hauptwerk »Person und Sache. System des kritischen Personalismus« arbeitete er seine philosophische Lehre zu einem umfassenden Gedankengebäude aus. Für die Persönlichkeitspsychologie am bedeutsamsten erweist sich der zweite Band (»Die menschliche Persönlichkeit«, Stern, 1923). Während seine Arbeiten zur Differentiellen Psychologie und zur Intelligenzdiagnostik immer noch in den aktuellen Lehrbüchern dargestellt werden, ist der philosophische Teil seines Werkes nur wenigen Experten im Sternschen Ursprungsland bekannt. Es verdient daher besonderer Hervorhebung, dass James T. Lamiell, ein amerikanischer Persönlichkeitspsychologe, sich seit Jahrzehnten bemüht, die Aktualität des personalistischen Ansatzes von William Stern für die Persönlichkeitspsychologie aufzuzeigen (Lamiell, 2003; 2007). Lamiell leitet von seiner fundierten Darstellung des Ansatzes von Stern eine »New Science of the Person« ab, wobei er mit einer Reihe von Positionen des gegenwärtigen Mainstreams bricht.

Lamiell hebt hervor, dass Stern den Personalismus in der Auseinandersetzung mit dem materialistischen Forschergeist seiner Zeit entwickelt hatte, der Personen ebenso wie Sachen nach mechanistischen Prinzipien analysierte. Dies lieferte lediglich Aussagen über unzusammenhängende Elemente: das Subjekt als personale Ganzheit blieb auf der Strecke. Dieser mechanistischen Tradition stellte Stern folgende Auffassung von Person gegenüber: »… ein solches Existierendes, das trotz der Vielheit der Teile eine reale eigenartige und eigenwertige Einheit bildet und als solche trotz der Vielheit der Teilfunktionen, eine einheitliche zielstrebige Selbständigkeit vollbringt« (Stern, 1923, S. 4). Die Vieleinheit (unitas multiplex) und die Zielstrebigkeit werden uns noch in der Diskussion postmoderner Ansätze beschäftigen (vgl. Kap. 17).

Dass Personen in Sterns Auffassung grundsätzlich Wert zugesprochen wird (»eigenwertige Einheiten«), verknüpft Lamiell mit der Forderung nach Toleranz gegenüber der Verschiedenheit von Personen. Lamiell spricht sich dafür aus, dass wir andere in ihrer Unterschiedlichkeit nicht bloß akzeptieren: Toleranz gegenüber der

Unterschiedlichkeit von Menschen sei im Sinne Sterns mehr als die reine Abwesenheit von Intoleranz.

> Sie ... erfordert das aktive Engagement jeder Person in der kritischen Bewertung ihrer eigenen Werte und derjenigen anderer Personen – und zwar in individueller Weise und nicht in der stereotypen Art, wie dies der stark verbreitete *statisticism* der modernen Sozialwissenschaften zulässt – um einen geeigneten Raum für diese Werte im bürgerlichen Leben zu schaffen (Lamiell, 2003. S. 302).

Mit dem Neologismus »statisticism« wendet sich Lamiell gegen die Tendenz, Personen nicht als Einzelwesen, sondern nur als Exemplare verschiedener Kategorien (z. B. männlich oder weiblich; jüdisch oder katholisch) zu berücksichtigen.

7.3 Allports idiographische Eigenschaftsauffassung

Der Begründer der amerikanischen Persönlichkeitspsychologie Gordon W. Allport (1897–1967) betrachtet die Individualität des Menschen als dessen hervorragendes Kennzeichen. Seinem ersten Buch über Persönlichkeit (1937) stellte er das Wort von Goethe voran: »Die Natur scheint alles auf Individualität angelegt zu haben.« Allport hat auch das Begriffspaar idiographisch-nomothetisch in die angloamerikanische Psychologie eingeführt. Er glaubte, die Persönlichkeitspsychologie müsse sowohl idiographisch als auch nomothetisch arbeiten, wobei er aber der vernachlässigten Idiographie programmatisch den Vorzug gab (siehe zusammenfassend Laux & Weber, 1985).

7.3.1 Kritik an Sterns Psychographie: Aufreihen von Perlen

Ihm ging die idiographische Konzeption von Stern (1911) nicht weit genug. An der Sternschen Psychographie kritisierte er, dass ein Profil von Merkmalen, das man für eine Person erstellt, keine Aussage über die Organisation der betreffenden Merkmale erlaubt.

Diesen Einwand erläutert er an dem fiktiven Fallbeispiel Samuel. Nehmen wir an, tausend Menschen sind in Bezug auf Hörschärfe, technisches Verständnis, Streben nach Dominanz, neurotische Tendenzen (im Sinne von emotionaler Labilität) und Interesse für Naturwissenschaft mithilfe von Tests untersucht worden. Verglichen mit der Gesamtgruppe ist Samuels Profil (vgl. Abb. 7.2) durch einen geringen Wert für technisches Verständnis, aber durch ein ausge-

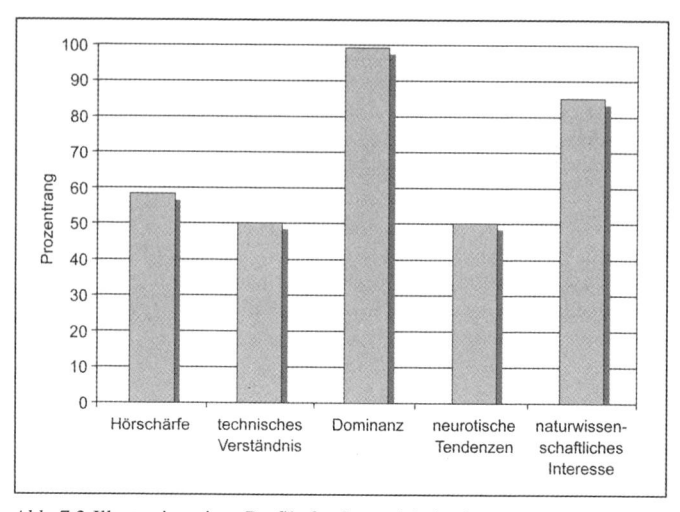

Abb. 7.2 Illustration eines Profils für Samuel (adaptiert nach Allport, 1970, S. 15)
Mit Prozenträngen lässt sich die relative Position eines Messwerts in Relation zu einer Bezugsgruppe angeben. Der Prozentrang von 35 (beim Testwert für technisches Verständnis) bedeutet also, dass 35 Prozent der Stichprobe einen gleich großen oder kleineren Wert als Samuel erzielten.

prägtes naturwissenschaftliches Interesse gekennzeichnet. Hinzu kommen eine leicht überdurchschnittliche Hörschärfe, eher gering ausgeprägte neurotische Tendenzen und ein starkes Dominanzstreben. Solch ein Profil ist durchaus von Nutzen, wenn wir Samuel beraten wollen: Wenn es um die Frage der Eignung für bestimmte Berufe geht, könnten wir sein Profil z. B. mit einem berufsbezogenen Anforderungsprofil vergleichen. Das Profil sagt aber nichts über die *Organisation* seiner Qualitäten aus. Wie hängt z. B. Samuels Dominanzstreben mit seinem naturwissenschaftlichen Interesse zusammen? Und wie wirkt es sich aus, dass sein Interesse an Naturwissenschaften groß ist, er aber keine dementsprechende Ausprägung im Bereich des technischen Verständnisses aufweist? Führt dieser Widerspruch – so fragt Allport – zu einer unzufriedenen, konfliktreichen Persönlichkeit? Solche Fragen können durch eine reine Profilinterpretation, die keine Verknüpfung zwischen den einzelnen Merkmalen vorsieht, nicht beantwortet werden. Allport kommt daher zu dem markanten Fazit: »Von allen Profilen können wir sagen: Die Eigenschaften sind vorhanden, aber die Organisation fehlt« (Allport, 1970, S. 16). Für Allport ist es daher nicht überraschend, dass sich das Wesentliche einer Persönlichkeit nicht unbedingt in ihrem Profil ausdrückt. So führt er das Beispiel des französischen Psychologen Toulouse an, dem es nicht möglich war, im Profil des berühmten Mathematikers Poincaré Anzeichen für dessen Genius zu entdecken: »Tatsache ist, dass die Psychographie *nicht* eine Synthese zustandebringen *kann*. Sie kann nur Perlen aufreihen« (Allport, 1970, S. 16).

Nun ist schwer vorstellbar, dass Stern diese nahe liegende Begrenzung der Profilmethode nicht selbst erkannt haben soll. Tatsächlich diskutiert er diesen Einwand bereits bei der Vorstellung des psychographischen Schemas: Um zu vermeiden, dass aus der Individualität nicht »… jene mittelpunktlose Musterkarte zahlloser Merkmale« (Stern, 1911, S. 357) wird, sollte nach Möglichkeiten der Verknüpfung und der Schwerpunktbildung gesucht werden. Die Psychographie hat nach Stern sogar die explizite Aufgabe, zunächst die an einer einzelnen Persönlichkeit feststellbare Fülle von Merkmalen zu beschreiben und dann nach übergeordneten Prinzipien für diese Persönlichkeit zu suchen. (Allport hätte die differenzierte Auffassung von Stern eigentlich kennen müssen, denn er war mit dem Werk von Stern vertraut. Schließlich hatte er einige Zeit – in den Jahren 1922–24 – in Hamburg an dem von Stern 1919 gegründeten »Psychologischen Institut« verbracht.)

7.3.2 Persönliche Dispositionen versus allgemeine Eigenschaften: Gräfin Bathori

Im Zentrum der idiographischen Auffassung von Persönlichkeit stehen für Allport die *persönlichen Dispositionen*, die er auch als individuelle Eigenschaften bezeichnet. Damit sind diejenigen Eigenschaften gemeint, die für ein bestimmtes Individuum charakteristisch und einzigartig sind. Während nach Allport persönliche Dispositionen die Individualität des Individuums wiedergeben, sind *allgemeine Eigenschaften*, wie sie in nomothetischen Ansätzen untersucht werden, für ihn keine »wirklichen« Eigenschaften, sondern stark abstrahierte Kategorien, in die das Individuum gezwungen wird. Unter allgemeinen Eigenschaften oder Faktoren versteht Allport diejenigen Persönlichkeitsaspekte, hinsichtlich derer die meisten Menschen einer gemeinsamen Kultur verglichen werden können: Wenn jemand immer wieder dadurch auffällt, dass er versucht, sich bei anderen durchzusetzen, im Mittelpunkt zu stehen, den Ton anzugeben, ist es möglich, ihn mit vielen anderen Personen in Bezug auf eine allgemeine Eigenschaft *Dominanz-Nachgiebigkeit* zu vergleichen.

Die Idee der persönlichen Dispositionen leitet Allport von historischen oder literarischen Persönlichkeiten ab, z. B. von Beau Brummel, Faust, Homer, Marquis de Sade oder Don Quichotte. Ihr hervorstechendes besonderes Charakteristikum hat sogar entsprechende Eigenschaftsnamen geprägt, wie z. B. faustisch oder homerisch. Man sagt auch, jemand ist ein Don Juan oder eine Xanthippe. Daraus folgt, dass solche Dispositionen sich nicht nur zur Charakterisierung einer einzigen historischen Person, sondern auch für andere Personen verwenden lassen. Worin unterscheiden sich diese Dispositionen dann aber von den allgemeinen Eigenschaften? Allport weist darauf hin, dass es absurd wäre, eine große Zahl von Menschen beispielsweise in Bezug auf die spezifische sexuelle Grausamkeit eines Marquis de Sade mithilfe eines Persönlichkeitsfragebogens zu messen und zu vergleichen. Noch extremer veranschaulicht dies der Fall der ungarischen Gräfin Elisabeth Bathori (1560–1611). Der Legende nach ließ sie über Jahre hinweg mehr als 600 junge Mädchen töten und badete in deren Blut, weil sie glaubte, dass ihre eigene Haut dadurch jung und gesund bleiben würde (vgl. Runyan, 1983). Zweifellos kann man die Neigung von Gräfin Bathori, Mädchen zu töten, um in ihrem Blut zu baden, als Ausdruck einer persönlichen Disposition begreifen. Prinzipiell ist es auch möglich, diese Neigung auf andere Personen zu beziehen. Da man aber kaum andere Personen mit einer derartig exzentrischen Neigung findet, ist solch ein Vorgehen nicht sehr aufschlussreich. In anderen Fällen macht es dagegen Sinn zu untersuchen, ob eine bestimmte persönliche Disposition auf wenige oder sogar auf viele andere Menschen übertragen werden kann. Goethes »Faust« käme hier in Frage, da sein Leiden an der Unvereinbarkeit von Motiven (»Zwei Seelen wohnen, ach! In meiner Brust«) für die Konflikthaftigkeit des Menschen an sich stehen könnte. Wie diese Diskussion zeigt, sollte man – über Allport hinausgehend – am besten unterscheiden zwischen (1) persönlichen Dispositionen im engeren Sinn und (2) persönlichen Dispositionen, aus denen sich durch Anwendung auf andere Personen durchaus allgemeine Eigenschaften entwickeln lassen.

Allports Plädoyer für die Erfassung der Einzigartigkeit des Individuums entwickelte sich aus seiner Kritik an der nomothetisch arbeitenden Differentiellen Psychologie (vgl. Kap. 10). Die auf allgemeinen Eigenschaften aufbauende klassische Differentielle Psychologie berge stets die Gefahr von Fehlinterpretationen in sich, da Individuen in allgemeine Kategorien gepresst würden, die ihre Individualität nicht angemessen wiedergeben. Dagegen charakterisiert Allport persönliche Dispositionen als Brennpunkte innerhalb der Persönlichkeitsstruktur, z. B. bestimmte vorherrschende Wertvorstellungen, Interessen oder Motive. Sie bringen die Art und Weise zum Ausdruck, wie das Individuum das Leben bewältigt, und geben seiner Persönlichkeit Kontur. Die einzelnen persönlichen Dispositionen sind in jeder Persönlichkeit verschieden; sie sind abhängig voneinander, bewahren aber trotz des steten Zusammenspiels ihre Brennpunktqualität.

Wie stellt sich nun für die nomothetisch operierenden Psychologen die Einzigartigkeit des Individuums dar? Sie gehen davon aus, dass es sich bei allgemeinen Eigenschaften um Elemente handelt, die für alle Persönlichkeiten eines Kulturkreises zutreffen. Die Elemente sind also gleich, nur ihre Ausprägung variiert interindividuell. Die Einzigartigkeit der Persönlichkeit lässt sich ihrer Meinung nach durchaus mithilfe von allgemeinen Eigenschaften erfassen, indem man z. B. für ein Individuum ein Profil von Ausprägungen auf Eigenschaftsdimensionen wie z. B. Ängstlichkeit, Extraversion-Introversion, Aggressivität erstellt (vgl. Abschnitt 7.3.1). Die Einzigartigkeit ist also Ausdruck des von Individuum zu Individuum unterschiedlichen Musters von Ausprägungen auf mehreren Eigenschaftsdimensionen.

Nomothetisch arbeitende Persönlichkeitsforscher halten es sogar für möglich, persönliche Dispositionen als spezielle Kombinationen allgemeiner Eigenschaften darzustellen – vorausgesetzt man hat genügend viele allgemeine Eigenschaften berücksichtigt (Cattell, 1965). Allport betonte demgegenüber hartnäckig, dass die einzelnen isolierten Eigenschaftswerte weder eine Aussage über die individuumsspezifische Färbung noch über die Dynamik von aufeinander wirkenden persönlichen Dispositionen gestatten.

7.3.3 Idiographische Methodik: Letters from Jenny

Die von Allport hervorgehobenen Mängel in der Konzeption allgemeiner Eigenschaften zwingen zu einer erweiterten Forschungsstrategie. Nach seiner Ansicht besteht die hohe Schule der Persönlichkeitspsychologie darin, zusätzlich zu den allgemeinen Eigenschaften persönliche Dispositionen zu erforschen. Sie sind für ihn bei der Beschreibung, Erklärung und Vorhersage individuellen Verhaltens unentbehrlich. Dieses Ziel soll gestützt auf idiographische Methoden erreicht werden. Dazu gehört z. B. die Einzelfallmethode (vgl. Kap. 8). Allport selbst veröffentlichte die Monografie »Letters from Jenny« (1965). Es handelt sich um eine Inhaltsanalyse von über 100 Briefen, die eine Frau namens »Jenny« in den letzten elf Jahren ihres Lebens an Freunde geschrieben hatte. Diese persönlichen Dokumente wurden für ihn die empirische Grundlage für die

Suche nach Jennys Dispositionen. Gestützt auf eine spezielle quantitative Auswertungstechnik ergab sich, dass Jenny einige unverkennbar zentrale Dispositionen aufwies:

> Sie war äußerst eifersüchtig auf ihren Sohn; sie war paranoid in Bezug auf ihre Beziehungen zu Frauen; sie hatte ein ausgeprägtes ästhetisches Interesse; und sie war gewissenhaft in Geldangelegenheiten (Allport, 1966, S. 369).

Mit Ausnahme der »Letters from Jenny« hat Allport selbst kaum Untersuchungen durchgeführt, die schwerpunktmäßig auf idiographischer Methodik beruhen. Es sind vor allem seine programmatischen Äußerungen, auf die sich die Anhänger der neueren idiographisch orientierten Persönlichkeitspsychologie stützen. Seine Konzeption persönlicher Dispositionen ist für viele Autoren eine Art Leitbild geworden, das sie anstreben, ohne dabei allerdings die nomothetische Zielsetzung der Persönlichkeitspsychologie aus den Augen zu verlieren (vgl. Laux & Weber, 1985; Weber, 2005).

8 Nomothetische und idiographische Gesetzmäßigkeiten

Extreme Idiographen gehen davon aus, dass sich Menschen naturgemäß stark unterscheiden. Sie fassen sie als einzigartige Individuen auf, die sich im Wesentlichen nicht gleichen. Nach dieser Grundüberzeugung lohnt sich eine gemeinsame Analyse mehrerer Personen überhaupt nicht; es kommt vielmehr darauf an, Regelmäßigkeiten im Verhalten einer einzelnen Person zu beschreiben und zu erklären. Ist es dann aber noch möglich, von *Gesetzen* zu sprechen? Windelband hatte den Gesetzesbegriff im Sinne eines allgemeinen Naturgesetzes verstanden, das für alle Individuen gültig sein soll. Allport kritisierte diese enge Fassung von Gesetz und schlug vor, auch das Verhalten eines einzelnen Individuums als gesetzmäßig zu begreifen:

> Wir brauchen nicht das Leben aller Menschen zu verstehen, um die gesetzmäßigen Regelmäßigkeiten in dem Leben eines Menschen zu entdecken. Wenn man einen intimen Freund besitzt, kann man sehr gut wissen, warum er sich verhält, wie er es tut, und in der Lage sein, sein zukünftiges Verhalten vorauszusagen und sogar zu bestimmen, weil man die gesetzmäßigen Regelmäßigkeiten seines Lebens kennt. Man braucht nicht ein Wissen vom Menschen allgemein, um das zu tun (Allport, 1970, S. 10).

Jede Person lässt sich nach Allport also als *intraindividuelle Gesetzmäßigkeit* auffassen. Zweifelhaft an seiner Aussage erscheint aber, ob solche *Individualgesetze* formuliert werden können ohne »ein Wissen vom Menschen allgemein«. Es scheint kaum möglich, die Besonderheiten des Einzelfalls zu bemerken, wenn uns die allgemeine Regel nicht bekannt ist.

8.1 Gesetzmäßigkeiten auf drei Ebenen

Wie im folgenden Abschnitt deutlich wird, können Individualgesetze als unterste Ebene in einem Drei-Ebenen-Modell von Gesetz- oder Regelmäßigkeiten konzipiert werden:

> Jeder Mensch ist in gewisser Hinsicht
> (a) wie alle anderen Menschen,
> (b) wie einige andere Menschen,
> (c) wie kein anderer Mensch
> (Kluckhohn & Murray, 1953, S. 53).

Als Mitglieder der Spezies Mensch weisen wir viele gemeinsame Merkmale auf (wie alle anderen Menschen), z. B. unser Angewiesensein auf andere Menschen besonders in der Kindheit, unsere immense Lernfähigkeit, unsere Fähigkeit zum abstrakten Denken. Andererseits erleben wir uns auch als einzigartig (wie kein anderer Mensch). Die spezifische Art und Weise, wie wir denken, fühlen, uns verhalten, unterscheidet sich von derjenigen aller anderen Menschen. Selbst eineiige Zwillinge nehmen die Welt nicht in identischer Weise wahr.

Diese Einzigartigkeit hindert uns nicht daran zu erkennen, dass einige Menschen viel Ähnlichkeit mit uns haben (wie einige andere Menschen), z. B. im Hinblick auf emotionale Stabilität oder Aufgeschlossenheit Neuem gegenüber, dass wir uns aber von bestimmten anderen in diesen oder anderen Persönlichkeitseigenschaften deutlich unterscheiden.

Von der klassischen Dreiteilung von Kluckhohn und Murray ausgehend hat Runyan (1983) drei Ebenen von Gesetzmäßigkeiten und in Verbindung damit drei Zielsetzungen der Persönlichkeitspsychologie abgeleitet (vgl. Abb. 8.1): Während es auf den beiden oberen Ebenen um das nomothetische Ziel der Gewinnung von Aussagen für alle Menschen (universeller Aspekt der allgemeinen Psychologie) bzw. für Gruppen von Personen (differentieller Aspekt) geht, wird auf der dritten Ebene das idiographische Ziel angestrebt, einzelne Individuen in ihrem jeweiligen sozial-historischen Kontext zu

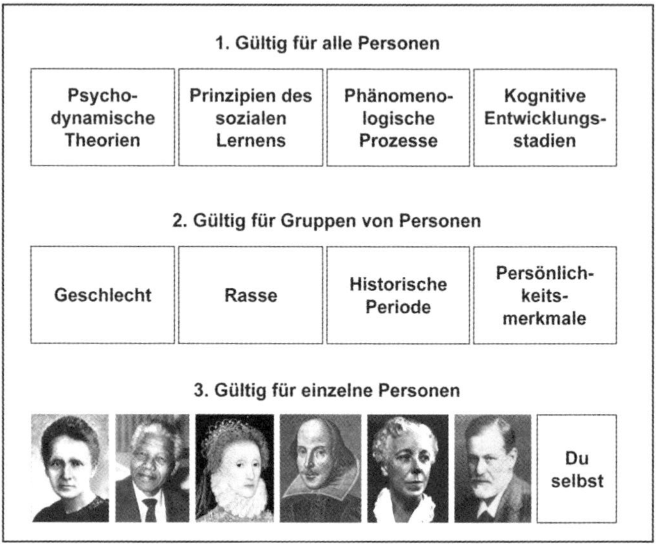

```
┌─────────────────────────────────────────────────────────────┐
│                  1. Gültig für alle Personen                │
│  ┌───────────┐ ┌───────────┐ ┌───────────┐ ┌──────────────┐ │
│  │ Psycho-   │ │Prinzipien │ │Phänomeno- │ │  Kognitive   │ │
│  │dynamische │ │des sozialen│ │logische   │ │Entwicklungs- │ │
│  │ Theorien  │ │  Lernens  │ │ Prozesse  │ │   stadien    │ │
│  └───────────┘ └───────────┘ └───────────┘ └──────────────┘ │
│                                                             │
│              2. Gültig für Gruppen von Personen             │
│  ┌───────────┐ ┌───────────┐ ┌───────────┐ ┌──────────────┐ │
│  │           │ │           │ │Historische│ │ Persönlich-  │ │
│  │ Geschlecht│ │   Rasse   │ │  Periode  │ │   keits-     │ │
│  │           │ │           │ │           │ │  merkmale    │ │
│  └───────────┘ └───────────┘ └───────────┘ └──────────────┘ │
│                                                             │
│                 3. Gültig für einzelne Personen             │
│                                                  ┌────────┐ │
│   [Porträts historischer Persönlichkeiten]       │   Du   │ │
│                                                  │ selbst │ │
│                                                  └────────┘ │
└─────────────────────────────────────────────────────────────┘
```

Abb. 8.1 Drei Ebenen der Persönlichkeitspsychologie

untersuchen (individueller Aspekt). Ergebnisse auf einer Ebene können nicht unbedingt auf eine andere Ebene übertragen werden. So lassen sich beispielsweise auf der Basis der summarischen, also allgemeinpsychologischen Resultate des Gefängnisexperiments (vgl. Kap. 1.2) keine Aussagen über das Verhalten eines einzelnen Wärters machen. Umgekehrt kann nicht von der einzelnen Person auf eine allgemeine Gesetzmäßigkeit geschlossen werden – es sei denn, es handelt sich um eine Gesetzmäßigkeit, die für jeden Menschen gelten soll. Die Psychologiegeschichte ist reich an Beispielen für den nomothetischen Einsatz von Einzelfallstudien (vgl. z. B. Freuds Fälle).

Nach Runyan soll sich die Persönlichkeitspsychologie auf jeder der drei Ebenen mit den vier Aufgabenbereichen *Beschreibung*, *Erklärung*, *Vorhersage* und *Veränderung* befassen (vgl. Kap. 4). Zweifellos dominiert in der Psychologie seit Jahrzehnten die Suche nach universellen oder differentiellen Gesetzmäßigkeiten, während die Analysen von idiographischen Gesetzmäßigkeiten seltene Ausnahmen darstellen. In den nächsten Abschnitten soll daher versucht werden, die Möglichkeiten einer idiographischen Vorgehensweise zu veranschaulichen. Beim ersten Einzelfall »van Gogh« steht vor allem die Aufgabe der *Erklärung*, beim zweiten Einzelfall »Fritzi« primär die Aufgabe der *Vorhersage* im Mittelpunkt.

8.2 Einzelfall: Warum schnitt sich van Gogh sein Ohr ab?
(Lothar Laux und Elke Roth)

Am vorigen Sonntag, um 11.30 Uhr, erschien ein gewisser Vincent Vaugogh (sic), Maler aus Holland gebürtig, im Freudenhaus Nr. 1, verlangte eine gewisse Rachel zu sprechen und übergab ihr ... sein Ohr mit den Worten: »Heben Sie diesen Gegenstand sorgfältig auf.« Dann verschwand er. In Kenntnis gesetzt von diesem Vorgang, der nur die Tat eines armen Geisteskranken sein konnte, begab sich die Polizei am nächsten Morgen ins Haus des Vorgenannten und fand ihn im Bett liegend vor; er gab kaum noch ein Lebenszeichen von sich. Der Unglückliche wurde als dringender Fall dem Krankenhaus überwiesen. LE FORUM REPUBLICAIN, Arles, 30. Dezember 1888 (zitiert nach Sweetmann, 1990, S. 318)

Van Gogh hatte sich mit dem Rasiermesser den unteren Teil seines linken Ohrs abgeschnitten. Verschiedene Selbstbildnisse beziehen sich auf diesen Vorfall (vgl. Abb. 8.2). Die Selbstverstümmelung löste eine Fülle von Mutmaßungen über die Hintergründe dieser Handlung aus (vgl. Sweetmann, 1990):

War es die typische Tat eines Schizophrenen? Verabscheute er sich selbst, weil er die Trennung von seinem Freund Gauguin herbeigeführt hatte? Quälten ihn akustische Halluzinationen und versuchte er, die Stimmen zum Schweigen zu bringen, indem er das Organ abschnitt, von dem sie ausgingen? Oder imitierte er – durchaus einfallsreich – den Höhepunkt eines Stierkampfs, wenn der Matador zum Zeichen des Sieges das Ohr des Stiers abschneidet und es der Dame seiner Wahl zum Geschenk macht?

8.2.1 Eine Vielfalt von Erklärungshypothesen

Mehr als ein Dutzend verschiedener Erklärungen wurden im Laufe der Jahre vorgeschlagen: Ist eine dieser Erklärungen die einzig wahre, hat womöglich jede einen wahren Kern oder sind sie allesamt absurde Spekulationen? Welche Möglichkeiten gibt es, den Plausibilitätsgehalt solcher Erklärungen zu bestimmen? Kommen in den Erklärungen intraindividuelle Gesetzmäßigkeiten zum Ausdruck?

Um diese Fragen geht es in den folgenden Abschnitten. Als Basis dient ein Artikel von Runyan (1981), der sich mit den methodischen Möglichkeiten der Einzelfallstudie auseinandersetzt. Zunächst werden einige der Erklärungshypothesen detaillierter aufgeführt.

Abb. 8.2 Vincent van Gogh. Selbstbildnis mit verbundenem Ohr und Pfeife, Januar 1889
Da van Gogh beim Malen einen Spiegel benutzte, scheint es so, als sei das rechte Ohr das verletzte gewesen.

(1) Kränkung und Liebesverlust: Dieser Erklärungsansatz basiert darauf, dass van Gogh durch zwei unmittelbar vorausgehende Ereignisse beträchtlich enttäuscht wurde. Da war als erstes die Verlobung seines Bruders Theo, zu dem er ein sehr enges Verhältnis hatte und von dem er sowohl finanziell als auch emotional abhängig war. Van Gogh fürchtete, durch die Verlobung die Zuwendung und Unterstützung seines Bruders zu verlieren.

Das zweite maßgebliche Ereignis war das Scheitern der Bemühungen van Goghs, mit Paul Gauguin eine Arbeits- und Wohngemeinschaft im Atelier du Midi bei Arles aufzubauen. Van Gogh, der Gauguin als Meister und Lehrer schätzte, war sehr erfreut, als dieser seiner Einladung folgte, gemeinsam mit ihm zu arbeiten. Doch immer wieder gerieten die beiden Maler in Streit über ihr Kunstverständnis und die Malerei. Zudem gaben auch alltägliche Ärgernisse Anlass zu Spannungen. Ihre Auseinandersetzungen waren stets anstrengend und nervenaufreibend. Van Gogh schrieb einmal an seinen Bruder Theo:«Das Gespräch ist oft von einer unerhörten elektrischen Spannung, und manchmal sind wir hinterher so erschöpft wie eine elektrische Batterie nach der Entladung» (zitiert nach Zurcher, 1985, S. 211). Eine mögliche Abreise von Gauguin aus Arles stellte für van Gogh eine permanente Bedrohung dar. Er verzweifelte daran, in Gauguin den Partner zu finden, mit dem er die Idee eines gemeinsamen, der Malerei gewidmeten Lebens verwirklichen konnte.

Nach dieser Erklärung waren die aggressiven Impulse als Reaktion auf die frustrierenden Lebensbedingungen zunächst gegen Gauguin gerichtet (so soll van Gogh ihm einmal ein Glas mit Absinth an den Kopf geworfen haben), kehrten sich dann aber in Selbstaggression um und gipfelten in der Verstümmelung seines Ohrs.

(2) »Lul« oder »lel«: Penis oder Ohr? Eine weitere Hypothese schreibt ebenfalls Gauguin eine wesentliche Rolle zu: Es wird vermutet, dass seine Anwesenheit homosexuelle Gefühle bei van Gogh auslöste. Um dem dadurch entstehenden Konflikt auszuweichen, verstümmelte van Gogh sich selbst. Dies deuten psychoanalytisch orientierte Autoren als symbolische Kastration! Eine Wortähnlichkeit in der niederländischen Umgangssprache soll diese Annahme stützen: Danach hat das Wort »lel« für Ohr nahezu den gleichen Wortlaut wie »lul«, was umgangssprachlich Penis bedeutet. Von diesem Gleichklang ausgehend interpretiert van Gogh das Ohr als phallisches Symbol, dessen Abtrennung einer Selbstkastration gleichkommt.

(3) Stier und Matador zugleich: Eine andere Interpretation geht davon aus, dass van Gogh unter dem starken Eindruck der traditionellen Stierkämpfe stand, die er in Arles miterlebte. Diese Stierkämpfe enden mit einer Zeremonie, in der dem siegreichen Matador das Ohr des Stiers als Ehrung übergeben wird. Der Matador präsentiert diese Auszeichnung zunächst den Zuschauern, um sie dann der Dame seiner Wahl als Geschenk zu überreichen. Fasziniert von diesem eindrucksvollen Ritual soll van Gogh eine analoge Szene »nachgespielt« haben: In einer Art Rollenkonfusion schnitt er sich sein Ohr ab, so, als ob er zur gleichen Zeit siegreicher Matador und besiegter Stier gewesen wäre. Das Ohr präsentierte er anschließend der Prostituierten als Dame seiner Wahl.

(4) Die Gräueltaten von Jack the Ripper: In den Monaten vor van Goghs Tat veröffentlichten die lokalen Zeitungen wiederholt Artikel über »Jack the Ripper«, der mehrere Prostituierte ermordet und ihre Körper verstümmelt hatte. Diese Verbrechen veranlassten eine Reihe von Nachahmungstätern zu ähnlichen Gewalttaten. In einigen der insgesamt 15 Artikel zu diesem Thema wurde beschrieben, dass Jack the Ripper seine Opfer manchmal entstellte, indem er ihnen die Ohren abschnitt. Einige Autoren halten es für vorstellbar, dass van Gogh die Tat nachahmte. Aufgrund seiner Neigung zum Masochismus kehrte er sie jedoch um und schnitt sich selbst das Ohr ab, das er anschließend zu Rachel, der Prostituierten, brachte.

(5) Der Außenseiter und die Prostituierten: Mit Blick auf die Rolle der Prostituierten wurde eine weitere Deutung vorgeschlagen: Van Gogh soll ihnen große Sympathie entgegengebracht haben, da er sich mit ihrem Status als Außenseiterinnen der Gesellschaft identifizierte. Seine Tat wird demnach als Ausdruck einer solchen Haltung aufgefasst. Dass er sich tatsächlich mit der Situation der Prostituierten auseinandersetzte, beweist eine Notiz von ihm, in der er beklagte, dass eine Hure wie Fleisch im Metzgerladen sei. Indem er seinen eigenen Körper wie Schlachtfleisch behandelte, identifizierte er sich gemäß dieser Interpretation mit den Prostituierten und nahm so persönlich Anteil an ihrem Schicksal.

(6) Das Stimmengewirr im Ohr: Hintergrund einer eher medizinischen Hypothese ist die Tatsache, dass van Gogh von akustischen Halluzinationen geplagt wurde, also Stimmen wahrnahm, für die es keine Entsprechung in der Realität gab. Während seines Krankenhausaufenthalts nach der Tat schrieb er, dass auch andere Patienten eigenartige Geräusche und Stimmen hörten. Er mutmaßte, dass dies auf eine Entzündung der Nerven im Ohr zurückzuführen sei. Daher erscheint es nicht abwegig, dass van Gogh während eines psychotischen Schubs davon ausging, sein Ohr sei erkrankt, und dass er es abschnitt, um sich von den unerträglichen Stimmen, die ihn verfolgten, zu befreien.

8.2.2 Umgang mit der Hypothesenvielfalt

Die eben vorgestellten Hypothesen stellen nur einen Teil der verschiedenen, mehr oder weniger spekulativen, z. T. sogar abstrusen Versuche dar, die Selbstverstümmelung van Goghs zu erklären. Runyan (1981) allein listet 13 unterschiedliche Erklärungen auf. Wie kann man nun mit diesen alternativen Auslegungen umgehen? Gibt es Erklärungen, die sich widersprechen? Kann am Ende eine Erklärung ausgewählt und können andere verworfen werden? Liegen Erklärungen vor, die einander ergänzen? Ist es in Anbetracht der verwirrenden Vielfalt von Vorschlägen überhaupt möglich, die Frage zu beantworten, warum er die Tat begangen hat?

Dass sich so viele Interpretationsansätze finden lassen, hängt unter anderem mit dem Prinzip der *Überdetermination* von Ereignissen zusammen (vgl. Lubin, 1972; zitiert nach Runyan, 1981). Dies besteht in der Annahme, dass jede einzelne Begebenheit mit sehr verschiedenen Themen, Motiven und Konflikten aus dem Leben eines Menschen verknüpft sein kann. Damit lässt sich jede Handlung prinzipiell nicht auf ein einziges, sondern auf mehrere Motive zurückführen. Ein einziger Auslöser für ein bestimmtes Verhalten ist nach dieser Theorie eher die Ausnahme. Auf den Fall Vincent van Gogh bezogen bedeutet dies: Das Abschneiden seines Ohrs lässt sich als Resultat eines Zusammenspiels mehrerer Faktoren begreifen. Also kommen auch mehrere miteinander verknüpfte Erklärungshypothesen infrage.

Die Vielfalt der Interpretationen könnte auch damit zusammenhängen, dass die einzelnen Deutungen jeweils einen anderen *Ausgangspunkt* wählen bzw. unterschiedliche Aspekte der Tat ansprechen. So kann man fragen, warum sich van Gogh ausgerechnet das Ohr abschnitt. Ebenso kann die Frage aufgeworfen werden, warum er dies gerade an Weihnachten tat oder warum er das abgeschnittene Ohr einer Prostituierten überbrachte. Jeder einzelne Bestandteil der gesamten Episode kann dabei mit unterschiedlichen Aspekten in Verbindung gebracht werden: Die Wahl des Ohrs etwa mit den beobachteten Stierkämpfen, der Zeitpunkt des Weihnachtstags könnte mit der Übergabe des Ohrs als Geschenk assoziiert werden und die Entscheidung, das Ohr einer Prostituierten zu übergeben, möglicherweise mit den Zeitungsartikeln über Jack the Ripper. Es kommt erschwerend hinzu, dass der gleiche Ausgangspunkt mancher Deutungsansätze nicht notwendigerweise zu einer übereinstimmenden Interpretation führt. Für die Wahl des Ohrs z. B. können ganz unterschiedliche Erlebnisse und Erfahrungen herangezogen werden: die Beobachtung der Stierkämpfe, die Zeitungsberichte über Jack the Ripper, die akustischen Halluzinationen etc.

Der Versuch, die Vielzahl von Interpretationsansätzen zu begründen, ist aber nicht gleichbedeutend mit dem Anerkennen der Plausibilität jeder einzelnen Interpretation: Runyan (1981) vertritt den Standpunkt, dass einige Hypothesen als plausible Verhaltenserklärungen infrage kommen, viele andere dagegen nicht. Schließt man sich dieser Position an, besteht der nächste Schritt in der Suche nach geeigneten Methoden, damit die Plausibilität jeder einzelnen Interpretation überprüft werden kann.

8.2.3 Wenn-Dann-Beziehungen im quasi-juristischen Verfahren

Welche Verfahren können verwendet oder müssen noch entwickelt werden, um divergierende Erklärungen für bestimmte Ereignisse im Leben eines Individuums auf ihre Plausibilität zu überprüfen? Runyan (1981) schlägt vor, die Prüfung von Interpretationen in Analogie zu einer Gerichtsverhandlung vorzunehmen, also Beweise zu sammeln, kritisch zu untersuchen und miteinander zu vergleichen. Bromley (1977, S. 127), der dieses »quasi-juristische« Verfahren entwickelt hat, konzipiert die Einzelfallstudie als eine »auf der bestmöglichen Beweislage beruhende Rekonstruktion und Interpretation eines Teils der Lebensgeschichte eines Menschen.«

Wendet man ein solches quasi-juristisches Verfahren auf van Gogh an, so zeigt sich, dass einige der Interpretationen von vornherein verworfen werden müssen. Runyan zieht als Beispiel die Hypothese heran, dass van Gogh durch die Zeitungsbeiträge über Jack the Ripper beeinflusst wurde. Diese Hypothese basiert darauf, dass van Gogh die entsprechenden Artikel gelesen und dass sich ihm das Detail der abgeschnittenen Ohren nachhaltig eingeprägt hat. Es lässt sich aber nachweisen, dass dieses Detail nur in zwei der 15 Artikel überhaupt erwähnt wurde. Die Jack-the-Ripper-Erklärung hängt also von einer Reihe von Annahmen ab, für die direkte empirische Belege fehlen – was diese Erklärung relativ unplausibel erscheinen lässt.

Schauen wir uns die These, dass er sich mit Prostituierten identifiziert haben soll, näher an: Der bildliche Vergleich »Eine Hure ist wie Fleisch im Metzgerladen« wurde von ihm in einem Brief im Juni 1888 formuliert, also sechs Monate vor seiner Selbstverstümmelung. Ohne weitere bestätigende Nachweise – so resümiert Runyan – gibt es wenig Grund zu glauben, dass dieser Vergleich eine entscheidende Rolle spielte, als sich van Gogh zu Weihnachten das Ohr abschnitt.

Im Unterschied dazu gibt es aber auch Erklärungen, die sich empirisch besser absichern lassen. So erscheint es etwas wahrscheinlicher, dass er unter dem Eindruck der Stierkämpfe gehandelt hat. In seinen Briefen beschreibt er nämlich den Besuch der Stierkämpfe in Arles. Aus seiner Darstellung geht hervor, dass ihn die Zeremonie des Ohrabschneidens stark beeindruckt hat. Ebenfalls gesichert ist sein Bericht über die störenden Geräusche im Ohr und seine Mutmaßung, sie seien durch eine Nervenentzündung begründet.

Welche Erklärungshypothese lässt sich durch ein quasi-juristisches Verfahren am ehesten verteidigen? Es ist diejenige, die die Selbstverstümmelung als Folge des Verlusts von Zuwendung in den

Mittelpunkt stellt. Tatsache ist, dass die Selbstverstümmelung zu dem Zeitpunkt erfolgte, als er von der Verlobung seines Bruders erfuhr. Betrachtet man weiterhin die beiden späteren Nervenzusammenbrüche, so fällt auf, dass sie sich ebenfalls in Momenten ereigneten, in denen Theo sich scheinbar emotional von ihm entfernte. Diese Anlässe waren die Heirat Theos und die Nachricht über die Geburt seines ersten Sohns. Beide Male musste van Gogh erfahren, dass andere Menschen im Leben seines Bruders eine bedeutende Rolle spielten und er selbst nicht mehr mit dessen ungeteilter Aufmerksamkeit und Unterstützung rechnen konnte. Damit wären wir einer möglichen intraindividuellen Gesetzmäßigkeit auf die Spur gekommen: Immer *wenn* van Gogh sich stark gekränkt fühlt oder *wenn* er glaubt, dass ihm Liebe entzogen wird, *dann* reagiert er mit dramatisch überspitztem, selbstschädigendem Verhalten, das die Aufmerksamkeit der Bezugspersonen wieder auf ihn lenken soll. Dabei kann es sich um direkte Selbstverstümmelung handeln oder auch »nur« um Nervenzusammenbrüche, bei denen der effektvolle Ausdruck durchaus der empfundenen Verzweiflung entspricht.

8.2.4 Retrognose

Lässt sich diese *Wenn-Dann-Hypothese* weiter absichern? Bestimmt gibt es weitere Episoden im Leben van Goghs, in denen er sich gekränkt oder zurückgesetzt fühlte. Es bietet sich an, in den zahlreichen Biografien nach solchen Episoden zu suchen. Man könnte diese Episoden identifizieren und gestützt auf unsere *Wenn-Dann-Hypothese* van Goghs Reaktionen »vorhersagen«. In der wissenschaftstheoretischen Literatur spricht man in diesem Fall von einer *Retrognose*, also von einer Vorhersage eines Verhaltens, das in der Vergangenheit stattgefunden hat (Groeben & Westmeyer, 1975). Es versteht sich von selbst, dass die Überprüfung der Reaktionen von van Gogh tunlichst durch Auswerter erfolgen sollte, die nicht in die Hypothese eingeweiht sind. Sonst würden sie vermutlich dazu tendieren, selbstschädigendes Verhalten besonders häufig zu »entdecken«.

Eine derartige Überprüfung kann hier nicht erfolgen, da sie das minuziöse Durchkämmen biografischen Materials erforderlich macht. Zumindest ein weiterer Beleg für die Richtigkeit unserer Erklärungshypothese lässt sich aber auf Anhieb in den Biografien finden (vgl. Runyan, 1981): 1881 war van Gogh in Kee Voss verliebt, in eine Frau, die ihm beharrlich aus dem Weg ging. Als er sie einmal besuchen wollte, sagten ihre Eltern zu ihm, dass sie das Haus verlassen habe, um ein Treffen mit ihm zu vermeiden. Daraufhin hielt van Gogh seine Hand in die Flamme der Öllampe mit den Worten: »Lasst sie mich solange sehen, wie ich meine Hand in diese Flamme halten kann« (zitiert nach Runyan, 1981, S. 1074). Diese Episode veranschaulicht, dass für van Gogh dramatisch inszenierte Selbstschädigungen eine naheliegende Antwort auf Zurückweisung oder Liebesverlust darstellten.

8.2.5 Fazit

Anhand des Beispiels von van Gogh lässt sich illustrieren, dass es sogar in verwickelten Fällen prinzipiell möglich ist, unhaltbare, z. T. abstruse Erklärungshypothesen zurückzuweisen und Belege für die Unterstützung von Verhaltensursachen zu finden, die wahrscheinlicher sind.[1] Um zu einigermaßen sicheren Aussagen zu kommen, ist die Verstümmelungsepisode jedoch nicht gut genug dokumentiert. Häufig liegen die Dinge aber viel günstiger als im Fall von van Gogh, da bessere Informationen aus unterschiedlichen Quellen zur Verfügung stehen. Man denke etwa an persönliche Aussagen, Briefe, Tagebücher, Archivmaterial, Aussagen von Zeitgenossen etc. Durch die Synthese all dieser verfügbaren Daten kann oft ein zusammenhängendes Bild bedeutsamer Episoden rekonstruiert werden (siehe Jüttemann & Thomae, 1998).

8.3 Einzelfall: Fritzi als erfolgreiche Prognostikerin
(Lothar Laux und Elke Roth)

Der Einzelfall *van Gogh* sollte das Ableiten und Überprüfen von *Erklärungen* veranschaulichen. Beim Einzelfall *Fritzi* steht die *Vorhersage* im Zentrum. In der neueren Persönlichkeitspsychologie wird oft beklagt, dass es schwierig sei, Verhalten und Erleben einigermaßen präzise vorherzusagen. Die nur schwer überschaubare Zahl und Komplexität einflussnehmender Faktoren begrenzt häufig

---

1 Kunstexperten warten im Jahr 2002 mit zwei spektakulären Neudeutungen auf, die sich allerdings widersprechen. Nach der einen These ist van Goghs religiöser Fanatismus bisher unterschätzt worden. Als christusähnlicher Märtyrer habe er sich das Ohr gestutzt. Nach der anderen, weitaus riskanteren These war es Gauguin, der van Gogh das Ohr abgeschnitten hat (DER SPIEGEL, 2001, 29, S. 166–167).

die Genauigkeit einer Vorhersage. Es lässt sich aber fragen, ob die Möglichkeiten, zu zuverlässigen Verhaltensvorhersagen zu gelangen, bisher wirklich voll ausgeschöpft wurden. Könnte man nicht die Fähigkeit der Prognostiker erhöhen, mit komplexen Bedingungen angemessener umzugehen und dadurch letztlich zu einer Verbesserung ihrer Vorhersagen beitragen? Eine solche Kompetenzsteigerung der Prognostiker ist das Ziel der *Methode der programmierten Biografie*. Der Einsatz dieser Methode, die in der gegenwärtigen Persönlichkeitspsychologie kaum bekannt ist, bleibt nicht auf Vorhersagen beschränkt: Persönlichkeitspsychologische Aufgaben wie Erklärung und Veränderung lassen sich ebenfalls in Angriff nehmen. Hier soll die Originalform der Methode nur in ihren Grundzügen dargestellt werden. Ihr Einsatz wird anschließend ausführlicher an einem computersimulierten Szenario veranschaulicht.

8.3.1 Programmierte Biografie

Grundlage sind die Arbeiten des belgischen Psychologen Jean Pierre de Waele, der eine eigenständige biografische Persönlichkeitstheorie mit einer darauf bezogenen Methodik entwickelt hat (vgl. de Waele & Harré, 1979). Teilnehmer seines in Brüssel durchgeführten Projekts sind Strafgefangene, unter anderem verurteilte Mörder. Diesen Projektteilnehmern entsprechend beziehen sich die Fragestellungen von de Waele (a) auf die Erforschung der Ursachen von Straftaten und (b) auf die Prognose eines straffreien Lebens nach Verbüßung der Tat. Ausgangspunkt für die Rekonstruktion des bisherigen Lebens eines Strafgefangenen ist jeweils dessen Autobiografie. Sie wird von de Waele mithilfe eines zwölfköpfigen interprofessionellen Forschungsteams in einem langwierigen Prozess zu einer umfangreichen Biografie ausgearbeitet. Solche sehr ausführlichen Lebensberichte, in denen viele konflikthafte Situationen enthalten sind, bilden die Basis für die *Methode der programmierten Biografie*, mit der van den Brande (1994), eine Schülerin von de Waele, eine Reihe von Untersuchungen durchgeführt und veröffentlicht hat.

Als Erstes wird die Lebensgeschichte eines Strafgefangenen, der als *Stimulusperson* das Untersuchungsmaterial für die Studie von van den Brande liefert, »programmiert«, d. h. in chronologisch aufeinanderfolgende Episoden aufgeteilt. Diese Episoden bestehen aus lebensgeschichtlichen Ereignissen, auf welche die Stimulusperson in eindeutiger Weise reagiert hat. Entsprechend dem Format einer Multiple-Choice-Aufgabe werden nun zu der tatsächlichen Reaktion der Stimulusperson vier falsche, aber gleichfalls plausible Alternativen hinzugefügt (vgl. Tab. 8.1).

Tab. 8.1 Beispiel für den Aufbau einer biografischen Episode
Es handelt sich um die sechste von insgesamt 54 Episoden aus dem Leben des verurteilten Mörders T. (van den Brande, 1994).

Als T. sechs Jahre alt war, führte sein Vater nach wie vor ein eigenbrötlerisches Leben; für seine eigene Familie wurde er immer mehr zum Fremden. Er hatte strenge Prinzipien und hielt sich an sie. Er wollte, dass man ihm zuhört und da dies zu Hause nicht möglich war, ging er in die Kneipe, wo er als städtischer Beamter ein gewisses Ansehen besaß. Gelegentlich baten T. und sein Bruder L. den Vater, mit ihnen zu einem Fahrradrennen oder ins Schwimmbad zu gehen, aber seine Antwort war: »Glaubt ihr, ich hätte nichts anderes zu tun?« Wenn ihre Mutter nicht aufhörte zu nörgeln, gab er ab und zu nach, aber nur unter der Bedingung, dass sie still waren und ihn eine Zeit lang schlafen ließen. Sobald sie dort ankamen, ließ er die Kinder allein und kam erst wieder zurück, wenn er sie abholen musste. Diese gesamte Situation führte dazu, dass
(a) T. immer aggressiver gegenüber seinem Vater wurde.
(b) T. nicht in der Lage war, seine Einstellung gegenüber seinem Vater zu verbergen.
(c) T. früh erkannte, welche Verhältnisse zu Hause herrschten, aber mit niemandem darüber sprach.
(d) T. seinen Vater vollständig ignorierte und seine eigenen Wege ging.
(e) T. sehr glücklich war, wenn sein Vater von Zeit zu Zeit vorschlug, gemeinsam wegzugehen.
(T. hat sich gemäß Antwort d verhalten.)

Versuchsteilnehmer, mit denen van den Brande arbeitet (z. B. Studierende der Psychologie, RichterInnen etc.), werden zunächst mit Hintergrundangaben der Stimulusperson vertraut gemacht (z. B. demographische Daten, soziales Umfeld). Dann lesen sie die erste Episode und werden gebeten, unter den fünf Antworten die richtige auszuwählen. Bevor sie die zweite Episode bearbeiten, erfahren sie, wie die Stimulusperson tatsächlich reagiert hat. So geht es weiter bis zur letzten Episode. Die Teilnehmer erhalten also über den ganzen Versuch hinweg ein unmittelbares Feedback über die Richtigkeit ihrer Prognose. Ziel ist es, die Fähigkeit der Trainingsteilnehmer zu steigern, das Verhalten anderer Menschen vorherzusagen.

Neben der Vorhersagemöglichkeit können noch weitere grundlegende Aufgabenstellungen der Persönlichkeitspsychologie in Angriff genommen werden: Erkundigt sich der Versuchsleiter nach den Begründungen für die Prognosen, kann er ermitteln, welche *Erklärungshypothesen* jeder einzelne Proband bildet und wie diese durch das Feedback beeinflusst werden. So lassen sich beispielsweise folgende Fragen beantworten: Von welchen unterschiedlichen Modellen gehen die Prognostiker aus? Stützen sie ihre Vorhersagen auf Persönlichkeitseigenschaften oder halten sie sich mehr an die konkreten Details und Kontextinformationen der Episoden oder nutzen sie je nach Episode beide Möglichkeiten?

Faszinierend ist auch der mit der Methode verbundene *Trainingseffekt* für die Teilnehmer. Beim üblichen diagnostischen Vorgehen wird auf der Basis eines Testwerts (z. B. in einem Intelligenztest), der zu einem einzigen Zeitpunkt bestimmt wurde, eine Vorhersage des Verhaltens in einer zukünftigen Situation gemacht. Bei van den Brande jedoch steht der *Prozess* der Vorhersage mit kontinuierlicher Rückmeldung im Mittelpunkt. Ihr geht es darum, den Prognostikern bewusst zu machen, welche Hypothesen sie bilden, um so »Einfühlung« oder »Menschenkenntnis« zu trainieren. Das eigentliche Ziel ist daher eine Steigerung der sozialen Kompetenz ihrer Teilnehmer.

8.3.2 Vorhersage in komplexen Situationen

Der Prognoseversuch mit fortlaufender Rückmeldung kann auch mit anderem Reizmaterial als *programmierten* Biografien durchgeführt werden. Im Folgenden wird über eine Untersuchung mit einem computersimulierten Szenario berichtet. Die Studie soll exemplarisch verdeutlichen, auf welchen Faktoren eine erfolgreiche Prognose basiert.

Kann das Verhalten von Menschen vorhergesagt werden, die komplexe Probleme lösen? Konkret: Ist es möglich, das Handeln einer Versuchsperson vorherzusagen, die im Rahmen einer Computersimulation eine ineffizient arbeitende Schokoladenfabrik übernimmt und nun in der Rolle des Managers viele unterschiedliche Maßnahmen zur Rettung der Firma ergreifen kann?

In bisherigen Studien wurde vor allem anhand von Intelligenztests prognostiziert, wie Personen im Umgang mit solchen komplexen Problemen abschneiden werden. Die Ergebnisse sind sehr uneinheitlich: Befunde, in denen sich kein nennenswerter Zusammenhang zwischen Intelligenztests und Problemlöseleistung ergab, stehen solchen gegenüber, in denen eine mittelhohe Beziehung nachgewiesen werden konnte (vgl. zusammenfassend Schaub, 2001; Strohschneider, 1991). Intelligenztests scheinen besonders dann ihre Prognosekraft einzubüßen, wenn es sich um komplexe Probleme handelt, die durch Unbestimmtheit gekennzeichnet sind. Ein Problem ist unbestimmt, wenn es dem Problemlöser verschiedene Möglichkeiten zum Umgang mit dem Problem offen lässt. Wenn also Intelligenztests keine guten Prädiktoren für hochkomplexe Simulationen darstellen, welche anderen Möglichkeiten kommen infrage? Oder unterliegt das Verhalten in komplexen Problemlösesituationen keinen erkennbaren Gesetzmäßigkeiten, sodass folglich auch keine Vorhersage möglich ist?

In der Untersuchung von Starker und Dörner (1997), die hier dargestellt wird, versuchten die Autoren herauszufinden, ob die Fähigkeit zum Problemlösen in komplexen Situationen aufgrund der fortlaufenden Beobachtung einer Versuchsperson vorhergesagt werden kann: Ob also Beobachter, die den Verhaltensablauf eines Probanden bei der Auseinandersetzung mit einem komplexen Problem analysieren, in der Lage sind, zutreffende Aussagen über das weitere Verhalten dieser Person zu machen. Ein besonderes Spezifikum dieses Prognoseversuchs ist, dass – wie bei van den Brande – dem Beobachter die Güte seiner Prognosen fortlaufend zurückgemeldet wird. Falls nun verschiedene Beobachter unterschiedlich gute Prognosen erstellen, schließen sich Fragen an wie: Welche Beobachtungs- und Analyseeinheiten benutzen gute Beobachter? Worin unterscheidet sich ein guter Prognostiker von einem schlechten? Und was hat das mit Persönlichkeitspsychologie zu tun?

Die Gesamtuntersuchung besteht aus zwei Abschnitten. Im ersten Abschnitt bearbeiten 16 studentische Versuchspersonen (Vpn) eine komplexe Problemsituation, die ihnen auf dem Computer simuliert dargeboten wird. Ihr Verhalten wird dabei fortlaufend protokolliert. Sie werden als Vpn erster Ordnung bezeichnet. Vier von ihnen sollen später im zweiten Abschnitt das Verhalten einer anderen Vp in der Computersimulation prognostizieren. Sie sind die Vpn zweiter Ordnung, die Prognostiker.

Beschreibung des ersten Abschnitts: das Problemlösen

Für die Untersuchung wurde die Computersimulation »Schoko-Fin« verwendet. Computersimulierte Szenarien komplexer Probleme sind so konstruiert, dass sie möglichst viele Fassetten des Ablaufs in der Realität wiedergeben und möglichst große Alltagsnähe aufweisen. Den Probanden bietet sich so ein relativ großer Freiraum für die Gestaltung individueller Handlungsmuster. Infolgedessen wird es durch die Szenarien möglich, das Lösen eines Problems als Zusammenspiel von kognitiven, emotionalen und motivationalen Aspekten zu analysieren. Das in der Untersuchung eingesetzte Szenario simuliert eine Schokoladenfabrik in Wien. Die Fabrik befindet sich derzeit in einer unwirtschaftlichen Lage und bedarf dringend einer Sanierung. Die Versuchsperson übernimmt für drei simulierte Jahre die Rolle des Firmenchefs mit der Aufgabe, die Marktanteile zu vergrößern und das Firmenkapital zu mehren.
Während der Simulation veranschaulichen ein Stadtplan von Wien, Diagramme und kleine Grafiken auf dem Bildschirm die Hauptmerkmale der gegenwärtigen Firmensituation. Auf diese Weise ist die Vp in der Lage, wesentliche Informationen schnell und leicht zu überblicken. Es wird bei-

spielsweise ersichtlich, welche der vorhandenen Maschinen in Betrieb sind, welche Schokoladensorten produziert werden, welche Bestellungen eingehen, wie hoch die Lagerbestände sind und wie es um das Firmenkapital steht. Jeweils zum Monatsende stoppt die Simulation und die Vp kann bei Bedarf eine Fülle von differenzierteren Informationen abfragen und geeignete Maßnahmen einleiten. Dies geschieht durch das Anklicken von Submenüs zu den einzelnen Bereichen (etwa Marketing, Rohmaterialverbrauch, Verkauf, Produktion, Maschinen, Lager). Durch die Begrenzung der Bearbeitungszeit auf zehn Minuten für jeden Monat wird ein gewisser Zeitdruck erzeugt, der schließlich auch in der Realität auftritt und die Aufgabe wesentlich erschwert.

Während der Bearbeitung der Simulation wird vom Computer ein Verlaufsprotokoll erstellt, um die Art und den Zeitpunkt eines jeden Eingriffs für die spätere Auswertung festzuhalten. Zusätzlich wird der gesamte Versuch videografiert, wobei sowohl die Vp als auch die Inhalte des Bildschirms aufgenommen werden.

Verhaltenstypen bei Schoko-Fin: Angesichts der Vielfalt möglicher Vorgehensweisen ist es nicht erstaunlich, dass jede Vp auf sehr spezifische, *einzigartige* Weise an die Lösung des Problems herangeht. Dennoch sind bei genauerer Betrachtung bestimmte Verhaltenstypen zu erkennen, denen die 16 Vpn des ersten Abschnitts zugeordnet werden können. Bei jedem dieser Typen stehen spezifische Vorgehensweisen im Mittelpunkt.

(1) Es lassen sich z. B. die sog. *Reduktionisten* identifizieren, die sich auf einige wenige Aspekte der Simulation konzentrieren, während andere Bereiche nur oberflächlich behandelt oder sogar vollständig ausgelassen werden. Ein besonders typischer Vertreter dieser Gruppe ist der Proband mit dem Code-Namen »Krauser«. Seine Aufmerksamkeit gilt vor allem den Marktanteilen der Schoko-Fin. Insgesamt zeichnet sich sein Stil durch wenig Informationsfragen und wenig Aktivität aus. Lediglich bei großen Veränderungen greift Krauser in das System ein.

(2) Ganz anders verhält sich »Blondy«: Als charakteristische *Explorererin* ist sie durch viele Fragen und viele Maßnahmen gekennzeichnet. Sie entwickelt während des Versuchs eine Vielzahl von Ideen, die sie größtenteils auch in die Tat umsetzt. In ihren Eingriffen erweist sie sich als sehr aktiv und entschlossen, bis hin zu der Gefahr, auch bei kleinsten Veränderungen schnell zu reagieren.

(3) »Matisse« war der typische *Situationist*. Handlungsbestimmend sind für ihn die jeweils aktuellen Gegebenheiten. Langfristiges Planen, systematische Maßnahmen sowie durchgängige Strategien sind bei ihm kaum auszumachen. Charakteristisch für Matisse ist auch ein gewisser Methodismus: Er reagiert zwar auf die jeweilige Situation, aber immer in der gleichen Weise.

(4) Als vierter Typ wird der *Analytiker* beschrieben, der von der Vp »Paula« repräsentiert wird. Ihre Vorgehensweise lässt sich als systematisch und sehr differenziert beschreiben. Den größten Teil der Bearbei-

tungszeit widmet Paula einer möglichst vollständigen Analyse des Systems und der detaillierten Planung von Maßnahmen. Dieses Vorgehen erschwert jedoch eine Schwerpunktbildung und kann leicht dazu führen, dass man sich verzettelt.

Beschreibung des zweiten Abschnitts: der Prognoseversuch

Der nun entscheidende zweite Teil der Untersuchung gilt der Prognose des Verhaltens. Als Prognostiker wurden vier Vpn ausgewählt, die an der ersten Phase der Untersuchung teilgenommen hatten, denen das Szenario somit bekannt war. Es handelt sich um die Vpn mit den Codenamen Rumpelstilzchen, Blondy, Matisse und Fritzi.

Die Prognostiker erhielten die Anweisung, das Verhalten einer ausgewählten Vp Quartal für Quartal vorauszusagen. Es handelte sich dabei um die Vp mit dem Codenamen Krauser. Um die Aufgabe nicht zu schwer zu machen, wurden den Prognostikern jeweils Verhaltensbeschreibungen von vier Personen vorgegeben, unter denen sie die Vp »Krauser« herausfinden sollten. Darüber hinaus sollten sie auch angeben, welche Verhaltensbeschreibung sie an zweiter, dritter und letzter Stelle für richtig hielten. Die vier Alternativen entsprachen den oben beschriebenen Stilen (Reduktionist, Explorierer, Situationist, Analytiker) und wurden auf der Grundlage der Verhaltensweisen von vier typischen Vertretern erstellt, von denen eben der Reduktionist *Krauser* war.

> Für die Prognose wurden die Computerprotokolle der drei simulierten Jahre zunächst in 12 Quartale eingeteilt, eingehend analysiert und in eine sachlich-nüchterne Verhaltensbeschreibung übertragen, die den vier Vpn vorgelegt wurde. Diese Schilderungen enthielten z. B. Angaben über die Anzahl der Fragen und Maßnahmen in jedem Quartal; ebenso wurden deren genaue Abfolge und Dosierung sowie der jeweilige inhaltliche Kontext angeführt.
> Nach jedem prognostizierten Quartal wurde das Video mit dem tatsächlichen Verhalten der Vp für diesen Zeitraum dargeboten, sodass die Richtigkeit der Vorhersage überprüft werden konnte. Dieses Verfahren der schrittweisen Prognose mit Feedback wurde von van den Brande (1994) angeregt. Um die Prognosekriterien für die spätere Auswertung zugänglich zu machen, wurden die Prognostiker gebeten, die Begründung für ihre Wahl schriftlich festzuhalten.

Betrachtet man nun die Ergebnisse der vier Prognostiker Blondy, Rumpelstilzchen, Matisse und Fritzi, so zeigt sich, dass die Treffsicherheit ihrer Prognosen sehr unterschiedlich ausfiel. Während Fritzi und Rumpelstilzchen in der Lage waren, ihre Aufgabe gut zu erfüllen, gelang es den beiden anderen nicht, zu einem konsistenten Vorhersagesystem zu finden. Abbildung 8.3 veranschaulicht die Punktwerte der vier Prognostiker über die 12 Quartale hinweg. Die

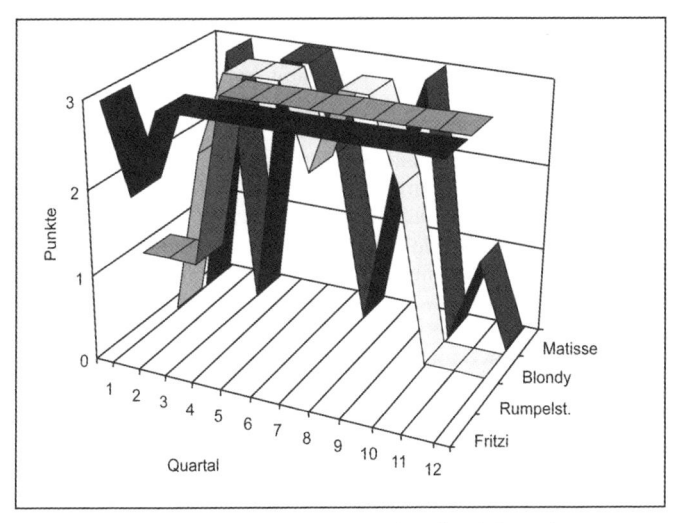

Abb. 8.3 Punktwerte der vier Prognostiker über die 12 Quartale

Werte ergeben sich folgendermaßen: Wurde die richtige Verhaltensalternative vom Prognostiker angegeben, erhielt er drei Punkte. Für den zweiten Rang wurden zwei Punkte zuerkannt, für Rang drei ein Punkt und für den vierten Rang kein Punkt. Je höher also der Punktwert, desto besser die Vorhersage.

Die Trefferquoten der beiden schlechten Prognostiker fallen in den Bereich der durch Zufall möglichen Wahrscheinlichkeit einer richtigen Zuordnung. Die guten Prognostiker hingegen erreichen mit 9 bzw. 11 von 12 richtigen Zuordnungen eine beeindruckende Trefferzahl (vgl. Abb. 8.3). Fritzi gab bis auf ein Quartal fehlerlose Prognosen ab.

8.3.3 Fritzi als Persönlichkeitspsychologin

Bei der näheren Untersuchung von Fritzis Prognose lassen sich eine Reihe von Kennzeichen festhalten, die ihr Verhalten bestimmen:

(a) Fritzi geht nach dem Ausschlussverfahren vor: Sie sucht zunächst diejenige Variante aus den vier Beschreibungen heraus, die ihr am wenigsten wahrscheinlich erscheint und begründet dies. Dabei berücksichtigt sie alle verfügbaren Informationen, fragt vor Versuchsbeginn sehr genau nach allen Eventualitäten und lässt sich die einzelnen Videoabschnitte ausführlich vorspielen.

(b) Fritzi ist sehr bemüht, ihre Entscheidungsgrundlagen transparent zu machen. Durch die Angabe von Merkmalen wie z. B. »geringe Aktiviertheit« oder »arbeitet mit hohem Auflösungsgrad« macht sie ihre Einschätzungen nachvollziehbar.

(c) Fritzi ist bereit, ihre Hypothesen zu korrigieren, wenn sich diese in späteren Beurteilungsschritten als unzutreffend erweisen. So nimmt sie z. B. die Beurteilung »arbeitet mit hohem Auflösungsgrad« nach dem ersten Quartal wieder zurück.

(d) Fritzi bearbeitet die einzelnen Quartale sehr ausführlich. Sie konzentriert sich nicht nur auf Krauser, sondern ordnet auch den alternativen Verhaltensweisen Persönlichkeitsbeschreibungen zu, z. B. »der Unsichere«, »der Genaue« oder »der Bescheidene«. Dieses Beurteilungssystem wird aber nicht schematisch angewandt, sondern soll vielmehr den Grundtenor des Verhaltens charakterisieren.

(e) Fritzi entwirft Hypothesen über den allgemeinen Verhaltensstil von Krauser. Sie bemerkt etwa, dass Krauser im zweiten Quartal sehr viele Fragen stellt, daraufhin aber nicht die entsprechenden Maßnahmen einleitet. Daraus schließt sie, dass Krauser unsicher und entscheidungsscheu ist. Dieses Merkmal zieht sie dann bei späteren Prognoseschritten heran, wenn sie etwa erkennt, dass bestimmte Verhaltensweisen zu »aktionistisch« sind, um von Krauser zu stammen.

(f) Notizen wie »ärgerlich« oder »schnelle Entscheidung« am Rand des Beobachtungsbogens, zeigen, dass Fritzi die gefühlsbedingten Eingriffe der Vp als solche festhält und mit einbezieht.

(g) Fritzi geht auf die individuelle Logik der Vp ein und entwickelt eine gewisse Sensibilität dafür, was die Vp als Nächstes tun müsste. Dabei berücksichtigt sie sowohl die Situationsabhängigkeit des Verhaltens als auch die allgemeinen Verhaltenstendenzen der Vp, ohne sie aber in einen bestimmten Typ zu pressen.

Fazit: Es gelingt Fritzi im Laufe des Versuchs, ein sehr detailliertes und treffsicheres Prognosesystem auszuarbeiten, das ihr so gut wie immer eine richtige Prognose erlaubt. Dieses System umfasst spezifische Kriterien wie Flexibilität, Aktiviertheit, systematisches Vorgehen, Auflösungsgrad, Unsicherheit, die sich in Abhängigkeit von der Situation ändern können. Abbildung 8.4 zeigt Fritzis Modell der Vp Krauser, das aufgrund ihrer Begründungen rekonstruiert wurde. In diesem Modell wird deutlich, wie Fritzi die kognitive Aktivität von Krauser (z. B. Auflösungsgrad, Bild der Situation) mit emotionalen Zuständen (z. B. Unsicherheit) und motivationalen Veränderungen (z. B. Handlungsscheu) verknüpft.

```
┌─────────────────────────┐
│ Vp arbeitet generell    │
│ mit einem ziemlich      │
│ niedrigen Auflösungsgrad│
└───────────┬─────────────┘
            ↓
┌─────────────────────────┐         nachdem Unsicherheit
│ Vp hat nur ein ungenaues│        eine bestimmte Schwelle
│ und grobes Bild der     │         überschritten hat
│ Situation               │
└───────────┬─────────────┘
            ↓                    ┌──────────────────────────┐
┌─────────────────────────┐      │ Vp kapselt sich ab,      │
│ Vp ist unsicher und ent-│─────→│ um negative Rückmeldungen│
│ sprechend handlungsscheu│      │ nicht wahrnehmen zu müssen│
└───────────┬─────────────┘      └───────────┬──────────────┘
            ↓                                ↓
┌─────────────────────────┐      ┌──────────────────────────┐
│ geringe Eingriffstätigkeit│    │ mangelnde Realitätskontrolle│
└───────────┬─────────────┘      │ führt zu Inflexibilität und │
            ↓                    │ dementsprechend Methodismus │
                                 └───────────┬──────────────┘
                                             ↓
┌─────────────────────────┐      ┌──────────────────────────┐
│ Niedergang der Firma    │←─────│ undifferenzierte,        │
└─────────────────────────┘      │ nicht an der Situation   │
                                 │ orientierte Eingriffstätigkeit│
                                 └──────────────────────────┘
```

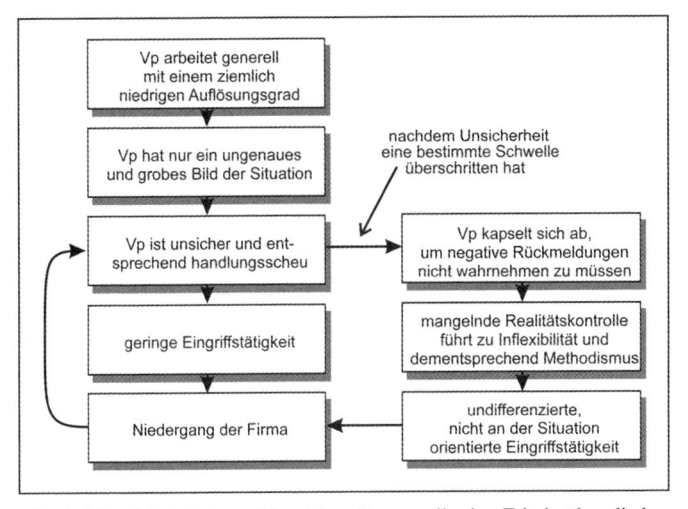

Abb. 8.4 Das Modell der erfolgreichen Prognostikerin »Fritzi« über die beurteilte Vp

Natürlich wäre es übereilt, ausgehend vom Einzelfall »Fritzi« auf optimales Vorgehen beim Prognostizieren im Allgemeinen zu schließen. Wie die Ergebnisse zeigen, war Fritzi in der Lage, generelle Theoriekenntnisse in Kombination mit sensibler Einfühlung versiert anzuwenden. Ähnlich gute Ergebnisse lassen sich möglicherweise durch andere individuelle Stile erreichen. Um hier zu fundierten differentialpsychologischen Aussagen zu kommen, ist es wichtig, viele Einzelfälle zu untersuchen und Untergruppen von Einzelfällen zu bilden, die jeweils durch einen ähnlichen Prognosestil gekennzeichnet sind, und anschließend die mit den Stilen assoziierte Prognosegüte zu analysieren.

Die Befunde machen deutlich, dass auch in komplexen Problemlösesituationen Gesetzmäßigkeiten im Einzelfall erkannt werden können. Sie bieten eine relativ gute Ausgangslage für die Prognose künftigen Verhaltens. Der Rückgriff auf einfache Fähigkeitsindikatoren (»Vp ist intelligent und deshalb wird sie …«) ist für solch eine Prognose kaum geeignet. Erst die Kombination des kognitiven Prozesses mit motivationalen und emotionalen Zuständen schafft die Voraussetzung für optimale Prognosen. Charakteristisch für Fritzi ist auch, dass sie Begründungen heranzieht, die die Beziehungen der Verhaltensweisen untereinander betreffen, z. B. Integrationsbegründungen wie: »weil die Vp schon vorher XY gemacht hat, wird sie nicht jetzt schon wieder …«.

Ausgehend von dieser Erkenntnis ergibt sich ein unmittelbarer Brückenschlag zur Definition von Persönlichkeit nach Pervin (vgl. Kap. 2), in der Persönlichkeit als das komplexe Zusammenspiel von Komponenten wie z. B. Motiven, Gefühlen, Kompetenzen etc. aufgefasst wird. Das grundlegende Kennzeichen seiner Definition ist die Organisation der Einzelkomponenten der Persönlichkeit zu einem Gesamtsystem. Je mehr es *Fritzi in der Rolle der Persönlichkeitspsychologin* gelingt, das komplexe Zusammenspiel der Komponenten aufzuhellen, desto besser wird ihre Prognoseleistung: »… es ist notwendig, Merkmale der ablaufenden ›kognitiven‹ Prozesse mit Merkmalen des emotional-motivationalen Zustands zu verbinden, um Verhalten erfolgreich prognostizieren zu können« (Starker & Dörner, 1997, S. 252).

8.4 Zur Kombination von Idiographie und Nomothetik

Nur der radikale Idiograph wird darauf bestehen, dass sich aufgrund der Einzigartigkeit jeder Person Generalisierungen über Personen hinweg prinzipiell verbieten. Die Mehrzahl idiographisch orientierter Forscher strebt nicht an, beim gründlich untersuchten Einzelfall stehen zu bleiben, sondern zu Aussagen zu gelangen, die für Gruppen von Individuen gültig sind (Pawlik, 1996). Bei aller Einstellung auf den »Reichtum« jedes einzelnen Individuums geht es also nicht darum, am Ende nur Aussagen über *ein* Individuum zu machen (Thomae, 1996). Dies bedeutet Abstraktion vom einzelnen Individuum auf der Basis vieler Individuen. Auf die idiographisch orientierte Erhebungsphase soll daher eine Auswertungsphase folgen, die nomothetischen Zielsetzungen entspricht.

8.4.1 Idiographisch-nomothetisches Vorgehen

Mit einem solchen Programm, das u. a. von Asendorpf (2000), Jaccard und Dittus (1990) sowie Schmitz (2000) ausgearbeitet wurde, lässt sich die jahrzehntelange Kontroverse konstruktiv beenden. Es besteht aus zwei Stufen: (1) Auf der Basis möglichst reicher idiographischer Informationen erfolgt zunächst eine Analyse des Einzelfalls mit dem Ziel, intraindividuelle Gesetzmäßigkeiten zu bestimmen. (2) Danach werden Individuen mit ähnlichen Merkmalen, Profilen, Prozessen etc. zusammengefasst. Dieser zweite Schritt ist als Abstraktionsvorgang naturgemäß mit einem erheblichen Verzicht auf Informationen über Einzelindividuen verbunden. Im Vergleich zum üblichen nomothetischen Vorgehen, bei dem die Analyse des Einzelfalls übersprungen wird, bewahrt die idiographisch-nomothetische Vorgehensweise die einzelne Person als Auswertungseinheit.

Im Schoko-Fin-Versuch beispielsweise lässt sich bestimmen, wie jede der 16 Vpn auf sehr spezifische, einzigartige Weise an die Lösung des Problems herangeht (vgl. Abschnitt 8.3.2). Erst in einem zweiten Schritt werden die einzigartigen personspezifischen Muster zu bestimmten Verhaltenstypen (z. B. Reduktionisten, Explorierer, Situationisten und Analytiker) zusammengefasst. Dabei kommt es darauf an, Personen mit gleichem oder ähnlichem »Funktionstyp« (Wottawa, 1981) zu bestimmen. Solch eine zweistufige Konzeption liegt auch dem Verfahren der *komparativen Kasuistik* von Jüttemann (1990) zugrunde: (1) Auf die Analyse der auf qualitativen Daten basierenden Einzelfälle (Kasuistik) folgt (2) der Vergleich (Komparation) dieser Fälle mit der Möglichkeit der Entdeckung überindividueller Personencharakteristika für Teilgruppen.

8.4.2 Bottom-up und top-down

Der Weg von individuellen Gesetzmäßigkeiten über Aussagen zu Personengruppen mit ähnlichen Reaktionsmustern (Persönlichkeitstypen) bis hin zu universellen Gesetzmäßigkeiten lässt sich auch als *bottom-up* kennzeichnen. Das Gegenteil sind *top-down*-Ansätze: Sie gehen von allgemeinpsychologischen, also universellen Gesetzmäßigkeiten aus und versuchen dann durch die Einführung von einzelnen oder wenigen Persönlichkeitseigenschaften individuelle Besonderheiten vorherzusagen (vgl. Asendorpf, 2000).

Für das 20. Jahrhundert kann rückblickend festgestellt werden, dass in der Persönlichkeitspsychologie nicht primär *bottom-up*-Ansätze, sondern *top-down*-Ansätze verfolgt wurden. Im Unterschied zur dominierenden nomothetischen Praxis basiert die Abstraktion und Generalisierung von Einzelfällen auf idiographisch reichhaltigeren Daten. Es ist unwahrscheinlich, dass beide Vorgehensweisen zu identischen Persönlichkeitstypen führen. Asendorpf (2000) fordert daher, dass alle Aussagen der Psychologie mit universellem Anspruch, die top-down gewonnen wurden, in bottom-up-Manier überprüft werden müssten:

> Es ist zu erwarten, dass bei einer solchen Überprüfung zahlreiche scheinbar universelle Gesetzmäßigkeiten auf der Strecke bleiben würden ... Hier zeichnet sich ein Programm für die Psychologie ab, das gut und gerne ein weiteres Jahrhundert füllen würde (Asendorpf, 2000, S. 86).

Top-down- und bottom-up-Ansätze sollten als sich ergänzende Strategien aufgefasst werden. Der jahrzehntelange Streit zwischen »Idiographen« und »Nomothetikern« mit ihren als unvereinbar postulierten Forschungsstrategien erscheint damit als überflüssig und überholt. Es sei daran erinnert, dass Windelband mit dem Begriffspaar nicht konträr zueinander stehende Methoden, sondern sich funktional ergänzende Forschungsperspektiven charakterisierte. Ganz in diesem Sinne resümiert Schmitz mehr als hundert Jahre später (2000, S. 90):

> Eine möglicherweise zunehmende Hinwendung zu einer kombinierten idiographisch-nomothetischen Prozessforschung bietet für den Erkenntnisfortschritt in der Psychologie neue Chancen. Der eigentliche Gegenstand der Psychologie – das Individuum in seiner Einbettung in einen Alltagskontext und in seiner Transaktion mit der Umwelt – wird expliziter thematisiert. Ohne sich in den Details und Verästelungen einer reinen Einzelfallanalyse zu verlieren, kann in einer Synthese von Idiographie und Nomothetik die Brennweite der Forschungslinse sowohl sehr nah als auch sehr weit eingestellt werden.

Eine Synthese von Idiographie und Nomothetik strebt auch die psychologische Biografik von Hans Thomae an. In diesem Ansatz wird *idiographisch* nicht nur als einzelfallbezogene Methode verstanden, sondern mit einem ganz bestimmten Menschenbild verknüpft (vgl. Kap. 9).

9 Psychologische Biografik als Synthese von Idiographie und Nomothetik

In seinem Überblick über idiographische Ansätze in der Persönlichkeitspsychologie resümiert Pervin (1984), dass vor allem zwei Bedeutungen mit dem Idiographiebegriff verbunden sind: Zum einen kann *idiographisch* ganz einfach für die Untersuchung der Besonderheiten des einzelnen Menschen stehen. Voraussetzungsvoller als diese methodisch orientierte Auffassung ist dagegen die zweite Bedeutung, nach der idiographische Ansätze auf einem ganz bestimmten *Leitbild der Persönlichkeit* basieren. Der Mensch wird hierbei als ein ganzheitlich funktionierendes, dynamisches und eigenaktives Individuum aufgefasst. Im Rahmen dieser Grundauffassung hat der Bonner Persönlichkeitspsychologe Hans Thomae (1915–2001) Prinzipien eines idiographischen Leitbilds ausgearbeitet, auf dem sich sein Ansatz der *Psychologischen Biografik* gründet.

9.1 Das idiographische Leitbild von Hans Thomae

Das Buch – so erinnert sich Hans Thomae – löste »teilweise massive Gegenreaktionen« aus (Thomae, 1992, S. 323). Die Rede ist von seinem Hauptwerk »Das Individuum und seine Welt« (1968), in dem er die Prinzipien seines idiographischen Leitbilds darstellte und sich um eine Synthese von *idiographischer* und *nomothetischer* Orientierung in der Persönlichkeitspsychologie bemühte. Von den Kritikern aber wurde das Buch als bloße Fallsammlung, als Studium von Einzelfällen abgelehnt.

9.1.1 Detaillierte und umfassende Beschreibung der individuellen Welt: Der Lebensfilm

Thomaes Verständnis von Idiographie ist umfassender als das von Allport. Er kritisiert, dass Allport gestützt auf William Stern das Individualitäts- bzw. das Idiographiekonzept auf einen Eigenschaftsansatz beschränkte. Als Folge davon wird heute im angloamerikanischen Bereich idiographische Persönlichkeitsforschung weitgehend synonym gesetzt mit dem Ansatz der *persönlichen Dispositionen*. Demgegenüber stellt Thomae (1996) heraus, dass sich William Stern auch für ein Individualitätskonzept ausgesprochen habe, bei dem die Eigenschaftszentrierung ganz in den Hintergrund tritt:

> Trotz aller Übereinstimmung, durch welche Personen als Exemplare der Menschheit, Vertreter einer Rasse, Angehörige eines Geschlechts usw. sich gleichen, trotz aller weiteren und engeren Gesetzmäßigkeiten, die in allem persönlichen Geschehen walten, bleibt stets ein Ureigenstes, wodurch jede Person jeder anderen als eine Welt für sich gegenübersteht (Stern, 1923, S. 7).

Für Thomae stellt diese Auffassung von Individualität

> die radikalste und konsequenteste Formulierung des Gegenstandes einer Persönlichkeitspsychologie dar, die sich nicht auf die Eruierung einer bestimmten Anzahl interindividueller Differenzen beschränkt, sondern das ›Individuum und seine Welt‹ zum Gegenstand hat (Thomae, 1996, S. 305).

Die Umschreibung von Individualität als »letztes Ureigenstes«, als »eine Welt für sich« setzt nach Thomae eine wissenschaftliche Vorgehensweise voraus, die höchstmögliche Konkretheit mit der Totalität der Erfassung des Individuums verbindet. Die kleinsten Details müssten ebenso erfasst werden wie die größten Zusammenhänge:

> Da sich die individuelle Eigenart in der *ganzen* Gestalt äußert, muss sich derjenige, der sich mit der Psychologie der Persönlichkeit beschäftigt, auch diese *ganze* individuelle Gestalt vergegenwärtigen (Thomae, 1968, S. 16).

Beispiele für eine Annäherung an das idiographische Ideal der vollständigen und zugleich systematischen Erfassung des individuellen Verhaltensstroms sieht er in frühen entwicklungspsychologischen Arbeiten, in denen z. B. das Verhalten von einzelnen Kindern in natürlichen Lebenssituationen über mehrere Tage hinweg detailliert protokolliert und ausgewertet wurde (zusammenfassend Thomae, 1968).

Menschliches Verhalten und Erleben in natürlichen Situationen möglichst vollständig festzuhalten, hatte schon Thomaes Lehrer Rothacker gefordert. Als Grundlage für die Analyse der Persönlichkeit schlug er vor, einen »Lebensfilm« zu drehen, der das gesamte natürliche Verhalten eines Menschen von der Geburt bis zum Grab in Großaufnahmen festhält. Duft- und Temperaturaufnahmen kämen noch hinzu ebenso wie die simultane Registrierung physiologischer Prozesse. Thomae (1968) schreibt dem Prinzip der vollständigen Erfassung utopische Züge zu. Mit den heutigen technischen Möglichkeiten ist diese Utopie jedoch näher gerückt. Psychophysiologische Variablen wie Herzschlagfrequenz oder periphere Durchblutung lassen sich kontinuierlich und über lange Zeiträume hinweg in natürlichen Alltagssituationen messen (vgl. Vossel & Zimmer, 1998); die Videotechnik gestattet das uneingeschränkte Aufnehmen menschlichen Verhaltens.

Ein Verfahren der lückenlos dokumentierten Autobiografie hat Steve Mann, Professor an der Universität von Toronto, entwickelt. In eine unauffällig wirkende dunkle Brille ist eine winzige Kamera eingebaut und ein Laserprojektor, der dem Professor einen imaginären Computerbildschirm vors Auge spiegelt:

> Seine Kameras haben seit 20 Jahren auf Schritt und Tritt das meiste aufgezeichnet, was ihm vor die Augen kam. Sein halbes Leben liegt nun vor in Datengestalt. Die Bilder und Töne füllen mittlerweile 560 Gigabyte auf der Festplatte seines Zentralrechners, und der Erfinder des apparategestützten Merkvermögens könnte blitzschnell auf jede Minute seines Lebenslaufs zugreifen, wenn er sie nur wiederfände. Daran arbeitet er noch… . Wenn es nach Mann geht, wird uns bald nichts mehr entfallen.

Alles ruht wohl verstaut im Speicher: der alte Schulweg – bitte sehr; die merkwürdigsten Begegnungen – abspielbereit; die entwichenen Geliebten – hier warten sie ... Wie von selbst füllt sich der Gedächtnisspeicher. Kleine Kameras am Ohr oder in der Brille schneiden das Leben mit, und dann ab in den Computer mit den Bildern und Geräuschen. Einfacher geht es nicht: Die Geräte sind immer dabei und immer eingeschaltet ... Mann malt sich schon eine ferne Zukunft aus, in der es nichts Besonderes mehr ist, durch eigene oder anderer Leute Film zu strolchen (DER SPIEGEL, 2000, 26, 134–136).

Für die Zukunft hofft Steve Mann, aus der riesigen ungefilterten Datenmenge markante Lebensereignisse auswählen zu können. Für wissenschaftliche Zwecke lassen sich auch beispielsweise alle emotionshaltigen Episoden herausfiltern, Episoden, in denen der Computer, der mit verschiedenen Sensoren verbunden ist, Pulsbeschleunigung oder Schweißproduktion angezeigt hat.

Da das Individuum bei dieser autobiografischen Methode selbst entscheidet, was aufgenommen und später ausgewählt und vorgespielt wird, erscheint das Verfahren forschungsethisch unbedenklich. Dies gilt mit Sicherheit nicht für die vielen Varianten der zeitlich ausgedehnten Fremdbeobachtung, wie sie für den Entertainmentbereich entwickelt wurden, etwa das Fernsehformat »Big Brother«, dessen Benennung allein schon negative Assoziationen auslöst. Ein anderes Negativbeispiel ist die 1998 gedrehte Mediensatire »Truman Show«: Truman ist ein kleiner Versicherungsangestellter, dessen Leben ohne sein Wissen seit seiner Geburt Gegenstand einer weltweit ausgestrahlten Reality-TV-Show ist, die von einem allmächtigen Fernsehregisseur kontrolliert und gesteuert wird. Rund um die Uhr wird sein Verhalten beobachtet und registriert. Bis auf Truman sind alle Bewohner seines Heimatstädtchens Schauspieler. Als Truman entdeckt, dass er beobachtet wird, probt er den Ausbruch aus der Scheinwelt.

9.1.2 Wertneutrale Herangehensweise: Ist Hass unedel?

Wie wenig es Thomae um eine permanente Fremdbeobachtung geht, die die Autonomie des Individuums gefährdet, wird auch an seinem zweiten Kriterium für idiographisches Arbeiten deutlich: der wertneutralen Herangehensweise. Gerade die vermeintlich »objektiven« angloamerikanischen Persönlichkeitstheorien sind nach Thomae durch ideologisch-normative Voreinstellungen gekennzeichnet. Sie orientieren sich an bestimmten gesellschaftlichen Leitbildern, z. B. am Ideal sozialer Angepasstheit. Dieser Auffassung entsprechend sind Beherrschtheit und Gefühlskontrolle für Thomae

(1968) Kernkonzepte angloamerikanischer Persönlichkeitstheorien, wie er am Beispiel der faktorenanalytischen Theorien von R. B. Cattell und H. J. Eysenck erläutert.

Thomae zufolge ist für den Eigenschaftstheoretiker Eysenck die Angepasstheit an die Umwelt der Maßstab für die Beurteilung des Individuums. Unangepasstheit (Neurotizismus) gilt als Unwert schlechthin. Persönlichkeitsforschung scheint – so Thomae – unmerklich in eine Art Zensur überzugehen. Die wertende Stellungnahme Eysencks drückt sich allein schon in der verbalen Charakterisierung des typischen »Neurotikers« aus (siehe Tab. 9.1). Der Neurotiker wird zum Gegentypus des »gesunden, funktionstüchtigen, den Militärdienst brav und beflissen durchführenden Typus des ›Normalen‹« (Thomae, 1968, S. 54 f.).

Tab. 9.1 Beschreibung des Neurotikers nach Eysenck (adaptiert nach Thomae, 1968)

klinisch:	schlecht organisierte Persönlichkeit; abhängig; enge Interessen; geringe Energie; Dyspepsie (Verdauungsstörung); Abnormität schon bei den Eltern; geringer Muskeltonus; hypochondrisch; keine Gruppenmitgliedschaft
Selbstbeurteilung:	Minderwertigkeitsgefühle; empfindlich, nervös; vegetative Symptome; »Unfäller«

Noch offener manifestieren sich normative Tendenzen in der deutschen Charakterkunde: Bei der Interpretation des Eigenschaftsbereichs »Gutmütigkeit« spricht der Charakterologe Albert Wellek (1966, S. 335) z. B. davon, dass in der Gutmütigkeit »die wünschbare Umgrenzung der Persönlichkeit« gefährdet sei. Gutmütigkeit sei »tendenziös erdrückend« – vor allem bei Frauen – und im Extremfall von einer »breiigen« Art. Ist es aber angemessen – so fragt Thomae (1968, S. 30) – eine gutmütige alte Frau, die nie nein sagen kann, wenn Kinder etwas von ihr wollen, als »breiig« zu charakterisieren? Hier werden offensichtlich Maßstäbe angelegt, die dem Beurteilten nicht gerecht werden. Deutlich wird dies besonders in folgendem Zitat:

> Ein wirklich gemütvoller, gar ein gemütreicher Mensch wird sich nie völlig verbittern, schon gar nicht in Gehässigkeit hineinsteigern lassen – was immer ihm an Feindseligkeit und Widerwärtigkeiten zustoßen mag. Weit eher flüchtet ein so gearteter Mensch in Resignation und milden Verzicht … (Wellek, 1966, S. 336).

Wenn man sich dem Individuum unvoreingenommen nähert, erscheint es nicht angemessen, »Resignation« und »Verzicht« als

»edel«, »Hass« und »Aggression« als »unedel« zu bezeichnen: »Man muss nur einmal das Bild der Verbitterung an konkreten Lebensschicksalen studiert haben, um eine solche Kennzeichnung als unangebracht zu empfinden« (Thomae, 1968, S. 30). Mit der Anwendung derartiger normativer Kategorien wird man weder dem Durchschnittsmenschen noch dem sozial Auffälligen oder »Unerwünschten« gerecht.

Das idiographische Ideal einer wertneutralen Erfassung des Individuums ist nur in gewissen Annäherungsgraden erreichbar. Thomae hat vorgeschlagen, die verschieden Persönlichkeitstheorien nach dem Grad ihrer Annäherung an das idiographische Leitbild bzw. an das entgegengesetzte normative Leitbild grafisch auf einer Dimension anzuordnen (Thomae, 1968; 1996). Danach müsste die Charakterkunde von Wellek in der Nähe des normativen Pols lokalisiert werden, während die eher wertneutralen Persönlichkeitssysteme von Allport und Stern am idiographischen Pol zu finden wären. Hier zeigt sich sehr deutlich, dass für Thomae der Gegenbegriff zu idiographisch *normativ* ist.

Das Prinzip der wertneutralen Herangehensweise darf nicht so verstanden werden, als ob es möglich sei, eine wertfreie Persönlichkeitspsychologie zu etablieren. Begriffe, Modelle und Theorien sind ausnahmslos mit Wertvorstellungen verbunden. Dies gilt auch für idiographische Prinzipien. Wir sollten uns aber mit Thomae bewusst machen, welche Wertungen in die verschiedenen Theorien eingehen, und versuchen, vor allem verborgene Wertungen aufzuspüren.

9.1.3 Theoretische und methodische Unvoreingenommenheit: Zurück zu den Quellen

Idiographisch im Sinne Thomaes kennzeichnet also den Versuch einer möglichst genauen, wertneutralen Erfassung des Individuums und seiner Welt. Diese Welt sollte nicht von vornherein theoretisch reduziert oder vorgeformt erfasst werden, indem man nomothetische Wissenschaften nachahmt und sich z. B. an Modellen aus anderen Wissenschaften wie z. B. der Physik orientiert. Mit der Favorisierung fachfremder Arbeitsprinzipien, mit dem Einsatz von bestimmten Methoden wie Experimenten oder Tests müsste man auch bestimmte Grundannahmen übernehmen, z. B. dass die einzelnen Funktionen (wie etwa Wahrnehmen, Lernen) abgetrennt vom Sinnzusammenhang der Gesamtpersönlichkeit untersucht werden könnten. Solche Methoden sollten daher nicht die primären oder gar die einzigen Quellen für die Erfassung des Individuums sein.

Kritik des Fragebogens: Thomae zählt zu den entschiedenen Kritikern der Fragebogenmethode: Der Mensch als denkendes und kritisches Wesen wird veranlasst, möglichst rasch und spontan zu antworten, damit das jeweilige Fragebogenitem als Reiz eine ihm entsprechende Reaktion ohne jede Art von Nachdenken auslöst. Seiner Ansicht nach zerhacken Fragebogenitems den sinnvoll strukturierten Erlebnisstrom in willkürliche Abschnitte. Thomae geht es also darum, die psychischen Phänomene einer Person so zu erfassen, dass die Methode ihrer Erfassung den Phänomenen nicht von vornherein »Gewalt« antut:

> Die Denk- und Ausdrucksweisen dieser Person und nicht das psychologische Konstrukt oder das Messmodell ... bilden den Ausgangs- und Orientierungspunkt für alle Vorgehensweisen des Untersuchers (Thomae, 1992, S. 324).
> Die Gewinnung von Verhaltens- und Erlebnisdaten hat dem idiographischen Prinzip zu folgen, das möglichst die ›unverzerrte‹ psychische Wirklichkeit zu erfahren und zu erfassen strebt (Thomae, 1968, S. 106).

Es fragt sich allerdings, ob Fragebogen nicht auch so gestaltet werden können, dass sie den »Denk- und Ausdrucksweisen« von Untersuchungsteilnehmern entgegenkommen. Dies stößt möglicherweise dann auf Schwierigkeiten, wenn vor allem Teilnehmer aus »non-student populations« – wie in den Untersuchungen Thomaes – befragt werden, z. B. Senioren, für die durch Fragebogen eine unnatürliche Kommunikationssituation erzeugt wird.

Exploration als Königsweg: Als einzig authentische Quelle des Persönlichkeitsforschers kommt nach Thomae nur das Verhalten und Erleben in seiner unverbildeten Form infrage. Königsweg für die Erfassung von Verhaltens- und Erlebnisdaten ist für ihn die freie *Exploration*, eine nur wenig strukturierte Form des Interviews:

> ... die Exploration soll dem so genannten »Durchschnittsmenschen« eine Chance geben, in der Wissenschaft vom menschlichen Verhalten und seiner inneren Begründung zu Wort zu kommen. Die meisten unserer diagnostischen Verfahren engen seine Antwortmöglichkeiten bereits auf ein Konzept ein, das den Erwartungen einer bestimmten Theorie oder den Erfordernissen einer bestimmten Methodologie entspricht. Dadurch verschließt sich die Wissenschaft der vollen Breite menschlichen Verhaltens. Da eine Fremdbeobachtung dieses Verhaltens aus äußeren Gründen meist nicht möglich ist, stellt die Exploration einen der wenigen Zugänge zu einer durch den methodologischen Zugriff noch nicht veränderten seelischen Wirklichkeit dar (Thomae, 1968, S. 113).

Die freie Exploration unterscheidet sich von anderen Formen des Interviews durch die Grundhaltung in der Gesprächsführung: Sie ist durch Gegenseitigkeit und Respekt vor dem Teilnehmer als dem »Experten« seiner selbst gekennzeichnet.

In der Exploration wird der Gesprächspartner zunächst gebeten, einen Spontanbericht über sein Leben bzw. über bestimmte biografische Einheiten zu geben. Dem Spontanbericht des Teilnehmers, an den sich zusätzliche, auch direkte Fragen anschließen, misst Thomae entscheidende Bedeutung bei. Die Auswahl und Intensität von Themen in der spontanen Erzählung lassen nämlich einen direkten Schluss auf ihre Bedeutsamkeit für den Erzählenden zu. Die Anerkennung des Gesprächspartners als Experten bedeutet für Thomae ein hohes Vertrauen in die Glaubwürdigkeit seiner Aussagen. Allerdings betont er auch die Möglichkeit, die aus der Exploration gewonnenen Informationen aus anderen Quellen zu ergänzen.

Wissenschaftstheoretisch ist die Position von Thomae nicht unbedenklich, scheint er doch davon auszugehen, dass sich die psychische Wirklichkeit »unverfälscht« und theoriefrei erfassen lässt, wenn man nur einen möglichst offenen methodischen Zugang wie den der Exploration wählt. Dagegen steht die Auffassung, dass in jede Art von Erfassung und Beschreibung theoretische Vorannahmen einfließen und forscherunabhängige Aussagen grundsätzlich nicht möglich sind (vgl. Westmeyer, 1999). Danach könnten z. B. in die Auswertung der freien Exploration, die nach Thomae nicht auf ein explizites theoretisches Konzept eingeengt ist, dennoch latente Überzeugungen des Forschers im Sinne von impliziten Persönlichkeitstheorien eingehen. Diese berechtigte Kritik verweist auf den konstruktiven Charakter unseres Erkennens (vgl. Gergen, 2002).

Studium der Persönlichkeit als Prozess statt vorschneller Eigenschaftszuschreibung: Für Thomae stellt die Suche nach Eigenschaften, die die antike Charakterkunde ebenso wie die aktuelle Persönlichkeitspsychologie beherrscht, bereits eine starke Einengung dar: Gegebenes Verhalten und Erleben werde meist vorschnell als Hinweis auf eine Eigenschaft, einen Typus oder eine Reaktionsbereitschaft interpretiert, also als ein Indiz für mehr oder weniger unveränderliche Strukturen:

> Nicht die möglichst schnelle Petrifizierung (Versteinerung) bestimmter Geschehnisse zu Eigenschaften scheint uns der Weg zu sein, dem Individuum und seiner Welt gerecht zu werden, sondern das systematische Studium der intraindividuellen Variabilität (Thomae, 1968, S. 404).

Von der Erfassung dieser intraindividuellen Variabilität erhofft er sich Aufschlüsse über die wesentlichen Prinzipien der Geschehensordnung einer Person. Es geht ihm um *Persönlichkeit als Prozess*.

Dies macht sowohl das ausgedehnte Studium von Ereignissen, Abläufen, Veränderungen als auch die Beobachtung von Details alltäglichen Verhaltens sowie die Einbettung in größere Abschnitte einer individuellen Biografie erforderlich. Ein charakteristisches Beispiel für die Erfassung von Persönlichkeit als Prozess sensu Thomae stellt die Bonner Gerontologische Längsschnittstudie dar (siehe Lehr & Thomae, 1987).

Fazit und Ausblick: Einige Kritiker des idiographischen Vorgehens neigen dazu, idiographisch mit *geisteswissenschaftlich*, *subjektiv* oder sogar mit *unwissenschaftlich* gleichzusetzen. Sie übersehen damit notorisch, dass idiographisches Arbeiten im Sinne von Thomae auf eine möglichst genaue und umfassende Darstellung von Phänomenen abzielt, also eine radikale empirische Orientierung aufweist. Es mutet wie eine späte Rehabilitierung Thomaes an, dass Magnusson (1992) die Teilnehmer des IV. Europäischen Kongresses für Persönlichkeitspsychologie aufforderte, »zu den Phänomenen« zurückzukehren und sich dabei ausdrücklich auf Thomae berief. Unter den psychologischen Methoden gibt es nach Magnusson keine, die von vornherein anderen überlegen ist: Das Experiment oder der Fragebogen sind nicht »wissenschaftlicher« als z. B. direkte Beobachtungs- oder Interviewverfahren. Entscheidend sei die Angemessenheit der Methode für das Studium eines bestimmten Phänomens.

9.2 Daseinstechniken, Reaktionsformen und Daseinsthemen

Thomae hat eine ganze Reihe von Konzepten vorgeschlagen, mit denen sich die in der Exploration gewonnenen Selbstberichte analysieren lassen, z. B. psychologischer Lebensraum, Selbstbild, Daseinsthemen, Daseinstechniken. Die größte Bedeutung schreibt er der Kategorie der *Daseinstechnik* zu.

9.2.1 Daseinstechnik, Bewältigung oder Reaktionsform

Daseinstechniken sind Handlungsformen, die dem Individuum dazu dienen, mit bedeutsamen – vor allem belastenden Situationen – umzugehen. In neueren Auflagen seines Hauptwerks »Das Individuum und seine Welt« bevorzugt Thomae den neutralen Begriff *Reaktionsform*. Daseinstechnik betont seiner Meinung nach zu sehr den bewussten oder willentlichen Aspekt und sollte nur noch als Oberbegriff für eben solche Reaktionsformen verwendet werden.

Coping (Bewältigung) als zentrales Konzept der international betriebenen Stress- und Bewältigungsforschung kommt für ihn ebenfalls nicht als Oberbegriff infrage, weil der Begriff auf eine »aktivistische« und »rationalistische« Ideologie verweise. Dies gelte erst recht für den martialisch klingenden Begriff Bewältigungsstrategie. Als Beispiel zitiert Thomae die Äußerung einer Großmutter: »Ich hatte oft Auseinandersetzungen mit meiner Enkelin, weil sie ihr Geld für so törichte Sachen verschwendete. Schließlich nahm ich es hin, um weiteren Streit zu meiden« (Thomae, 1996, S. 111). Nach zahlreichen Bemühungen gab die Großmutter also auf und nahm die Eigenarten des Mädchens hin. Die Kennzeichnung dieser Reaktion des *Akzeptierens* als Strategie der »Bewältigung« würde nach Thomae dem, was eigentlich gemeint ist, sprachlich Gewalt antun. Dieser Kritik entsprechend können auch Reaktionen wie *Resignation* und *Trauer* nach Thomae nicht unter »Bewältigungsstrategien« subsumiert werden.

Thomae sieht in der Bevorzugung des Begriffs *Bewältigung* (coping) in der internationalen Literatur einen Beleg für die Wirksamkeit eines US-amerikanischen Leitbilds:

> Der Held im Western wird von keiner Katastrophe und keinem noch so schmerzhaften Verlust eines geliebten Menschen überwältigt oder aus der Fassung gebracht. Er bewältigt alle diese Schicksale und die von ihnen ausgelösten Emotionen – und zwar in einer Weise, die von vornherein ein Versagen auszuschließen meint (Thomae, 1996, S. 112).

Als neutral-deskriptiver Oberbegriff für alle Antworten auf belastende Situationen bleibt für Thomae daher nur derjenige der Reaktionsform.

9.2.2 Wertfreie Klassifikation statt Abqualifizierung

Das Ziel, individuelle Welten voraussetzungslos abzubilden, bedeutet für Thomae den Verzicht auf jede Form von normativer, also wertender Stellungnahme. Im Gegensatz zu wertenden Taxonomien, wie sie besonders von Vertretern psychoanalytischer Ansätze entwickelt wurden, geht Thomaes Klassifikationssystem vom Prinzip einer weitgehenden Orientierung am Wortlaut eines Berichts über erlebte Belastung und Reaktionsformen aus (Thomae, 1996, S. 113 ff.): Dies geschieht im Rahmen der *Inhaltsanalyse*, die der Explorationsdurchführung folgt. Dabei ordnen die Auswerter die einzelnen Texteinheiten eines jeden individuellen Protokolls bereits bekannten Kategorien oder für die jeweilige Stichprobe neu erstellten Kategorien von Reaktionsformen zu. In Tabelle 9.2 sind einige der insgesamt zwanzig Reaktionsformen aufgeführt. Die Auswertung endet mit der Bestimmung von Häufigkeiten, mit der die einzelnen Kategorien in Abhängigkeit von bestimmten Situationen oder Lebensbereichen besetzt sind.

Tab. 9.2 Beispiele für Reaktionsformen nach Thomae (1996)

Reaktionsform	Beschreibung
Leistung	Umfasst alle Reaktionsformen, die mit Anstrengung und Energieeinsatz verbunden sind.
Anpassung an die institutionellen Aspekte der Situation	Mit dieser Reaktionsform verbunden ist die Anerkennung der Notwendigkeit, sich an bestimmte, personunabhängige soziale Normen, Traditionen und Regelungen anzupassen.
Anpassung an die Eigenheiten und/oder Bedürfnisse anderer	Umschließt eine große Gruppe von Reaktionsformen, denen gemeinsam ist, dass echte oder vermutete Qualitäten Einzelner oder auch von Gruppen zum Maßstab werden, denen sich das eigene Verhalten fügt.
Positive Umdeutung	Hervorheben positiver Aspekte in einer Situation, auch wenn diese belastende Seiten hat.
Akzeptieren der Situation	Hinnahme der Lage, wie sie nun einmal ist.
Evasion	Alle faktischen oder symbolischen Formen des »Aus-dem-Felde-Gehens«, z. B. Ortswechsel, gedankliche Vermeidung.

Daseinstechniken bzw. Reaktionsformen stehen im Dienste von *Daseinsthemen*. Daseinsthemen sind wiederholt geäußerte Gedanken, Wünsche, Befürchtungen und/oder Hoffnungen, die zentrale Lebensinhalte betreffen, z. B. *Betroffensein von körperlichen Problemen*, *Bezogensein auf die Familie* oder *Daseinssteigerung*. Wie Daseinstechniken sind Daseinsthemen aus biografischen Dokumenten erschließbar. Daseinstechniken können zu Daseinsthemen werden, wenn sie das Verhalten mehr oder minder ausschließlich bestimmen. Aggression z. B. kann in irgendeiner Form so oft eingesetzt werden, dass sie als Daseinstechnik »funktionell autonom« wird (vgl. Kap. 6).

9.3 Fallstudie: Peter Schiller

Mit dem folgenden Beispiel, das aus der Untersuchung einer Schülerin von Thomae, Ursula Freiin von Langermann und Erlencamp, stammt, sollen *Daseinstechniken* und *Daseinsthemen* veranschaulicht werden.

9.3.1 Lebenslauf

Aus Platzgründen hat die Autorin die Exploration nicht wörtlich wiedergegeben, sondern zusammengefasst (Langermann und Erlencamp, 1970, S. 12 ff.). Aus demselben Grund sei hier nur Kindheit, Jugendzeit und frühes Erwachsenenalter dargestellt:

> Der heutige 63jährige Rentner, Herr Peter Schiller, wuchs in recht beengten Verhältnissen auf. Von frühester Kindheit an hatte er aber, wie er selbst sagt, einen ausgeprägten Freiheitsdrang. So entschloss er sich, gerade eingeschult, die Tage lieber mit dem über Land fahrenden Milchmann zu verbringen, bis seine Expeditionen nach 14 Tagen entdeckt wurden. – Nach Volksschulentlassung bestand die Familie auf einer handwerklichen Lehre, zu der er gar keine Lust hatte, weil er sich dadurch erneut zu Hause angebunden sah. Da fasste er beim Besuch einer Zirkusvorstellung den Entschluss, sich dort als das zu verdingen, was gerade gesucht wurde, um nur ja mit dem Zirkus herumziehen zu können. Ohne sich zu Hause jemandem anzuvertrauen, brach er, inzwischen 15jährig, bei Nacht und Nebel mit dem Zirkus auf. Sowohl in seine Rolle als Clown wie auch in die des Stallburschen fand er sich schnell hinein. – Aber auch dieses Abenteuer endete durch Intervention der Familie nach 10 Tagen am häuslichen Herd. – Nach einigen vorübergehenden Beschäftigungen wurde er nun endgültig in die Lehre zu einem Friseur gesteckt. Durch Kontakte mit Schauspielern entdeckte er aber zu dieser Zeit seine Liebe zum Theater, weil sich in seiner Vorstellung damit ein »ereignisreiches und freiheitlich gestaltetes Leben« verband.
> Um eine Beziehung zur Bühne anzuknüpfen, schickte er einer Sängerin zunächst Blumensträuße, kam schließlich persönlich mit ihr in Kontakt und erwirkte auf diesem Wege eine »Audienz« beim Theaterdirektor, der ihn auf Grund seiner schönen Stimme engagierte. Eine Woche lang ging er jeden Morgen zu Proben ins Theater anstatt zu seinem Friseurlehrherrn, dann flog auch diese Sache auf, und die Mutter stellte ihn vor die Entscheidung: Theaterleben und Ausschluss aus der Familie oder Friseurlehre. Er entschied sich für das Theater.
> Nun stand er mit 15 Jahren auf eigenen Füßen, verdiente wenig, hungerte teilweise, wusste aber wieder durch Vermittlung anderer Gehaltsaufbesserungen zu erlangen, sodass er das Leben mehr und mehr genießen konnte. Wechselnde Engagements ermöglichten ihm Aufenthalte in den verschiedensten Städten, in denen er sich schnell mit einer großen Anzahl

von Freundinnen zu umgeben wusste. – Gegenüber Vertragspartnern vermochte er seinen Willen durchzusetzen. Er bestand auf seinem ursprünglichen Vertrag, der ihm eine Stelle als Chorsänger in der Oper zugesichert hatte, auch, als er mittels eines revidierten Vertrages ins Operettenfach »abgeschoben« werden sollte.
Schließlich wandte er sich aber doch der Operette zu, nachdem er in einer Lohengrin-Aufführung eine Stunde lang auf einem Fleck hatte stehen müssen, was ihm entschieden zu langweilig war. Aber auch die Operette hielt ihn aus materiellen Erwägungen nicht lange. – Auf der Straße traf er zufällig eine alte Bekannte, die ihm den Vertreterberuf schmackhaft machte. Nach spärlichen Anfangserfolgen wollte er schon aufgeben, lernte dann aber von einem Kollegen einen Verkaufstrick, der seine Arbeit schlagartig zu einem lukrativen Geschäft werden ließ. – Nach Auseinandersetzungen mit dem Chef warf er die Sache hin, fand aber durch Vermittlung sofort eine neue Tätigkeit: Er verkaufte Ölbilder. Um das Geschäft attraktiver zu gestalten, gab er sich Flair und Gebahren eines »Künstlers« und behauptete den Kunden gegenüber, die Bilder selbst gemalt zu haben. Durch diese Schwindelei kam er verschiedentlich in recht heikle Situationen, aus denen er sich aber durch seine Schlagfertigkeit nicht nur herauszuwinden wusste, sondern er erleichterte sich seine Arbeit auch noch durch eine von ihm geschickt eingefädelte Weitervermittlung an zukünftige Kunden. Dieses ertragreiche Geschäft flog ohne sein Verschulden auf. Sich an ehemalige Theaterchancen in Berlin erinnernd, beschloss er kurzerhand, dorthin zu fahren und sein Glück zu versuchen. Nach vorübergehender Tätigkeit als Claqueur und in ihm wenig zusagenden Bühnenrollen unterzeichnete er schließlich einen Vertrag, der ihn nach Bayern führen sollte. Tags darauf erhielt er ein sehr viel attraktiveres Angebot nach Ostpreußen, das er sich keineswegs entgehen lassen wollte. Einem Kollegen, den er zufällig traf, vermochte er das Angebot in Bayern so schmackhaft zu machen, dass dieser als Peter Schiller nach Bayern ging (wo den richtigen Peter Schiller niemand kannte), während er selbst das Engagement in Ostpreußen antrat …

9.3.2 Daseinsthemen und Daseinstechniken

Im Lebenslauf des Peter Schiller hat die Autorin folgende Daseinsthemen bestimmt: die Daseinserweiterung, das ständige Aufsuchen neuer Reize und ferner die Tendenz, Schwierigkeiten möglichst auszuweichen. Eine große Zahl von Daseinstechniken steht im Dienste dieser Daseinsthemen: Wir begegnen in Herrn Schiller einem Menschen, der in alltäglichen Situationen die sich ihm bietenden Chancen erkennt und diese dann, ohne zu zögern, nutzt. Kommt er nicht weiter, versucht er, über einflussreiche Beziehungen seine Ziele zu erreichen. Man gewinnt den Eindruck, als ob er aus jeder menschlichen Begegnung etwas herausfiltere, das für ihn zum Hilfsmittel für seine Pläne wird. Langermann und Erlencamp kommt zu folgendem Fazit:

> Wir sehen, dass bei fast jeder der geschilderten Situationen ein ganzes Netzwerk von Daseinstechniken zu beobachten ist, das im Dienste der Erreichung eines Zieles steht. Im Verlaufe der Annäherung an das Ziel wird mal diese mal jene Daseinstechnik prägnanter und es hängt vom Thema des Gebietes, auf dem Herr Schiller gerade agiert, und von den situativen Gegebenheiten ab, welche der Daseinstechniken er aus dem ihm geläufigen Repertoire auswählt. Deutlich wird jedoch, dass zu diesem Repertoire an dominanten Daseinstechniken, die sich als »Leitformeln des Verhaltens« durch sein gesamtes Leben ziehen, die »Anpassung an die Eigenheiten und Bedürfnisse anderer«, das »Aufgreifen zufällig gegebener Chancen«, der »Appell an die Hilfe anderer«, die Stiftung und Pflege sozialer Kontakte«, die »Aggressive Durchsetzung«, die »Positive Deutung der Situation« und schließlich die »Evasion« gehören (Langermann und Erlencamp, 1970, S. 18 f.).

Die einzelnen Daseinstechniken oder Reaktionsformen, die sich bei Herrn Schiller feststellen ließen, können im Hinblick auf ihre Häufigkeit (oder Intensität) für jeden Lebens- oder Belastungsbereich in eine Rangreihe gebracht werden. An oberster Stelle steht dann die häufigste, an unterster Stelle die Reaktionsform, die am seltensten vorkommt. Thomae interpretiert eine derartige Rangreihe als *Reaktionshierarchie*. Sie unterstreicht, dass in Bezug auf einen bestimmten Belastungsbereich nicht mit einer einzigen Reaktion geantwortet wird, sondern meist mit mehreren Reaktionen, deren Auftreten je nach Rangplatz bzw. Reaktionsstärke unterschiedlich wahrscheinlich ist (Thomae, 1996). Im biografischen Ansatz von Thomae beginnt die Analyse von Reaktionshierarchien mit einzelnen Personen, wird dann aber im Sinne einer Synthese von Idiographie und Nomothetik auf eine Gruppe von Personen ausgedehnt.

9.4 Die Expertenschaft des Individuums

Ziel der von Thomae empfohlenen Explorationsmethode ist es, das Individuum zu einer freien und umfassenden Beantwortung anzuregen. Das Individuum als Experte seines Daseins bekommt die Gelegenheit, über die volle Breite seiner Erfahrungen zu berichten. Es fragt sich aber, ob wir die Expertenschaft des Individuums nicht noch stärker nutzen können, wenn wir im Anschluss an den Spontanbericht, gezielter und intensiver nachfragen. Entsprechende Frageformen lassen sich vom *lösungsorientierten* Ansatz nach de Shazer, einer Form der Kurzzeittherapie, übernehmen (vgl. Walter &

Peller, 2004). Die hier entwickelte Art der Gesprächsführung kann ohne weiteres auf den Bereich nichtklinischer Untersuchungsteilnehmer übertragen werden.

Die Übereinstimmung im Menschenbild zwischen den beiden Ansätzen ist groß. Wie Thomae geht de Shazer von einer Expertenschaft des Individuums aus: Die Klienten werden explizit als Experten angesehen, die grundsätzlich über Möglichkeiten, Stärken, Ressourcen etc. verfügen, um ihre Probleme zu lösen. Die Aufgabe des Therapeuten besteht darin, den Klienten zu helfen, ihre Möglichkeiten herauszufinden. Diese Position steht in einem krassen Gegensatz zu solchen klinisch-psychologischen Ansätzen, bei denen der Therapeut – als Experte – darauf abzielt, den Klienten einen Katalog von Standardfertigkeiten zu vermitteln. Im lösungsorientierten Ansatz übernehmen die Klienten nicht fremde Reaktionsweisen, sondern suchen nach eigenen Lösungen, die zu ihrer Persönlichkeit, zu ihrem Lebensstil passen.

Zu den verschiedenen Frageformen dieses Ansatzes gehört die Frage nach den Ausnahmen. Als *Ausnahmen* werden jene Augenblicke bezeichnet, in denen das Problem nicht oder zumindest in schwächerer Form aufgetreten ist. Der Therapeut versucht mit einer Reihe von Detailfragen herauszuarbeiten, was in »guten Zeiten« beim Klienten anders ist und welches Muster diesen Ausnahmen zugrunde liegt. Walter und Peller (2004) wählen als Beispiel den Fall eines Paares, das in die Therapie kam, weil es immer wieder miteinander stritt. Der Mann und die Frau warfen sich gegenseitig Fehler aus ihrer Vergangenheit vor. Beide waren davon überzeugt, dass Reden über die Vergangenheit notwendig sei, um ihr Ziel zu erreichen, voller Vertrauen miteinander umgehen zu können. Im Verlauf des Interviews wurden sie nach Zeiten gefragt, in denen sie nicht stritten. Sie erwähnten beiläufig, dass sie letzten Sonntag eine Fahrradtour gemacht hätten. Die nähere Befragung ergab, dass sie in dieser Zeit ganz gut und auch vertrauensvoll miteinander geredet hatten, ohne allerdings über die Vergangenheit zu sprechen. Beiden schien diese Fahrradtour nicht bedeutsam für die »wirkliche« Lösung des Problems. Vom Standpunkt des lösungsorientierten Ansatzes war diese Zeit, in der sie nicht miteinander gestritten hatten, jedoch wichtig, da sich hieraus die Chance für eine Lösung ergab.

Jede Ausnahme, jede Veränderung zum Positiven hin, wird im lösungsorientierten Ansatz möglichst intensiv erforscht, um zu sehen, was sich davon für die Zukunft nutzen lässt. Für die Klienten kommt es darauf an, das Muster, das den Ausnahmen zugrunde liegt, auf andere Situationen, mit denen sie bisher Probleme hatten, zu übertragen. *Sie* sind dabei die Experten, denn die Lösung für das Problem stammt letztlich von ihnen. Der Therapeut hilft, diese Lösungen zu entdecken. Wie an dem dargestellten Beispiel deutlich wird, sind die Klienten manchmal Experten, ohne es zu wissen. Erst wenn der Therapeut ihnen in der Exploration die entsprechenden Fragen stellt, können sie ihr person- und kontextbezogenes *Expertenwissen* als Ressource erkennen und anwenden.

Kontroverse 2: Person versus Situation

Philip Zimbardo zog aus seinem Gefängnisexperiment den provozierenden Schluss, dass kaum etwas vorstellbar sei, wozu die meisten Menschen nicht durch den Einfluss der Situation gebracht werden könnten – weitgehend unabhängig von ihren Eigenschaften, Einstellungen, Überzeugungen oder Wertvorstellungen (vgl. Kap. 1.2). Die Frage, welche Bedeutung der Person und welche Bedeutung der Situation als Auslöser von Verhalten zukommt, gehört zu den kardinalen Kontroversen der Persönlichkeitspsychologie.

Lehrbuchautoren beginnen die Darstellung dieser Kontroverse häufig mit den klassischen Eigenschaftsansätzen, denen sie eine starke Unterschätzung situativer Einflüsse vorwerfen: Die Stabilität des Verhaltens über unterschiedliche Situationen (transsituative Konsistenz) hinweg wird angezweifelt. Als Nächstes folgt dann die Beschreibung der Gegenposition, des Situationismus, den sie wegen der Vernachlässigung des Einflusses der Persönlichkeit kritisieren. In einem dritten Schritt wird dann der Interaktionismus eingeführt, der beide Fehler vermeidet, indem er eine Art Synthese aus Person- und Situationseinflüssen vornimmt.

Für Vertreter des Interaktionismus ist solch ein Dreischritt besonders reizvoll, da er ihnen erlaubt, ihren eigenen Standpunkt als »fortschrittliche« Überwindung von zwei »veralteten« Gegenstandpunkten aufzubauen (vgl. Herrmann, 1980, S. 7). Diese schön konstruierte Abfolge von theoretischen Entwicklungen wird durch den Fünf-Faktoren-Ansatz nun durcheinander gebracht: Der Ansatz, der für eine Eigenschaftsposition steht und sich gerade in jüngster Zeit großer Beliebtheit erfreut, geht der Formulierung der interaktionistischen Grundposition in den 80er-Jahren nicht voraus, sondern hat sich parallel dazu entwickelt. Nach der Auffassung einiger Vertreter dieses Ansatzes kehren die Eigenschaften im Triumphzug zurück!

Im Zentrum von Kapitel 10 steht die Darstellung und kritische Würdigung des Fünf-Faktoren-Modells. Danach wird in Kapitel 11 ein Überblick über die Interaktionismusdebatte gegeben. Kapitel 12 veranschaulicht die interaktionistische Sichtweise am Beispiel von Ängstlichkeit und Stressbewältigung. Im letzten Kapitel wird über den aussichtsreichen Versuch berichtet, das Eigenschafts- oder Konsistenzproblem mithilfe eines idiographisch-nomothetischen Vorgehens zu lösen.

10 Der eigenschaftstheoretische Ansatz am Beispiel des Fünf-Faktoren-Modells

Gibt man den Begriff *Big Five* in eine der Internet-Suchmaschinen ein, so werden viele Dokumente angeboten, darunter z. B. »Fototermine mit den Big Five«. So heißen nämlich Büffel, Elefant, Leopard, Löwe und Nashorn in Südafrika. Die Suchmaschinen »kennen« aber auch die persönlichkeitspsychologische Literatur und finden erwartungsgemäß zahlreiche Eintragungen zum »Five-Factor Model of Personality«. Dieses prominente Modell beruht auf fünf umfassenden Persönlichkeitseigenschaften: *Extraversion, Neurotizismus, Verträglichkeit, Gewissenhaftigkeit und Offenheit für Erfahrungen*. Auf die »Großen Fünf« richtet sich die Hoffnung vieler Fachvertreter, nun endlich über ein einheitliches Persönlichkeitsmodell zu verfügen, nachdem die Forschung jahrzehntelang nur ein Bild der Verwirrung geliefert hat. Kein Wunder also, dass dieses Modell heute den »bestseller approach« unter den Eigenschaftsmodellen darstellt.

10.1 Die lexikalische Hypothese

Das Fünf-Faktoren-Modell wurde von mehreren unabhängigen Forschergruppen im angloamerikanischen Bereich entwickelt. Basis war die sog. lexikalische Hypothese. Ihr liegt die Prämisse zugrunde, dass sich diejenigen Merkmale, die besonders wichtig und nützlich sind für die alltäglichen Interaktionen zwischen Menschen, in der Alltagssprache niedergeschlagen haben. Goldberg (1981) zieht eine Parallele zur Verwendung des Worts »Schnee« bei den

Eskimos: Für sie hat Schnee eine viel größere Bedeutung als für Engländer. Daher gibt es mehr Begriffe für Schnee in den Mundarten der Eskimos als in der englischen Sprache:

> Es ist anzunehmen, dass das Gleiche auch für jene Substantive (z. B. Eiferer, Rabauke, Dummkopf, Nörgler, Hinterwäldler, Faulenzer, Geizhals, Widerling) und Adjektive (durchsetzungsfähig, wagemutig, energisch, ehrlich, intelligent, verantwortungsbewusst, umgänglich, kultiviert) zutrifft, die man zur Beschreibung von Personen verwendet (Goldberg, 1981, S. 142).

Der lexikalische Ansatz versucht also, die Grundmerkmale der Persönlichkeit zu finden, indem er die in der Sprache enthaltenen Beschreibungsmöglichkeiten analysiert. Üblicherweise wird aus den vielen tausend personbeschreibenden Adjektiven, die in einem Wörterbuch vorkommen, in mehreren Reduktionsschritten eine begrenzte Anzahl solcher Adjektive gewonnen. Diese Eigenschaftsbezeichnungen (z. B. gesprächig, zuverlässig, neugierig) dienen dann als Basis für die Beurteilung von Probanden durch Fremde oder Bekannte. Der lexikalische Ansatz geht also zunächst nicht von Selbstbeurteilungen, sondern von Fremdbeurteilungen aus. Im englischsprachigen Bereich führten Faktorenanalysen solcher *Fremd- oder Bekanntenbeurteilungen* immer wieder zu den genannten fünf unabhängigen Faktoren (siehe Tab. 10.1). Diese wurden aber auch ermittelt, wenn sich die Probanden mithilfe der gleichen Adjektive *selbst beurteilten* (siehe die ausführlichen Darstellungen bei Amelang et al., 2006; Asendorpf, 2007).

Tab. 10.1 Repräsentative Adjektive für die Beschreibung der fünf Faktoren

Faktor	Adjektive
Extraversion	gesprächig, bestimmt, aktiv, abenteuerlustig
Emotionale Labilität	gespannt, ängstlich, nervös, unsicher
Offenheit für Erfahrungen	neugierig, fantasievoll, intellektuell, künstlerisch
Verträglichkeit	liebenswürdig, mitfühlend, herzlich, kooperativ
Gewissenhaftigkeit	sorgfältig, organisiert, zuverlässig, überlegt

Die Fünf-Faktoren-Struktur ließ sich auch in anderen Sprachen nachweisen. Im deutschen Sprachbereich haben Angleitner, Ostendorf und John (1990) die lexikalische Hypothese überprüft. Gestützt auf Adjektive, die aus Wahrigs »Deutschem Wörterbuch« stammten, ermittelten sie eine Fünf-Faktoren-Struktur sowohl für Selbst- als auch für Fremdbeurteilungen, die mit der angloamerikanischen weitgehend übereinstimmt. Von Anhängern der Big Five wird angeführt, dass sich die fünf Faktoren auch in anderen europäischen und sogar in asiatischen Sprachen ermitteln ließen. Kritiker betonen jedoch, dass das Fünf-Faktoren-Modell noch nicht einmal im englischen oder deutschen Sprachbereich eindeutig bestätigt wurde (vgl. Abschnitt 10.4.1).

10.2 Erfassung der fünf Faktoren

Mit umfangreichen Listen von Adjektiven, wie sie in Ausschnitten in Tabelle 10.1 dargestellt sind, können wir uns von anderen beurteilen lassen, z. B. von Vorgesetzten, Kollegen, Kommilitonen, Freunden, Partnern etc. Fremd- oder Bekanntenbeurteilungen korrelieren miteinander. Voneinander unabhängige Beobachter kommen also zu ähnlichen Beurteilungen unserer Persönlichkeitsmerkmale: Daraus folgt, dass es sich nicht um Zufallseindrücke handelt. Selbst- und Fremdbeurteilungen im Bereich des Fünf-Faktoren-Modells korrelieren ebenfalls miteinander. Die Korrelationen sind von mittlerer Höhe (vgl. Amelang et al., 2006). Dabei ist die Übereinstimmung zwischen dem Selbsturteil und der Beurteilung durch den Ehepartner größer als diejenige zwischen dem Selbsturteil und der Einschätzung durch Freunde und Nachbarn. Das ist plausibel, weil sich Ehepartner – im Allgemeinen zumindest – am besten kennen (siehe McCrae & Costa, 1990).

Die Erfassung der Big Five ist auch außerhalb von Adjektiveinschätzungen möglich: Es gibt inzwischen nicht lexikalisch konstruierte Verfahren. So haben Costa und McCrae (1992) einen Persönlichkeitsfragebogen entwickelt, das sog. NEO-Personality Inventory. Wie bei anderen Persönlichkeitsfragebogen auch werden Feststellungen in Form eines ganzen Satzes und nicht bloß Adjektive verwendet (vgl. Tab. 10.2). Ursprünglich wollten die Autoren nur die drei *Faktoren N = Neuroticism, E = Extraversion* und *O = Openness to experience* erfassen. Erst später nahmen sie im Zuge der Vervollständigung des Big-Five-Modells die Dimensionen *Verträglichkeit* und *Gewissenhaftigkeit* hinzu. Eine deutsche Adaption liegt in Form des NEO-PI-R (R = revidiert) von Ostendorf und Angleitner (2004) vor, das 240 Aussagen umfasst. Für jede Aussage soll der Proband entscheiden, ob sie auf ihn zutrifft. Zur Bewertung steht eine fünffach abgestufte Skala zur Verfügung, die von »starke Ablehnung« bis »starke Zustimmung« reicht. Jeder Faktor der Big Five wird durch jeweils sechs Fassetten bestimmt, die eine differenzierte Beschreibung des Faktors ermöglichen (siehe Tab. 10.2). Jede Fassette wiederum wird mit acht Items erfasst.

Tab. 10.2 Faktoren und Fassetten im NEO-PI-R

Faktoren	Fassetten
Extraversion	Herzlichkeit, Geselligkeit, Durchsetzungsfähigkeit, Aktivität, Erlebnishunger, Frohsinn Beispielitem: Ich habe gerne viele Leute um mich herum.
Emotionale Labilität	Ängstlichkeit, Reizbarkeit, Depression, soziale Befangenheit, Impulsivität, Verletzlichkeit Beispielitem: Ich fühle mich oft angespannt und nervös.
Offenheit für Erfahrungen	Offenheit für Fantasie, Offenheit für Ästhetik, Offenheit für Gefühle, Offenheit für Handlungen, Offenheit für Ideen, Offenheit des Werte- und Normensystems Beispielitem: Ich finde philosophische Diskussionen langweilig. (invertiert: Zustimmung zu der Feststellung spricht für geringe Offenheit)
Verträglichkeit	Vertrauen, Freimütigkeit, Altruismus, Entgegenkommen, Bescheidenheit, Gutherzigkeit Beispielitem: Ich versuche, zu jedem, dem ich begegne, freundlich zu sein.
Gewissenhaftigkeit	Kompetenz, Ordnungsliebe, Pflichtbewusstsein, Leistungsstreben, Selbstdisziplin, Besonnenheit Beispielitem: Ich arbeite hart, um meine Ziele zu erreichen.

10.3 Evolutionspsychologische Perspektive und die Psychologie des Fremden

Nach evolutionspsychologischer Auffassung sind menschliche Eigenschaften als Folge der stammesgeschichtlichen Entwicklung des Menschen entstanden. Individuelle Unterschiede werden als Resultat einer Selektion aufgefasst: Persönlichkeitseigenschaften haben sich entwickelt, weil sie evolutionären Aufgaben wie dem Überleben oder der erfolgreichen Fortpflanzung dienen. Nach dieser Lesart sind z. B. Eigenschaften wie Dominanz, Freundlichkeit und emotionale Stabilität von besonderer Bedeutung für die Partnerwahl, Gewissenhaftigkeit und Verträglichkeit vor allem wichtig für das Überleben der Gruppe.

Evolutionspsychologische Annahmen sind mit der lexikalischen Hypothese vereinbar: Die personbeschreibenden Bezeichnungen, auf denen die fünf Faktoren beruhen, haben sich nach Goldberg entwickelt, damit wir andere Menschen im Hinblick auf besonders relevante Interaktionsmerkmale beurteilen können. Dies gilt besonders dann, wenn wir es mit einer fremden Person zu tun haben, mit der wir aber bald in Kontakt treten. Wir würden zu gern Antworten auf die folgenden fünf universellen Fragen bekommen (Goldberg, 1981, S. 161):

> (1) Ist X *aktiv* und *dominant* oder passiv und unterwürfig? (Kann ich X schikanieren oder wird X versuchen, mich zu schikanieren?)
> (2) Ist X *verträglich* (warmherzig und freundlich) oder unverträglich (kalt und abweisend)?
> (3) Kann ich mich auf X verlassen? (Ist X *verantwortlich* und *gewissenhaft* oder unzuverlässig und nachlässig?)
> (4) Ist X *verrückt* (nicht vorhersagbar) oder gesund (stabil)?
> (5) Ist X *klug* oder dumm? (Wie leicht wird es für mich sein, ihm etwas beizubringen?)

Diese Fragen stimmen inhaltlich mit den Big Five überein. Die Antworten versorgen uns mit einer kurzen und einfachen Beschreibung eines fremden Menschen. Nach dieser Lesart repräsentiert der Big-Five-Ansatz somit in erster Linie eine »Psychologie des Fremden« (McAdams, 1992).

Es gibt viele berufliche und private Situationen, in denen wir mit uns zunächst fremden Personen zu tun haben, von denen wir gerne wüssten, wie sie sich im Zusammenleben mit uns verhalten werden (z. B. neues WG-Mitglied, neue Arbeitskollegen). Auf solch einer Grundsituation basiert auch das Fernsehformat »Big Brother«. Jeder Teilnehmer stellt sich möglicherweise diese fünf Fragen, bevor er mit den anderen in den Wohncontainer einzieht. Wenn wir aber einen neuen Interaktionspartner allmählich kennen lernen, dann gehen wir über die Globalbeurteilung eines Fremden hinaus. Wir können nun Kontext- und Situationserfahrungen in die Beurteilung einfließen lassen. Wir sind auch in der Lage, Informationen über persönliche Ziele und Bewältigungsformen ebenso wie über Fähigkeiten und Fertigkeiten einzubeziehen. Schließlich können wir uns fragen, wie all diese Einzelkomponenten zusammenwirken und zur Individualität eines Menschen beitragen, der uns nun nicht mehr fremd ist. Zu all diesen substanziellen Themen macht der Big-Five-Ansatz keine Aussage.

10.4 Die Big Five auf dem Prüfstand

Viele Persönlichkeitspsychologen möchten das Fünf-Faktoren-Modell ganz pragmatisch als eine Art »Referenzmodell« nutzen. Sie sehen den Vorzug des Modells vor allem darin, sowohl in der theoriegeleiteten Forschung als auch in der diagnostischen Praxis von einem einheitlichen Bezugsrahmen ausgehen zu können.

10.4.1 16, 5 oder 3 Faktoren?

Die Frage von Eysenck (1991) betrifft die Entscheidung zwischen drei faktorenanalytischen Modellen: den 16 Faktoren von Cattell, den Big-Five-Faktoren und den drei Faktoren von Eysenck (Extraversion-Introversion, Emotionale Labilität, Psychotizismus). Die 16 Faktoren von Cattell stellten in der Vergangenheit eine Art Ausgangsbasis für die Bestimmung der Big Five dar. Nahe liegender ist der direkte Vergleich des Persönlichkeitsmodells von Eysenck mit dem Fünf-Faktoren-Modell. Der hohe Grad von Ähnlichkeit ist nicht zu übersehen: Extraversion und Emotionale Labilität kommen in beiden Modellen vor. Verträglichkeit und Gewissenhaftigkeit lassen sich als zwei positiv formulierte Aspekte des Eysenckschen Faktors »Psychotizismus« auffassen. Psychotizismus ist nach Eysenck definiert durch Beschreibungen wie kalt, unpersönlich, feindselig, gefühlsarm, antisozial, egozentrisch. Der Faktor »Offenheit gegenüber Erfahrungen« scheint dagegen eine Dimension darzustellen, die unabhängig von den Eysenckschen Faktoren ist (siehe ausführlich Amelang et al., 2006).

Eigentlich ist die Frage von Eysenck (1991) »16, 5 or 3?« unvollständig. Es geht nämlich zusätzlich um das Problem, ob fünf Faktoren ausreichen oder ob man eher von »Big Six« oder »Big Seven« ausgehen sollte. Becker (1996) z. B. plädiert mit Nachdruck für die Berücksichtigung eines sechsten Faktors, den er »Gefühlsbetontheit vs. Verstandesbetontheit« nennt. Andresen (1995) hält das Fünf-Faktoren-Modell ebenfalls für unvollständig und beklagt das Fehlen eines »Thrill and Adventure Seeking«-Faktors. Er selbst zeigt in seinen faktorenanalytischen Studien einen solchen Basisfaktor auf, den er »Risikobereitschaft« nennt. Der breit definierte sechste Faktor umfasst Merkmale wie Tatkraft, Durchsetzungsfähigkeit, Forscherdrang, Leistungswille, Kampfgeist, Wettbewerbshaltung, Einsatzbereitschaft, Führungsanspruch, Zielstrebigkeit, Technikinteresse und Sportbegeisterung. Zur Veranschaulichung mag man an Personen wie Erwin Rommel, Oskar Schindler, Che Guevara oder Reinhold Messner denken.

Für den Nichtexperten ist es schwierig, die methodisch voraussetzungsvolle Diskussion über die Zahl der basalen Faktoren nachzuvollziehen. Ein Grund für die unterschiedlichen Faktorenzahlen kann allein in der Auswahl der einbezogenen Persönlichkeitsbereiche liegen: Bei der Entwicklung des Fünf-Faktoren-Modells wurden einige Bereiche von vornherein ausgeschlossen, z. B. Werthaltungen, gesundheits- und sexualitätsbezogene Eigenschaften und Merkmale, die sozial sehr erwünscht oder unerwünscht sind. Bezieht man die entsprechenden Adjektive der Alltagssprache nun mit ein, ergeben sich mehr als die ursprünglichen fünf Faktoren (vgl. Asendorpf, 2007).

10.4.2 Überschätzung der »Naturgegebenheit«

Die generelle Bedeutung des Fünf-Faktoren-Modells wird von Fachvertretern sehr unterschiedlich beurteilt. Enthusiastische Anhänger sprechen von *dem* grundlegenden Modell für die Persönlichkeitspsychologie. Als »Naturgegebenheit« stellen sie das Fünf-Faktoren-Modell auf eine Stufe mit der Systematik der Tierarten von Linné oder mit dem Periodensystem der Elemente in der Chemie. Mehr noch! Vertraut man den Anhängern des Ansatzes, stehen die Big Five sogar für eine beeindruckende phylogenetische Kontinuität, denn diese fünf Eigenschaften ließen sich auch bei Schimpansen nachweisen. Dies ergab sich, als Zoowärter ihre Tiere anhand von Eigenschaftswörtern beschrieben. Dabei fragt man sich natürlich sofort, ob die fünf Faktoren nicht schon vor der Verhaltensbeurteilung als implizite Urteilsdimensionen in den Köpfen der Wärter vorhanden waren. Generell muss festgestellt werden, dass es sich bei den Big Five nicht um Naturgegebenheiten, sondern um Konstruktionen handelt, die teils durch das faktorenanalytische Vorgehen, teils durch unser Alltagsdenken beeinflusst werden. Diese Konstruktionen sind nicht unveränderbar; sie könnten auch anders als im Big-Five-Modell formuliert werden (McAdams, 1992).

10.4.3 Relativierung von Situation und sozialer Interaktion

Nach Meinung der Big-Five-Anhänger ist mit der »Entdeckung« der zeit- und situationsübergreifenden Basisfaktoren die »Persönlichkeit« im Triumphzug in die Psychologie zurückgekehrt. Aussagen über kulturelle Einflüsse, komplexe Wechselwirkungen zwischen Individuum und Umwelt sowie individuelle Erziehungserfahrungen würden durch die Annahme einer weitgehenden Wirksamkeit von Genen offenbar unnötig, kritisiert Thomae (1996) den Big-Five-Ansatz. Er hält die markanten Aussagen über die beträchtliche erbbiologische Basis der fünf Persönlichkeitsfaktoren im Kern für eine »vermögenspsychologische Rückorientierung«, also für die Übernahme einer Leitidee der Psychologie des 18. Jahrhunderts, nach der die Psyche in fundamentale Bereiche (»Vermögen«) untergliedert wurde.

Die fehlende Einbindung von Situationen bzw. Kontexten hebt auch Thorne (1989) hervor, die einen Ansatz der »konditionalen

Muster« vertritt. Danach neigen Personen nicht dazu, sich kontextfrei zu beschreiben, wie es bei den Big-Five-Fragebogen verlangt wird. Sie knüpfen ihre Beschreibungen vielmehr an bestimmte situative »Konditionen«: »Dominant werde ich, wenn meine Kompetenz bedroht wird. Ich bin schüchtern, wenn ich Fremden begegne. Ich rede dann am meisten, wenn ich nervös bin.«

10.4.4 Kritik der lexikalischen Hypothese

Das Eingehen auf die »Weisheit der Sprache« hatte schon der deutsche Philosoph und Psychologe Ludwig Klages gefordert. Von den Vertretern des Fünf-Faktoren-Modells wird er als Schöpfer des lexikalischen Ansatzes angesehen. Klages hatte betont, dass die Sprache das seelenkundliche Wissen von Generationen enthalte:

> Hieße es nicht, Jahrtausende alte Verwitterungen leugnen, die Vorgeschichte auslöschen wollen und sich den Anschein geben, als finge man ein tatsächlich schon Abgelaufenes von vorne an, wenn man abzustreifen oder auszuscheiden gedächte, was man mit der Sprache, in der man aufwuchs, an wirklicher oder vermeintlicher Seelenkunde vererbt hat (Klages, 1936; zitiert nach Thomae, 1996, S. 5)?

Thomae sieht darin aber die »Wiedereröffnung eines Irrwegs«: Er bezweifelt, dass sich die »wahren« Persönlichkeitseigenschaften ausgerechnet im Sprachschatz von Laien finden lassen:

> Man stelle sich eine Meteorologie vor, die sich für ihre Arbeit auf die Jahrhunderte alten Bauernregeln für die Wettervorhersage stützte oder eine Medizinische Klassifikationslehre, welche sich an überlieferten volkstümlichen Krankheitsvorstellungen orientieren würde (Thomae, 1996, S. 5)!

Ein anderer kritischer Punkt betrifft die ausschließliche Verwendung von Einwortbeschreibungen im lexikalischen Ansatz. Nichts gegen die »Weisheit der Sprache«! Aber teilt sich die Weisheit nur in Form von Adjektiven mit? Wie kann ich mit einem Adjektiv oder mit mehreren unverbundenen Adjektiven beispielsweise persönlichkeitspsychologische Sachverhalte erfassen, wie sie in Romanen und Theaterstücken zum Ausdruck kommen? Nehmen wir z. B. die Szene, in der Mephisto Faust über die Unmöglichkeit einer Persönlichkeitsveränderung informiert:

> Du bist am Ende – was du bist.
> Setz dir Perücken auf von Millionen Locken,
> Setz deinen Fuß auf ellenhohe Socken,
> Du bleibst doch immer, was du bist.

Deskriptoren, die aus einem Wort bestehen, sind grundsätzlich nicht in der Lage, dynamische Beziehungen zwischen Verhalten und Persönlichkeitsstruktur oder innerhalb der Komponenten der Persönlichkeit abzubilden (Block, 1995). Wie soll man mit Einwort-Deskriptoren eine Persönlichkeit charakterisieren, die freundlich zu Gleichgestellten, unterwürfig zu Vorgesetzten und gehässig gegenüber Untergebenen ist? Wie soll man mit Einwort-Deskriptoren eine Person beschreiben, die sich in hoffnungslosen Situationen ungewöhnlich ruhig und ausgeglichen verhält? Block resümiert, dass eine Persönlichkeitsbeschreibung, die sich auf nicht verbundene, nicht kontextbezogene Einwort-Deskriptoren stützt, nur von begrenztem Wert sein kann.

Eine Alternative wäre die Suche nach komplexen Persönlichkeitsstrukturen, die das Fundament von sprachlichen Produkten wie z. B. Romanen oder Dramen bilden. Diesen Weg sind Eberhard und Eberhard (1997) gegangen. Sie analysierten autobiografische Romane, die um das Thema *Depression* kreisen, z. B. *Oblomov* (Iwan Gontscharow), *Effi Briest* (Theodor Fontane) oder *Tod eines Handlungsreisenden* (Arthur Miller). Anhand ihrer literarischen Figuren veranschaulichen sie unterschiedliche Grundformen von Depressivität mit jeweils charakteristischen Verläufen und psychodynamischen Mechanismen. Natürlich schließen sich die beiden methodischen Zugangsmöglichkeiten nicht aus: Gestützt auf die dreißig Big-Five-Fassetten könnte man für die jeweiligen Hauptfiguren Profile bestimmen und sie mit den inhaltsanalytisch bestimmten Depressionsformen in Beziehung setzen.

10.4.5 Persönlichkeitstypen: Vom variablenzentrierten zum personzentrierten Vorgehen

Das Big-Five-Modell basiert auf einem *variablenzentrierten* Vorgehen. Mit dem Auffinden von fünf Variablen bzw. Faktoren wird nichts darüber gesagt, wie die einzelnen Variablen sich verbinden und unterschiedliche Persönlichkeitstypen, also Gruppen von Personen mit ähnlichen Eigenschaftsausprägungen, formen. Eine solche Typenbestimmung ist das Ziel eines *personzentrierten* Vorgehens. Die Erfassung von Typen ist mithilfe des statistischen Verfahrens der *Clusteranalyse* möglich. Für jede Person einer größeren Stichprobe werden Skalenwerte der fünf Faktoren erfasst. Dies ergibt für jede Person ein Profil von Skalenwerten. Die Clusteranalyse ordnet diese Profile nun einer bestimmten Anzahl von Clustern (Gruppen von Profilen) zu und zwar so, dass die Unterschiede innerhalb der Cluster möglichst gering und die Unterschiede zwischen den Clustern möglichst groß ausfallen. Asendorpf (2007) berichtet über die Ergebnisse von Clusteranalysen für die Big Five. Er findet für Kinder und für Erwachsene jeweils drei Typen: (1) *Resiliente* Personen (englisch »resilient«: elastisch, geschmeidig) können ihre Gefühle und Handlungen flexibel je nach Situation kontrollieren. Sie weisen einen hohen Wert für emotionale Stabilität und Gewissenhaftigkeit auf. (2) *Überkontrollierte* Personen beschreiben sich als emotional instabil, gehemmt und introvertiert. (3) *Unterkontrollierte* schildern sich vor allem als wenig gewissenhaft. Häufig werden sie im Fremdurteil zusätzlich als emotional labil und unverträglich beschrieben (vgl. Abb. 10.1). Natürlich ist solch eine Einteilung noch sehr grob, sie kann aber nach Asendorpf als Ausgangspunkt für Untertypen, also für feinere Klassifikationen, dienen.

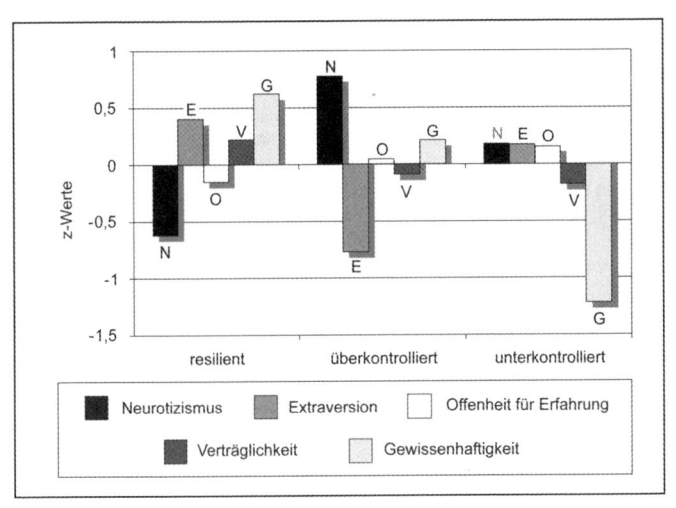

Abb. 10.1 Mittelwerte der drei Persönlichkeitstypen im Erwachsenenalter in den Big Five (Selbstbeurteilung)

10.4.6 Fünf breite Faktoren: Peripherie oder Zentrum der Persönlichkeit?

McAdams (1992) hält die fünf Faktoren für nomothetische Beschreibungsdimensionen, die lediglich in der Peripherie der Persönlichkeit angesiedelt seien und kaum Schlussfolgerungen zuließen über das, was im Zentrum geschieht. Genauso argumentiert auch

Epstein (1993), der seine Kritik mithilfe einer Geschichte veranschaulicht, der Geschichte von Sam, dem Psychologen.

> Vor jeder wissenschaftlichen Beschäftigung mit dem Menschen wollte Sam zunächst einmal Autos untersuchen, weil sie seiner Meinung nach leichter zu erforschen sind als Menschen. Als erstes begann er daher, die fundamentalen Merkmale von Autos zu bestimmen. Mit Hilfe der Faktorenanalyse identifizierte er fünf Dimensionen: Farbe, Typ, Größe, Höchstgeschwindigkeit und Robustheit (operationalisiert durch die Werkstattberichte). Wie sich empirisch zeigen ließ, hatte er damit ein zuverlässiges, stabiles Klassifikationssystem geschaffen. Nicht ohne Stolz präsentierte Sam seine Befunde auf psychologischen Tagungen. Als er wieder einmal unterwegs war, ging sein Auto kaputt. Er hatte keinen blassen Schimmer, was er jetzt tun sollte, denn er wusste nicht, wie Autos funktionieren. Unter die Motorhaube hatte er niemals geblickt, denn das »Innere« interessierte ihn nicht. Er musste mit dem auskommen, was er aufgrund seiner Forschungsergebnisse über Autos wusste. Welcher der fünf Faktoren hing wohl am ehesten mit der Autopanne zusammen? Vermutlich Robustheit, denn mit Robustheit kann man die Häufigkeit von Pannen ganz gut vorhersagen. Ihm war nun klar, was es mit seinem kaputten Auto auf sich hatte: Der Wert seines Autos auf der Variablen Robustheit war einfach sehr niedrig. So wie Menschen psychische Symptome aufweisen, wenn sie einen hohen Wert für Neurotizismus haben, so hatte sein Auto eben einen Schaden, weil es einen niedrigen Wert für Robustheit hatte. Er freute sich über diese Erkenntnis, aber das Auto bewegte sich trotzdem keinen Zentimeter vorwärts. Die Moral aus dieser Geschichte ist offensichtlich (Epstein, 1993, S. 121):
> »(…) dass eine Beschreibung dessen, was an der Oberfläche sichtbar ist, zwar für manche Zwecke nützlich sein mag, jedoch keine taugliche Basis darstellt, wenn es darum geht, Vorgänge zu verstehen. Wenn man verstehen möchte, was den Menschen antreibt und was man tun kann, wenn dies den Rahmen des Normalen sprengt, dann ist ein dynamischerer, interaktiver Ansatz notwendig, der die Beziehung zwischen Ursache und Wirkung erklären kann.«

10.4.7 Wo bleiben Motive, Emotionen und Kognitionen?

Das Fünf-Faktoren-Modell wird häufig als statische Eigenschaftsauffassung kritisiert, in der kein Raum für dynamische Konzepte wie Motive, Bedürfnisse, Triebe usw. bleibt. Ostendorf und Angleitner (1993) weisen diese Kritik zurück: Schaut man sich insbesondere die Fassetten der fünf Faktoren genau an, wird schnell deutlich, dass einige Eigenschaften (z. B. Aktivität, Dominanz, Ordentlichkeit) durchaus als Motive oder Bedürfnisse interpretierbar sind (z. B. Bedürfnis nach Dominanz). Eigenschaften können – ebenso wie Motive – auch auf Ziele gerichtet sein (z. B. Geselligkeit) oder energetisierend wirken (z. B. Impulsivität). Es lassen sich auch Beziehungen zu anderen Komponenten der Persönlichkeit herstellen, z. B. Emotionen. Eine Extraversionsfassette trägt sogar die Bezeichnung »positive emotions«. Allerdings werden diese dynamisch orientierten Konzepte im Big-Five-Modell nicht als solche identifiziert und in ein theoretisches Netzwerk integriert.

10.5 Die Big Five im Modell der Persönlichkeitsebenen

Man kann die Möglichkeiten und Grenzen des Big-Five-Ansatzes realistischer abschätzen, wenn man ihn nicht als *die* Leitkonzeption der Persönlichkeitspsychologie auffasst, sondern seine Brauchbarkeit von vornherein auf einen Teilbereich der Persönlichkeitspsychologie eingrenzt. Für eine solche Zielsetzung ist eine Einteilung von McAdams sehr hilfreich.

10.5.1 Drei Ebenen der Persönlichkeitspsychologie nach McAdams

McAdams (1994) unterscheidet drei Niveaus oder Ebenen der Persönlichkeit (siehe Tab. 10.3): (1) Dispositionelle Eigenschaften (dispositional traits), (2) Persönliche Anliegen (personal concerns) und (3) Lebenserzählung (life narrative). Ebene 1 bezieht sich auf basale Persönlichkeitseigenschaften wie z. B. die Big Five. In diesem Bereich findet man beeindruckende Aussagen über die Stabilität der Persönlichkeit. Ebene 2 berücksichtigt kontext- und zeitabhängige Konstrukte wie z. B. persönliche Pläne und Bewältigungsstrategien. Für Ebene 2 ist nicht Stabilität, sondern Veränderbarkeit charakteristisch. Ebene 3 schließlich bezieht sich auf narrative Ansätze, denen es um Einheit und Kohärenz des Selbst geht. Während es bei Ebene 1 um den »having aspect« der Persönlichkeit geht und bei Ebene 2 um den »doing aspect«, steht bei Ebene 3 »the making of the self«, also die Konstruktion, das Herstellen des Selbst im Mittelpunkt.

McAdams (1994) hat sich dafür ausgesprochen, die drei Ebenen der Persönlichkeit als voneinander getrennte und nicht überlappende Bereiche anzusehen. Jede dieser Ebenen habe eine besondere Zielsetzung und eine besondere Terminologie. Man dürfe sie auch nicht als vertikal gestaffelt auffassen – in dem Sinne, dass die oberen

Tab. 10.3 Drei Ebenen der Persönlichkeitspsychologie nach McAdams (1994)

Ebene	1	2	3
Bezeichnung	Dispositionelle Eigenschaften	Persönliche Anliegen	Lebenserzählung
Konkretisierung	Fünf Faktoren: Extraversion, emotionale Labilität, Verträglichkeit, Gewissenhaftigkeit, Offenheit für Erfahrungen	Persönliche Pläne, persönliche Projekte, gegenwärtige Lebensaufgaben, Bewältigungsstrategien etc.	Herstellen eines kohärenten Selbst durch Erzählen der eigenen Biografie

Ebenen aus der unteren Ebene hervorgingen. Man solle sie sich eher als horizontal angeordnete, also nebeneinanderliegende Bereiche (domains) vorstellen.

Geht man von dem übergeordneten Ziel der Persönlichkeitspsychologie aus, die verschiedene Komponenten letztlich in der Untersuchungseinheit *einer* Persönlichkeit zusammenzuführen, halte ich diesen Vorschlag nicht für sinnvoll (vgl. auch Brunstein & Maier, 1996). Wir sollten eher den umgekehrten Weg gehen und nach Beziehungen zwischen den drei Bereichen suchen: Hängen die Lebensgeschichte einer Person (Bereich 3) und ihre persönlichen Ziele und Bewältigungsstrategien (Bereich 2) nicht eng zusammen? Und ist es nicht sehr wahrscheinlich, dass zwischen den Konzepten dieser beiden Bereiche und den fünf Faktoren bzw. ihren Fassetten Zusammenhänge bestehen? Sind z. B. Personen, die sich als stark verletzlich beschreiben (Big Five-Faktor *Emotionale Labilität*), durch weniger wirksame Formen der Stressbewältigung gekennzeichnet als emotional stabile Personen?

Wie bereits dargestellt, hebt Thomae (1996) den Gegensatz zwischen dem Big-Five-Ansatz und seinem Programm einer biografischen Persönlichkeitspsychologie hervor (vgl. Kap. 9). Es lässt sich aber auch hier nach möglichen Zusammenhängen fragen. Mir scheint es keineswegs ausgeschlossen, dass spezifische Thomaesche Reaktionsformen mit bestimmten Big-Five-Profilen einhergehen. Man überlege sich nur einmal am Einzelfall von Peter Schiller (vgl. Kap. 9.3), wie die zwanzig Reaktionsformen von Thomae mit den fünf Faktoren bzw. den dreißig Fassetten des Big-Five-Modells zusammenhängen könnten. Im Fall von Schiller liegt vermutlich eine starke Ausprägung auf der Big-Five-Dimension *Offenheit für Erfahrungen* vor, deren Verknüpfung mit den stärker situativ angebundenen Daseinstechniken/Reaktionsformen (z. B. Aufgreifen von Chancen) untersucht werden könnte. Fragebogenwerte und explorativ erhobene Reaktionsformen lassen sich demnach aufeinander beziehen. Ein anderes potenzielles Thema ist die Konstanz bzw. Veränderung der Persönlichkeit während größerer biografischer Einheiten: Es wäre theoretisch reizvoll, beide Vorgehensweisen gestützt auf dieselbe Gruppe von Probanden miteinander zu vergleichen. Dabei ließe sich Klarheit gewinnen über die methodische Bedingtheit mancher Aussagen zur beeindruckenden Konstanz (Big-Five-Ansatz, vgl. Abschnitt 10.5.3) oder zur beeindruckenden Variabilität von Persönlichkeitsmerkmalen (biografischer Ansatz, vgl. Kap. 9). Fazit: Es sollte also nach Möglichkeiten gesucht werden, den Big-Five-Ansatz mit stärker situativ, biografisch oder idiographisch ausgerichteten Konzeptionen zu verknüpfen.

10.5.2 Das Persönlichkeitsmodell des Fünf-Faktoren-Ansatzes

Interessanterweise sind McCrae et al. (2000) auf das Modell von McAdams eingegangen, als sie das Persönlichkeitsmodell der Fünf-Faktoren-Theorie« dargestellt haben (vgl. Abb. 10.2). Sie beziehen sich auf die ersten beiden Ebenen, die *dispositionellen Eigenschaften* und die *persönlichen Anliegen*. Sie fassen ihre fünf Faktoren – dispositionelle Eigenschaften nach McAdams – als biologisch bedingte, grundlegende Neigungen (basic tendencies) auf. Diese *grundlegenden Neigungen* beinhalten neben Ressourcen und Potenzialen aber auch Anfälligkeiten und Schwächen. Die grundlegenden Neigungen müssen deutlich getrennt werden von einer Gruppe von Persönlichkeitskonstrukten, die die Autoren als *charakteristische Adaptationen* bezeichnen. Beispiele sind erworbene Fertigkeiten, Gewohnheiten, Überzeugungen, Interessen, persönliche Pläne, Bewältigungsstrategien, soziale Rollen etc. Sie entsprechen der 2. Ebene von McAdams, den *persönlichen Anliegen*. Die charakteristischen Adaptationen werden sowohl durch die grundlegenden Neigungen als auch durch die externen Einflüsse bestimmt. Eine hervorgehobene Subkategorie der charakteristischen Adaptationen stellt das *Selbstkonzept* dar, also das Wissen darüber, wer man ist. Es wird sowohl von den grundlegenden Neigungen, von anderen Subkategorien der charakteristischen Adaptationen als auch von der objektiven Biografie beeinflusst. Schließlich sind da noch die *dynamischen Prozesse*, die die verschiedenen Elemente des Modells miteinander verbinden.

Es überrascht, dass es in diesem Modell keinen Pfeil gibt, der von den externen Einflüssen zu den grundlegenden Neigungen, also von der Umgebung zu den fünf Faktoren führt. Das Fehlen einer solchen

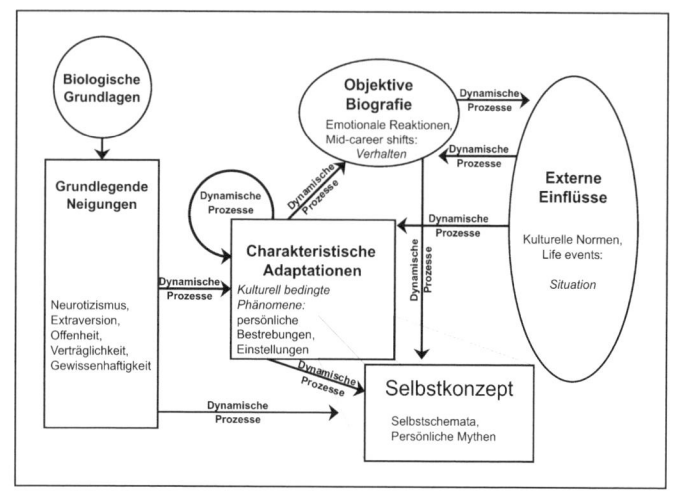

Abb. 10.2 Das Persönlichkeitsmodell des Fünf-Faktoren-Ansatzes

Wirkungsrichtung ist kein Versehen, sondern erklärte Absicht der Vertreter dieses Modells: »Die FFT (Five-factor theory) behauptet ganz bewusst, dass Persönlichkeitseigenschaften endogene Dispositionen sind, die nicht von der Umgebung beeinflusst werden« (McCrae et al., 2000, S. 175). Diese Aussage macht deutlich, dass der Umwelt in diesem Modell keine Bedeutung für die Ausprägung der fünf Faktoren zugestanden wird: Die Umwelt kann sich nur auf die *middle level-units*, auf die charakteristischen Adaptationen auswirken. Es ist ebenfalls nicht vorgesehen, dass die charakteristischen Adaptationen auf die fünf Faktoren zurückwirken. Costa und McCrae erweisen sich damit als Repräsentanten eines extremen Eigenschaftsmodells, das der Umwelt keinerlei eigenschaftsbeeinflussende Wirkung zugesteht. Eine entgegengesetzte Sichtweise nehmen dynamisch-interaktive Ansätze ein (vgl. Kap. 12).

10.5.3 »New Big Five« nach McAdams und Pals
(Karl-Heinz Renner)

Kürzlich hat McAdams sein 3-Ebenen-Modell der Persönlichkeit (vgl. Kap. 10.5.1) erweitert und fünf fundamentale Prinzipien vorgeschlagen, die die Forschung und Lehre in der Persönlichkeitspsychologie organisieren sollen. Zudem sollen diese fünf Prinzipien der Persönlichkeitspsychologie zu einer zentralen und integrierenden Position innerhalb der Psychologie im Besonderen und den Sozialwissenschaften im Allgemeinen verhelfen. Wohl um diesen weitreichenden Anspruch zu verdeutlichen, sprechen McAdams und Pals (2006) von den »New Big Five«. Zu den drei Ebenen des früheren Modells von McAdams, nämlich Eigenschaften, persönliche Anliegen und der Lebenserzählung, sind »Evolution und menschliche Natur« sowie »Kultur« als weitere Prinzipien hinzugekommen. Was verbirgt sich hinter den »New Big Five«?

(1) Evolution und menschliche Natur: Nach McAdams und Pals (2006) muss eine integrative Persönlichkeitspsychologie zuallererst bei den biologischen Wurzeln der Person ansetzen. Eine Person ist in dem Ausmaß wie alle anderen Personen, in dem sie ein Produkt der menschlichen Evolution ist und evolutionär bedingte Universalien mit allen Menschen teilt (z. B. die Fähigkeit zu lernen oder das Bedürfnis nach Autonomie und Zugehörigkeit).

(2) Eigenschaften: Variationen auf wenigen breiten Eigenschaftsdimensionen konstituieren die stabilsten und erkennbarsten Aspekte der menschlichen Persönlichkeit. Eigenschaften wie die Big Five bieten einen ersten Überblick zur menschlichen Persönlichkeit, eine erkennbare Signatur, die eine Person in vielen verschiedenen Situationen und über die Zeit hinweg immer wieder zum Ausdruck bringt. Deshalb sind Eigenschaften als breite, nicht konditionale, dekontextualisierte Merkmale der Persönlichkeit konzipiert.

(3) Charakteristische Adaptationen: Über Eigenschaften hinaus variiert das menschliche Leben im Hinblick auf viele motivationale, sozial-kognitive und entwicklungsbedingte Adaptationen, die über Zeit, Situationen und/oder soziale Rollen kontextualisiert sind. Charakteristische Adaptationen umfassen Motive, Ziele, Pläne, Bestrebungen, Strategien, Werte, Schemata, Selbstbilder, mentale Repräsentationen von bedeutsamen Anderen, Entwicklungsaufgaben und viele andere Aspekte der menschlichen Persönlichkeit. Charakteristische Adaptationen verändern sich über die Zeit oder durch Therapie und implizieren die alltägliche Dynamik der Person in stärkerer Weise als Eigenschaften.

(4) Lebenserzählung: Menschen unterscheiden sich nicht nur im Hinblick auf Eigenschaften und charakteristische Adaptationen, sondern auch in der Art und Weise, wie sie Identität und Bedeutung im Rahmen einer individuellen Lebenserzählung konstruieren. Identität wird als narrative Identität aufgefasst, als internalisierte Geschichte, die eine Person immer wieder erzählt, um die Vergangenheit und die Zukunft in ein mehr oder weniger kohärentes Gan-

zes zu integrieren und um ein gewisses Ausmaß an Einheit und Sinn zu erlangen. Jede Lebenserzählung ist zwar einzigartig, zugleich aber können innerhalb einer Kultur bestimmte gemeinsame Muster über verschiedene Lebensgeschichten hinweg identifiziert werden.

(5) Kultur: Sie wirkt auf Persönlichkeit in unterschiedlicher Weise und auf unterschiedlichen Ebenen. Kultur beeinflusst den phänotypischen Ausdruck von Eigenschaften in moderater Weise: Zum Beispiel drücken extravertierte Japaner ihre Extraversion anders aus als extravertierte Amerikaner oder Italiener. Einen stärkeren Einfluss hat die Kultur auf den Inhalt und das Timing von charakteristischen Adaptationen. So sind in vielen Kulturen der Schuleintritt und die Inhalte des Unterrichts festgelegt und damit Anforderungen, die Kinder in persönliche Ziele transformieren können und bewältigen müssen. Am stärksten beeinflusst Kultur die Lebenserzählung, indem sie eine Art von Menü zu Themen, Bildern und Plots für die Konstruktion der narrativen Identität bereithält. Der kulturelle Einfluss auf die Lebenserzählung ist nicht immer positiv. So lernen z. B. Frauen, wie sie sich in einer bestimmten Kultur zu erzählen haben und was eine angemessene, »normale« Geschichte und damit Identität als Frau ausmacht. Über die »gute« Lebenserzählung als Frau hinausweisende Episoden können als abweichend oder sogar »anormal« wahrgenommen werden und sind in die typische »Frauengeschichte« möglicherweise nicht integrierbar. Damit werden alternative Möglichkeiten und Lebensentwürfe für Frauen u. U. beschnitten.

Vor dem Hintergrund der fünf basalen Prinzipien definieren McAdams und Pals (2006, S. 212) Persönlichkeit insgesamt als die individuelle und einzigartige Variation der genetisch bedingten, menschlichen Natur, die sich in einem entwickelnden Muster von Eigenschaften, charakteristischen Adaptationen und integrierenden Lebenserzählungen herausformt und in komplexer und unterschiedlicher Weise von der Kultur beeinflusst wird.

10.5.4 Persönlichkeit ab 30: Erstarrt wie Gips!

Die Vorteile einer stärkeren Verzahnung der Big Five mit anderen Persönlichkeitsdomänen zeigen sich auch bei der Diskussion um die zeitliche Stabilität von Persönlichkeitseigenschaften. Costa und McCrae (1994) berichten über Längsschnittprojekte, in denen die Teilnehmer nach Jahren oder Jahrzehnten noch einmal getestet wurden. Sie hatten sich also zu zwei Zeitpunkten mithilfe von Adjektiven oder Fragebogenitems auf den Big-Five-Dimensionen beurteilt. Diese Selbstbeurteilungen wurden miteinander korreliert. Genauso wurde mit entsprechend erhobenen Fremdbeurteilungen verfahren. Die so ermittelten Stabilitätswerte für Selbst- und Fremdurteile erwiesen sich als relativ hoch – im Mittel um r = .64. Der viel zitierte Befund lautet, dass die Persönlichkeit ab dem 30. Lebensjahr stabil bleibt: »Erstarrt wie Gips«, wie Costa und McCrae (1994) William James zitieren.

Solche markanten Formulierungen sind nicht ungefährlich. Sie schrecken selbst Anhänger der Eigenschaftstheorie ab. Dabei ist die Formulierung viel zu extrem: Erstens lässt ein Wert von .64 noch genügend Spielraum für Veränderung. Zweitens: Die Autoren haben eine viel differenziertere Auffassung über Stabilität und Veränderung, als das Zitat zunächst suggeriert. Aus ihrem Modell (siehe Abb. 10.2) geht nämlich hervor, dass sich Personen im Laufe ihres Lebens durchaus beträchtlich *ändern* können – und zwar im Bereich der charakteristischen Adaptationen: Einstellungen, Fähigkeiten, Interessen, Rollen, persönliche Ziele, Bewältigungsstrategien sind modifizierbar. Was also nach Meinung von Costa und McCrae vergleichsweise stabil bleibt, sind ihre grundlegenden Neigungen in Form der Ausprägungen auf den fünf Faktoren, nicht unbedingt ihre charakteristischen Adaptationen, wobei diese – neben den Umwelteinflüssen – in starkem Maße durch die fünf Faktoren beeinflusst werden. Dafür bringen die Autoren selbst ein schönes Beispiel: William James gab die Psychologie auf, nachdem er die »Principles of Psychology« 1890 veröffentlicht hatte, und wandte sich (wieder) der Philosophie zu. Dieser Wechsel ist charakteristisch für William James, denn das Bedürfnis nach Abwechslung gehört zur Eigenschaft *Offenheit für Erfahrungen*, durch die James in ausgeprägter Weise gekennzeichnet war.

Bleiben wir noch einen Moment bei der Gipsanalogie von Costa und McCrae. Jeder, der ein altes Haus hat – so meinen die Autoren – weiß, dass Gips im Laufe der Zeit abbröckeln oder sogar auseinander brechen kann. Diese Aussage übertragen sie auf die Stabilitätswerte, die für die fünf Faktoren ermittelt wurden. Costa und McCrae (1994) zeigen, dass sie mit der Länge des Zeitintervalls abnehmen: Je mehr Jahrzehnte zwischen den Erfassungen liegen, desto niedriger fallen die Stabilitätswerte aus. Dieser Befund, der die Aussage über die Stabilität der Big Five relativiert, ist häufig repliziert worden, seine Ursache ist noch unklar. Vielleicht – so Costa und McCrae – nehmen die Stabilitätswerte in den untersuchten Gruppen insgesamt ab, weil einige wenige Personen der Stichprobe sich stark verändern (der Gips bricht) oder weil viele Personen sich etwas verändern (der Gips bröckelt ab).

Neuere Untersuchungen sprechen für eine deutliche Veränderung der Werte für die Big-Five-Faktoren: Srivastava, John, Gosling und Potter (2003) z. B. haben an mehr als 130 000 Personen im Alter von 21–60 Jahren die fünf Faktoren erfasst. Gestützt auf Zeitintervalle von jeweils drei Jahren konnten sie zeigen, dass Gewissenhaftigkeit und Verträglichkeit vom 21. bis zum 60. Lebensjahr bei beiden Geschlechtern kontinuierlich zunahmen. Offenheit dagegen nahm leicht ab, während Extraversion weitgehend konstant blieb. Neurotizismus reduzierte sich bei den Frauen und blieb bei den Männern konstant. Im Gegensatz zur biologisch orientierten »Gips-These« interpretieren die Autoren ihre Befunde, indem sie auf die Lebensaufgaben eingehen, die sich in der Spanne von vier Jahrzehnten des Erwachsenenalters stark unterscheiden.

10.5.5 Fazit

Mir scheint, dass der mögliche Stellenwert des Big-Five-Ansatzes von Anhängern, aber auch von Kritikern häufig überschätzt worden ist. Der Big-Five-Ansatz kann schon deshalb nicht als *das* integrative Modell der Persönlichkeitspsychologie gelten, weil er das, was den Kern der Persönlichkeitspsychologie ausmacht, bisher noch nicht in den Mittelpunkt gestellt hat: die Untersuchung des gesamten Menschen, die intraindividuelle Organisation von Komponenten der Persönlichkeit und ihre Einbettung in situative und lebensgeschichtliche Kontexte (Jüttemann, 1995 sowie McAdams, 1992; 2005). Der Ansatz, der von mehreren Forschergruppen in methodisch aufwändiger und sorgfältiger Form entwickelt wurde, steht für eine faktorenanalytisch fundierte Klassifikation zur Beschreibung interindividueller Unterschiede auf der Basis breiter und abstrakter Dimensionen. Nicht weniger, aber auch nicht mehr! In der jetzt vorliegenden Form ist der Anwendungsbereich des Big-Five-Modells begrenzt – und zwar auf eine dem Trait-Ansatz verpflichtete Differentielle Psychologie (vgl. Kap. 2). Wünschenswert wäre eine stärkere Verzahnung mit anderen substanziellen Konzepten der Persönlichkeitspsychologie. Die Entwicklung des neuen Modells (McCrae et al., 2000) stellt einen ersten Schritt in diese Richtung dar.

10.6 Exkurs: von der Eigenschaftserfassung zum Coaching
(Lothar Laux und Caroline Spielhagen)

Das Fünf-Faktoren-Modell findet nicht nur im theoretischen Rahmen der Persönlichkeitspsychologie große Beachtung, es wird auch für angewandt-psychologische Fragestellungen herangezogen (für einen Überblick über die Angewandte Psychologie im Bereich von Arbeits-, Betriebs- und Organisationspsychologie siehe Liebel, 1999). Im Personalmanagement beispielsweise ist es von Interesse, die Passung zwischen den Persönlichkeitseigenschaften eines Bewerbers und den Anforderungen der künftigen Stelle zu vergleichen oder im Rahmen der Personalentwicklung eine Coachingmaßnahme vorzubereiten, die sich auf das Profil der Persönlichkeitseigenschaften des Teilnehmers stützt.

10.6.1 Das Bochumer Inventar zur berufsbezogenen Persönlichkeitsbeschreibung

Das »Bochumer Inventar zur berufsbezogenen Persönlichkeitsbeschreibung« (BIP) von Hossiep und Paschen (2003) enthält Dimensionen, die den Big-Five-Faktoren inhaltlich ähneln, jedoch durch die Konzentration auf das Berufsleben thematisch deutlich enger gefasst sind als im Big-Five-Ansatz. Beispielsweise entspricht die Skala *Gewissenhaftigkeit* zwar teilweise der entsprechenden Dimension des Fünf-Faktoren-Modells, sie erfasst jedoch hauptsächlich die (beruflich relevanten) Bereiche Sorgfalt und Präzision. Die Dimension *Flexibilität* weist Gemeinsamkeiten mit dem Faktor *Offenheit für neue Erfahrungen* auf, doch ist diese Skala im BIP auf die berufliche Flexibilität beschränkt und erfasst vor allem die Bereitschaft und die Fähigkeit, sich auf »veränderliche berufliche Bedingungen und wechselnde Situationen einzustellen« (Hossiep & Paschen, 2003, S. 28). Vergleichbare Beschränkungen gelten für die BIP-Dimensionen *Kontaktfähigkeit* (Extraversion), *Soziabilität* (Verträglichkeit) und *emotionale Stabilität*.

Das BIP ist ein Persönlichkeitsfragebogen, der explizit für die Bearbeitung berufsbezogener diagnostischer Fragestellungen entwickelt wurde. Es ermöglicht eine »standardisierte Erfassung des Selbstbildes eines Testkandidaten im Hinblick auf relevante Beschreibungsdimensionen aus dem Berufsleben« (Hossiep & Paschen, 2003, S. 14). Diese insgesamt 14 Dimensionen bzw. Skalen basieren auf 196 Items. Die Dimensionen lassen sich wiederum vier

Bereichen zuordnen, die – neben der rein fachlichen Qualifikation einer Person – Einfluss auf ihren Berufserfolg haben können (vgl. Tab. 10.4)

Tab. 10.4 Bereiche und Dimensionen des BIP

Bereiche	Beispiel für Dimension
I Berufliche Orientierung	Führungsmotivation
II Arbeitsverhalten	Gewissenhaftigkeit
III Soziale Kompetenz	Kontaktfähigkeit
IV Psychische Konstitution	Emotionale Stabilität

Ein wesentliches Ziel des BIP besteht darin zu erfassen, wie sich eine Person selbst charakterisiert und welche Stärken und Schwächen sie sich zuschreibt. In wissenschaftlich entwickelten Fragebogen wie dem BIP werden Personen mit dem Durchschnitt der für sie relevanten Normstichprobe verglichen: Ihre Selbstbeschreibung wird also in Beziehung gesetzt zu anderen Personen in ähnlicher beruflicher Position, was schließlich in Aussagen resultiert wie z. B.: »Im Vergleich zu anderen Abteilungsleitern ist die Teamorientierung bei Herrn X hoch ausgeprägt.«

10.6.2 Einsatzmöglichkeit: Coaching

Nach Angaben der BIP-Autoren eignet sich das Verfahren für die Eignungsdiagnostik, zur Berufs- und Karriereberatung sowie für Trainings- und Coachingmaßnahmen (für einen Überblick über die Personalpsychologie siehe Schuler, 2005). *Coaching* ist eine Beratungs- und Betreuungsform, die ganz auf das einzelne Individuum zugeschnitten ist (vgl. Böning & Fritschle, 2005; Rauen, 2008). Anlässe für Coaching können berufliche Probleme und Krisen ebenso wie Fragen der beruflichen Fortentwicklung sein. Basales Ziel des Coachings ist es, die Ressourcen der Führungskraft zu entwickeln und Hilfe zur Selbsthilfe zu geben. Das BIP bietet für den Trainings- und Coachingbereich verschiedene Anwendungsmöglichkeiten. Neben der Nutzung des BIP in der Vorbereitung einer Personalentwicklungsmaßnahme – beispielsweise zur Identifikation potenzieller Ziele – ist der Vergleich von Selbst- und Fremdbild ein weiterer Einsatzbereich: Das Ansprechen von Abweichungen zwischen Selbst- und Fremdbild kann wesentliche Informationen für die Veränderung von Verhaltensweisen liefern (vgl. Kap. 16.4).

10.6.3 Praxisbeispiel: Coaching

Wie sieht nun eine konkrete Anwendung des BIP im Rahmen des Coachings aus? Im folgenden Fallbeispiel werden die mit dem BIP gewonnenen Informationen bei der Vorbereitung eines *Persönlichkeitscoachings* berücksichtigt. Das hier in Ausschnitten vorgestellte Verfahren ist eine ressourcenorientierte und individuumszentrierte Maßnahme zur Personalentwicklung von Führungskräften. Der Fokus ist darauf gerichtet, über das Ist-Verhalten hinaus individuelle Ressourcen zu identifizieren und weiterzuentwickeln. Inhalte und Ziele des Coachings leiten sich von den persönlichen Bedürfnissen der Teilnehmer ab (vgl. Bauer, 2007).

Frau B. ist Mitarbeiterin eines Versicherungsunternehmens. Sie ist dreißig Jahre alt und seit Beginn ihrer Ausbildung zur Versicherungskauffrau in dieser Firma tätig. Weil sie sich in ihrem bisherigen Arbeitsumfeld mit ihrer Fachkompetenz hervorragend bewährt hat, wird ihr die Position der Abteilungsleiterin für den Firmenbereich E-Commerce übertragen. Sie soll Leiterin eines neu zu bildenden Teams werden. Sie verfügt aber über keinerlei Erfahrungen in der Führung von Mitarbeitern und wird von ihren Vorgesetzten als wenig »teamtaugliche« Einzelkämpferin eingeschätzt. Das Coaching möchte sie nutzen, um sich auf die Anforderungen ihrer künftigen Position als Teamleiterin vorzubereiten.

Erfassen von Ressourcen und Entwicklungsbereichen durch das BIP

Das BIP wird gleich zu Beginn des Coachingprozesses eingesetzt, um diagnostische Informationen aus dem Anfangsgespräch zu vervollständigen. Mit dem BIP lässt sich auf schnelle und einfache Art ein Überblick über Ressourcen und Entwicklungsbereiche der Teilnehmerin erhalten.

In Abbildung 10.3 ist das Ergebnisprofil von Frau B. zu sehen, das auf der Vergleichsstichprobe der *Gruppen-, Team- und Abteilungsleiter* basiert. Die Selbstbeschreibung von Frau B. ist also in Beziehung gesetzt worden zur durchschnittlichen Selbstbeschreibung anderer Personen mit ähnlichen beruflichen Anforderungen. Da es ihr Anliegen ist, die Coachingmaßnahme zur Vorbereitung auf mögliche Probleme als Teamleiterin zu nutzen, wird an dieser Stelle nur auf den Bereich *Soziale Kompetenzen* eingegangen. Natürlich werden beim tatsächlichen Coaching Werte aller BIP-Dimensionen berücksichtigt.

> Der Wert von Frau B. auf der Skala »*Teamorientierung*« liegt deutlich unter dem Durchschnitt der Normstichprobe. Gestützt auf die Itemformulierungen beschreibt sie sich als einen Menschen, der die besten Ar-

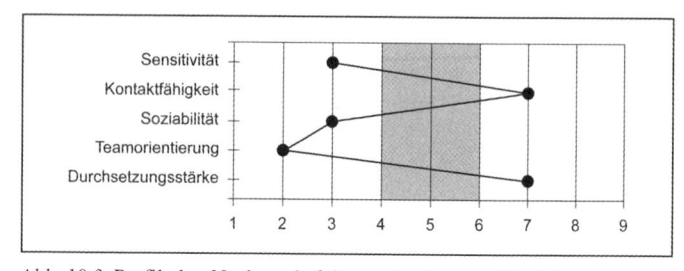

Abb. 10.3 Profil der Nachwuchsführungskraft eines Versicherungsunternehmens für den Bereich der sozialen Kompetenz

beitsergebnisse dann erzielt, wenn er allein arbeitet. Sie gibt auch an, von ihren Kollegen als Einzelkämpferin gesehen zu werden.

Die Ausprägung der Skala *Sensitivität* bewegt sich auf unterdurchschnittlichem Niveau. Dies kommt unter anderem darin zum Ausdruck, dass Frau B. berichtet, häufig nicht zu bemerken, wie sich ihr Gegenüber fühlt, und nur wenig sensibel für Veränderungen in der Gesprächsatmosphäre zu sein. Sie charakterisiert sich als Person, die hin und wieder »in das berühmte Fettnäpfchen« tritt.

Frau B. beschreibt sich hinsichtlich der Dimension *Soziabilität* als unterdurchschnittlich sozial verträglich und zeichnet folgendes Bild ihrer Person: Sie sieht sich als Mensch mit ausgeprägten Ecken und Kanten, für den das Erreichen seiner Ziele tendenziell wichtiger ist als Harmonie. Zudem gibt sie an, gereizt zu reagieren, wenn sie etwas mehrmals erklären muss.

Ein überdurchschnittliches Ergebnis erreicht Frau B. auf der Dimension *Durchsetzungsstärke*. Während es ihr selber leicht fällt, ihre Ideen durchzusetzen, haben es ihrer Ansicht nach andere schwer, in Auseinandersetzungen mit ihr die Oberhand zu gewinnen. Sie sieht sich als einen Menschen, der gegenüber anderen oft dominant auftritt.

Frau B. beschreibt sich auf der Skala *Kontaktfähigkeit* als eine überdurchschnittlich kontaktfreudige und kontaktfähige Person. So gibt sie an, ein sehr geselliger Mensch zu sein, der besser als viele andere auf Menschen zugehen kann. Im beruflichen Kontext, so berichtet sie, hat sie ein dichtes Netz an Kontakten geknüpft.

Festlegung von Coachingzielen

Wie passt die Motivstruktur der Teilnehmerin zu ihrer künftigen Tätigkeit als Teamleiterin? Die niedrigen Werte für Teamorientierung und Soziabilität zeigen, dass sie ihr Selbstbild zum Erhebungszeitpunkt stark durch Einzelkämpfertum und durch geringe Präferenz für Sozialverhalten bestimmt sieht. Sie scheint für eine in der Managementliteratur vertretene Position zu stehen, nach der Frauen sich dem konservativen maskulinen Managerbild anpassen müssen, um erfolgreich zu sein. Rastetter (1997, S. 46) karikiert diese Position mit den Worten:

> Konservative Werte wirken sich aufstiegsbegünstigend aus. Gefühle zeigen ist nicht förderlich. Killerinstinkte und der Wille zur Macht sind nötig. Jede Frau, die aufsteigen will, muss sich ändern und kämpfen. Dafür braucht sie die gleichen Charakterzüge wie ein Mann: Konkurrenzbereitschaft, Unabhängigkeit, Erfolgsorientierung, Einzelkämpfertum, Ehrgeiz, sich selbst darstellen, von sich überzeugt sein.

Demgegenüber richten sich die Anforderungen der neuen Stelle eher auf die gegenteilige Position: das »soft skills«-Ideal, das ebenfalls in der Managementliteratur vertreten wird (vgl. Schauffler, 2000). Frauen sollten danach *gerade* wegen ihrer Beziehungsorientierung für Führungsaufgaben infrage kommen. Die ersten Beratungsgespräche konzentrieren sich daher auf die Themen Teamorientierung und soziale Kompetenz. Hat sie die mit der neuen Tätigkeit verbundenen Anforderungen als Teamleiterin erkannt? Wie wichtig ist ihr die Übernahme von Führungsverantwortung und Teamorientierung? Nächster Schritt im Coaching ist die Vorbereitung auf die ersten Gespräche mit ihren zukünftigen Mitarbeitern. Während der Phase, in der sich ihr Team bildet, stellt sich Frau B. immer mehr auf ihre neuen Aufgaben ein. Sie nimmt sich vor, die Mitarbeiter »ins Boot« zu holen, sich Zeit für Gespräche mit ihnen zu nehmen und sich von Anfang an um ihre Anliegen zu kümmern.

Experimentieren im Rollenspiel

Das bloße Sprechen über die angestrebten Ziele im Coaching reicht oft nicht aus, um eine tatsächliche Veränderung von Verhaltensweisen im beruflichen Kontext zu erreichen. Das Verhalten im Rollenspiel und das damit verbundene Ausprobieren neuer Verhaltensweisen stellt deshalb einen zentralen Baustein des Persönlichkeitscoachings dar.

Mit Frau B. werden verschiedene videogestützte Rollenspiele zum Themenbereich *sozial kompetenter Umgang mit anderen* durchgeführt, die alle ihrem beruflichen Alltag entnommen sind und die sich auf die BIP-Dimensionen beziehen. Im Eingangsrollenspiel erhält die Teilnehmerin die Aufgabe, ein klärendes Gespräch mit zwei streitenden Mitarbeitern – gespielt vom Coach und einer Co-Trainerin – zu führen. Frau B. konkretisiert ihre Coachingziele folgendermaßen: Sie nimmt sich für das Rollenspiel vor, offene Fragen zu stellen, aktiv und geduldig zuzuhören (durch Mimik und Gestik ihr Interesse zu signalisieren), die eigenen Redeanteile zu kontrollieren (d. h. ihre Gesprächspartner ausreden zu lassen) und sich gegenüber den Anliegen der Mitarbeiter verständnisvoll und einfühlsam zu erweisen.

Bei der Betrachtung des videografierten Rollenspiels nimmt Frau B. zunächst hauptsächlich die »Schwachstellen« ihres Interaktionsverhaltens wahr. Sie kritisiert beispielsweise, dass sie ihren Mitarbeitern häufig ins Wort gefallen sei und dass man ihr ihre Ungeduld über deren »Probleme« deutlich ansehe. Sie wird angeleitet, auch auf die positiven Seiten ihres Verhaltens zu achten, um sich so der eigenen Ressourcen stärker bewusst zu werden. Dabei kommt ihre ausgeprägte Kontaktfähigkeit und ihr selbstdarstellerisches Geschick zur Sprache. So fällt es ihr z. B. leicht, vorhandene Spannungen durch Humor und Witz aufzulockern und eine angenehm-entspannte Gesprächsatmosphäre herzustellen.

In weiteren Rollenspielen experimentiert Frau B. mit für sie eher ungewohnten Kommunikationsformen: Wie verläuft beispielsweise ein Gespräch, in dem sie hauptsächlich zuhört und nicht direktiv eingreift? Zwischen den Coachingsitzungen beginnt sie außerdem, die mit dem Coach erprobten Möglichkeiten in beruflichen Alltagssituationen umzusetzen. Ihre »on the job« gesammelten Erfahrungen werden wiederum im Coaching thematisiert. Gegen Ende des Coachings scheint es ihr nicht mehr schwer zu fallen, die mit Team- und Mitarbeiterorientierung verbundenen Verhaltensweisen situationsadäquat einzusetzen.

11 Der Streit der Ismen: Dispositionismus, Situationismus, Interaktionismus

Dies allein ist schon sehr bemerkenswert: Ein Professor für Psychologie an der Stanford University schreibt ein Buch mit einem überhaupt nicht spannenden Titel und in einem überhaupt nicht spannenden Stil, löst mit dem Buch aber eine heftige jahrzehntelange Debatte aus, in deren Rahmen er ebenso als Befreier vom Diktat der Eigenschaften gefeiert wie als Totengräber seiner eigenen Disziplin angefeindet wird. Die Rede ist von Walter Mischel, der mit seinem Buch »Personality and assessment« (1968) die Person-Situations-Kontroverse heraufbeschwor.

11.1 Mischels Attacke auf traditionelle Persönlichkeitstheorien: Person versus Situation

In dem Buch kritisierte er die damals vorherrschenden eigenschaftsorientierten und psychodynamischen Persönlichkeitstheorien und forderte eine stärkere Berücksichtigung von Situationen als Auslöser von Verhalten. Die Position, gegen die Mischel ankämpfte, wird auch als Dispositionismus bezeichnet. Mit Dispositionen sind die dem beobachtbaren Verhalten zugrunde liegenden, latenten Einflussgrößen wie Eigenschaften, Einstellungen, Motive etc. gemeint. Es prallen also zwei Positionen aufeinander: Dispositionismus und Situationismus. Aus beiden Extremrichtungen entwickelte sich als dritte Position der Interaktionismus, der die Wechselwirkung zwischen Disposition und Situation in den Mittelpunkt stellt. Wegen der Endung »ismus« spricht Graumann (1975) vom »Streit der Ismen«.

Wie konnte dieses Buch eine derartige Wirkung entfalten, die in der Persönlichkeitspsychologie ohne Beispiel ist? Es mag sein, dass viele Psychologen unzufrieden waren mit den Ergebnissen und Erhebungsverfahren traditioneller Theorien, die sich auf internale Strukturen konzentrierten. Vermutlich forderte auch der Zeitgeist eine Verlagerung des Schwerpunkts von Eigenschaften zu Situationen, wie Pervin (1981) annimmt. Sicherlich war nicht zuletzt von Bedeutung, dass Mischel die traditionellen Theorien nicht nur kritisierte, sondern zusätzlich eine attraktive Alternative anbot: die Theorie des sozialen Verhaltens, die versucht, allgemeine Gesetzmäßigkeiten zwischen Einflüssen aus der Umwelt und Verhaltensänderungen zu entdecken (Mischel, 1968).

11.1.1 Zur Person von Walter Mischel

Walter Mischel wurde 1930 in Wien geboren. Er selbst betont, dass er als Kind in der Nähe von Sigmund Freuds Wohnung in der Bergstraße gespielt hat. Aufgrund der politischen Verhältnisse verließen seine Eltern mit ihm 1939 Österreich. Als Student am City College in New York faszinierte ihn zunächst die Lektüre Freuds:

> Aber mein Interesse ließ nach, als ich diese Ideen bei meiner Arbeit als Sozialarbeiter mit jugendlichen Straftätern in der New Yorker East Side anwenden wollte: Wenn ich versuchte, den Jugendlichen ›Einsicht‹ zu vermitteln, dann half das weder mir noch ihnen. Die psychoanalytischen Konzepte passten nicht auf das, was ich sah, und ich suchte nach brauchbaren (Mischel, 1978; zitiert nach Pervin et al., 2005, S. 519).

Mischels pointierte Kritik an psychodynamischen und eigenschaftsorientierten Persönlichkeitstheorien hat viele Persönlichkeitspsychologen veranlasst, ihn als radikalen Situationisten zu bezeichnen, der Eigenschaften durch Situationen ersetzen wolle. Einige werfen ihm sogar vor, durch seine Beiträge Argumente für eine Abschaffung des Fachs »Persönlichkeitspsychologie« geliefert zu haben. Mischel (1979, S. 740) selbst hat zu solchen Bewertungen Stellung genommen:

> Meine Absichten, dieses Buch zu schreiben, bestanden nicht darin, die Persönlichkeit zu vernichten, sondern die Individualität und Einzigartigkeit jeder Person gegen das zu verteidigen, was ich als die damals weit verbreitete Form klinischer Feindseligkeit ansah: die Tendenz, wenige Verhaltensweisen zu benutzen, um Personen dauerhaft in festgelegte Positionen auf vom Beurteiler bevorzugte nomothetische Eigenschaftsdimensionen einzuordnen, und die Annahme, dass diese Positionen hinreichend informativ sind, um spezifisches Verhalten vorherzusagen und weitreichende Entscheidungen über das ganze Leben einer Person zu treffen. Es war meine Absicht in *Personality and Assessment,* die möglichen Gefahren solcher Zuschreibungen, solcher Einordnungen zu belegen, die oft auf der Basis dürftiger Evidenz vorgenommen werden. Mein Ziel war es, auf die spezifischen reziproken Interaktionen [gegenseitige Wechselwirkungen] zwischen Person und Kontext und folglich auf die Notwendigkeit aufmerksam zu machen, die Feinheiten dieser Interaktionen im Detail zu untersuchen.

11.1.2 Schwerpunkte der Kritik von Walter Mischel

Worin genau bestand nun Mischels Kritik an den traditionellen Persönlichkeitstheorien?

(1) Das Konsistenzproblem: Es gibt kaum Hinweise dafür, dass Verhalten über unterschiedliche Situationen hinweg konsistent ist.

Mischel hielt es für erwiesen, dass sich Menschen je nach Situation ganz unterschiedlich verhalten können. Dieselbe Person, die sich im Familienkontext einfühlsam, freigebig und hilfsbereit verhält, kann in anderen Situationen ausgesprochen aggressiv und egozentrisch handeln. Das Schlüsselkonzept, um das es hier geht, ist die *transsituative Konsistenz* des Verhaltens, also die Beständigkeit oder Stabilität des Verhaltens über unterschiedliche Situationen hinweg. Wenn die nicht gegeben sei, könne man kaum generelle, d. h. situationsübergreifende Eigenschaften annehmen.

Eine viel zitierte klassische Studie zur transsituativen Konsistenz oder Generalität von Persönlichkeitseigenschaften ist die von Dudycha (1936), der die Pünktlichkeit von Studenten untersuchte: Er registrierte, wie pünktlich sie beim Besuch von Sportveranstaltungen, von Festen, von Verabredungen oder von Lehrverstaltungen waren, die am frühen Morgen begannen. Die Korrelation zwischen den Abweichungen vom pünktlichen Eintreffen in den verschiedenen Situationen war gering (r = .19). Pünktlichkeit lässt sich daher nicht als generelle Eigenschaft auffassen, da eben pünktliches Verhalten situationsabhängig variierte.

Mischel führte in seinem Buch viele andere Untersuchungen auf, die gegen die transsituative Verhaltenskonsistenz sprechen. Inhaltlich waren ganz unterschiedliche Themenbereiche betroffen, z. B. Moral, Abhängigkeit, Rigidität, Aggression. Mischel bezog seine Kritik der transsituativen Konsistenz aber nicht auf alle Persönlichkeitsvariablen. Eine deutliche Ausnahme bilden seiner Meinung nach kognitive Fähigkeiten, wie sie bei der Lösung von Intelligenztestaufgaben gefordert werden. Solche Leistungen seien durch einen hohen Grad an transsituativer Konsistenz gekennzeichnet.

Bei der Kontroverse um die Konsistenz des Verhaltens unterschied Mischel deutlich zwischen zwei Konsistenz- oder Stabilitätsformen, die der *transsituativen* und der *temporären Konsistenz*. Zankapfel ist nur die transsituative Konsistenz, also die Stabilität des Verhaltens über *unterschiedliche* Situationen hinweg, nicht jedoch die temporäre Konsistenz, die für Stabilität über *gleiche* oder ähnliche Situationen im zeitlichen Verlauf steht (z. B. immer wieder pünktliches Verhalten beim Besuch der gleichen Lehrveranstaltung). Temporäre Konsistenz des Verhaltens ist empirisch gut nachgewiesen. Aufgrund der temporären Konsistenz allein besteht aber noch keine Notwendigkeit, auf Eigenschaften zu schließen: Verhalten – so Mischel – ist eben dann stabil, wenn die Umweltbedingungen stabil sind.

Die in vielen Untersuchungen demonstrierte geringe transsituative Konsistenz des Verhaltens widerspricht erstaunlicherweise dem Eindruck von Konsistenz, den wir als Alltagsmenschen haben. Wissenschaftlich gesehen gibt es offenbar viel weniger Konsistenz, als unsere intuitive Einschätzung uns glauben macht. Im Alltag neigen wir nach Mischel dazu, unseren Mitmenschen breit definierte Persönlichkeitseigenschaften wie Extraversion oder Ängstlichkeit zuzuschreiben, von denen wir mit großer Selbstverständlichkeit annehmen, dass sie über unterschiedliche Situationen hinweg für konsistentes Verhalten sorgen: Wir sagen, jemand sei extravertiert, weil wir erlebt haben, wie gesprächig und kontaktbereit er sich auf einer Geburtstagsfeier verhalten hat. Wir rechnen dann auch damit, dass er sich in einer ganz anderen Situation, z. B. in einer Reisegruppe mit ihm vorher nicht bekannten Mitgliedern, ähnlich verhält. Diese Diskrepanz zwischen intuitiver Evidenz und nachgewiesener Inkonsistenz bezeichnet Mischel als *Konsistenzparadox.*

Das Paradox löst sich auf, wenn man zeigen kann, dass die Intuition falsch oder fragwürdig ist. In dieser Absicht haben einige Autoren versucht, Eigenschaften als Irrtümer, als Erfindungen eigenschaftsfixierter Persönlichkeitspsychologen zu interpretieren. Solche Ansätze, die die Position von Mischel untermauern, sind im Abschnitt 11.2 dargestellt. In der Tat stellt sich die Frage: Warum konstruiert der Alltagsmensch und mit ihm der eigenschaftsorientierte Persönlichkeitspsychologe Eigenschaften, obwohl doch die empirische Evidenz – zumindest nach Befunden des Situationismus – dagegen spricht? Was also hält den Glauben an Eigenschaften aufrecht?

(2) Das Validitätsproblem: Mit diagnostischen Verfahren, die sich auf Eigenschaftstheorien (z. B. Persönlichkeitsfragebogen) oder psychodynamische Theorien (z. B. projektive Verfahren) stützen, lässt sich das Verhalten nicht in zuverlässiger Weise vorhersagen.

Wenn z. B. Werte aus Fragebogenverfahren mit Kriterien korreliert werden, die aus einer anderen Datenquelle stammen (z. B. Beobachtungen des Verhaltens durch externe Beurteiler), ergeben sich Korrelationen in der Höhe von .20 bis .30. Solche Korrelationen – »Persönlichkeitskoeffizienten« wie Mischel (1968, S. 78) sie abschätzig genannt hat – sind zu niedrig, um für die Vorhersage individuellen Verhaltens von Bedeutung zu sein. Sie haben – mit anderen Worten – eine zu geringe Vorhersagevalidität (Vorhersagegültigkeit). Mit dieser Aussage wurde der Wert der herkömmlichen Persönlichkeitsdiagnostik stark in Zweifel gezogen. Die Kritik an der Vorhersagevalidität persönlichkeitsdiagnostischer Verfahren entspricht der Auffassung, dass globale Eigenschaften wie Extraversion-Introversion, Aggressivität oder Ängstlichkeit im Wesentlichen Übergeneralisierungen, wenn nicht sogar Irrtümer darstellen. Nach dieser Sichtweise ist es nicht verwunderlich, dass sie als Prädiktoren für reales Verhalten untauglich sind.

11.2 Was hält den Glauben an Eigenschaften aufrecht?

Mischels kritische Aussagen über Eigenschaften lassen sich u. a. mit Ergebnissen der Attributionsforschung untermauern. Was sind Attributionen? Angenommen, Sie stehen in einem überfüllten Saal, jemand tritt Ihnen auf den Fuß. War es ein Missgeschick oder eine absichtliche Handlung? Wenn Sie es für ein Missgeschick halten, lachen Sie kurz auf und sagen, es sei nicht so schlimm. Wenn Sie der Ansicht sind, es sei absichtlich geschehen, dann blicken Sie den Betreffenden möglicherweise scharf an oder stellen sich woanders hin oder Sie treten zurück. Die von Ihnen wahrgenommenen Ursachen des Verhaltens der anderen Person bestimmen also Ihre Reaktion. Mit anderen Worten: Ihre Reaktion hängt von Ihrer kausalen Beurteilung ab. Natürlich kann Ihre Schlussfolgerung auch falsch sein: Vielleicht hat die Person Sie absichtlich getreten, sich aber höflich entschuldigt, um ihre Absicht zu verbergen. Gleichwohl stützte sich Ihre Reaktion auf diese falsche Schlussfolgerung.

Die Attributionsforschung beschäftigt sich mit der Zuschreibung von Ursachen eigenen und fremden Verhaltens. Ziel ist es, die naive Verhaltenserklärung, die der Alltagsmensch vornimmt, für die wissenschaftliche Psychologie nutzbar zu machen. Denn Grundüberzeugung der Attributionstheoretiker ist, dass die Ursachenzuschreibungen des Alltagsmenschen sein Verhalten entscheidend beeinflussen. Wissenschaftlich befriedigende Erklärungen und Vorhersagen des Verhaltens sind nur möglich, wenn solche *Kausalattribuierungen* in psychologische Theorienbildungen einbezogen werden.

11.2.1 Eigenschaften als kognitive Irrtümer: die attributionstheoretische Kritik

Es gibt eine große Vielfalt attributionstheoretischer Ansätze. Von besonderer Bedeutung für die Klärung des Eigenschaftsproblems erwies sich ein Beitrag von Jones und Nisbett (1971). Die Autoren stimmen mit Mischel in der Annahme überein, dass Eigenschaften mehr in den Köpfen der Beobachter als in der handelnden Person zu »finden« sind: Das Studium von stabilen Eigenschaften verrät uns also mehr über die Gedanken und Vorstellungen des eigenschaftszentrierten Persönlichkeitspsychologen als über das Verhalten derjenigen, denen er solche stabilen Eigenschaften zuschreibt. Mit welchen Argumenten belegen Jones und Nisbett ihren für Persönlichkeitspsychologen wenig schmeichelhaften Standpunkt?

(1) Verzerrungen aufgrund selektiver Information: Viele Personen nehmen wir nur in wenigen Rollen und in wenigen Situationen wahr. So haben wir z. B. mit vielen Menschen beruflich zu tun, kennen jedoch nicht ihr Verhalten im privaten Bereich. Von ihrem zeitlich stabilen Verhalten in solchen immer wiederkehrenden Situationen

schlussfolgern wir dann auf Persönlichkeitseigenschaften. Fazit: Wenn Rollenanforderungen oder situative Faktoren beispielsweise angepasstes oder feindseliges oder mutiges oder ehrfürchtiges Verhalten hervorrufen, neigen wir als Beobachter dazu, das jeweilige Individuum als angepasst oder feindselig oder mutig oder ehrfürchtig einzuschätzen.

(2) Verzerrungen aufgrund fehlerhafter Informationsverarbeitung: Die Neigung zur Konsistenz spielt beim Beobachter bei der Zuschreibung von Eigenschaften eine große Rolle. Von einer Person, die in einer Situation aggressiv handelt, wird auch in anderen Situationen aggressives Verhalten erwartet. Der Beobachter fällt also schon vorzeitig eine Entscheidung über mögliche Eigenschaften des Handelnden. Inkonsistente Informationen werden häufig konsistent gemacht, indem Gegenargumente ignoriert werden. Wir tendieren auch dazu, Personen als physisch-psychische Ganzheiten wahrzunehmen. Die einfache Tatsache, dass ein Mensch über einen längeren Zeitraum und über viele Situationen hinweg körperlich weitgehend gleich bleibt, fördert den Eindruck, dass auch sein Verhalten und die davon abgeleiteten Eigenschaften gleich bleiben.

(3) Sprachliche Verzerrungen: Die Sprache erleichtert es, auf Eigenschaften zu schließen. Wir verwenden den gleichen Begriff – z. B. aggressiv – für die Benennung des Verhaltens und für die Benennung der entsprechenden Eigenschaft. Wenn wir die Handlung einer Person als aggressiv einschätzen, so liegt es nahe, einen Schritt weiterzugehen und von einer aggressiven Person zu sprechen (vgl. Punkt 1). Es bleibt aber nicht bei dem vorschnellen Schluss auf eine einzelne Eigenschaft. Die verschiedenen Eigenschaften werden als zusammenhängend aufgefasst: »Wir tragen Muster von Eigenschaftskorrelationen in unseren Köpfen herum oder – um es traditioneller auszudrücken – wir haben implizite Persönlichkeitstheorien« (Jones & Nisbett, 1971, S. 90). Wenn wir z. B. jemanden von seiner äußeren Erscheinung her als schön beurteilen, neigen wir dazu, ihn auch als ausgeglichen, sozial kompetent und intelligent einzuschätzen. Hier zeigt sich, dass vorgefasste Schemata auf unsere Wahrnehmung von Zusammenhängen zwischen Eigenschaften einwirken. Hinzu kommt, dass unsere Sprache reich an Eigenschaftsbegriffen ist, aber vergleichsweise arm an Begriffen, mit denen wir Situationen beschreiben können.

(4) Die Seltenheit der Nichtbestätigung: Je besser wir jemanden kennen, desto geringer ist die Gefahr der unangemessenen Eigenschaftszuschreibung. Aber der Einfluss neuer zusätzlicher Informa-

tionen, der dazu führen könnte, dass eine einmal erfolgte Eigenschaftszuschreibung nicht bestätigt wird, ist eher gering. Wenn wir uns einmal entschlossen haben, eine Person als *feindselig* anzusehen, neigen wir dazu, viele unterschiedliche Verhaltensweisen als Unterstützung für diese Zuschreibung zu interpretieren, sogar wenn diese Verhaltensweisen das Gegenteil von *feindselig* implizieren: Das freundliche Verhalten der »feindseligen« Person kann z. B. als unechtes, manipulatives Verhalten gedeutet werden. Wir sind also ziemlich »gut« darin, Eigenschaftszuschreibungen trotz entgegengesetzter Evidenz beizubehalten.

11.2.2 Verhaltensursachen aus der Sicht des Handelnden und des Beobachters

Bisher stand die Beurteilung des Verhaltens anderer Personen im Mittelpunkt. Welche Erklärungen bevorzugen wir nun, wenn wir uns selbst beurteilen? Als Beurteiler unseres eigenen Verhaltens berücksichtigen wir nach Jones und Nisbett primär situative Gegebenheiten. Die Auffassung von unserem eigenen Handeln scheint damit der Konzeption von Mischel sehr nahe zu kommen, der ja die besondere Rolle situativer Verhaltensauslöser betont. Wir haben ziemlich viele differenzierte Informationen über uns selbst und über die Komplexität der Situationen, in denen wir uns befinden, während wir von anderen Personen nur Verhaltensausschnitte kennenlernen und davon ausgehend zu Übergeneralisierungen neigen. Jede Stichprobe des Verhaltens anderer Personen betrachten wir als typisch für sie. Als Alltagsmenschen operieren wir sozusagen im Stil von Eigenschaftspsychologen, die in *nomothetischer* Weise Beurteilungen auf allgemeinen, breit gefassten Eigenschaftsdimensionen vornehmen (vgl. Kontroverse 1). Als Handelnde dagegen bevorzugen wir in unserer Selbstbeurteilung ein *idiographisches* Vorgehen. Wenn wir uns überhaupt Eigenschaften zuschreiben, dann stützen wir uns eher auf *persönliche Dispositionen* (vgl. Allport, 1970 und Kap. 7.3), die aus aufeinander bezogenen individuellen Zielen, Strategien und Wertvorstellungen bestehen, aber keine übergreifenden Reaktionsbereitschaften im Sinne der nomothetischen Eigenschaftsauffassung darstellen.

Welche empirischen Belege können Jones und Nisbett für ihre Überlegungen anführen? In einer Untersuchung von Nisbett, Caputo, Legant und Marecek (1973) wurden Studenten gebeten, in kurzen Aufsätzen zu begründen, (a) warum sie ein bestimmtes Studienfach gewählt hatten und (b) warum sie ihre Freundin besonders schätzten. In gleicher Weise sollten sie die entsprechenden Vorlieben ihres besten Freundes begründen. Hypothesengemäß hing die eigene Wahl eher mit den Merkmalen des Studienfachs bzw. der Freundin zusammen, während die Präferenzen des Freundes für Studienfach und Freundin eher auf dessen Eigenschaften zurückgeführt wurden. In einer anderen Untersuchung von Nisbett et al. (1973) wurden Teilnehmer gebeten, sich selbst und andere Personen mithilfe von zwanzig bipolaren eigenschaftsbezogenen Adjektiven zu beurteilen (z. B. reserviert-emotional expressiv; nachsichtig-streng). Bei jedem Adjektivpaar hatten sie auch die Möglichkeit »hängt von der Situation ab« anzukreuzen. Hauptergebnis war, dass die Teilnehmer andere Personen häufiger mit einem der beiden Adjektive beschrieben, während sie für sich selbst häufiger die Situationsbedingtheit in Anspruch nahmen. Im Sinne von Jones und Nisbett scheinen wir als naive Alltagspsychologen also davon auszugehen, dass andere Personen mehr Eigenschaften als wir selbst »besitzen«.

Insgesamt gesehen weisen die attributionstheoretischen Überlegungen und Untersuchungen darauf hin, dass mit Verzerrungen zu rechnen ist, je nachdem, ob wir als Handelnde oder als Beobachter bei der Einschätzung von Verhalten fungieren. Dies sollte aber nicht so interpretiert werden, dass unsere Einschätzungen hinsichtlich konsistenten Verhaltens bei anderen Personen überwiegend auf fehlerhaften Urteilen beruhen. Abgesehen von fehlerhaft konstruierten Konsistenzen gibt es auch Konsistenzen, die einer Nachprüfung standhalten. Professionelle Beobachter können außerdem durch ein entsprechendes Training Attribuierungsfehler vermeiden oder zumindest reduzieren.

11.3 Lösungsvorschläge: Person und Situation

Eigenschaften im Wesentlichen als kognitive Irrtümer aufzufassen stellt einen sehr radikalen Weg dar, mit der von Mischel beschriebenen Eigenschaftsproblematik umzugehen. Nachhaltiger ist die Persönlichkeitspsychologie durch Lösungsversuche beeinflusst worden, die eine Vermittlung zwischen Situationismus und Dispositionismus anstreben. Vielfach ist damit auch die Einführung neuer Methoden der Erhebung und Analyse von Daten verbunden gewesen. Eigenschaftstheoretische Positionen wurden dabei im Hinblick auf situative Determinanten neu interpretiert oder präzisiert, aber nicht grundsätzlich aufgegeben. Aus der Fülle der z. T. originellen Vorschläge seien hier einige wenige aufgeführt. Sie betreffen sowohl das Konsistenz- als auch das Validitätsproblem (siehe Abschnitt 11.1.2 sowie Amelang et al., 2006). Die Versuche, diese beiden von Mischel aufgeworfenen Probleme in den Griff zu bekommen, sind meist eng miteinander verbunden: Als Erstes kann man versuchen, einen Test zu entwickeln, um die jeweilige Persönlichkeitseigenschaft in valider Weise zu erfassen. Gestützt auf die Testwerte der untersuchten Personen lassen sich dann Vorhersagen über den Grad der Konsistenz des Verhaltens in unterschiedlichen Situationen machen.

11.3.1 Genotyp und Phänotyp

Nach Meinung vieler Kritiker ist Mischel viel zu wenig darauf eingegangen, dass Konsistenz zwar nicht auf der Verhaltensebene, dafür aber auf der Ebene von Konstrukten demonstriert werden kann. Personen müssen sich nicht unbedingt in unterschiedlichen Situationen gleich oder ähnlich verhalten. Ängstlichkeit z. B. kann sich dadurch manifestieren, dass jemand in für ihn bedrohlichen Situationen sehr viel spricht, oder dadurch, dass er kein Wort herausbringt. Damit wird ein Unterschied gemacht zwischen *Genotyp* und *Phänotyp*: Genotyp (ursprünglich die Gesamtheit der Erbanlagen) bezeichnet die basalen internen Eigenschaften, die in ganz unterschiedlichen Formen – als Phänotypen – verhaltensmäßig in Erscheinung treten können. So überzeugend die Suche nach genotypischen Eigenschaften auch sein mag, sie darf aber nicht als eine Art Generalausrede zur Erklärung von inkonsistenten Verhaltensweisen dienen. Sie sollte auch nicht von der Beachtung primär situationsbedingter Verhaltensauslösung ablenken.

11.3.2 Starke und schwache Situationen

Die häufig gestellte Frage, ob Eigenschaften oder Situationen wichtiger für die Erklärung oder die Vorhersage von Verhalten sind, ist irreführend und nicht zu beantworten. Von großem Interesse ist dagegen die Frage: Unter welchen Bedingungen üben Situationen einen starken Einfluss aus, und umgekehrt: Unter welchen Bedingungen erweisen sich die Eigenschaften von Personen als besonders einflussreich? Mischel selbst (1977a) hat zu dieser Grundfrage Stellung genommen und vorgeschlagen, zwischen starken und schwachen Situationen zu unterscheiden: Bestimmte Situationen sind »stark« in dem Sinn, dass sie von Personen in nahezu uniformer Weise interpretiert werden. Dadurch engen sie den Verhaltensspielraum so weit ein, dass individuelle Unterschiede gering werden.

Rotlicht bei Verkehrsampeln stellt für Kraftfahrer solch eine Situation dar. Die Farbe der Verkehrsampel ist zur Vorhersage des Verhaltens der Kraftfahrer[1] viel entscheidender als die Kenntnis des Ausmaßes ihrer Konformität oder Gewissenhaftigkeit. Andere Beispiele betreffen Experimente in der Psychologie, in denen die Probanden mit »starken« Drucksituationen konfrontiert wurden (vgl. das Zimbardo-Experiment, Kap. 1.2).

In dem Zimbardo-Experiment wurde das Verhalten von Studenten untersucht, die in einem Schein-Gefängnis entweder die Rolle eines Wärters oder die eines Gefangenen übernehmen sollten. Auf der Basis von intensiv durchgeführten Interview- und Fragebogenerhebungen waren die Teilnehmer sorgfältig ausgewählt worden: Nur die in physischer und psychischer Hinsicht stabilsten Studenten, die zugleich am wenigsten durch antisoziale Verhaltensweisen in ihrer Biografie aufgefallen waren, durften am Experiment teilnehmen. Trotzdem zeigten einige Teilnehmer später in der Wärterrolle extrem antisoziales Verhalten. Aus diesem Ergebnis folgerten die Autoren, dass das Verhalten der »Wärter« nicht individuellen Unterschieden auf allgemeinen Persönlichkeitsdimensionen (z. B. Empathie, rigides Festhalten an konventionellen Wertvorstellungen, Machiavellismus) zugeschrieben werden könne. Der situative Druck, nicht dagegen die schon vor der Rollenzuordnung vorhandenen Unterschiede in den Persönlichkeitseigenschaften, hatte die Teilnehmer zu dem extremen Verhalten veranlasst (vgl. Mischel, 1977a).

Dagegen sollen sich Persönlichkeitseigenschaften dann massiv auswirken, wenn die Situationen »schwach« sind, also uneindeutig und wenig strukturiert. Solche Situationen rufen keine einheitlichen Erwartungen über die Angemessenheit des Verhaltens hervor: Sie können von unterschiedlichen Personen verschiedenartig interpretiert werden und lösen dementsprechend ganz heterogene Reaktionen aus (Mischel, 1977a). Paradebeispiele sind die Bilder des *Thematischen Apperzeptionstests* (TAT, vgl. Abb. 11.1). *Apperzeption* bedeutet das Zuweisen von Bedeutungen. Die Probanden erhalten die Aufgabe, zu jedem Bild, eine Geschichte zu erzählen. Ein- und dasselbe TAT-Bild kann bei verschiedenen Probanden ganz unterschiedliche Geschichten stimulieren. Als einem projektiven Test liegt dem TAT die Hypothese zugrunde, dass die Probanden sich mit den dargestellten Personen identifizieren und ihre eigenen Wün-

---

1 Dieses Beispiel von Mischel trifft nicht für alle Länder zu. Wie jeder Tourist weiß, variiert die »Stärke« roter Ampeln allein in den europäischen Staaten beträchtlich.

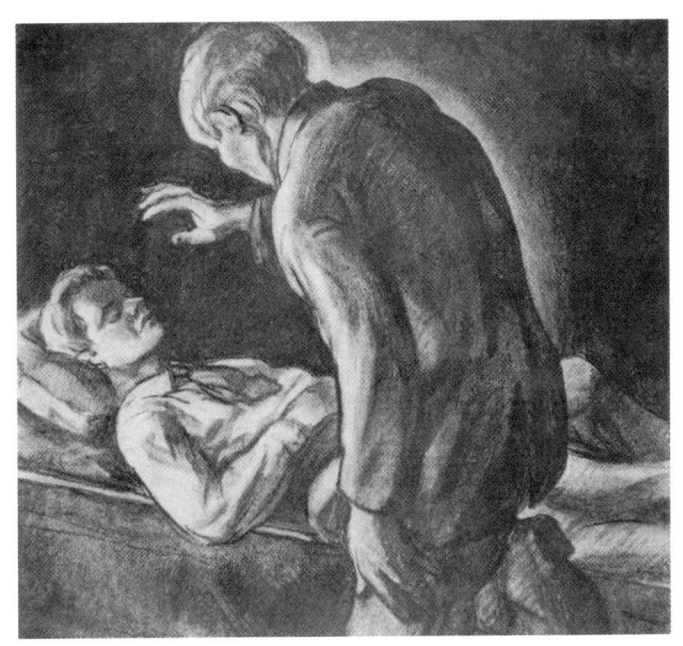

Abb. 11.1 TAT-Bild als »schwache« Situation
Individuelle Unterschiede treten in Form heterogener Geschichten deutlich hervor.

sche, Motive, Konflikte etc. in den Geschichten zum Ausdruck bringen.

(1) Der Mann im Vordergrund ist ein verzweifelter Vater. So viele Ärzte hat er mit seinem Sohn schon aufgesucht, aber keiner konnte dem Sohn helfen. Mit Chemie, Vereisung, Operationen haben sie es probiert und viel Geld dafür ausgegeben – aber die Warzen sind immer wieder zurückgekommen. Kürzlich hat der Vater einen Hypnoseworkshop besucht. Er hofft, dass sich die Warzen durch Suggestion auflösen lassen.

(2) Das Mädchen, das da liegt, ist krank. Den ganzen Tag über hatte sie hohes Fieber. Ihr Opa singt ihr gerade ihr Lieblingsschlaflied vor: »Schlaf Kindlein, schlaf! Da draußen stehen zwei Schaf« – so wie in alten Zeiten, als sie noch ein kleines Kind war. Erschöpft, aber mit einem Lächeln schläft sie jetzt ein.

(3) Kein schönes Bild: Der Mann im Vordergrund will die junge Frau, die friedlich schläft, umbringen. Er bewegt die rechte Hand über die Augen der Frau, um sicherzustellen, dass sie wirklich schläft. Mit der linken Hand holt er ein Messer hervor, er ist nämlich Linkshänder. Der Täter ist bestimmt ein Serienkiller. Mit Profiler-Methoden wird man ihn aber bald erwischen.

(4) Ganz offensichtlich eine Szene aus Star-Trek-Voyager: Der Mann hier ist der Holodoc, das medizinisch-holografische Notfallprogramm. Er will Captain Janeway helfen, die aus mysteriösen Gründen in ein Koma fiel. Er versucht es mit vulkanischen Geistesverschmelzungstechniken. Aber warum haben sie keine Star-Trek-Uniformen an? Also entweder sind sie auf einem fremden Planeten gestrandet und wollen sich unauffällig unter die Einheimischen mischen oder sie sind in eine Spalte im Raum des Paralleluniversums gelangt, wo man sich technisch auf dem Niveau des 19. Jh. befindet.

11.3.3 Erhöhung von Selbstaufmerksamkeit

Mischel hat die Gültigkeit von Selbstberichten für die Vorhersage von Verhalten in Zweifel gezogen. Für die begrenzte Brauchbarkeit von Selbstberichten für die Verhaltensvorhersage sprechen viele Gründe. Wicklund (1979) vermutet, dass Personen möglicherweise nicht genügend über sich nachdenken, bevor sie Selbstauskünfte geben. Wicklunds Theorie der Selbstaufmerksamkeit impliziert, dass Personen dann genauer über sich berichten, wenn sie sich im Zustand der Selbstaufmerksamkeit befinden. Eine selbstaufmerksame Person neigt dazu,

> ... ihren Selbstbericht mit vergangenem und/oder künftigem Verhalten in Übereinstimmung zu bringen, wodurch wir eine höhere Korrelation zwischen Selbstbericht und Verhalten zu erwarten hätten (Wicklund, 1979, S. 401).

Wenn Personen also die Gelegenheit erhalten, über sich nachzudenken, bevor sie über sich berichten, soll dies die Vorhersage verbessern. Diese Hypothese wurde in einer Reihe von Experimenten überprüft. In einem Versuch füllten männliche Probanden einen Fragebogen über Soziabilität aus, mit dem die Bereitschaft zu freundlichem und harmonischem Verhalten Mitmenschen gegenüber erfasst wurde. Bei der Hälfte der Personen stand auf dem Tisch ein Spiegel (Bedingung der selbstzentrierten Aufmerksamkeit): Das mit dem Blick in den Spiegel verbundene Nachdenken über die eigene Soziabilität sollte dazu führen, dass die Probanden ihren Selbstbericht im Fragebogen in Übereinstimmung zu ihrem bisherigen Soziabilitätsverhalten bringen. Wenige Tage später wurde das tatsächliche Soziabilitätsverhalten der Probanden in der Interaktion mit einer Studentin erfasst. Hauptergebnis war, dass die Korrelation zwischen Fragebogenwert und Verhalten nur für diejenigen Probanden ausgeprägt war, die bei der Fragebogenbearbeitung in den Spiegel schauen konnten. In der Kontrollbedingung ohne Spiegel ergab sich kein substanzieller Zusammenhang. Die Induktion selbstzentrierter Aufmerksamkeit erhöht also die Vorhersagegültigkeit eines Selbstberichts.

11.3.4 Idiographische Lösungen in Form der Selbsteinschätzung von Konsistenz

In der Konsistenzproblematik manifestierten sich die Schwierigkeiten einer rein nomothetisch betriebenen Persönlichkeitspsychologie, denn die von Mischel kritisierten niedrigen transsituativen Konsistenzen ergeben sich als Resultat aus Untersuchungen, in denen Gruppen von Personen herangezogen wurden. Berücksichtigt man jedoch das einzelne Individuum, zieht man also idiographische Prinzipien heran, gelangt man zu einer ganz anderen Sicht des Konsistenzproblems und kommt zu brauchbaren Lösungsvorschlägen. Derartige »neo«-idiographische Lösungsversuche berufen sich auf G. W. Allport. In vielen Darstellungen der »anti-traitistischen« Position Mischels bleibt unerwähnt, dass auch er von einer Übernahme idiographischer Prinzipien sensu Allport den Nachweis von Verhaltenskonsistenz erwartet:

> (…) obwohl Konsistenzen mit Sicherheit bei jedem Menschen zu finden sind, sind sie tendenziell etwas sehr Individuelles … ein Umstand, der nomothetische Vergleiche allgemeiner Eigenschaften schwierig macht und der die Einzigartigkeit unterstreicht, die Gordon Allport schon seit langem betont. (Mischel, 1977b, S. 253).

Bem und Allen (1974), von denen eine der einflussreichsten, auf Gedanken Allports beruhenden Analysen des Konsistenzproblems stammt, baten ihre Probanden, die Konsistenz ihres Verhaltens selbst einzuschätzen. Sie stellten z. B. die Frage: »Wie sehr variieren Sie von Situation zu Situation in Ihrer Freundlichkeit und Offenheit?« Ihr viel beachtetes Ergebnis war, dass für Personen, die sich als merkmalskonsistent beschrieben, höhere Validitätswerte erzielt wurden als für merkmalsinkonsistente Personen. Dieser ebenso einfache wie originelle Weg lässt sich als idiographisch in dem Sinn auffassen, dass über die Selbsteinschätzung der Konsistenz ein individuumsspezifisches Urteil über die Relevanz und die Brauchbarkeit einer Eigenschaft für die Verhaltensvorhersage erfolgt. Im Unterschied zu Allports Konzeption persönlicher Dispositionen werden allerdings allgemeine Eigenschaften vorgegeben. Andere Forscher nähern sich der Konzeption persönlicher Dispositionen stärker an, indem sie ohne Vorgaben diejenigen Eigenschaften erfragen, von denen der Proband meint, dass sie ihn am treffendsten charakterisieren (vgl. Amelang & Borkenau, 1984).

Dem Ansatz von Bem und Allen wurde von Anfang an auch große Relevanz für die diagnostische Praxis beigemessen. Man hofft, zumindest für den Teil der Probanden, die sich merkmalskonsistent einstufen, die Präzision eigenschaftsgestützter Vorhersagen erheblich verbessern zu können. Es geht schließlich um die Bestimmung derjenigen Untergruppe von Personen, für die Eigenschaftstests angemessen sind, weil sie sich durch die entsprechenden Eigenschaften charakterisiert sehen.

11.3.5 Bestimmung von Personengruppen mit hoher eigenschaftsgestützter Vorhersagbarkeit: Self-Monitoring

Die Studie von Bem und Allen war der Startschuss für viele andere Versuche, innerhalb einer Gesamtstichprobe diejenige Personengruppe zu identifizieren, die sich durch besondere Konsistenz bzw. Inkonsistenz kennzeichnen lässt. Exemplarisch soll hier auf das Persönlichkeitsmerkmal *Self-Monitoring* eingegangen werden. Self-Monitoring wird meist mit Selbstüberwachung übersetzt und meint die bewusste Beobachtung, Regulierung und Kontrolle der eigenen Darstellung gegenüber einem Publikum. Nach Snyder (1987) sind *starke Selbstüberwacher* besonders geschickt darin, ihre Selbstdarstellung zu kontrollieren und bei anderen einen gewünschten Eindruck hervorzurufen. Sie finden schnell heraus, welche Form der Selbstdarstellung in den verschiedenen Situationen am besten ankommt. So wird z. B. dem ehemaligen New Yorker Bürgermeister Fiorello LaGuardia die Fähigkeit nachgesagt, sich dem Interaktionsstil verschiedener ethnischer Gruppen anzugleichen (z. B. verschiedene Dialekte oder typische Gestik nachzuahmen). Der hohen Selbstdarstellungskompetenz von starken Selbstüberwachern entspricht eine ausgeprägte Wahrnehmungssensibilität, d. h., sie sind in der Lage, expressive Reaktionen anderer Personen richtig zu interpretieren.

Im Unterschied dazu erweisen sich *schwache Selbstüberwacher* als weniger aufmerksam gegenüber Informationen, die sich auf die Angemessenheit der Selbstdarstellung in verschiedenen Situationen beziehen. Bei den schwachen Selbstüberwachern entsprechen sich auch innere Befindlichkeit und Verhalten stärker: Ihr emotionales Ausdrucksverhalten wird also mehr durch ihren tatsächlichen emotionalen Zustand bestimmt. Sie streben nach einer Kongruenz zwischen dem »wer sie sind« und dem »was sie tun« – selbst wenn sie damit bei anderen Personen anecken. Verglichen mit den starken Selbstüberwachern variiert ihr Verhalten von Situation zu Situation weniger stark, sie verhalten sich demnach transsituativ konsistenter. Mit der größeren Kongruenz- und Konsistenzneigung ist nach Snyder eine geringere Kompetenz im Wahrnehmungs- und im Handlungsbereich verbunden. So weisen sie ein weniger reichhaltiges Repertoire an Selbstdarstellungstechniken auf.

Die Einteilung Snyders in eher situationsbezogene Personen (starke Selbstüberwacher) und eher innenorientierte Personen (schwache Selbstüberwacher) hat sich für die Lösung des Eigenschaftsproblems als sehr anregend erwiesen und viele Untersuchungen stimuliert. Folgt man der Konzeption Snyders, lässt sich das Verhalten von hohen Selbstüberwachern schlechter mit Eigenschaftstests wie z. B. Persönlichkeitsfragebogen vorhersagen als dasjenige von niedrigen Selbstüberwachern. Diese unterschiedliche Vorhersagbarkeit ist von großer Bedeutung für die praktische Diagnostik: Nur für einen Teil der Probanden – die schwachen Selbstüberwacher – ist es offenbar wirklich angebracht, Eigenschaftstests zur Verhaltensvorhersage einzusetzen. Nach Snyder müsste sich das Verhalten von starken Selbstüberwachern demgegenüber am ehesten über die Anforderungen der Situation prognostizieren lassen.

11.3.6 Bestimmung von Personengruppen mit hoher transsituativer Konsistenz: Persönlichkeitsstörung

Mischels Kritik an den traditionellen Eigenschaftstheorien betraf vor allem die These der transsituativen Konsistenz, also der Beständigkeit des Verhaltens über viele unterschiedliche Situationen hinweg. Gestützt auf empirische Studien aus thematisch heterogenen Bereichen (Pünktlichkeit, Ängstlichkeit, Abhängigkeit, Aggressivität etc.) konnte er zeigen, dass sich Menschen je nach Situation ganz unterschiedlich verhalten (vgl. Kap. 11.1.2). Sein Resümee bezieht sich aber auf »normale« Personen, die in der Lage sind, flexibel und adaptiv zu handeln. Könnte es aber nicht bestimmte Gruppen von Personen geben, deren besonderes Merkmal eine stark ausgeprägte transsituative Konsistenz ist, die deutlich vom Normalbereich abweicht und sich als unflexibel und nicht adaptiv erweist? Es fallen einem die Charaktere von Theophrast ein (vgl. Kap. 3.2.3): Der Taktlose wird tatsächlich in allen Situationen als taktlos beschrieben. Zweifellos zeichnen sich der Taktlose – und die 29 anderen Charaktere – durch eine extreme situationsübergreifende Konsistenz aus. Als literarische Charakterologie sind die Charaktere von Theophrast aber fiktiv und zudem karikaturhaft überzeichnet. Sucht man nach einem empirisch fundierten Beispiel für stark ausgeprägte Konsistenz, bietet sich die klinisch-psychologische Kategorie der

Persönlichkeitsstörungen an. Sie hat in den letzten Jahren in der Klinischen Psychologie und neuerdings auch in der Persönlichkeitspsychologie viel Aufmerksamkeit gefunden.

Im DSM-IV (Diagnostisches und statistisches Manual Psychischer Störungen), dem etablierten Diagnosesystem für psychische Störungen der American Psychological Association, werden Persönlichkeitsstörungen als extrem ausgeprägte Persönlichkeitszüge aufgefasst:

> *Persönlichkeitszüge* stellen überdauernde Formen des Wahrnehmens, der Beziehungsgestaltung und des Denkens über die Umwelt und über sich selbst dar. Sie kommen in einem breiten Spektrum sozialer und persönlicher Situationen und Zusammenhänge zum Ausdruck. Nur dann, wenn Persönlichkeitszüge unflexibel und unangepasst sind und in bedeutsamer Weise zu Funktionsbeeinträchtigungen oder subjektivem Leiden führen, bilden sie eine Persönlichkeitsstörung (Saß, Wittchen & Zaudig, 1998, S. 712).

Die Diagnose einer Persönlichkeitsstörung setzt die Erfüllung einer Reihe von Kriterien voraus. Beispielsweise muss gezeigt werden, dass eine deutliche Beeinträchtigung der Leistungsfähigkeit in sozialen, beruflichen oder anderen wichtigen persönlichen Situationen und Zusammenhängen vorliegt. Außerdem muss sich das gestörte Erlebens- und Verhaltensmuster als stabil und lang andauernd erweisen, und seine Entstehung kann wenigstens bis in das frühe Erwachsenenalter verfolgt werden. Für unser Thema am wichtigsten ist, dass sich das Erleben und Verhalten als *unflexibel* erweist und *andauernd in einem breiten Spektrum persönlicher und sozialer Situationen* auftritt. In der Terminologie von Mischel lässt sich demnach von einer stark ausgeprägten transsituativen Konsistenz sprechen!

In der einschlägigen Literatur werden inzwischen mehr als 100 Persönlichkeitsstörungen unterschieden (für einen Überblick siehe Fiedler, 2007). Die meisten theoretischen Ansätze beschränken sich aber auf 11 bis 12 distinkte Störungen, die auf der Basis von deskriptiven Ähnlichkeiten zu drei Hauptgruppen A, B und C zusammengefasst werden (siehe Tab. 11.1).

Wenn Persönlichkeitsstörungen extrem ausgeprägte Persönlichkeitszüge darstellen, liegt es nahe, auch die normalpsychologische Ausprägung jeder Kategorie von Persönlichkeitsstörung zu analysieren, also den jeweiligen *Persönlichkeitsstil* zu bestimmen (vgl. Oldham & Morris, 1995). So ordnet Fiedler (2000) z. B. den sorgfältig-gewissenhaften Persönlichkeitsstil auf der gleichen Dimension an wie die zwanghafte Persönlichkeitsstörung (siehe Tab. 11.1). Stil und Störung unterscheiden sich aber nicht nur im Aus-

Tab. 11.1 Persönlichkeitsstile und Persönlichkeitsstörungen (nach Fiedler, 2000)

Gruppe A: sonderbar, exzentrisch	Gruppe B: dramatisch, emotional, launisch	Gruppe C: ängstlich, furchtsam
• **paranoid** (misstrauisch-scharfsinnig) • **schizoid** (zurückhaltend-einzelgängerisch) • **schizotypisch** (ahnungsvoll-sensibel)	• **dissozial** (abenteuerlich-risikofreudig) • **Borderline** (spontan-sprunghaft) • **histrionisch** (expressiv und selbstdarstellend) • **narzisstisch** (ehrgeizig, sich selbst bewusst)	• **ängstlich-vermeidend** (selbstkritisch-vorsichtig) • **dependent** (anhänglich-loyal) • **zwanghaft** (sorgfältig-gewissenhaft) • **negativistisch** (kritisch-zögerlich)

prägungsgrad: Es wird angenommen, dass bei Menschen mit Persönlichkeitsstörung nicht nur der jeweilige Stil übersteigert ist, sondern auch die Organisation des Selbst gestört ist – vor allem im Sinne von mangelnder Kohärenz der einzelnen Komponenten (vgl. Kap. 2.2).

Wie sinnvoll der Brückenschlag zwischen klinischer Psychologie (als Lehre vom gestörten Erleben und Verhalten) und Persönlichkeitspsychologie (als Lehre von den Normalvarianten des Erlebens und Verhaltens) ist, zeigt sich auch darin, dass bei Probanden mit Persönlichkeitsstörung theoretisch stimmige, gut interpretierbare Korrelationen mit den Faktoren des Big-Five-Modells ermittelt wurden: So korreliert Neurotizismus positiv mit fast allen Persönlichkeitsstörungen, während sie meist eine negative Beziehung mit Extraversion und Gewissenhaftigkeit aufweisen. Verträglichkeit korreliert negativ mit der paranoiden, narzisstischen und antisozialen, aber positiv mit der dependenten Persönlichkeitsstörung (Trull, Widiger & Burr, 2001).

Die Unterscheidung zwischen Stil und Störung soll am Beispiel des *sorgfältig-gewissenhaften Persönlichkeitsstils* bzw. der *zwanghaften Persönlichkeitsstörung* veranschaulicht werden. Ein dominantes Merkmal dieses Persönlichkeitsstils ist harte Arbeit: Gewissenhafte Menschen arbeiten mit Hingabe. Sie tun das Richtige, und zwar in möglichst perfekter Weise. Sie lieben Details und Ordnung, schätzen gute Organisation und planvolles Verhalten. Selbst wenn ihr grundlegendes Motto Pflichterfüllung – verbunden mit Mühe und Anstrengung – ist, erleben sie ihr Leben und die Welt positiv (vgl. Fiedler, 2000). Ihre Verhaltensweisen werden im Beruf und in der Familie häufig gelobt, ja bewundert, denn sie stehen für eine hoch bewertete gesellschaftliche Leitvorstellung: Der sorgfältig-gewissenhafte Persönlichkeitsstil gilt als Rückgrat der westlichen Industriegesellschaften (vgl. Oldham & Morris, 1995).

Menschen dagegen, die an der zwanghaften Persönlichkeitsstörung leiden, sind in übersteigerter Form gewissenhaft. Sie können sich den Anforderungen der Realität nicht anpassen und verfehlen dadurch ihre beruflichen und privaten Ziele. Das DSM-IV fasst die Störung in folgender Definition zusammen: »Ein tiefgreifendes Muster von starker Beschäftigung mit Ordnung, Perfektion und psychischer sowie zwischenmenschlicher Kontrolle auf Kosten von Flexibilität, Aufgeschlossenheit und Effizienz. Die Störung beginnt im frühen Erwachsenenalter und zeigt sich in verschiedenen Situationen« (Saß et al., 1998, S. 759). Mindestens vier von acht Kriterien, die im Manual aufgelistet werden, müssen erfüllt sein. Zwei davon sollen am Beispiel von Lionel (43), einem Buchhaltungsexperten, veranschaulicht werden: (1) beschäftigt sich übermäßig mit Details, Regeln, Listen, Ordnung, Organisation oder Plänen, sodass der wesentliche Gesichtspunkt der Aktivität dabei verlorengeht, (2) zeigt einen Perfektionismus, der die Aufgabenerfüllung behindert.

In dieser Einführung kann weder auf die Ursachen noch auf die Therapiemöglichkeiten von Persönlichkeitsstörungen eingegangen werden. Es sei aber noch erwähnt, dass die Diagnose einer Persönlichkeitsstörung für den Betroffenen sehr gravierend ist, weil sie sich eben nicht nur auf einzelne Erlebnis- oder Verhaltensbereiche bezieht (wie im Fall einer Angststörung), sondern immer auf die Person als Ganzes (vgl. Fiedler, 2000 und Kap. 2.2). Weiterhin handelt es sich um eine Diagnose aus der Außenperspektive – von Mitmenschen oder einem professionellen Diagnostiker. Dagegen beurteilen die Betroffenen sich selbst meist nicht so, als hätten sie eine Persönlichkeitsstörung. Die Störung wird nämlich als mit der eigenen Person vereinbar (ich-synton) erlebt. Die Folgen einer solchen Fremddiagnose nehmen die Betroffenen häufig als Stigmatisierung wahr. Einige Autoren möchten aus diesem Grund den Begriff Persönlichkeitsstörung vermeiden und sprechen lieber von Interaktionsstörung oder nur von einem ausgeprägten Persönlichkeitsstil oder einer akzentuierten Persönlichkeit.

Es gibt aber auch Ansätze, die versuchen, besondere Ressourcen ausfindig zu machen, die mit der jeweiligen »Störung« verbunden sind: Fiedler (2000) schlägt einen »Nischen«-Ansatz vor, indem er Berufe oder Lebenssituationen identifiziert, die es den Betroffenen erlauben, sich besonders gut zu entfalten. So berichtet er z. B. von einem Angestellten, der aufgrund seines zwanghaften Verhaltens am Arbeitsplatz in einer Bank heftige Beschwerden bei den Arbeitskollegen auslöste, weil er nie die Fristen einhielt. Nach einer Versetzung in die Revisionsabteilung, in der er die Aufgabe erhielt, die Berechnungen anderer Kollegen zu überprüfen, wurde er wegen seiner (zwanghaften) Sorgfalt sehr geschätzt.

Wegen ihrer großen Prägnanz und Eindrücklichkeit sind Persönlichkeitsstörungen ideale Vorlagen für Film und Literatur. Lelord und André (2001) führen für jede Persönlichkeitsstörung mehrere prominente Filmbeispiele auf. Zur Veranschaulichung einer zwanghaften Persönlichkeit bietet sich die Filmkomödie »Besser geht's nicht« von Regisseur James L. Brooks (1997) mit Jack Nicholson in der Hauptrolle an.

11.3.7 Fazit: Interaktionistische Lösungen

Die vorgestellten Lösungen laufen alle darauf hinaus, Eigenschaften und Situationen nicht gegeneinander auszuspielen, sondern deren Verhältnis oder Wechselwirkung zu untersuchen. Der Interaktionismus überwindet damit die Extrempositionen des Situationismus und des Dispositionismus. Es geht nicht mehr wie zu Beginn der Debatte um die Gegenüberstellung von Person und Situation, sondern um die Frage, wie personale und situative Faktoren zusammenwirken. Diese Kernfrage steht im Mittelpunkt des *Interaktionismus*, mit dem sich viele einzelne Lösungsversuche zu einem neuen Paradigma zusammenfassen lassen (Magnusson & Endler, 1977). Daher ist ihm ein eigenes Kapitel gewidmet.

12 Interaktionismus

Die Wortführer des modernen Interaktionismus, Norman S. Endler und David Magnusson, unterscheiden zwei Varianten des Interaktionismus, das *mechanistische* und das *dynamische* Modell. Dem mechanistischen Modell liegt eine *unidirektionale* Konzeption zugrunde, d. h. eine Ursache-Wirkungs-Annahme, die nur in eine Richtung verläuft: Umwelt (Situation) und Eigenschaft (Person) bzw. deren Kombination bestimmen das Verhalten. Umwelt und Person werden dabei als unabhängige Variablen, das Verhalten wird als abhängige Variable aufgefasst (vgl. Abb. 12.1).

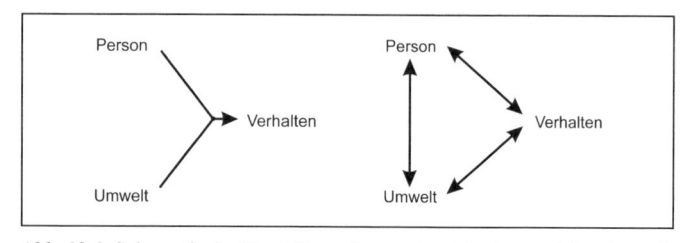

Abb. 12.1 Schematische Darstellung des mechanistischen und des dynamischen Interaktionismus

Beim zweiten Modell, dem *dynamischen* Interaktionismus, wird dagegen von einer *reziproken* Konzeption ausgegangen, nach der Person, Verhalten und Umwelt sich wechselseitig beeinflussen (vgl. Abb. 12.1). Die festgelegte Einteilung der Variablen in unabhängige und abhängige wird dabei aufgegeben. Das im unidirektionalen Interaktionismus als abhängig aufgefasste Verhalten kann nämlich nach dynamisch-interaktiver Konzeption auf die Umwelt einwirken und sie verändern. Dies ist z. B. der Fall, wenn jemand durch fortgesetztes aggressives Verhalten bei anderen Aggressionen auslöst und sich so allmählich eine feindselige Umwelt schafft. Das Verhalten kann aber auch auf die Person selbst zurückwirken: Aggressives Verhalten, das nicht sanktioniert wird, mag auf Dauer die Überzeugung der betreffenden Person stärken, dass sie ihre Ziele am besten durch Aggressionen erreicht. Der dynamische Interaktionismus richtet sich insbesondere auf die Analyse des Wechselwirkungsprozesses, der kontinuierlich zwischen situativen Gegebenheiten, den Reaktionen bzw. Aktionen der Person und personalen Determinanten (z. B. Überzeugungen, Erwartungen) abläuft (vgl. Magnusson & Endler, 1977).

Die Person-Situations-Debatte ist in einigen Teilgebieten der Psychologie besonders intensiv geführt worden. Deutliche Spuren hat sie z. B. in der Angst- und Stressforschung hinterlassen (Krohne, 1996; Lazarus-Mainka & Siebeneick, 2000; Schwarzer, 2000). Die folgenden Abschnitte basieren auf der Zweiteilung der interaktionistischen Modellvorstellungen von Endler und Magnusson. Da *mechanistisch* jedoch eine »pejorative Etikettierung« (Herrmann, 1980), also eine abwertende Bezeichnung im Vergleich zum positiv konnotierten Ausdruck *dynamisch* darstellt, wird hier neutraler von einem *unidirektionalen* Modell gesprochen.

12.1 Unidirektionaler Interaktionismus am Beispiel von Angst und Ängstlichkeit

Die Bedeutung der Interaktion von Eigenschaft und Situation soll mithilfe des *Trait-State-Angstmodells* von Spielberger (1972) veranschaulicht werden.

12.1.1 Das Trait-State-Angstmodell

Das theoretisch sparsame Modell hat eine äußerst intensive Forschungstätigkeit angeregt (siehe Laux & Glanzmann, 1996). Im Trait-State-Angstmodell wird die Beziehung zwischen Angst als Zustand und Angst als Eigenschaft unter Berücksichtigung von Situationseinflüssen beschrieben.

Spielberger (1972) definiert *Zustandsangst* (State-Angst, A-State) als einen bewusst wahrgenommenen emotionalen Zustand, der gekennzeichnet ist durch Anspannung, Nervosität, innere Unruhe und Besorgtheit sowie durch eine erhöhte Aktivität des autonomen Nervensystems. Die Merkmale der Zustandsangst finden sich in folgender Darstellung einer Studentin vor einer mündlichen Prüfung:

> Die letzten drei bis vier Tage vor der Prüfung sind der absolute Horror. Ich bin die ganze Zeit angespannt und mies gelaunt. Ich erkenne mich kaum noch wieder. Ich kann nichts essen und es gelingt mir einfach nicht, mich irgendwie von der Prüfung abzulenken. Schon auf dem Weg zur Prüfung habe ich wahnsinniges Herzklopfen und meine Muskeln sind total angespannt. Die letzten zehn Minuten vor der Prüfung sind dann am allerschlimmsten. Ich frage mich ständig, ob meine Vorbereitungen wohl ausreichend waren, und überlege, was wohl passieren wird, wenn ich es nicht schaffen sollte. Ich weiß bestimmt nicht genug und das wenige, was ich weiß, kann ich in der Prüfung bestimmt nicht in Worte fassen oder es fällt mir nicht im richtigen Moment ein. Und was soll ich machen, wenn ich eine Frage des Prüfers überhaupt nicht verstehe? Ich weiß gar nicht, an was ich denken soll. Soll ich noch mal meine Aufzeichnungen durchgehen oder doch lieber versuchen, mich abzulenken? Ich hoffe nur, der Prüfer merkt nicht, wie sehr meine Hände und meine Stimme zittern.

Angst als Eigenschaft oder Ängstlichkeit (Trait-Angst, A-Trait) bezieht sich auf relativ stabile interindividuelle Unterschiede in der Neigung, Situationen als bedrohlich zu bewerten und hierauf mit einem Anstieg der Zustandsangst zu reagieren. Ängstlichkeit wird von Spielberger als eine latente Disposition angesehen, die erst durch spezifische Stresssituationen aktiviert wird. Nach dieser Auffassung befinden sich Hochängstliche nicht in einem chronischen

Zustand ängstlicher Angespanntheit. Es bedarf vielmehr einer zur Angstdisposition passenden Stresssituation, um Zustandsangst hervorzurufen.

Das State-Trait-Angstinventar (Spielberger, Gorsuch & Lushene, 1970) ist eine dem Modell entsprechende Operationalisierung von Angst als Zustand und Angst als Eigenschaft. In zwei separaten Skalen wird über jeweils zwanzig Feststellungen Angst als Eigenschaft und als Zustand erfasst (vgl. Tab. 12.1). Im Trait-Angst-Teil erhalten die Probanden die Instruktion, sich so zu beschreiben, wie sie sich *im Allgemeinen* fühlen. Die Antwortalternativen beziehen sich daher auf Angaben über die Häufigkeit des Erlebens von Angst. Im State-Angst-Teil werden die Probanden gebeten, sich so zu beschreiben, wie sie sich *jetzt*, d. h. *in diesem Moment*, fühlen. Durch Abwandlung der Instruktion kann die Angst auch retrospektiv erfasst werden, indem z. B. gefragt wird, wie man sich zu Beginn einer Prüfung gefühlt hat. Beide Skalen enthalten nicht nur angstbezogene Items, sondern auch Items, die die Abwesenheit von Angst beschreiben, z. B. Gefühle der Ruhe, Freude oder Zufriedenheit.

Tab. 12.1 Itembeispiele und Beantwortungsmodi des STAI (deutsche Adaptation nach Laux, Glanzmann, Schaffner & Spielberger, 1981)

TRAIT-ANGST-SKALA				
	fast nie	manchmal	oft	fast immer
Mir fehlt es an Selbstvertrauen	1	2	3	4
Ich mache mir Sorgen um mögliches Missgeschick	1	2	3	4
Ich bin zufrieden	1	2	3	4
Ich werde nervös und unruhig, wenn ich an meine derzeitigen Angelegenheiten denke	1	2	3	4

STATE-ANGST-SKALA				
	überhaupt nicht	ein wenig	ziemlich	sehr
Ich bin aufgeregt	1	2	3	4
Ich bin beunruhigt	1	2	3	4
Ich bin entspannt	1	2	3	4
Ich bin besorgt	1	2	3	4

Der Intention nach soll die Trait-Angstskala des STAI Angst als Eigenschaft bzw. Ängstlichkeit im Allgemeinen erfassen. Wie aber viele Untersuchungen zeigen, wird die Trait-Angstskala dem Anspruch gar nicht gerecht, sich auf generelle Angstneigung zu beziehen. Tatsächlich misst man mit diesen Skalen nur Ängstlichkeit in Bezug auf ich-involvierende Situationen. Es handelt sich dabei um Situationen, in denen der Selbstwert infrage gestellt oder beeinträchtigt wird, also um eine psychische Bedrohung.

So korrelieren die Trait-Angstskala des STAI oder andere ähnlich konzipierte Verfahren nicht mit Fragebogen zur Erfassung der Anfälligkeit gegenüber *physischen Gefährdungssituationen*, wie z. B. Ankündigung oder Darbietung schmerzhafter Reize, medizinische Eingriffe u. Ä. Die Intensität der Zustandsangst in Stresssituationen, die durch physische Gefährdung gekennzeichnet sind, erweist sich dementsprechend als unabhängig vom Ausprägungsgrad der mit der Trait-Angstskala operationalisierten Ängstlichkeit (zusammenfassend Laux & Glanzmann, 1996). Die Angst gegenüber Piercing z. B., die in folgendem Zitat zum Ausdruck kommt, korreliert demnach nicht mit der Trait-Angstskala:

> Oh, ich find' es echt Klasse und hätte gern einen Stecker im Bauchnabel, aber ich trau mich einfach nicht! Ich weiß alle sagen, es tut nicht weh, aber ich bin doch ein zu großer Angsthase (Quelle: Assoziations-Blaster, Internet).

Ein neues State-Trait-Verfahren erfasst explizit die Angst gegenüber operativen Eingriffen (Krohne & Schmukle, 2006).

12.1.2 Mehrdimensionalität und Situationsspezifität der Ängstlichkeit

In neueren Angstkonzeptionen, die über das Trait-State-Angstmodell hinausgehen, fasst man Ängstlichkeit als mehrdimensional auf und schließt die Anfälligkeit gegenüber physischer Bedrohung ein. So wird z. B. in den »Endler Multidimensional Anxiety Scales« (EMAS, Endler, Edwards & Vitelli, 1991) zwischen Angstneigungen in vier Situationstypen unterschieden: (1) soziale Bewertung, (2) physische Gefahr, (3) mehrdeutige, d. h. neue oder fremdartige Situationen und (4) Alltägliches. Der vierte Situationstyp wurde als eine Art neutrale Ausgangssituation hinzugefügt, um Aussagen über die Angstbereitschaft in nichtbedrohlichen alltäglichen Routinesituationen zu gewinnen.

Die interaktionistisch inspirierte Angstforschung hat aber nicht nur Verfahren mit eher global formulierten Situationsbeschreibungen entwickelt. Gerade im Bereich selbstwertrelevanter Ängstlichkeit wurden Fragebogen konstruiert, die sich auf Anfälligkeiten gegenüber spezifischen selbstwertrelevanten Situationen beziehen, wie etwa Prüfungsängstlichkeits-, Redeängstlichkeits- oder soziale Ängstlichkeitsskalen. Die Situationen, die man sich als Proband vorstellen soll, werden entweder im einzelnen Item (»Wenn der Lehrer mich vor die Klasse ruft und ich vorlesen muss, habe ich immer Angst, dass ich mich verspreche«) oder in der Instruktion beschrieben wie z. B. im »Prüfungsängstlichkeitsinventar« von Hodapp (1991): »Im folgenden finden Sie eine Reihe von Feststellungen, mit denen man sich selbst beschreiben kann. Bei diesen Feststellungen soll es um Ihre *Gefühle und Gedanken in Prüfungssituationen* gehen ...« In all diesen Ansätzen werden wie beim Trait-State-Angstmodell Angstneigungen (Persönlichkeitseigenschaften) und Situationen als unabhängige Variablen aufgefasst, die auf das Ausmaß der Zustandsangst als abhängige Variable Einfluss nehmen (vgl. differentialpsychologisches Experiment in Kap. 2.4.1).

12.2 Dynamischer Interaktionismus am Beispiel der Stressbewältigung

Im dynamischen Interaktionismus wird davon ausgegangen, dass nicht nur die Situation das Verhalten beeinflusst, sondern dass umgekehrt auch das Verhalten der Person Einfluss auf ihre Umwelt nimmt und diese verändert (vgl. Magnusson & Endler, 1977).

12.2.1 Die Stressbewältigungstheorie von Lazarus

Eine dynamisch-interaktive Sichtweise liegt explizit der *Stress- und Bewältigungstheorie* von R. S. Lazarus (1999) zugrunde. Um den dynamisch-interaktiven Charakter dieser Theorie zu verdeutlichen, müssen zunächst die grundlegenden Komponenten vorgestellt werden.

Stress und primäre Bewertung

Stress als der theoretische Kernbegriff des gesamten Ansatzes liegt nach Lazarus dann vor, wenn Anforderungen aus der Umgebung (oder innere Anforderungen) die Reaktionsmöglichkeiten einer Person beanspruchen oder übersteigen. Stress ergibt sich als Resultat sog. *primärer Einschätzungsprozesse*: Eine Person schätzt eine Situation danach ein, ob etwas für sie »auf dem Spiel steht« oder

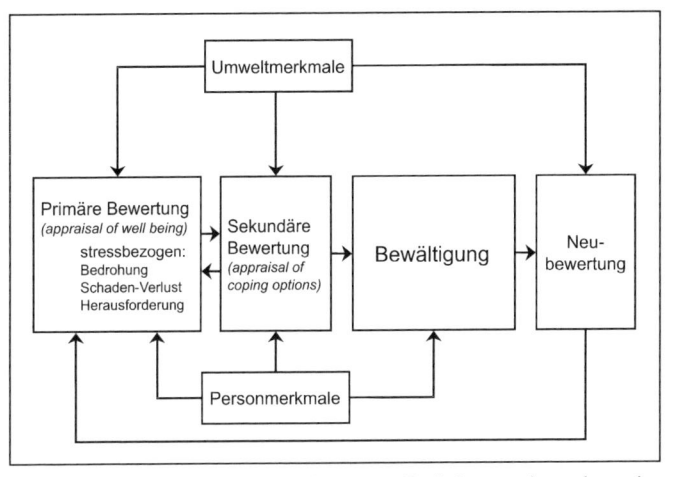

Abb. 12.2 Modell der Stressbewältigung von R. S. Lazarus in stark vereinfachter Form

für ihr Wohlergehen von Bedeutung ist. Lazarus nimmt drei Kategorien von primären Bewertungen an: *irrelevante, angenehm-positive* und *stressbezogene* (vgl. Abb. 12.2). Die stressbezogenen Einschätzungen werden unterteilt in Bedrohung, Schaden-Verlust und Herausforderung: *Bedrohung* bezieht sich auf die Antizipation von Schaden, z. B. in Form von physischer Verletzung, Vereitelung einer Bedürfnisbefriedigung oder Beeinträchtigung des Selbstwerts, z. B. durch schlechtes Abschneiden in einer Prüfung. Im Gegensatz dazu ist bei *Schaden-Verlust* das befürchtete Ereignis faktisch bereits eingetroffen, z. B. körperliche Beeinträchtigung durch Unfall, Verlust eines Angehörigen, Nichtbestehen einer Prüfung. Als weitere stressbezogene Person-Umwelt-Beziehung führt Lazarus die *Herausforderung* an, bei der im Unterschied zur Bedrohung vor allem die Möglichkeit der erfolgreichen Bewältigung einer zukünftigen schwierigen oder riskanten Situation gesehen wird. Da die Herausforderung mit positiven Erlebnisqualitäten (Freude, Glück) verbunden sein kann, bleibt für Lazarus der Stressbegriff nicht auf unlustbetonte Emotionen beschränkt.

Sekundäre Bewertung und Bewältigung

Liegt eine der drei stressbezogenen primären Bewertungen vor, werden *sekundäre Einschätzungsprozesse* mobilisiert. Es geht nun darum zu entscheiden, was in einer Stressepisode getan werden kann: Welche Möglichkeiten der *Bewältigung* (coping) stehen mir zur

Verfügung? Bewerte ich meine Lage als hoffnungslos und gebe am besten auf? Habe ich die Möglichkeit, die Situation zu vermeiden oder aktiv auf sie einzuwirken? Kann ich mir Hilfe von anderen holen (soziale Unterstützung)? – Die sekundären Einschätzungen beinhalten also eine Abklärung grundlegender *Bewältigungsoptionen*. Primäre und sekundäre Einschätzungsprozesse müssen nicht unbedingt zeitlich aufeinander folgen. Der sekundäre Bewertungsprozess fällt mit dem primären häufig zusammen oder geht ihm sogar voraus. So kann die Überzeugung, eine bestimmte, potenziell gefährliche Situation bewältigen zu können, die Bewertung dieser Situation als bedrohlich ganz verhindern. Der sekundäre Bewertungsprozess ist daher nicht nur für die Art der Bewältigungsmaßnahmen von Relevanz, sondern beeinflusst auch den primären Bewertungsprozess.

Auf das Einschätzen der Bewältigungsoptionen folgt normalerweise die tatsächliche Bewältigung: Die Person bemüht sich, mit dem Stress fertig zu werden. Stress und Bewältigung sind demnach als Konzepte eng miteinander verknüpft. Es muss betont werden, dass sich Bewältigung im Gegensatz zum Alltagsverständnis auf die *Bemühung* oder auf den *Versuch* bezieht, mit Stress fertig zu werden, vom Gelingen dieser Bemühung aber unterschieden werden muss. Bewältigung im Sinne von Lazarus kann demnach auch zum Scheitern führen bzw. mit einer Stresserhöhung verbunden sein.

Funktionen der Bewältigung

In der Klassifikation von Bewältigungsmaßnahmen geht die Lazarusschule von zwei Hauptfunktionen aus, der *problemfokussierten* und der *emotionsfokussierten*.

(1) Der intendierte Effekt der ersten ist es, das jeweilige Problem zu lösen bzw. auf die belastende Situation einzuwirken. Ein Prüfungskandidat, der in einigen Monaten eine bedrohliche Prüfung auf sich zukommen sieht, kann z. B. versuchen, die gigantisch erscheinende Stoffmenge sinnvoll in Portionen zu strukturieren. Es hilft ihm auch, sich Techniken zum richtigen Lernen und Behalten anzueignen. So kann er sich beispielsweise mit der SQ3R-Methode, »der Wunderformel des Herrn Robinson« (vgl. Kossack, 1992, S. 93), vertraut machen. Es handelt sich dabei um eine Methode zur Bearbeitung von Fachliteratur: **S**urvey (Überblick gewinnen), **Q**uestion (Fragen stellen), **R**ead (Lesen des Textes), **R**ecite (Zusammenfassen der wichtigsten Inhalte), **R**eview (Nacherzählen, Wiederholen des gesamten Textes).

Er kann sich auch bemühen, in Erfahrung zu bringen, ob er sich wirklich mit allen in der empfohlenen Prüfungsliteratur dargestellten Themen befassen muss. Vielleicht bevorzugt der Prüfer bestimmte Bereiche, stellt vielleicht bestimmte »Lieblingsfragen«. Dies zu wissen könnte die Anforderungen erheblich reduzieren. Eine weitere Möglichkeit bestünde darin, sich einer Arbeitsgruppe anzuschließen, in der bisher gestellte Fragen und deren Antworten ausgetauscht werden. Das bedrohliche »Universum« von potenziell denkbaren Prüfungsfragen schmilzt so zusammen auf eine überschaubare Menge. Die Stoffmenge lässt sich weiter einschränken durch ein geschickt gewähltes Spezialgebiet, zu dem der Prüfungskandidat schon einmal ein Referat gehalten hat, usw.

Mit einigen dieser problemzentrierten Handlungen wird die ursprüngliche Prüfungssituation in ganz erheblicher Weise verändert: Dies kann sich beim Prüfungskandidaten in einer Änderung der ursprünglichen Bewertung niederschlagen: Ihm erscheint die bevorstehende Prüfung nun weniger bedrohlich. Einen solchen Bewertungsprozess bezeichnet Lazarus als *Neubewertung*. Durch fortlaufende Einwirkung auf die Umwelt und wiederholte Neubewertung entsteht ein *dynamisch-interaktives* Rückmeldesystem. Die Bedeutung dieses reziproken Modells wird in folgendem Zitat hervorgehoben:

> Die Umwelt wird wahrgenommen und interpretiert – oder, wie wir sagen würden, bewertet – und dies führt zu Anpassungs- oder zu Bewältigungsprozessen (…), die wiederum Auswirkungen auf die Umwelt haben. Bewertung und Reaktion auf diese Auswirkungen erfolgen wiederum in einem Zusammenspiel, dessen Status sich in einem kontinuierlichen Fluss ständig ändert (Lazarus & Cohen, 1978, S. 114).

Am Rande sei noch vermerkt, dass Lazarus vorschlägt, nur beim mechanistischen Modell von *Interaktion*, beim dynamischen dagegen von Transaktion zu sprechen. Der Begriff *Transaktion* soll zum Ausdruck bringen, dass Person und Situation nicht mehr separate Größen darstellen, sondern in ihrer Beziehung zueinander eine neue Einheit bilden.

(2) Bei der zweiten Bewältigungsfunktion, der *emotionsfokussierten*, stehen die Regulation und Kontrolle der aus der Transaktion stammenden Stressemotionen, wie z. B. Angst, Zorn, Depression, im Vordergrund. Mit dem Ziel einer Verringerung der Angst vor und während der Prüfung könnte unser Prüfungskandidat versuchen, ein Entspannungsverfahren (progressive Muskelrelaxation oder Autogenes Training) zu erlernen. Vielleicht ist ihm aber soziale Unterstützung wichtiger: Er könnte seine Freundin bitten, ihn zu begleiten, oder Kommilitonen fragen, ob sie als Zuhörer an der Prüfung teilnehmen.

Zur Bewältigung von Emotionen lassen sich nach Lazarus vor allem *intrapsychische* Bewältigungsformen einsetzen (vgl. Laux & Weber, 1990). Zu dieser heterogenen Gruppe gehören *positiv konnotierte* Formen wie positives Denken, Hoffen oder Sinnfindung, aber auch *defensive* Formen, die vom Konzept des Abwehrmechanismus von Sigmund und Anna Freud abgeleitet sind (vgl. Kap. 5). Lazarus (1999) spricht von *defensiven* Neubewertungen. Hierbei wird versucht, durch intrapsychische Manöver mit der Bedrohung fertig zu werden, z. B. durch kognitiv-vermeidende Strategien, durch die der Bedrohlichkeitsgehalt einer Situation verneint oder heruntergespielt wird. Kognitiv-vermeidende Strategien weisen den Vorteil einer zumindest zeitweisen Angstreduktion oder Angstfreiheit auf. Die Nachteile können jedoch in einem plötzlichen, unkontrollierbar starken Angstanstieg bestehen, weil die vermeidenden Strategien unmittelbar vor einer Prüfung nicht mehr greifen (Krohne, 1996).

Erfassung von Bewältigung

Lazarus und seine Mitarbeiter haben selbst ein Verfahren zur Erfassung aktueller Bewältigungsreaktionen entwickelt (Folkman & Lazarus, 1988a). Es trägt den Namen »Ways of Coping Questionnaire« (WOCQ) und ist weltweit das seit Jahren populärste Instrument zur Erfassung aktueller Bewältigung. In der Instruktion werden die Probanden gebeten, sich die stressreichste Situation vorzustellen, die sie in der letzten Woche erlebt haben. Die Bewältigung dieser Situation wird dann mithilfe des WOCQ erfasst (vgl. Tab. 12.2).

Tab. 12.2 Skalen und Beispielitems des »Ways of Coping Questionnaire«

1. *Konfrontative Bewältigung*
   Ich beharrte auf meinen Standpunkt und kämpfte für das, was ich wollte.
2. *Distanzierung*
   Ich machte weiter, als ob nichts geschehen sei.
3. *Selbstkontrolle*
   Ich versuchte, meine Gefühle für mich zu behalten.
4. *Suche nach sozialer Unterstützung*
   Ich sprach mit jemandem, um mehr über die Situation herauszufinden.
5. *Anerkennung von Verantwortlichkeit*
   Ich erkannte, dass das Problem von mir stammte.
6. *Flucht-Vermeidung*
   Ich hoffte, dass ein Wunder geschehen würde.
7. *Planvolles Problemlösen*
   Ich machte mir einen Handlungsplan und verfolgte ihn.
8. *Positive Neueinschätzung*
   Ich stand nach dieser Erfahrung besser da als vorher.

Bis auf *Planvolles Problemlösen* dienen nach Folkman und Lazarus alle Bewältigungsformen des WOCQ der Regulation von Emotionen, wobei sich allerdings die *Suche nach sozialer Unterstützung* auf beide Funktionen beziehen kann. Häufig ist die eine Bewältigungsfunktion aber auf die andere angewiesen, wenn z. B. *planvolles Handeln* erst durch Regulierung der Angst mithilfe von *Selbstkontrolle* möglich wird. Vielfach wird in der Forschungsliteratur gefordert, eine feste Anbindung von Bewältigungsformen an eine bestimmte Funktion ganz aufzugeben. Welche Funktion mit dem Einsatz einer bestimmten Bewältigungsform tatsächlich verbunden ist, sollte nicht a priori festgelegt, sondern für die jeweils erlebte Belastungsepisode empirisch bestimmt werden.

12.2.2 Exkurs: Von Angst und Stress zu Wohlbefinden

Wie wichtig das dynamisch-interaktive Rückmeldesystem und die damit verbundene kontinuierliche Veränderung des Person-Umwelt-Bezugs ist, wird deutlich, wenn man sich mit der qualitativen Veränderung emotionaler Prozesse befasst: Es geht um die Frage, wie sich aus Angst im Zuge des Bewältigungsprozesses Wohlbefinden entwickeln kann. In der Stressbewältigungsforschung ist diese Frage vernachlässigt worden. Man hat sich vor allem darauf konzentriert zu untersuchen, wie sich Angst als unangenehmer Gefühlszustand durch bestimmte Bewältigungsformen reduzieren lässt. Nun geht es aber um die Frage, ob Angst beim Fortschreiten des Bewältigungsprozesses mehr und mehr durch positiv getönte Emotionen ersetzt werden kann. Am Beispiel der Premiereaufführung analysiert der Theaterkritiker Weigel (1974, S. 25 ff.) bei Schauspielern den Wechsel von »Todesangst, Verzweiflung, Nervenkrisen, Unsicherheit und Depression« zum Triumphgefühl:

> Gerädert, erschöpft, ausgepumpt, kraftlos, tief verzweifelt begibt man sich ins Theater, des Scheiterns gewiss, und wenn wenigstens diese Angst nicht wäre, die ja selbst einen normalen, wohlvorbereiteten Kräftigen zerstören würde, die einen ohnehin schon Halbzerstörten völlig niederschmettert! Man gäbe alles, was man zu geben hat, für ein Elementarereignis, das die Vorstellung unmöglich macht. Ehe man um die letzte Ecke biegt, hofft man inständig, das Theater möge lichterloh brennen oder zusammengestürzt sein. Doch nein, da steht es in seiner ganzen grausamen Unversehrtheit ... Jetzt da man weiß, worauf es ankäme, woran es fehlt, jetzt in Ruhe weiterarbeiten, einen Tag wenigstens ... das Zeichen ertönt, man geht zur Bühne, hört das Stichwort, tritt auf wie das Opfer in der Arena. Man hat alles vergessen, die Arbeit der vergangenen Wochen ist wie ausgelöscht, man weiß eben noch den ersten Satz ...

... und wird, wenn alles gut vorübergegangen ist, nicht wirklich wissen, wie's gewesen ist, und wird das auch von keinem je authentisch erfahren können ... Wie ist das zu verstehen? Katastrophen als Voraussetzung des Triumphs, begründete Siegessicherheit als Mutter der Niederlage? Nur aus der Unsicherheit erblüht das Große ...
Die Leistung höheren Ranges erwächst nur aus der Angst vor dem Scheitern. Der Misserfolg muss mehr als wahrscheinlich sein, auf dass der wahrscheinliche Erfolg sich einstelle ...
Man muss ganz ehrlich leiden, muss in der tiefsten Tiefe seines Herzens genau wissen, dass alles verloren ist. Vielleicht ist's so, dass die drohende Niederlage, und nur sie, jene letzten Kräfte mobilisiert, jenes Übersichhinauswachsen, das angesichts des erwarteten Scheiterns die glückhafte Wendung bringt ...

Aber nicht nur bei solch »theatralischen« Extremerfahrungen kann die Bewältigung von Stress in positives, glückhaftes Erleben umschlagen. Triumphgefühle treten auch im übrigen Leben dann auf, wenn eine Person Erfolg bei einer persönlich sehr bedeutsamen Handlung hat, deren Ausgang ungewiss war. So gibt es Examenskandidaten, die vor der mündlichen Prüfung davon überzeugt sind, dass sie scheitern werden, und mit entsprechend großer Angst den Prüfungsraum betreten, den sie dann eine halbe Stunde später im Hochgefühl verlassen. Der Bewältigungsprozess kann sich auch über mehrere Situationen erstrecken: Bei den ersten Auftritten eines unerfahrenen Redners z. B. herrscht noch Angst vor. Im Laufe der Erfahrungen treten ambivalente Gefühle auf: Die Angst vor dem Versagen mischt sich mit der Freude über den ersten bescheidenen Erfolg. Die Antizipation positiver Gefühle lässt ihn weiterhin solche – für ihn immer noch negativ besetzte – Situationen aufsuchen. Durch Zuwachs in der Bewältigungskompetenz verliert die Bewährungssituation für den Redner schließlich schrittweise den Status der Selbstwertbedrohung, er kann sie in der Terminologie des Lazarusmodells als »herausfordernd« und schließlich am Ende sogar als »angenehm-positiv« einstufen (vgl. Weber & Laux, 1994).

Durch die Fixierung der Bewältigungsforschung auf die Reduktion von negativen Emotionen geraten positive Emotionen kaum ins Blickfeld. Eine Ausnahme bildet eine Untersuchung von Folkman und Lazarus (1988b), in der das Entstehen von Emotionen als Resultat des Einsatzes von Bewältigungsformen untersucht wurde. Ergebnis war, dass plangeleitetes Problemlösen und positive Neubewertung das Auftreten von Freude/Glück förderten. Problemlösen scheint die Person-Umgebungs-Transaktion wirksam zu verbessern, sodass es zu einer günstigeren Neubewertung und damit zu einer positiveren Gefühlslage kommen kann.

12.2.3 Eigenschaften und dynamisch-interaktive Prozesse

Als besonderes Kennzeichen des transaktionalen Stress- und Bewältigungsmodells von Lazarus erweist sich die kritische Distanz zu eigenschaftsorientierten Konzepten der Stressbewältigung wie den Bewältigungsstilen. Bewältigungsstile beziehen sich auf die Neigung, bestimmte Bewältigungsreaktionen über Zeit und Situationen hinweg bevorzugt einzusetzen. In der Literatur werden eine Reihe solcher Bewältigungsstile genannt. Das bekannteste Beispiel für einen Bewältigungsstil ist Repression-Sensitization. Nach Byrne (1964) tendieren Represser (vermeidende Personen) dazu, angsterregende Informationen abzuwehren, während Sensitizer (vigilante bzw. überwachende Personen) ihre Aufmerksamkeit verstärkt auf diese Informationen richten. Byrne ordnet die beiden Angstabwehrstile als einander entgegengesetzte Pole auf einer Dimension an.

Die Kritik von Lazarus an Bewältigungsstilen

Lazarus lehnt das Konzept der Bewältigungsstile ab und greift damit Positionen von Mischels (1968) ursprünglicher Kritik an globalen Eigenschaftskonzeptionen auf. So argumentiert er unter anderem: (1) Mit der Annahme von meist eindimensionalen Bewältigungsstilen würde die Komplexität und Variabilität von aktuellen Bewältigungsreaktionen unterschätzt. (2) Die Erfassung von Bewältigungsstilen leiste nur einen sehr geringen Beitrag zur Vorhersage des aktuellen Bewältigens (Lazarus, 1999).

Das Modell des mechanistischen Interaktionismus wird von Lazarus ebenfalls als untauglich abgelehnt: Es berücksichtige nicht den aktuell ablaufenden Prozess der Person-Umwelt-Beziehung, da nur statische Variablen (z.B. eine Eigenschaft und ein Situationstyp) in Beziehung gesetzt würden. Stattdessen betont Lazarus die Notwendigkeit, die Zusammenhänge zwischen den Anforderungen des situativen Kontextes und dem Prozess des aktuellen Bewältigens zu untersuchen. Damit will er aber keinesfalls einem unqualifizierten Situationismus das Wort reden: Tatsächlich berücksichtigt er in seinen eigenen Arbeiten eine Vielzahl von Personmerkmalen, denen gemeinsam ist, dass sie einen engen Bezug zu Einschätzungs- und Bewältigungsprozessen aufweisen, wie persönliche Ziele, Motive oder Überzeugungen. So soll z. B. die Überzeugung, seinen Gesundheitszustand selbst beeinflussen zu können, mit ganz bestimmten Bewältigungsformen verbunden sein (Informationssuche sowie Befolgung medizinischer Anweisungen). Lazarus lehnt Personmerkmale aber dann ab, wenn sie als globale, kontextfreie Dispositionen, wie Bewältigungsstile oder Temperamentsfaktoren (z. B. die Big Five), konzipiert sind.

Persönlichkeit und Bewältigung

Im direkten Gegensatz dazu befindet sich die Position von McCrae und Costa (1986). Die Verfechter des Big-Five-Ansatzes waren aufgrund einer eigenen Untersuchung zu der Schlussfolgerung gekommen, dass die von Lazarus nachgewiesene Beziehung zwischen Bewältigung und emotionalen Zuständen (wie Angst) nur vordergründig sei: Nicht die Art der Bewältigung wirke auf Emotionen, sondern die »Persönlichkeit« in Form von Eigenschaften wie etwa Neurotizismus (emotionale Labilität). Allein Neurotizismus sei für den Zusammenhang von Bewältigung und Emotion verantwortlich. Die provozierende Schlussfolgerung von McCrae und Costa gipfelt in der Feststellung, Bewältigung sei nur ein »Epiphänomen der Persönlichkeit«, also eine Art Begleiterscheinung. Dem Bewältigungskonzept komme also kein vom Neurotizismus unabhängiger Status zu.

Die Studie von Bolger: Wohltuende Klarheit in dieser Kontroverse verschafft eine Arbeit von Bolger (1990). Mit der Feststellung »Coping is personality in action under stress« bringt Bolger (1990, S. 525) pointiert seine Hypothese zum Ausdruck, dass Persönlichkeitseigenschaften gerade in Stress-Situationen ihren Einfluss entfalten: Sie wirken auf die Auswahl von Bewältigungsreaktionen ein, und diese wiederum beeinflussen als Mediatoren die Ausprägung des Angstzustands. Allgemein formuliert ist eine Variable ein Mediator, wenn sie den Zusammenhang zwischen einem Prädiktor (in diesem Fall: der Persönlichkeitseigenschaft) und einem Kriterium (hier: der Ausprägung des Angstzustands) erklärt bzw. bedingt.

Zur Überprüfung der Mediatorenfunktion von Bewältigung führte Bolger eine Längsschnittuntersuchung bei Medizinstudenten durch, in der die auf das Examen bezogenen Bewältigungsprozesse 35 Tage vor, 10 Tage vor und 17 Tage nach dem Examen erfasst wurden. Messinstrument war eine spezielle Version des »Ways of Coping«-Fragebogens (Folkman & Lazarus, 1988a), der sechs Bewältigungsskalen enthielt: Problemlösen, Fokussieren auf das Positive, Suche nach sozialer Unterstützung, Distanzierung, Wunschdenken und Selbstbeschuldigung. Zu Beginn der Studie wurde Neurotizismus erfasst. Personen mit hohen Neurotizismuswerten beschreiben sich als eher ängstlich, nervös und zu Verstimmungen neigend (vgl. Kap. 10.1). Neurotizismus und Ängstlichkeit betrachtet Bolger unter Hinweis auf Watson und Clark (1984) als vergleichbare Konzepte, da sie beide durch Negative Affektivität gekennzeichnet seien. Zusammenhänge zwischen Neurotizismus und Bewältigungsformen wurden nur für Wunschdenken (z. B. sich mit Fantasien über das Verlassen oder Vermeiden der Situation beschäftigen) oder Selbstbeschuldigung erwartet. Mithilfe einer Kurzskala machten die Studierenden außerdem an 17 Tagen vor und an 17 Tagen nach dem Examen Angaben über ihre Zustandsangst.

Das Hauptergebnis im Sinne der Mediatorhypothese war, dass Neurotizismus/Ängstlichkeit die Bewältigungsreaktionen Selbstbeschuldigung und Wunschdenken weitgehend bestimmte und diese wiederum die Angst: Je stärker die Studenten Selbstbeschuldigung und Wunschdenken als Bewältigungsformen einsetzten, desto mehr erhöhte sich ihre Angst. Der Effekt von Neurotizismus/Ängstlichkeit auf Selbstbeschuldigung/Wunschdenken und der Effekt dieser beiden ineffizienten Bewältigungsformen auf die Angst beschränkten sich auf den bedrohlichen Zeitraum vor dem Examen. Dies zeigt deutlich, dass sich Persönlichkeitseigenschaften nicht immer, sondern nur zu bestimmten, theoretisch relevanten Zeitpunkten auswirken: Persönlichkeitseigenschaften werden somit als latente Größen aufgefasst, die sich erst in kritischen Situationen oder Zeiten »enthüllen« (vgl. Abb. 12.3).

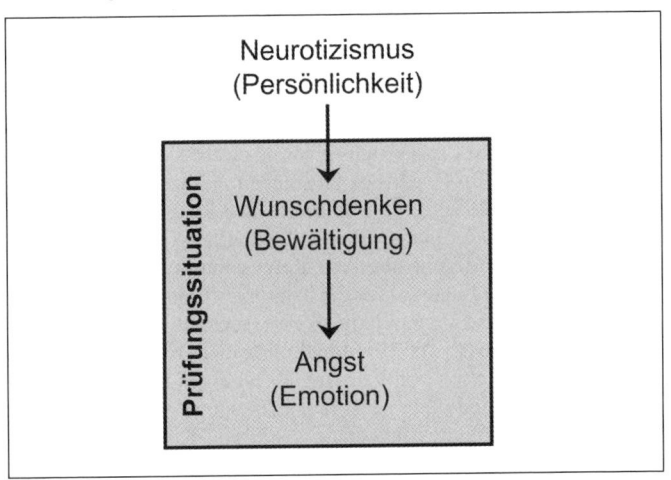

Abb. 12.3 Persönlichkeit und Bewältigung

Die Ergebnisse widersprechen der Extremposition von McCrae und Costa, nach der (ineffiziente) Bewältigung keinen direkten Einfluss auf die Entstehung von Zustandsangst ausübt. Die Ergebnisse bestätigen vielmehr die Grundannahme von Lazarus, dass die Art der Bewältigung auf die Art und Stärke der Emotion Einfluss nimmt.

Über Lazarus hinausgehend veranschaulicht die Untersuchung, dass sich Eigenschaftskonzeptionen bzw. mechanistisch-interaktive und dynamisch-interaktive Auffassungen überhaupt nicht widersprechen müssen.

Kritisch ist anzumerken, dass Bolger in seiner Untersuchung nur davon ausgeht, dass die Form der Bewältigung die Angstauslösung bestimmt. Bei diesem Bewältigungs-Emotions-Modell (BE-Modell) bestimmen die Bewältigungsprozesse die Qualität und die Intensität der ausgelösten Emotionen. Damit bleibt unberücksichtigt, dass die von ihm berichtete hohe Zustandsangst in den Tagen unmittelbar vor dem Examen mit großer Wahrscheinlichkeit Bewältigungsprozesse initiiert hat. In dieser Sequenz geht Angst dem Bewältigungsprozess voraus: Die unlustbetonte Erlebnisqualität erfordert den Bewältigungsprozess, der die Emotionsregulation zum Hauptziel hat. Hierbei handelt es sich um ein Emotions-Bewältigungs-Modell (EB-Modell). Die beiden Beziehungsmodelle schließen sich nicht aus. Wenn man den Vorgang der Bewältigung einer bedrohlichen Situation als Prozess auffasst, können nacheinander beide Formen der Beziehung zwischen Angst und Bewältigung auftreten.

Angstbewältigungsstile nach Krohne: Bolgers Studie beruht lediglich auf einer einzigen Persönlichkeitseigenschaft (Neurotizismus). Inzwischen wurden Studien durchgeführt, die auch die Bedeutung der vier übrigen Faktoren des Fünf-Faktoren-Modells für die Stressbewältigung untersuchten (z. B. Watson & Hubbard, 1996). Nur Verträglichkeit erwies sich nicht als einflussreicher Prädiktor für Bewältigung. Im Gegensatz zu solchen Ad-hoc-Brückenschlägen hat Krohne (1996) eine elaborierte Theorie über den Zusammenhang von Bewältigungsstilen und aktueller Angstbewältigung entwickelt. Krohne geht über die Repression-Sensitization-Konzeption von Byrne hinaus, da er die habituelle Tendenz zur Vigilanz (Überwachung) und Vermeidung als zwei separate Persönlichkeitsdimensionen auffasst. Die Kombination beider Dimensionen führt zu einer Klassifikation von vier Angstbewältigungsstilen oder Bewältigungsmodi (vgl. Tab. 12.3). Zur Erfassung der vier Stile steht das »Angstbewältigungs-Inventar« (ABI) von Krohne und Egloff (1999) zur Verfügung.

Die habituelle Tendenz zum Einsatz vigilanter Strategien wird von Krohne durch die Einführung des Konstrukts Intoleranz gegenüber Unsicherheit erklärt. Kognitiv vermeidende Strategien führt er dagegen auf Intoleranz gegenüber emotionaler Erregung zurück. Die (vigilante) Zuwendung zu Hinweisreizen hat den Vorteil, dass die betreffende Person Unsicherheit reduziert und negative Überraschungen vermeidet. Der Preis für diesen Vorteil ist, dass sie sich

Tab. 12.3 Angstbewältigungsstile nach Krohne

		Kognitive Vermeidung	
		niedrig	hoch
Vigilanz	niedrig	Nichtdefensive (Niedrigängstliche)	Represser
	hoch	Sensitizer	Hochängstliche

mit einem großen Bereich von (nur potenziell) gefahrbezogenen Reizen auseinandersetzen muss und sich im Zustand gespannter Aufmerksamkeit nie so richtig angstfrei fühlt. Die (kognitiv vermeidende) Abwendung von Hinweisreizen hat den Vorteil, dass die betreffende Person über einen langen Zeitraum hinweg in einem angstfreien Raum lebt und daher keiner hohen emotionalen Erregung ausgesetzt ist. Dieser Vorteil wird aber damit erkauft, dass sie auf bedrohliche Situationen (z. B. Prüfungen) nicht frühzeitig reagiert und sich dann in der akuten Stressphase mit hoher, kaum zu regulierender emotionaler Erregung konfrontiert sieht. Personen mit der Konfiguration »hohe Intoleranz gegenüber Unsicherheit, niedrige Intoleranz gegenüber Erregung« werden Sensitizer, Personen mit der entgegengesetzten Konfiguration Represser genannt. Beide Gruppen setzten die von ihnen jeweils favorisierten Formen des Umgangs mit bedrohlichen Situationen unangemessen häufig ein.

Für die Interpretation von Ängstlichkeit besonders bedeutsam ist die Auffassung von Krohne, dass Ängstlichkeit gleichzusetzen ist mit einem spezifischen Bewältigungsstil. Hochängstliche sollen danach zu fluktuierendem Bewältigungsverhalten neigen. Da sie weder die in bedrohlichen Situationen ausgelöste Unsicherheit noch die situativ ausgelöste emotionale Erregung ertragen können, setzen sie sowohl vigilante als auch kognitiv vermeidende Bewältigungsmaßnahmen ein. Ihr Bewältigungsverhalten ist aber nicht besonders effizient, da sie zu wenig auf bewältigungsrelevante Situationsmerkmale eingehen und nicht lange genug bei einer Bewältigungsform bleiben, um den Erfolg dieser Form überprüfen zu können. Krohne bezeichnet sie daher als »erfolglose Bewältiger«. Niedrigängstliche sind schließlich durch einen flexiblen adaptiven Strategieeinsatz gekennzeichnet. Diesen theoretischen Annahmen entsprechend wurden in der Arbeitsgruppe von Krohne Zusammenhänge zwischen Bewältigungsstilen und Bewältigungsprozessen für selbstwertrelevante und physische Stress-Situationen sowohl im Feld als auch im Labor ermittelt (siehe zusammenfassend Krohne, 1996, sowie Kohlmann & Hock, 2005). Als Fazit ergibt sich: Aus einer Bewältigungstheorie abgeleitete Stile oder Eigenschaften kommen als Einflussgrößen für dynamisch-interaktive Prozesse infrage.

Eigenschaftskonzeptionen und dynamisch-interaktive Auffassungen können demnach durchaus miteinander verbunden werden.

12.3 Reziproker Determinismus als allgemeines Modell

Lazarus hat das dynamische bzw. transaktionale Interaktionsmodell in die Stress- und Emotionsforschung eingeführt und dem mechanistischen bzw. dem undirektionalen gegenübergestellt. Andere Forscher haben das mechanistische Modell mehr als Spezialfall des dynamischen aufgefasst. Das mechanistische Modell wäre danach ein statischer Ausschnitt aus dem kontinuierlichen Prozess im dynamischen Modell.

Bei Bandura (1978; 1979) erhält der dynamische Interaktionismus den Stellenwert eines allgemeinen Modells, das er allen Bereichen menschlichen Handelns und nicht nur bestimmten Bereichen wie Stress- oder Emotionsbewältigung zugrunde legt. Er spricht von einem »reziproken Determinismus« und meint damit den permanenten Prozess gegenseitiger Wechselwirkung zwischen Determinanten der Umwelt, des Verhaltens und der Person. So stehen z. B. interne personale Faktoren (wie Überzeugungen, Erwartungen, Selbstkonzepte) in reziproker Beziehung zum Verhalten: Unsere Erwartungen beeinflussen unser Verhalten. Die Wirkung auf die Umwelt, die durch unser Verhalten hervorgerufen wird, verändert wiederum unsere Erwartungen. Abgesehen vom Verhalten aktivieren wir auch durch unsere äußere Erscheinung (z. B. Größe, Physiognomie, Geschlecht, Attraktivität) und durch Rollen- und Statusmerkmale unterschiedliche Reaktionen der Umwelt. Diese Reaktionen wirken zurück auf unsere Selbstkonzepte und Handlungen mit dem Effekt, dass die Einstellungen der Umwelt uns gegenüber beibehalten oder geändert werden.

Der relative Einfluss der drei miteinander verbundenen Determinanten variiert in Abhängigkeit von Personen und Umständen. In einigen Fällen stellt die Umwelt die bei weitem stärkste einflussnehmende Kraft dar: Wirft man Personen in ein Wasserbecken, werden so gut wie alle anfangen zu schwimmen, unabhängig von ihren sonstigen Unterschieden. Bei anderen Gelegenheiten stellt das Verhalten den zentralen Faktor dar, z. B. bei Personen, die Klavier spielen und sich selbst dadurch eine angenehme Umgebung schaffen. Das Verhalten reguliert sich sozusagen durch die akustischen Effekte, die es hervorruft. In anderen Fällen tragen kognitive, also personale Faktoren die Hauptlast der Erklärung, wenn z. B. defensive Verhaltensweisen beibehalten werden. Solche Vermeidungsreaktionen werden durch falsche Überzeugungen aktiviert, die verhindern, dass sich die Person bestimmten Situationen aussetzt (z. B. im Fall von Phobien). Hier liegt eine starke reziproke Beziehung zwischen Überzeugungen und dem Vermeiden von Handlungen vor, sodass eine Korrektur durch situative Erfahrungen verhindert wird.

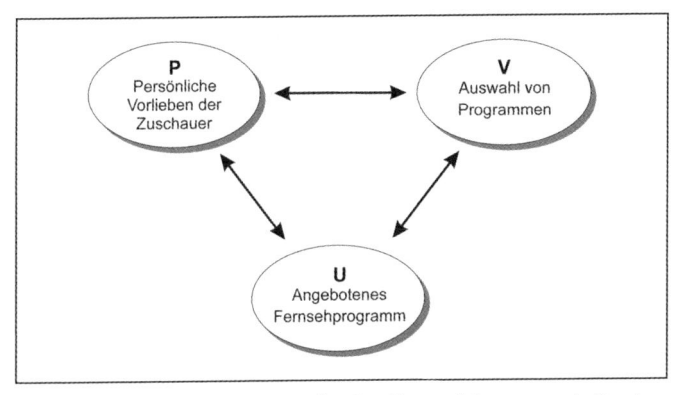

Abb. 12.4 Fernsehbeispiel zum reziproken Determinismus von A. Bandura

In wiederum anderen Fällen ergibt sich eine große gegenseitige Abhängigkeit aller drei Faktoren. Bandura (1978) erläutert die Interdependenz der drei Determinanten am Beispiel des Fernsehens (vgl. Abb. 12.4). Die persönlichen Fernsehvorlieben der Zuschauer (P) beeinflussen, welche Programme (U) sie aus dem Gesamtangebot auswählen (V). Obwohl also die potenzielle »Fernsehumwelt« für alle Zuschauer identisch ist, hängt die tatsächliche Fernsehumwelt davon ab, welche Sendungen die einzelnen Zuschauer auswählen. Durch das Fernsehverhalten der Zuschauer, das je nach Programm in unterschiedlichen Quoten resultiert, wird zumindest teilweise die zukünftige Fernsehumwelt geformt. Da Produktionskosten mitbestimmen, was den Leuten überhaupt gezeigt wird, wirkt sich die Fernsehumwelt zumindest partiell auf die Vorlieben der Zuschauer aus. Alle drei Faktoren – Vorlieben der Zuschauer, Programmauswahl durch die Zuschauer und Fernsehangebot – beeinflussen sich also in reziproker Weise.

Aus Banduras Perspektive werden Personen weder durch innere Kräfte kontrolliert noch von Umweltereignissen angetrieben. Vielmehr sieht er ihre psychischen Prozesse durch ständige Wechselwirkungen zwischen Personen-, Verhaltens- und Umweltdeterminanten bestimmt. Ein häufiges Missverständnis ist es, den reziproken Determinismus durch ein Desinteresse an personbezogenen Determinanten des Verhaltens zu kennzeichnen. Entscheidend ist, dass die Persondeterminanten bei Bandura primär als dynamische und nicht als vergleichsweise stabile Eigenschaftsdimensionen konzipiert sind. Nur so können sie in der triadischen Wechselwirkung den Status kontinuierlich veränderbarer Komponenten einnehmen.

13 Versöhnung von Eigenschaft und Prozess

Während Eigenschaftstheorien Persönlichkeitsmerkmale also als relativ stabile Strukturen konzeptualisieren, betonen sozial-kognitive Theorien von Situation zu Situation variierende Prozesse. Bei diesen Prozessen handelt es sich um dynamische Interaktionen zwischen aktuell ablaufenden Kognitionen (z. B. Einschätzungen, Erwartungen, Selbstregulation), der Umwelt (z. B. anderen Personen) und dem Verhalten. Seit einiger Zeit betonen Vertreter beider Ansätze, dass die strukturelle und die dynamisch-prozessbezogene Sichtweise integriert werden müssen. Wie schon am Beispiel der Stressbewältigung deutlich wurde, schließen sich eigenschaftstheoretische und sozial-kognitive Ansätze demnach nicht aus, sondern ergänzen sich wechselseitig und können aufeinander bezogen werden.

13.1 Integration von Struktur und Prozess am Beispiel des Narzissmus
(Karl-Heinz Renner)

Als einführendes Beispiel für solch eine Integration eignet sich das dynamische Selbstregulationsmodell des Narzissmus von Morf und Rhodewalt (2001). Aus der Eigenschaftsperspektive wird Narzissmus als Syndrom relativ stabiler Merkmale beschrieben, die sowohl normalpsychologische als auch klinische Ausprägungen kennzeichnen. Zu diesen Merkmalen zählt ein grandioses Selbstkonzept, das in seiner infantilen Form von Heinz Kohut treffend mit dem Satz: »Ich bin allmächtig und vollkommen« zum Ausdruck gebracht wurde. Hinzu kommen Eitelkeit, mangelnde Empathie und Feindseligkeit, aber auch das Angewiesensein auf die Bewunderung anderer.

Welche aktuell ablaufenden Prozesse und Dynamiken sind mit diesen Eigenschaften verbunden? Das grandiose Selbst als zentrales narzisstisches Strukturkonzept ist zugleich instabil und mit einer widersprüchlichen Selbstbewertungsdynamik verbunden, die zwischen Großartigkeit, überschäumender Euphorie sowie Verzweiflung, Wut und Minderwertigkeitsgefühlen schwankt. Besonders faszinierend, weil paradox, sind die mit Narzissmus einhergehenden interpersonellen Prozesse: Einerseits »gieren« Narzissten nach Lob und Bewunderung durch andere – sie sind darauf angewiesen, um ihre Grandiosität aufrechterhalten zu können.
So resultierte in einer Tagebuchstudie von McCullogh, Emmons, Kilpatrick und Mooney (2003), dass Selbstwertschwankungen bei Narzissten besonders mit den positiven oder negativen Rückmeldungen anderer korreliert waren.

Andererseits beuten Narzissten ihre Interaktionspartner aus, verhalten sich wenig einfühlsam, ja sogar abwertend und feindselig gegenüber anderen und untergraben damit die Beziehungen, die sie brauchen, um ihr Hauptziel, das grandiose Selbst, erreichen und stabilisieren zu können. Denn wer ist gerne längere Zeit mit einer Person zusammen, die die Gefühle anderer weder wahr- noch ernst nimmt und wütend wird, wenn man sie nicht ständig ganz toll findet?

Kurzfristig scheinen es Narzissten tatsächlich zu schaffen, die Aufmerksamkeit und Bewunderung anderer auf sich zu ziehen. In einer Studie von Paulhus (1998) stellte sich heraus, dass Narzissten beim Erstkontakt, also zu Beginn einer Beziehung als kompetent, intelligent und unterhaltsam eingeschätzt wurden. In einem späteren Beziehungsstadium wurden sie dann aber ganz anders bewertet, nämlich als arrogant, angeberisch und feindselig. Zudem konnte in mehreren Studien nachgewiesen werden, dass Narzissmus in Partnerschaften vor allem mit einem ludischen Liebesstil verbunden ist (Campbell, Foster & Finkel, 2002). Wie in Kapitel 4 bereits erläutert ist ein ludischer oder spielerischer Liebesstil durch Verführung, sexuelle Freiheit und Abenteuer gekennzeichnet. Die Bindung an den Partner ist eher niedrig ausgeprägt oder wird im Unklaren gelassen. Narzissten suchen in Partnerschaften weniger Nähe und Intimität, sondern tatsächlich eher Bewunderung (Campbell, 1999; Emmons, 1989). Campbell et al. (2002) konnten zudem zeigen, dass der ludische Liebesstil bei Narzissten mit einem Bedürfnis nach Macht und Autonomie in der Beziehung einhergeht. Narzissten wollen mehr Einfluss und Kontrolle in ihrer Beziehung haben als ihr Partner bzw. ihre Partnerin. Personen mit hohen Narzissmus-Werten tendieren außerdem mehr dazu, auf andere potenzielle Partner aufmerksam zu werden, mit ihnen zu flirten und tatsächlich untreu zu werden (Buss & Shackelford, 1997).

Abb. 13.1 Honoré Daumier – Der schöne Narziss

13.2 Das kognitiv-affektive Persönlichkeits-System (CAPS)

Seit seiner Attacke auf Eigenschaftstheorien im Jahre 1968 hat Walter Mischel immer wieder gestützt auf theoretische oder empirische Arbeiten zur Person-Situations-Debatte Stellung genommen. Schon früh gab er die rein situationistische Position zugunsten einer interaktionistischen auf (vgl. Mischel, 1977a). Sein Bemühen, zwischen den Extrempositionen der Person-Situations-Debatte zu vermitteln, kommt besonders im Ansatz des kognitiv-affektiven Persönlichkeits-Systems (CAPS) und dem damit verbundenen Schlüsselkonzept der *Persönlichkeitskohärenz* zum Ausdruck. Unter den vielen Strategien, das Eigenschafts- oder Konsistenzproblem zu lösen, trägt dieser Ansatz am ehesten zu einer umfassenden, vielleicht sogar zu einer abschließenden Lösung bei. Es ist schon erstaunlich, dass der Ansatz der Persönlichkeitskohärenz, der Eigenschaften (Traits) wieder einführt, vom gleichen Autor stammt, der 1968 als »Anti-Traitist« die Szene betrat.

Im CAPS-Ansatz werden individuelle Differenzen als Unterschiede in der chronischen Ansprechbarkeit aufgefasst. Darunter versteht Mischel die Leichtigkeit, mit der kognitive und affektive Einheiten aktiviert werden. Diese Einheiten werden in fünf Klassen von Personvariablen unterteilt (vgl. Tab. 13.1).

Tab. 13.1 Klassen von kognitiv-affektiven Einheiten im Persönlichkeitssystem (Mischel & Shoda, 1995; in der Übersetzung von Westmeyer, 2005)

Enkodierungen (Konstruktionen):	Kategorien (Konstrukte) für das Selbst, andere Personen, Ereignisse und Situationen.
Erwartungen und Überzeugungen:	im Hinblick auf die soziale Welt, auf Ergebnisse von Verhalten in bestimmten Situationen, auf Selbstwirksamkeit und auf das Selbst.
Affekte:	Emotionen und affektive Reaktionen einschließlich physiologischer Reaktionen.
Ziele und Werte:	erwünschte Ergebnisse und affektive Zustände; aversive Ergebnisse und affektive Zustände; Ziele, Werte und Lebensprojekte.
Kompetenzen und selbstregulatorische Systeme:	potenzielle Verhaltensweisen und Skripte darüber, wozu man in der Lage ist; Pläne und Strategien für die Handlungsorganisation und die Beeinflussung von Ergebnissen, eigenem Verhalten und internen Zuständen.

Die Situationsmerkmale aktivieren eine bestimmte kognitiv-affektive Einheit, die wiederum andere Einheiten aktiviert, mit denen sie in Form eines stabilen Netzwerks von Beziehungen verknüpft ist (vgl. Abb. 13.2). Dieses Netzwerk ist für jedes Individuum einzigartig und führt schließlich zu charakteristischen Verhaltensweisen. Personen unterscheiden sich darin, welche Situationsmerkmale sie als bedeutungsvoll interpretieren, ob sie sich z. B. vom Interaktionspartner belästigt, auf den Arm genommen oder angenehm behandelt fühlen. Wenn sie solche, für sie »hervorspringenden« Hinweise wahrnehmen, wird das Netzwerk von kognitiven und affektiven Einheiten aktiviert, das Pläne, Erwartungen, Strategien, affektive Zustände etc. (vgl. Tab. 13.1) umfasst.

Um solch ein System in Aktion zu veranschaulichen, wählt Mischel (2003) das Beispiel eines Mannes, der empfindlich für Ablehnung ist: Er tendiert dazu, von seiner Partnerin ablehnendes Verhalten zu erwarten und auf die Zurückweisung übertrieben emotional zu reagieren. Wie Forschungsergebnisse zeigen, haben solche Personen häufig eine Lebensgeschichte hinter sich, in der sie familiärer Gewalt und Ablehnung ausgesetzt waren. Neutrales oder ganz harmloses Verhalten der Partnerin wird leicht als Ablehnung »konstruiert«, die Überzeugungen wie »Sie liebt mich nicht« und in der Folge davon weitere kognitiv-affektive Einheiten aktiviert, die alle um die Themen Ablehnung, Betrug und Verlassenwerden kreisen. Wutanfälle und gewalttätiges Verhalten gegenüber der Partnerin sind die wahrscheinliche Folge sowie die Aktivierung entsprechender Skripts, z. B. wie man andere Menschen zwingen und kontrollieren kann. Mischel beruft sich auf Studien, in denen Männer ihre Kontroll- und Wutreaktionen durch die Überzeugung rechtfertigten, sie müssten »ein richtiger Mann«, also kein Schlappschwanz (»wimp«) sein. So geriet z. B. ein Teilnehmer einer Studie immer dann in Rage und verhielt sich gegenüber seiner Frau gewalttätig, wenn er sich »wimpy« fühlte. Mischel resümiert, dass über längere Zeit hinweg das gewalttätige Verhalten dann genau zu der Ablehnung durch die Partnerin führt, die der Mann am Anfang befürchtet hatte.

Solch ein dynamischer Prozess wird nicht nur durch externe Ereignisse ausgelöst: Er kann auch initiiert werden durch interne, also selbstgenerierte Ereignisse wie Gedanken, Fantasien, Tagträumereien etc. Es reicht schon aus, dass der ablehnungsempfindliche Mann sich bloß vorstellt, die Partnerin würde ihn betrügen.

Der in diesem Beispiel veranschaulichte dynamische Prozess wird von Mischel als stabil und spezifisch konzipiert. Er ruft eine Disposition hervor, in konsistenter Weise zu reagieren – aber nur in Beziehung zu bestimmten Typen von Situationen. Der beschriebene

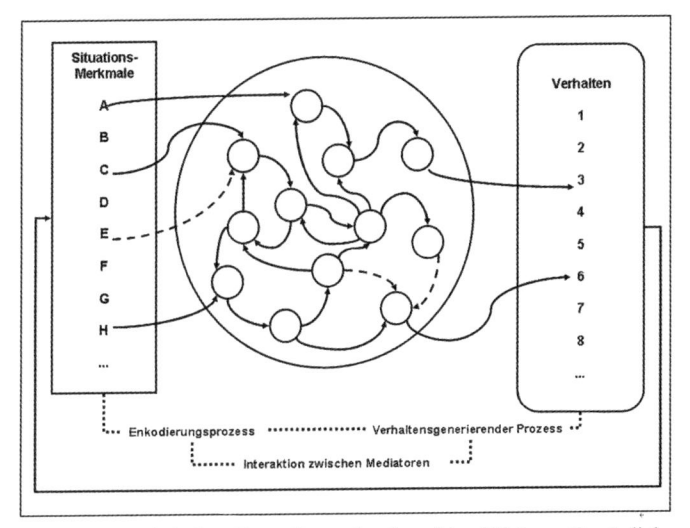

Abb. 13.2 Vereinfachte Darstellung des kognitiv-affektiven Persönlichkeitssystems (adaptiert nach Mischel & Shoda, 1995, S. 254). Der große Kreis steht für das kognitiv-affektive Persönlichkeitssystem, die kleinen Kreise stellen die Personvariablen dar, die als Mediatoren zwischen den Merkmalen der Situation und den Verhaltensweisen fungieren. Die Beziehung zwischen den Mediatoren kann positiv sein (durchgezogene Linie), was die Aktivation erhöht, oder negativ (unterbrochene Linie), was die Aktivation reduziert.

Mann verhält sich nicht im Allgemeinen feindselig, sondern nur in Reaktion auf eine potenzielle Ablehnung durch die Partnerin. In einer anderen Situation kann ein vollkommen anderes »Paket« an Kognitionen und Affekten aktiviert werden, was z. B. ein warmherziges und verständnisvolles Verhalten bewirkt (vgl. Mischel, 2003).

Das Beispiel des ablehnungssensitiven Mannes veranschaulicht auch, dass die Interaktionen mit der externen Welt von Mischel – in Überstimmung mit Bandura (vgl. Kap. 12.3) – als eine zweifache reziproke (wechselseitige) Interaktion konzipiert werden: Das vom Persönlichkeitssystem erzeugte Verhalten wirkt auf die soziale Welt, verändert sie zum Teil und beeinflusst somit die soziale Situation, mit der sich die Person als Nächstes auseinandersetzt – und durch die sie wiederum beeinflusst wird.

13.3 Persönlichkeitskohärenz

Im CAPS-Modell bleibt die zugrundeliegende Struktur des Persönlichkeitssystems stabil, wobei das Verhalten, das durch dieses System erzeugt wird, sich in Abhängigkeit von unterschiedlichen Situationen verändert. Mit anderen Worten: Das CAPS-Modell sagt vorher, dass sich Individuen durch charakteristische Situations-Reaktions- oder »Wenn-Dann«-Profile kennzeichnen lassen. Damit führt Mischel das wichtige Konzept der intraindividuellen »Persönlichkeitskohärenz« ein.

13.3.1 Prinzipien des Ansatzes der Persönlichkeitskohärenz

Ausgehend von Vorläufern wie Magnusson und Endler (1977) hat Mischel diesen Ansatz mit seinen Mitarbeitern im Rahmen von aufwändigen Verhaltensbeobachtungen entwickelt (Shoda, Mischel & Wright, 1994). Das Konzept der Persönlichkeitskohärenz soll an einer zentralen Untersuchung von Mischel und Mitarbeitern erklärt und veranschaulicht werden.

1. Prinzip: Es wird vom Verhalten in natürlichen Situationen ausgegangen.
Shoda et al. (1994) ließen 84 Kinder im Alter von 6½ bis 13 Jahren, die sich sechs Wochen in einem Ferienlager aufhielten, eingehend beobachten. Die durchschnittliche Beobachtungszeit pro Kind betrug 167 Stunden. Es handelte sich überwiegend um Kinder, die Probleme im sozialen Bereich hatten, sich insbesondere aggressiv verhielten oder durch anderes inadäquates Verhalten auffielen.

2. Prinzip: In der idiographisch fundierten Untersuchung ist die Ausgangseinheit stets die einzelne Person, deren Verhalten in Abhängigkeit von unterschiedlichen Situationen erfasst wird. Dadurch lassen sich intraindividuelle »Wenn-Dann«-Verknüpfungen zwischen Situationen und Verhaltensweisen herstellen.
Es wurde für jedes Kind registriert, in welchen Situationen welche Verhaltensweisen auftraten. Unterschieden wurden fünf Arten von psychologischen Situationen: (1) »Wenn ein anderes Kind sich annähert bzw. in positiver Weise Kontakt aufnimmt«, (2) »Wenn ein anderes Kind neckt, provoziert oder droht«, (3) »Wenn ein Erwachsener lobt«, (4) »Wenn ein Erwachsener warnt«, (5) »Wenn ein Erwachsener bestraft«. Das resultierende Verhalten der Kinder bestand in verbalen Aggressionen (z. B. Hänseln oder Provozieren),

körperlichen Aggressionen (z. B. Schlagen oder Stoßen), Wimmern oder babyhaftem Verhalten, Nachgeben oder Sichfügen und schließlich in prosozialen Äußerungen. Für jedes Kind wurde ein »Wenn-Dann-Profil«, also eine Verknüpfung von Situationen und Verhaltensweisen erstellt, z. B. es reagiert mit verbaler Aggression, wenn ein Erwachsener es warnt, fügt sich aber, wenn Gleichaltrige es bedrohen.

3. Prinzip: Es wird untersucht, wie stabil die intraindividuellen »Wenn-Dann«-Profile über die Zeit hinweg sind. Es geht also um die Frage, ob sich ein intraindividuelles Profil als konsistent erweist. Im Falle stabiler intraindividueller Profile sprechen Shoda et al. (1994) von »Persönlichkeitskohärenz«: Das Verhalten variiert in systematischer und damit vorhersagbarer Weise über Situationen hinweg.

In der Abbildung 13.3 sind die Profile zweier Kinder für die Reaktion »Verbale Aggression« zu zwei verschiedenen Zeitpunkten dargestellt. Wie deutlich zu sehen ist, reagieren die Kinder auf die fünf Situationen sehr unterschiedlich: Das erste Kind reagiert zu beiden Zeitpunkten mit starker verbaler Aggression auf die Bestrafung durch Erwachsene, während die übrigen Werte unterdurchschnittlich ausfallen. Das zweite Kind reagiert zu beiden Zeitpunkten besonders stark auf die Warnung durch Erwachsene, die meisten übrigen Werte sind ebenfalls stark ausgeprägt. Aus den Abbildungen geht auch hervor, dass die Profile über die Zeit hinweg stabil bleiben. Jedes Kind erweist sich also in seinem personspezifischen Muster von Reaktionen als konsistent: Es liegt somit *Persönlichkeitskohärenz* vor. Shoda et al. haben die Profilstabilität für jedes Kind und für jede Reaktionsweise berechnet. Für die meisten Kinder konnte Profilstabilität ermittelt werden. Von solchen stabilen Mustern kann dann auf individuelle Eigenschaften geschlossen werden.

Diese neue Vorgehensweise bedeutet keinen Bruch mit nomothetisch orientierten Ansätzen der Aggressionsforschung: Bei der Beschreibung intraindividueller Profile kann das vorliegende Wissen über das »Bedingungsgefüge der Aggressivität« (Selg, Mees & Berg, 1988) gute Dienste leisten.

13.3.2 Konsequenzen für die Person-Situations-Debatte

Aus dieser Studie ergeben sich einige profunde Schlussfolgerungen für die Person-Situations-Debatte, die weit über den Kontext der Aggressionsforschung hinausgehen:

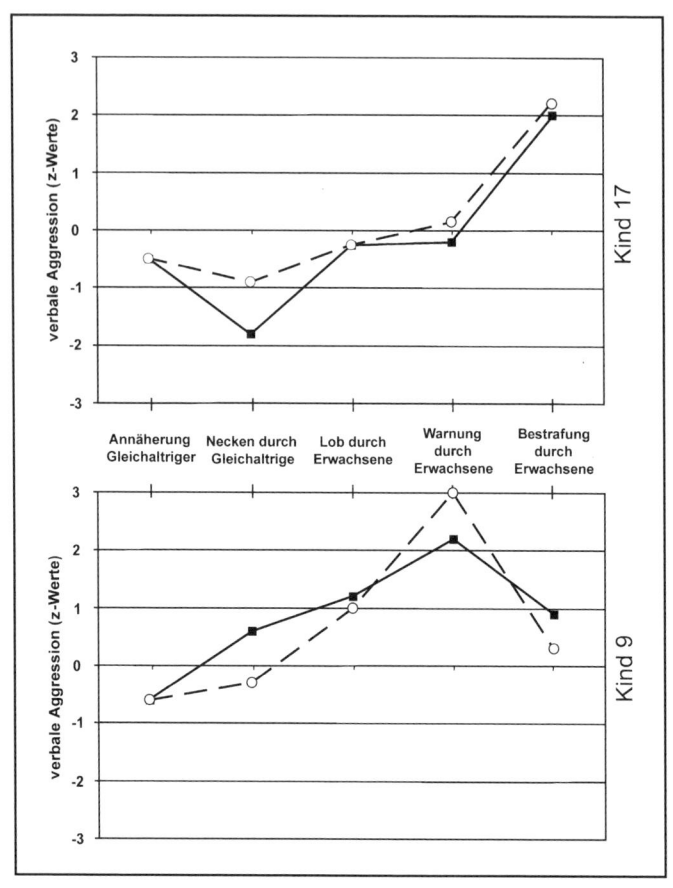

Abb. 13.3 Intraindividuelle Profile für verbale Aggression über fünf Situationen zu zwei verschiedenen Zeitpunkten für zwei Kinder

(1) Intraindividuelle Kohärenz begrenzt transsituative Konsistenz: Das Prinzip der Persönlichkeitskohärenz erklärt, warum die Konsistenz über verschiedene Situationen hinweg für die Gesamtgruppe der Individuen niedrig ausfällt. Kritiker der Eigenschaftsansätze haben immer wieder bemängelt, dass das Verhalten in unterschiedlichen Situationen nicht miteinander zusammenhängt (vgl. Kap. 11.1.2). So korreliert z. B. verbal aggressives Verhalten in Situation A nicht mit verbal aggressivem Verhalten in Situation B. Die transsituative Konsistenz des Verhaltens sei also nicht gegeben,

weswegen man nicht auf eine Eigenschaft wie Aggressivität schließen könne. Derselbe Sachverhalt ergibt sich für andere Konstrukte wie z. B. Ängstlichkeit.

Shoda et al. (1994) weisen nach, dass dann, wenn intraindividuelle Kohärenz für viele Individuen vorliegt, das Ausmaß interindividueller Konsistenz für die Gesamtgruppe der Individuen niedrig sein muss. Mit anderen Worten: Das unterschiedliche Muster von »Wenn-Dann«-Beziehungen in vielen Einzelfällen verhindert das Auftreten einer hohen Korrelation zwischen Verhalten in unterschiedlichen Situationen für die Gesamtgruppe, die aus diesen Einzelfällen besteht. Die personspezifischen Muster aggressiven Verhaltens begrenzen also das Ausmaß der Beziehung zwischen aggressivem Verhalten in Situation A und B für die Gesamtgruppe von Personen. Mit dem Kohärenzprinzip kann man demnach an der Annahme von Eigenschaften – in Form intraindividueller, also idiographisch bestimmter Konsistenz – festhalten, ohne den Nachweis transsituativer Konsistenz für die Gesamtgruppe von Personen führen zu müssen.

(2) Aus idiographisch bestimmten Profilen lassen sich nomothetische Kategorien ableiten: Bedeuten diese Ergebnisse, dass sich Persönlichkeitspsychologie ausschließlich mit Einzelfällen befassen sollte, deren personspezifische »Wenn-Dann«-Profile zu bestimmen sind? Mitnichten. Wenn die stabilen »Wenn-Dann«-Profile einmal identifiziert sind, lassen sie sich entsprechend ihren Ähnlichkeiten und Unterschieden zu Kategorien oder »Typen« zusammenfassen. So repräsentieren die beiden Beispielfälle (Abb. 13.3) möglicherweise zwei Typen von Kindern, die sich deutlich in der situativ angebundenen verbalen Aggressivität unterscheiden. Wie von Thomae (1996) gefordert, sollte also auf die idiographische Analyse eine nomothetische Auswertung folgen, die auf Verallgemeinerung abzielt (vgl. Kap. 8.2: Top-down und bottom-up). Der Unterschied zum klassischen nomothetischen Vorgehen ist darin zu sehen, dass nicht eine als homogen angenommene Gesamtgruppe analysiert wird, sondern unterschiedliche Kategorien von Personen bestimmt werden, die sich innerhalb einer Kategorie durch große Gemeinsamkeiten auszeichnen.

(3) Die intraindividuellen »Wenn-Dann«-Profile sind eine brauchbare Basis für persönlichkeitstheoretische Schlussfolgerungen: Shoda et al. (1994) vertreten die Überzeugung, dass sich in diesen Profilen zugrunde liegende Personmerkmale wie Ziele, Überzeugungen, Werte, kognitive Strategien etc. ausdrücken. Von der Frage ausgehend, wann, wo und mit wem im Einzelfall ein bestimmtes

Verhalten auftritt, kommt man eher an die theoretisch relevanten Erklärungsprinzipien heran als durch die Analyse durchschnittlicher Verhaltenstendenzen für viele Individuen. Hierbei berufen sich Shoda et al. (1994) unmittelbar auf Allports idiographischen Ansatz.

Das wichtigste Merkmal des Ansatzes von Mischel scheint mir zu sein, dass er einen idiographischen Weg zur Lösung des Konsistenzproblems vorschlägt, der nicht auf den Einzelfall beschränkt bleibt, sondern Generalisierungen erlaubt, ohne den personzentrierten Fokus aufzugeben. Mit seinem Vorsatz, das Individuum in natürlichen Situationen zu untersuchen, entspricht er ganz dem biografischen Ansatz von Thomae, der den Grundsatz formulierte,

> ... das Studium des Verhaltens des Individuums in seiner Welt – und nicht in jener des Experimentators, Fragebogenkonstrukteurs und Testerfinders – müsse den Ausgangspunkt einer Persönlichkeitspsychologie bilden (Thomae, 1996, S. 7).

Kontroverse 3: Außensicht versus Innensicht

Um kein einseitiges Bild der Persönlichkeit zu erhalten, ist es notwendig, das Bild einer Person von sich selbst in Beziehung zu setzen zu dem Bild, das andere von ihr haben (vgl. Kontroversen im Überblick, Kap. 1.3). Diese theoretisch und methodisch wichtige Doppelbetrachtung lässt sich gut am Beispiel der Selbstdarstellung des Handelnden veranschaulichen: Selbstdarstellung führt zu Eindrücken oder Außenbildern, die vom Beobachter mehr oder weniger zurückgemeldet werden, wodurch ein Prozess gegenseitiger Beeinflussung in Gang kommt.

Die Darstellung der eigenen Persönlichkeit und die Wirkung dieser Darstellung auf andere gehören bisher nicht zu den favorisierten Fragestellungen der Persönlichkeitspsychologie. Allerdings steigt die Zahl der empiriegestützten Artikel zum Thema »Self-Presentation«, die in den Fachzeitschriften der Persönlichkeitspsychologie veröffentlicht werden, in den letzten Jahren deutlich an. Wenn Selbstdarstellung das Vermitteln von Bildern der eigenen *Persönlichkeit* bedeutet, dann ist es von herausragendem Interesse, Selbstdarstellungen zum Ausgangspunkt persönlichkeitspsychologischer Erkenntnisgewinnung zu machen.

Wie lässt sich dieses langjährige Desinteresse der Persönlichkeitspsychologen am Thema Selbstdarstellung erklären? Der Selbstdarstellungsforscher Baumeister (1986) mutmaßt, dass »Selbstdarstellung« vielen Forschern, die sich ihr Leben lang auf Theorien über innere Merkmale konzentriert hätten, als »ein unverschämter unehelicher Sprössling auf einem Familientreffen« vorkomme, den sie zwar nicht länger übersehen, aber deshalb noch lange nicht lieben könnten.

In Kapitel 14 wird versucht, die Bedeutung von habitueller Selbstdarstellung bzw. Selbstinterpretation für die Persönlichkeitspsychologie zu veranschaulichen. »Take home message« von Kapitel 15 ist die Auffassung, dass Eigenschaften nicht nur als Prädiktoren von Selbstdarstellung, sondern auch als Produkte von Selbstdarstellung aufgefasst werden können.

Kapitel 16 schlägt eine Brücke zum Fünf-Faktoren-Modell. Die Kernfrage lautet: Lassen sich Eigenschaften unter dem Gesichtspunkt von habitueller Selbstdarstellung interpretieren? In diesem Kapitel werden außerdem die Möglichkeiten eines Vergleichs von Selbstbild und Außenbild für Trainingsmaßnahmen aufgezeigt.

14 Selbstdarstellung und Selbstinterpretation[1]

(Lothar Laux und Karl-Heinz Renner)

Ein Studienkollege von Strindberg berichtet: Als ich einmal August Strindberg besuchte, fand ich alle Stühle, Tische und Betten in der Wohnung von Fotografien besetzt, von großen und kleinen, und beinahe alle zeigten ihn selber. Er hatte sie eigens für meinen Besuch hervorgeholt, weil er wusste, dass ich Amateurfotograf war … Der Grund, warum er mit der Fotografie arbeite, bestehe darin, dass alle Fotografien, die andere von ihm aufgenommen hätten, schlecht seien: »Ich kümmere mich nicht um mein Aussehen«, sagte er, »aber ich möchte, dass die Leute meine Seele sehen, und die kommt auf diesen (mit Selbstauslöser aufgenommenen) Fotos besser zum Vorschein als auf anderen.«

---

1 Die Darstellung übernimmt Passagen eines Forschungsberichts von Laux und Renner (1994).

Seine Seele also wollte August Strindberg sichtbar machen. Was dieser naive Gedanke schließlich hervorgebracht hat, sind Aberdutzende von immer gleichen Bildern, denen Strindberg die Vorstellung seines dramatischen Ichs aufgestempelt hat. Immer wieder sehen wir seine gewollt fiebrigen, gleichwohl starren Gesichtszüge mit den flackernden Augen und dem gespitzten, meistens ein wenig geöffneten Mund. Ein Posen-Gesicht, das Strindberg immer beibehielt (Genazino, 1984, S. 11).

14.1 Ich möchte, dass die Leute meine Seele sehen

Das Bemühen Strindbergs, anderen Menschen ein ganz bestimmtes Bild der eigenen Person zu vermitteln, ist ein Beispiel für *Selbstdarstellung* (vgl. Laux & Renner, 2005). Wenn wir uns selbst darstellen, versuchen wir, den Eindruck zu steuern, den wir auf andere ausüben, und – als Folge davon – wie sie uns behandeln (vgl. Goffman, 1959). Nicht nur durch das fotografische Bild, sondern durch alle Verhaltensweisen, Äußerungen und Formen des Auftretens lassen sich Selbstbilder vermitteln.

Selbstdarstellung ist allgegenwärtig. Wenn Menschen interagieren, ist sie unvermeidlich. Der vornehme Anspruch »esse non videri« (sein, aber nicht in Erscheinung treten) geht an der Wirklichkeit vorbei. Da wir zum Erreichen nahezu aller Ziele im Leben andere Menschen benötigen, ist es nahe liegend, dass wir die Eindrücke, die sie sich von uns machen, zu steuern versuchen. Dies kann in hoch bewusster Form, aber auch weitgehend unbewusst stattfinden.

Selbstdarstellung ist also nicht auf Situationen beschränkt, in denen die eigene Person im Mittelpunkt der Aufmerksamkeit anderer steht und von ihnen beurteilt wird, wie etwa bei einem Bewerbungsgespräch. Das Vermitteln von Selbstbildern ist vielmehr ein durchgängiges Merkmal unseres Verhaltens in sozialen Situationen und läuft zumeist automatisch ab, ohne permanent bewusste Kontrolle, sozusagen im Hintergrund (Schlenker & Pontari, 2000). Dies lässt sich durch folgende Analogie veranschaulichen: Die meisten Computer sind mittlerweile mit Software ausgestattet, die automatisch aktiviert wird, wenn ein Benutzer seinen Rechner einschaltet. Virenschutzprogramme sind ein Beispiel dafür. Für den Benutzer ist die Aktivität solcher Virenschutzprogramme die meiste Zeit nicht sichtbar: Der Virenschutz läuft im Hintergrund ab, ohne dass es dem Anwender bewusst ist. Erst wenn ein Virus auftaucht, »springt« das Programm in den Vordergrund und lenkt die Aufmerksamkeit auf die drohende Gefahr der Infizierung. Das bisher lediglich latent vorhandene Ziel, das Computersystem virenfrei zu halten, rückt jetzt in den Mittelpunkt der bewussten Aufmerksamkeit. In ähnlicher Weise drängt sich das ständig vorhandene, aber meistens nicht bewusste Ziel, bestimmte Selbstbilder zu vermitteln und aufrechtzuerhalten, erst dann in den Vordergrund, wenn die automatisierte Verhaltens- und Darstellungskontrolle durch besondere Ereignisse unterbrochen wird.

14.1.1 Adressaten

Selbstdarstellung erfolgt nicht nur gegenüber realen Bezugspersonen, sondern auch gegenüber bloß vorgestellten Interaktionspartnern. Die Darstellung kann sich sogar primär an das *eigene Selbst* und somit an ein inneres Publikum richten (self-as-audience). Auch wenn Adressaten tatsächlich vorhanden sind, kann es sich vorrangig um einen Selbstdialog handeln. Auf den ersten Blick mag z. B. eine konfrontative Ärgerreaktion auf den Partner zielen. Die zugrunde liegende Intention (»Ich wollte mir selbst beweisen, dass ich mich durchsetzen kann«) bezieht sich aber möglicherweise auf den *internen Adressaten*. Snyder, Higgins und Stucky (2005) gehen davon aus, dass Selbstbilder häufig gleichermaßen für ein externes wie für ein internes Publikum bestimmt sind. Dem entspricht in ihrer Analogie der Blick nach außen und nach innen (vgl. Abb. 14.1). Externes und internes Publikum können sich auch schnell abwechseln. Diese Kombination ist durch die schraffierte Fläche dargestellt.

14.1.2 Echtheit oder Verstellung

Selbstdarstellung zielt häufig darauf ab, den Interaktionspartnern ein möglichst genaues Bild der habituellen Merkmale oder des aktuellen Zustands der eigenen Person zu vermitteln: Strindberg wollte sich nicht verstellen, sondern durch die Zerrüttungsbilder seine innere Befindlichkeit ausdrücken. Ein weiteres Beispiel: Suchtmittelabhängige Frauen wurden im Rahmen einer Therapie gebeten, sich selbst in Form von Plastiken aus Ton darzustellen (vgl. Schaumburg & Feldmann-Vogel, 1987). Beim Versuch der Selbstdarstellung tauchten unweigerlich Fragen auf: Wie bin ich? Wie sehe ich mich? Kann ich von mir ein Selbstbildnis formen, in dem mich die anderen wiedererkennen? Deutlich wird an diesen Fragen, dass Selbstbilder nicht immer abrufbar für die Darstellung bereitstehen, sondern auch durch den Prozess des konkreten Gestaltens bzw. »Vorführens« erst geformt werden (vgl. auch Kap. 15.2 Self-Modeling bei Redeangst).

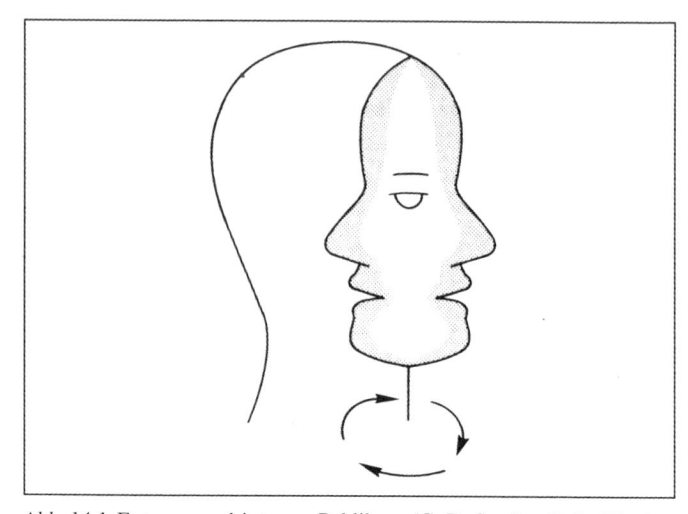

Abb. 14.1 Externes und internes Publikum (C. R. Snyder, R. L. Higgins, R. J. Stucky: Ausreden. © by mvgVerlag, FinanzBuch Verlag GmbH, München. www.mvg-verlag.de. Mit freundlicher Genehmigung des Verlages.)

Selbstdarstellungen lassen sich aber häufig auch als Beschönigungen und Verstellungen auffassen. So werden z. B. in der Ratgeberliteratur sog. Testknacker angeboten. Sie »verraten«, wie man »Karrieretests« erfolgreich besteht, wie man »unfreiwillige Entblößungen« vermeidet und wie man eine »gewinnende Persönlichkeit« darstellt (von Paczensky, 1979). Für den »Thematischen Apperzeptionstest«, in dem die Probanden Geschichten zu mehrdeutigen Bildern erzählen sollen (vgl. Kap. 11.3), wird z. B. folgende Strategie der Selbstdarstellung empfohlen:

> Wer es vermeiden möchte, sich dem Arbeitgeber selbstverloren zu enthüllen, bedarf deutlicher Selbstbeherrschung, um alle trüben, selbstkritischen oder aggressiven Gedanken zu verscheuchen. Mit einiger Mühe lassen sich die meisten TAT-Bilder positiv deuten. Eine einsame Gestalt auf nächtlicher Straße z. B. muss keineswegs verzweifelt, betrunken oder abenteuerlustig sein, man kann sich auch einen fleißigen Spätarbeiter vorstellen, der müde, aber glücklich nach Hause geht, weil er soeben die entscheidende Erfindung beendet hat. Eine Umarmung zwischen undeutlichen Personen darf natürlich niemals gleichgeschlechtlich ausgelegt werden, auch keine tragische Trennungsszene andeuten, sondern vielleicht ein junges Brautpaar beim Anblick eines Baugrundstücks, auf dem bald ein nettes Häuschen entstehen *wird* (von Paczensky, 1979, S. 55).

14.1.3 Selbstinterpretation

Der Terminus *Selbstdarstellung* ist in der Alltagssprache eher negativ besetzt. Man assoziiert ihn oft mit kalkulierter, beschönigender oder überzogener Eindruckslenkung. Da hilft es wenig, wenn Selbstdarstellungsforscher nicht müde werden zu betonen, dass der psychologische Begriff der Selbstdarstellung alle Formen der Eindruckslenkung – vom Ausdruck »wahrer« innerer Eigenschaften und Befindlichkeiten bis hin zu Täuschungen und Verstellungen – umfasst (vgl. Schlenker & Pontari, 2000).

Es erschwert die wissenschaftliche Kommunikation, wenn die psychologische Begriffsdefinition im wesentlichen Bedeutungsgehalt von der alltagssprachlichen abweicht und man ständig gegen eine eingeschliffene Begriffsbedeutung ankämpfen muss. Wir möchten daher einen unbelasteten Begriff wählen und schlagen *Selbstinterpretation* vor. Im Gegensatz zur *Selbstdarstellung* ist *Selbstinterpretation* nicht von vornherein mit negativen Bedeutungen wie Manipulation, Verstellung, Schauspielerei assoziiert.

Grundsätzlich kann man aus dem Fassettenreichtum möglicher individueller Selbstbilder einzelne oder Kombinationen von Selbstbildern auswählen. Diese Selbstbilder wiederum lassen sich auf vielfältige Weise in Verhalten umsetzen. Auch für diesen produktiven Gestaltungsvorgang der Wiedergabe von Selbstbildern erscheint uns der Begriff *Interpretation* geeignet. Dies entspricht ganz seinem Gebrauch bei der künstlerischen Wiedergabe eines Werks: So kann die Interpretation der sog. »Alten Musik«, etwa der Kantaten von J. S. Bach, historisch erfolgen, also z. B. mit den Klangmitteln, die dem Komponisten zu seiner Zeit zur Verfügung standen. Eine »moderne« Interpretation könnte Instrumente mit vergrößertem Klangvolumen einsetzen. Die künstlerische Wiedergabe schließt auch die Möglichkeit von Aufführungen ein, dass der Interpret gegen Substanz und Botschaft des Werks verstößt. Übertragen auf die »Aufführung« des Selbst bietet es sich daher an, den Begriff *Selbstinterpretation* auch bei nichtauthentischer Eindruckssteuerung beizubehalten. Es ist ohnehin schwierig, eine Grenze zwischen Verstellung und authentischer Darstellung zu ziehen. Zweifellos befindet sich der Darsteller noch im authentischen Bereich, wenn er aus vielen möglichen Selbstbildern günstige auswählt: »He will put his best foot forward, but it is nevertheless his foot« (Jones & Pittman, 1982, S. 253). Dies weist wiederum auf einen Interpretationsvorgang mit viel Spielraum hin.

Groß ist der Spielraum beispielsweise bei der Abfassung von Autobiografien: In einer Buchreihe mit dem Titel »Psychologie in Selbstdarstellungen« berichten bedeutende Psychologen über ihre

Karriere als Wissenschaftler (vgl. Laux, Friedel, Maier & Renner, 2002). Während die Mehrzahl der Autoren über Leben und Werk mit gebührendem Ernst reflektiert, schreibt ein Autor – Ferdinand Merz – aus einer Haltung heiterer Selbstironie:

> … meine Doktoranden sind inzwischen fast alle Professoren geworden. Vielleicht hätten sie ohne mich eine bessere Karriere gemacht. Ich freue mich sehr, wenn frühere Studenten darauf zu sprechen kommen, wie sie durch mich gefördert worden seien. In solchen Fällen habe ich auch nicht das Bedürfnis, zwischen Höflichkeit und Sachlichkeit zu unterscheiden. Ich freue mich selbst dann noch, wenn mir offensichtlich versehentlich Verdienste zugeschrieben werden (Merz, 1992, S. 199).

14.2 Komponenten und Stile der Selbstinterpretation

Wenn wir – wie im folgenden Abschnitt – die Vermittlung *habitueller* Selbstbilder beschreiben, scheint uns der Begriff der Selbstinterpretation angemessener als derjenige der Selbstdarstellung. Um aber den vielen Ansätzen gerecht zu werden, die unter Selbstdarstellung firmieren, soll auf diesen etablierten Terminus in der weiteren Darstellung nicht verzichtet werden, z. B. beim Thema *Self-Monitoring* (vgl. Abschnitt 15.1.1). Außerdem bietet sich der Begriff *Selbstdarstellung* dann an, wenn strategische Einflussnahme, Eindrucksmanagement, Selbstinszenierung etc. tatsächlich im Vordergrund stehen.

14.2.1 Selbstbilder

In der alten Pinakothek in München hängt ein außergewöhnliches Bild von Albrecht Dürer. In diesem Selbstbildnis, das er im Jahre 1500 gemalt hat, stellt Dürer sich als Idealgestalt dar (siehe Abb. 14.2). Dies ist an der Ähnlichkeit mit zeitgenössischen Christusdarstellungen erkennbar. Die Intentionen, die Dürer zu seinem berühmtesten Selbstbildnis veranlasst haben, sind gut untersucht. Unsere Darstellung basiert auf einer Interpretation von Wuttke (1980), der neu entdeckte Quellen aus der Zeit des deutschen Humanismus heranzieht. Nach Wuttke entwirft Dürer mit diesem Selbstbildnis ein Programm von sich, das er in den kommenden Lebensjahren ausfüllen wollte. Er wendet sich mit dem Bild sowohl an den internen als auch an den externen Adressaten: Das Bild ist

Abb. 14.2 Albrecht Dürer: Selbstbildnis, 1500

einerseits Dokument der Aussprache des Künstlers mit sich selbst, andererseits vermittelt es als Schauobjekt, das in der Werkstatt hängt, seinen Kunden und Schülern den besten Eindruck vom Können des Meisters.

Das Selbstbildnis von Dürer veranschaulicht die Kategorie der *potenziellen* Selbstbilder (*Possible selves* nach Markus & Nurius, 1986). Dazu gehören die Selbstbilder, die wir – wie Dürer – anstreben (z. B. erfolgreiches, fähiges, geliebtes Selbst), aber auch diejenigen, vor denen wir uns fürchten (z. B. vereinsamtes, depressives, unfähiges Selbst). *Faktische* oder reale Selbstbilder sind demgegenüber solche, durch die wir uns derzeit gekennzeichnet sehen. Sie weisen Merkmale auf, die durch vergangene Erfahrungen abgesichert und durch soziale Rückmeldung bestätigt sind (vgl. Self-defining-feedback, Kap. 15.2).

14.2.2 Kompetenzen

Selbstinterpretation kann nur wirksam sein, wenn bestimmte Kompetenzen vorhanden sind. Sie beschreiben die Möglichkeiten und Grenzen des sich selbst Interpretierenden. Größte Bedeutung für die Selbstinterpretation kommt den *interpersonellen* Kompetenzen zu. Man kann auch von *Interaktionskompetenz* oder von *sozialer Intelligenz* sprechen. Es geht dabei sowohl um den Wahrnehmungs- als auch um den Handlungsbereich: Zunächst kommt es darauf an, die Befindlichkeit der Interaktionspartner richtig wahrzunehmen und zu beurteilen. Man muss z. B. in der Lage sein, die Perspektive des anderen einzunehmen und seine innere Befindlichkeit richtig zu erfassen. Der Handlungsaspekt umfasst demgegenüber die Kompetenz zu situationsbezogenem bzw. partnerorientiertem Verhalten, z. B. die Fähigkeit zur Kontrolle und Modifikation des emotionalen Ausdrucks. Eng verbunden mit den interpersonellen Kompetenzen sind die *intrapersonellen Kompetenzen*. Es geht dabei um die Fähigkeit des Individuums, sich selbst zu erkennen, die eigenen Emotionen wahrnehmen, benennen und ausdrücken zu können (Gardner, 1991). Detaillierte Kompetenzen zur Selbstinterpretation lassen sich auch den Forschungsergebnissen zur *Emotionalen Intelligenz*, einem Unterbereich der sozialen Intelligenz, entnehmen (Ciarrochi, Forgas & Mayer, 2001; Goleman, 1996).

14.2.3 Motive

Welche Motive liegen den vielen Varianten von Selbstinterpretationen zugrunde? Zwei große Gruppen lassen sich unterscheiden: publikumszentrierte und individuumszentrierte Motive (Schlenker & Weigold, 1992). Die motivationalen Annahmen der klassischen Selbstdarstellungsansätze müssen als stark *publikumszentriert* bezeichnet werden. Prominentes Beispiel ist das Bedürfnis, *dem Publikum zu gefallen*. Andere Motive, die in Forschungsarbeiten untersucht wurden, umfassen das Bedürfnis nach *Kontrolle*, *Macht* oder *materiellem Gewinn*.

Abb. 14.3 Orientierung am idealen Selbstbild (von Peter Gaymann; nach Gröner & Kessemeier, 1988; © www.cartoon-concept.de, S. Liebrecht, Hannover)

Wir konzentrieren uns hier besonders auf die *individuumszentrierten* Motive und greifen zwei heraus, die einen engen Bezug zu der Kategorisierung in faktische und potenzielle Selbstbilder aufweisen (siehe zusammenfassend Laux & Weber, 1993; Renner, 2002). Ein wichtiges Grundbedürfnis ist die *Selbstkongruenz* – die Tendenz, sich so zu verhalten, wie man sich selbst sieht. Die Annahme, dass Personen versuchen, sich ihrem Selbstkonzept entsprechend zu verhalten, ist nicht neu. Die Kongruenz zwischen Selbstkonzept und Verhalten, bzw. zwischen innerem Gefühl und Gefühlsausdruck, gilt in der humanistischen Psychologie als Merkmal für psychische Gesundheit. Entsprechende humanistische Ansätze sind mit den Begriffen Selbstenthüllung, transparentes Selbst oder Echtheit verbunden. Eine zweite Motivgruppe wird als *Selbstglorifikation* bezeichnet (Schlenker & Weigold, 1992). Sie umfasst Selbstwertmaximierung und Selbstidealisierung. Unter *Selbstwertmaximierung* versteht man ein grundlegendes Bedürfnis, das eigene Selbstwertgefühl zu schützen und zu erhöhen. Eng verwandt damit ist die Tendenz zur *Selbstidealisierung* (vgl. Abb. 14.3): Personen orientieren sich in ihrer Selbstdarstellung an potenziellen Selbstbildern. Sie versuchen, ideale Selbstbilder darzustellen, und vermeiden es, gefürchtete Selbstbilder zum Ausdruck zu bringen. Während Theorien der Selbstwertmaximierung von einem globalen Selbstwertgefühl ausgehen, befassen sich die Ansätze der Selbstidealisierung eher mit spezifischen hochbewerteten Selbstbildern.

Ist Selbstinterpretation bzw. Selbstdarstellung immer egoistisch motiviert?

Aufgrund der aktuellen Forschung gewinnt man leicht den Eindruck, dass Selbstinterpretation bzw. Selbstdarstellung vor allem darauf abzielt, sich selbst Vorteile zu verschaffen. Bereits Goffman (1959) wies darauf hin, dass sich Personen bestimmter Darstellungsformen bedienen, damit andere in selbstwertbedrohlichen Situationen ihr Gesicht wahren können. Wenn sich eine Frau mit einem Mann nicht treffen möchte, kann sie »Gründe« vorgeben, die das Selbstwertgefühl des Mannes schützen. Auch jenseits von Ausreden setzen Personen ihre Selbstdarstellung ein, um das Selbstwertgefühl ihrer Interaktionspartner zu schützen, aufrechtzuerhalten oder sogar zu erhöhen. Sie tragen damit zu einem harmonischen und reibungslosen Verlauf von Interaktionen bei. Forschungsergebnisse im Bereich prosozialen und moralischen Handelns weisen darauf hin, dass Selbstdarstellung primär durch Sorge für andere motiviert sein kann. Schlenker und Pontari (2000) kommen zu dem Fazit, dass dies vor allem für Personen mit hohen Werten für Empathie gilt, also für Personen, die fähig sind, sich in die Lage ihrer Interaktionspartner zu versetzen.

Welche Beziehung besteht zwischen Selbstwertniveau und Art der Selbstinterpretation?

Schütz (2003) fand heraus, dass das Ausmaß der Partnerorientierung mit dem Selbstwertniveau – als Persönlichkeitseigenschaft konzipiert – zusammenhängt. Personen mit niedrigem Selbstwertgefühl vermitteln im Wesentlichen die Botschaft: »Ich bin gut, weil ich einen guten Partner habe.« Personen mit hohem Selbstwertgefühl treten dagegen kompetitiver auf und vermitteln die Botschaft: »Mein Partner ist gut, aber ich bin besser.« Die Ergebnisse von Schütz weisen darauf hin, dass ein hohes Selbstwertgefühl mit problematischem Sozialverhalten verbunden sein kann. Personen mit hohem Selbstwertgefühl neigen dazu, andere in Auftrittssituationen abzuwerten und sich stark an eigenen Zielen zu orientieren. Personen mit niedrigem Selbstwertgefühl sind eher gekennzeichnet durch sozial vermittelndes Verhalten und durch das Bemühen, sympathisch zu wirken:

> Personen mit niedrigem Selbstwertgefühl fürchten offensichtlich, unangenehm aufzufallen oder die Ablehnung von Interaktionspartnern zu riskieren. Dies motiviert sie anscheinend, zum Wohlbefinden anderer bei-

zutragen, um von ihnen angenommen zu werden. Dabei setzen sie aber das eigene Wohlbefinden aufs Spiel. Pointiert formuliert: Personen mit hohem Selbstwertgefühl sind stark an sich selbst orientiert und ›opfern‹ dafür soziale Beziehungen; Personen mit niedrigem Selbstwertgefühl sind stark am Wohlbefinden anderer orientiert und ›opfern‹ dafür ihr eigenes (Schütz, 2003, S. 208).

14.2.4 Exkurs: Karl May

Personen können sich in ihrer Selbstinterpretation weitgehend, ja fast ausschließlich durch ihre potenziellen Bilder bestimmen lassen. Dies kann zu massiven Selbst- und Fremdtäuschungen führen. Der Schriftsteller Karl May (1842–1912) bietet ein treffendes Beispiel. Er gehört zu den Autoren, die der Selbstsuggestion beim Schreiben erlagen. Von seinen Lesern gedrängt, lässt er 1897 Studioaufnahmen von seinem angeblichen Arbeitszimmer machen: mit Waffen hinter sich im Rücken, mit Jagdtrophäen aus fernen Ländern, die er alle bereist haben wollte. Tatsächlich schreibt Karl May die meisten seiner Romane, ohne deren Schauplätze aus persönlicher Anschauung zu kennen. Erst als erfolgreicher Autor verlässt er die sächsische Heimat und reist in den Orient (1899) und nach Nordamerika (1908).

Die Fotoserie enthält auch Bilder von Karl May, die ihn als Kara Ben Nemsi und Old Shatterhand zeigen (vgl. Abb. 14.4). Die Anregung für derartige Selbstverwandlungen gingen zweifellos von den Lesern aus, die Karl May als Verkörperung seiner literarischen Gestalten sehen wollten. Eigentlich verständlich, dass der Schöpfer solch großartiger Figuren sich im wahren Leben nicht als »aschgraue Schreibtisch-Maus« zu erkennen gibt (Zeller, 1987, S. 45).

In jüngeren Jahren war Karl May eine Serie von Diebstählen, Betrügereien und Hochstapeleien zur Last gelegt worden. Mit Sinn für Komödiantentum trat er dabei in unterschiedlichen »Rollen« auf (vgl. Wollschläger, 1976). Er erscheint z. B. in Gestalt eines Polizeileutnants und teilt einem verdutzten Krämer mit, er sei beauftragt, nach Falschmünzern zu fahnden. Zehn Taler werden von ihm als Falschgeld beschlagnahmt, ebenso eine Uhr, die er als gestohlen identifiziert. Obwohl die Geldbeträge, die er sich ergaunert, gering sind, verbüßt er fast zehn Jahre hinter Gittern. Der Verteidiger im Strafprozess bescheinigt ihm »die angeborene Kunst, den Leuten etwas vorzumachen und daraus Gewinn zu ziehen« (Zeller, 1987, S. 45). Erst als er seine Erfindungsgabe, seinen Fantasiereichtum, seine außergewöhnliche Verwandlungskunst für das Schreiben von Romanen nutzbar macht, wird er erfolgreich. Erstaunlich ist die Ähnlichkeit zwischen den kriminellen Rollenspielen des jugendlichen Karl May und den Abenteuern seiner literarischen Helden:

Abb. 14.4 Karl May als Old Shatterhand (1897)

Diese merkwürdige Parallelität hat sich oft bis zur Verquickung von fiktiver und realer Existenz gesteigert, so z. B. wenn May ganz nach Art seiner Romanfiguren in den Masken gelehrter oder beamteter Personen auftrat und sich bemühte, Kranke zu heilen oder vermeintliche Verbrechen aufzuklären. In derselben Richtung liegt es, wenn er später Photographien im Kostüm von Old Shatterhand oder Kara Ben Nemsis von sich anfertigen ließ und alle seine Geschichten als selbst erlebt ausgab (Roxin, 1983, S. 144).

Um die Spuren seines Lebensabschnitts hinter Gittern zu verwischen, behauptet er später, in dieser Zeit im Orient und im Wilden Westen gewesen zu sein. Die »Reiseromane« werden in »Reiseerzählungen« umbenannt; an die Stelle fiktiver Erlebnisse treten Selbsterlebnisse. In dem 1897 entstandenen Roman »Weihnacht« sind der Reiseschriftsteller und Old Shatterhand zu einer Person verschmolzen. Wenn er in Amerika unterwegs ist – so hat man sich das vorzustellen –, erlebt er tagsüber seine Abenteuer, nachts schreibt er sie als Reiseschriftsteller nieder. Die gleiche »Schmetterhand« legt tagsüber Rothäute um und nimmt nachts die Feder in die Hand (Zeller, 1987, S. 45).

Bewusst verlogen war Karl May aber zu keiner Zeit – so resümiert sein Biograf Wollschläger (1976). Karl May hatte sich in jahrelanger nächtlicher Schreibarbeit mit seinen literarischen Helden identifiziert. Kurz vor seinem Tod jedoch unternimmt er einen denkwürdigen Aufklärungsversuch, indem er sich zu seinem *imaginären Ich* und damit zu seinen potenziellen Selbstbildern bekennt. Nicht zu überhören ist die Publikumskritik:

Ich hatte dieses »Ich«, also Kara Ben Nemsi oder Old Shatterhand, ja mit allen Vorzügen auszustatten ... Mein Held musste die größte Intelligenz, die tiefste Herzensbildung und die größte Geschicklichkeit in allen Leibesübungen besitzen. Dass sich das in der Wirklichkeit nicht in einem Menschen vereinigen konnte, das verstand sich doch ganz von selbst. Der Vorwurf, dass ich ein Lügner und Schwindler sei, war, wenigstens für denkende Leute, vollständig ausgeschlossen! (May, 1985, S. 164).

Karl May ist natürlich ein äußerst extremes Beispiel. Der Alltagsmensch wird eher versuchen, Selbstbilder zu vermitteln, die bei aller Orientierung am Selbstideal noch glaubwürdig bleiben (vgl. Schlenker & Weigold, 1992).

14.2.5 Exkurs: Muhammad Ali
(Anja Geßner)

Ganz wichtig für mich war zu beobachten, wie Liston sich außerhalb des Rings benahm. Ich hab alles gelesen, was ich kriegen konnte, wo er interviewt wurde. Ich hab mit Leuten gesprochen, die mit ihm zu tun oder mit ihm gesprochen hatten. Ich hab im Bett gelegen [...] und über ihn nachgedacht, damit ich mir ein gutes Bild davon machen konnte, was in seinem Kopf abläuft. Und so bin ich dann dahintergekommen, dass ich es [...] bei ihm mit Psychologie versuchen könnte – Sie wissen schon, ihn zu sticheln und sein Nervenkostüm so zu zerfetzen, dass ich ihn schon geschlagen hätte, bevor er überhaupt zu mir in den Ring stieg. Und genau das habe ich dann auch getan (Muhammad Ali, zitiert nach Remnick, 2000, S. 230).

In der Vorbereitung auf seinen ersten Titelkampf gegen Sonny Liston versuchte es Muhammad Ali – der zu diesem Zeitpunkt noch Cassius Marcellus Clay hieß – nach eigenen Angaben mit »Psychologie«, um sich einen Vorteil im Kampf zu verschaffen. Mit »Psychologie« meinte er eine sehr ungewöhnliche Selbstinterpretation: Er bezeichnete Liston u. a. als »alten, hässlichen Bären« und inszenierte gemeinsam mit Freunden eine »Bärenjagd« – sie belagerten mit »Bear-Hunting«-Plakaten Listons Haus. Das Einwiegen unmittelbar vor dem Kampf nutzte er für einen weiteren außergewöhnlichen Auftritt:

> Er springt herum, schreit: »Float like a butterfly, sting like a bee« und benimmt sich so unmöglich, dass Liston, als er den Raum betritt, mit »donnerndem Applaus« bedacht wird. Clay tut so, als wolle er Liston auf der Stelle angreifen (Reemtsma, 1995, S. 31). Clays Stimme wurde immer schriller, er fuchtelte mit den Händen herum, hüpfte und kreischte, und die Augen quollen ihm vor. Er schien am ganzen Körper zu fliegen. Das war nicht nur erstaunlich, sondern zum Fürchten. Aber es war Theater (Torres, 1976, zitiert nach Reemtsma, 1995, S. 31).

Ziel seiner Inszenierungen war, Liston das Bild eines Verrückten zu vermitteln, weil Ali glaubte, dass dieser sich nur vor einem Verrückten fürchten würde. Doch nicht erst zu Beginn seiner Profikarriere, sondern bereits in seiner Jugendzeit machte er die Öffentlichkeit durch seine Selbstinterpretation auf sich aufmerksam.

> Clays Selbstdarstellungen dienten einem doppelten Zweck: bei seinem Gegner Angst auszulösen und Interesse an den Aktivitäten Cassius Clays zu erregen. [...] Wer war dieser Zwölfjährige? Wenn er bei seinen Kämpfen im Lokalfernsehen mit seinen Tiraden anfing, pfiff ihn die Menge in den Arenen in Louisville aus und brüllte: »Stopft ihm das Maul [...]!« »Es war mir egal, was sie sagten, solange sie nur zu meinen Kämpfen kamen«, sagte er. »Sie hatten Eintritt bezahlt, also hatten sie auch das Recht auf ein bisschen Spaß. Man hätte meinen können, ich sei ein bekannter Profi und zehn Jahre älter, als ich war« (Remnick, 2000, S. 163).

Im Laufe seiner Karriere nutzte er seine Bekanntheit immer mehr dazu, sich für seine politischen, sozialen und religiösen Ziele einzusetzen: den Kampf gegen Krieg, Prostitution, Drogenkonsum und Rassismus. Mit seiner extrem selbstbewussten Selbstinterpretation wollte er dabei anderen Farbigen ein Vorbild sein:

> Anfangs aber war dieses schwarze »loudmouth« ein Skandal, sagte Clay doch nicht nur, er sei der Größte, sondern auch der Schönste. […] Es war ein Schwarzer, der so von sich sprach, und das zu einer Zeit, in der der Spruch »Black is beautiful« eben noch nicht erfunden war, einer Zeit, in der Drogerien Hautbleichmittel für Schwarze verkauften und Essenzen, um krauses Haar zu glätten. Für Selbstwahrnehmung und Selbstbewusstsein der Schwarzen nicht nur in Amerika hat Clay/Ali vielleicht mehr getan als Martin Luther King, Malcolm X, Patrice Lumumba und Bill Cosby zusammen (Reemtsma, 1995, S. 28).

Nach dem Ende seiner Boxkarriere intensivierte er den Kampf für seine Ideale: »Jetzt fängt mein Leben erst wirklich an. Gegen Ungerechtigkeit kämpfen, gegen Rassismus, Verbrechen, Analphabetismus und Armut, mit diesem Gesicht, das die Welt so gut kennt« (Quelle: http://zitate.net/autoren/muhammad%20ali/zitate.html). Er glaubte, dass es seine Bestimmung war, anderen Menschen zu helfen und ihnen ein Vorbild zu sein: »Ich musste beweisen, dass man ein neuartiger Schwarzer sein konnte. Das musste ich der Welt zeigen« (zitiert nach Remnick, 2000, S. 15).

Zu Beginn seiner Karriere waren diese Ideale noch nicht in seiner Selbstinterpretation erkennbar. Einige seiner strategischen Selbstinszenierungen unmittelbar vor Kämpfen waren sicherlich in höchstem Maße unauthentisch. Sie dienten einzig dem Zweck, die Aufmerksamkeit der Öffentlichkeit zu erregen sowie die Gegner zu verunsichern. Dabei war es Ali völlig egal, ob er dabei so unsympathisch auf sein Publikum wirkte, dass dieses forderte: »Stopft ihm das Maul!« Wichtig war ihm zunächst nur, dass die Menschen zu seinen Kämpfen kamen und dass er seine Gegner irritierte. Hier bewies er auch eine besondere interpersonelle Kompetenz: Es gelang ihm, genau vorherzusagen, was bei seinen Gegnern Angst auslösen würde, und sein Verhalten dementsprechend anzupassen – unter diesem Gesichtspunkt kann man seine, für einen Boxer doch sehr merkwürdigen Selbstinszenierungen besser verstehen.

Seine Selbstinterpretation war v. a. an potenziellen, angestrebten Selbstbildern orientiert und durch eine Tendenz zur Selbstidealisierung geprägt. Sein am häufigsten vermitteltes Selbstbild zu dieser Zeit »I am the Greatest!« ließ er sich beispielsweise nach dem gewonnenen Titelkampf gegen Sonny Liston von Reportern im Rahmen eines direkt eingeforderten *self-definig-feedbacks* (siehe Kap. 15.2.1) bestätigen:

> »Während jetzt die Kameras auf uns gerichtet sind, will ich, dass ihr der ganzen Welt sagt, dass ich der Größte bin.« Schweigen. »Wer ist der Größte?« frage ich sie. Niemand antwortet. […] »Zum letzten Mal! […] Wer ist der Größte?« Sie zögern noch eine Minute, dann antworten sie

unisono mit dumpfer Stimme: »Du bist es« (Ali & Durham, 1976, zitiert nach Reemtsma, 1995, S. 33).

Insgesamt diente aber auch die Selbstinterpretation zu Beginn seiner Karriere einem höheren Zweck – Ali wusste, dass seine Selbstinszenierungen einen Teil seines Erfolges im Boxsport ausmachten und dass dieser erst das Eintreten für seine Ideale ermöglichte:

> Was glauben Sie wohl, wo ich nächste Woche wäre, wenn ich nicht wüsste, wie man schreit und brüllt und die Aufmerksamkeit der Öffentlichkeit erregt? Ich wäre arm [...], würde Fenster putzen oder einen Fahrstuhl führen (Muhammad Ali, zitiert nach Remnick, 2000, S. 207).

14.2.6 Stile

Bisher wurden die Einzelkomponenten der Selbstinterpretation – Selbstbilder, Motive, Kompetenzen – betrachtet. Das Ausprägungsmuster, das Zusammenwirken der Einzelkomponenten, das mit charakteristischen und stabilen Verhaltensmustern verbunden ist, definieren wir als *Stil* der Selbstinterpretation (vgl. Renner, 2002). Als Beispiel für einen markanten Selbstinterpretationsstil lässt sich der *mitteilungsfreudig-dramatisierende Stil* (Schulz von Thun, 1990) anführen. Persönlichkeiten, die durch diesen Stil gekennzeichnet sind, haben die Fähigkeit zum effektvollen Erzählen, bei dem die eigene Person stets im Mittelpunkt steht – wie in unserem Beispiel:

> Stell' dir vor, zum dritten Mal in diesem Monat hatte ich einen Unfall. Fährt mir doch so ein Depp hinten drauf. Ich bin fast ausgerastet. Ich steig' aus mit zitternden Knien. Was sehe ich? Einen wahnsinnig gut aussehenden Typen: markantes Gesicht, tierisch cool, Designerklamotten. Ein Traummann! Der hat sich dann um alles gekümmert. Aber das Beste kommt noch: Der wollte mich heiraten.

Schulz von Thun (1990) analysiert den *mitteilungsfreudig-dramatisierenden Stil* unter dynamisch-interaktiver Perspektive, d. h. wie die Reaktionen des Zuhörers die Selbstinterpretation des Dramatisierers beeinflussen:

> Der zuhörende ›Normal-Mensch‹ gewinnt – halb kopfschüttelnd, halb neidisch – den Eindruck ... ein etwas langweiliges und eintöniges Leben zu führen ... Ihm bleibt nur die Rolle des Zuhörers; er gibt gelegentliche Rückmeldungen von Überraschung, Faszination und mitfiebernder Anteilnahme. Das Spiel ist perfekt. Der Dramatisierer fühlt sich bestätigt und kommt nun erst richtig in Fahrt (S. 234).

Sollte der »Normal-Mensch« versuchen, auch etwas von sich zu erzählen, wird ihm der Dramatisierer das Wort schnell wieder entreißen: »Ja, so etwas habe ich auch schon erlebt, als ich ...« Schon kann er sich wieder seiner Lieblingsbeschäftigung hingeben: der Aufführung der eigenen Persönlichkeit.

14.2.7 Selbstinterpretation und Persönlichkeit

Vor dem Hintergrund des Selbstinterpretationsansatzes lassen sich zwei formale Merkmale inhaltlich konkretisieren, die nach Herrmann (1991) in den meisten Definitionen von Persönlichkeit enthalten sind (vgl. Kap. 1): (1) Persönlichkeit ist ein *relativ überdauerndes und stabiles* Verhaltenskorrelat. Bestimmte Komponenten der Selbstinterpretation – Selbstbilder, Motive und Kompetenzen – sowie die daraus gebildeten Stile werden als relativ stabile Konzepte aufgefasst. Hervorheben wollen wir die Bezeichnung »relativ« stabil, wodurch auf die potenzielle Veränderbarkeit der Konzepte hingewiesen wird (vgl. Kap. 15). (2) Persönlichkeit ist zudem nach Herrmann ein *einzigartiges* Verhaltenskorrelat. Dem entsprechen der personspezifische Fassettenreichtum von Selbstbildern und deren einzigartige Vermittlung (vgl. Abb. 14.5): Im Rahmen der durch Kompetenzen und Motive gegebenen Möglichkeiten werden Selbstbilder ausgewählt, für die individuelle Darstellung kombiniert und in unverwechselbarer Weise interpretiert (vgl. Leary, 1996).

Abb. 14.5 Einzigartige Selbstinterpretration (nach Plaßmann, in Gröner, 1992; © Thomas Plaßmann)

15 Persönlichkeitseigenschaften als Prädiktoren und Produkte von Selbstdarstellung[1]
(Lothar Laux und Karl-Heinz Renner)

Vom Eigenschaftsmodell oder vom unidirektionalen Interaktionismus (vgl. Kap. 10 und 12) ausgehend liegt es nahe, nach Persönlichkeitseigenschaften zu suchen, die zur Vorhersage von Selbstdarstellungsprozessen infrage kommen. Mummendey (1995) nennt u. a. Self-Monitoring, Selbstaufmerksamkeit, Kontrollüberzeugungen, Machiavellismus, soziale Angst, Selbstwertgefühl. In Abschnitt 15.1. wird diese Strategie am Beispiel von Self-Monitoring erläutert. Persönlichkeitseigenschaften können aber auch als Produkte von Selbstdarstellungsprozessen interpretiert werden. Mit dieser Interpretation lässt sich der Gegensatz von Eigenschaftsmodell und dynamischem Interaktionismus überwinden. Dies soll in Abschnitt 15.2 am Beispiel der Ängstlichkeit bzw. der Selbstbehinderung veranschaulicht werden.

15.1 Persönlichkeitseigenschaften als Prädiktoren von Selbstdarstellung

- Darf's ein bisschen mehr sein als der Durchschnitt? Dann sollten Sie sich überlegen, ob ihr Magen die folgenden Mischung verträgt: Akademikerin (verwitw., 42/1,75/56) mit Esprit und Chic in Jeans und Designerkostümen, mal ernsthaft, mal übermütig, meist Goldfisch, selten Haifisch, oft spontan, manchmal reserviert, mit analytischem Verstand, viel Gefühl und ... Ich mag Kinder und Vierbeiner, und meine Interessen sind ebenso vielseitig wie ich selbst: Reiten, Tanzen, Skifahren, Segeln, Musik (von Mozart bis Country), Literatur, Kunst und ... Zum Ausgehen, Daheimbleiben, Reden, Lachen, Lieben, Träumen und ... suche ich einen Partner bis ca. 50 mit Herz und Hirn, Humor, Toleranz und Spaß am Leben.
- Ich bin Hund und Katze, Kuschelecke und Raumfahrerin, Clown und Sicherheitsbeauftragte, Robinson und Gesellschaftsnudel, Mona Lisa und Hexe, Hausfrau und Amazone ...

---

[1] Der Beitrag enthält Textabschnitte, die in ähnlicher Form in Laux (2000) verwendet wurden.

Es ist offenkundig, dass sich Menschen darin unterscheiden, wie gut sie sich selbst darstellen können und wie gern und häufig sie dies tun. Der amerikanische Psychologe Mark Snyder (1987) fasst die interindividuellen Unterschiede unter dem Persönlichkeitsmerkmal *Self-Monitoring* zusammen.

15.1.1 Self-Monitoring: Einfaktoren- und Zweifaktorenmodell

Wie bereits in Abschnitt 11.3.4 beschrieben wurde, sind *starke Selbstüberwacher* (high Self-Monitorers) gemäß der Theorie von Snyder (1987; Gangestead & Snyder, 2000) besonders geschickt darin, die Befindlichkeit anderer Personen wahrzunehmen und die eigene Selbstdarstellung darauf abzustimmen. Im Unterschied dazu erweisen sich *schwache Selbstüberwacher* (low Self-Monitorers) als weniger aufmerksam gegenüber Informationen, die eine angemessene Selbstdarstellung in verschiedenen Situationen ermöglichen. Bei ihnen ist die Übereinstimmung zwischen innerer Befindlichkeit und Verhalten stärker ausgeprägt als bei den hohen Selbstüberwachern. Verglichen mit den starken Selbstüberwachern variiert ihr Verhalten von Situation zu Situation weniger stark.

Starke Selbstüberwacher verstehen sich darauf, willentlich eine große Zahl von Gefühlen auszudrücken. Sie haben keine Probleme, unterschiedliche Emotionen wie Ärger, Angst, Ekel, Traurigkeit, Glück usw. sozusagen auf Kommando zum Ausdruck zu bringen. Sie sind ebenfalls besonders gut darin, entsprechende Emotionen bei anderen zu erschließen.

Starke Selbstüberwacher sind auch gewöhnlich so gute Schauspieler, dass sie im Rollenspiel eindrucksvoll und überzeugend zunächst eine zurückhaltende, in sich ruhende introvertierte Person darstellen und dann chamäleonartig eine abrupte Kehrtwendung machen können, um ebenso überzeugend das Gegenteil, nämlich eine aus sich herausgehende extravertierte Persönlichkeit, zum Ausdruck zu bringen.

Die Self-Monitoring-Konzeption von Snyder lässt sich als einfaktoriell bezeichnen, da er Self-Monitoring als einheitliches Merkmal auffasst, das von gering ausgeprägt (schwache Selbstüberwachung) bis hoch ausgeprägt (starke Selbstüberwachung) variiert. Diese Konzeption hat sich empirisch nicht durchgehend bewährt (vgl. Schmitt, 1990). Viele Studien weisen nämlich darauf hin, dass Self-Monitoring ein komplexes Phänomen ist, das zumindest in zwei Komponenten zerfällt (vgl. Nowack & Kammer, 1987). Bei der einen Komponente stehen *acting* bzw. *soziale Fertigkeiten* im

Mittelpunkt (Beispielitem: »Ich wäre wahrscheinlich ein ganz guter Schauspieler«). Bei der anderen geht es um *Inkonsistenz* (Beispielitem: »Ich bin nicht immer die Person, die ich vorgebe zu sein«).

Aus den kritischen Ergebnissen bisheriger Untersuchungen wurde inzwischen ein Zweifaktorenmodell abgeleitet, das eine *akquisitive* und eine *protektive* Komponente umfasst (Wolfe, Lennox & Cutler, 1986). Die eine Komponente ist mehr mit der Tendenz verknüpft, aktiv soziale Gewinne zu machen, bei der anderen vermeidet man eher soziale Ablehnung. Der akquisitive Selbstdarsteller betritt die soziale Szene mit der Annahme, belohnt zu werden, wenn er es schafft, die »richtige Person« zu sein, d. h. sich so darzustellen, wie es die Umstände verlangen. Dem protektiven Stil liegt das Motiv zugrunde, Missbilligung in sozialen Interaktionen zu vermeiden. Der protektive Selbstdarsteller betritt die soziale Szene mit Pessimismus und der Furcht, dass falsches Verhalten soziale Ablehnung nach sich ziehen könnte. Eine Aufteilung von Self-Monitoring in diese beiden Komponenten erweist sich als unumgänglich, da akquisitive Selbstüberwachung mit Extraversion und hohem Selbstwertgefühl, protektive Selbstüberwachung mit Ängstlichkeit und niedrigem Selbstwertgefühl korreliert ist (vgl. Laux & Renner, 2002; 2005).

15.1.2 Von Self-Monitoring zur Persönlichkeitsdarstellung

Snyder stützt seine Theorie auf zwei extrem polarisierte Persönlichkeitstypen. Der starke Selbstüberwacher ist die Inkarnation des typischen Selbstdarstellers, den der Soziologe Goffman vor Augen hatte. Der starke Selbstüberwacher oder der »Goffmensch« (Hitzler, 1992) repräsentiert ein *soziologisches Effektmodell*: Ohne »kohärentes Selbst« passt er sich überaus geschickt den jeweiligen Situationen an, um den maximalen Effekt beim Publikum zu erzielen.

Der schwache Selbstüberwacher repräsentiert dagegen ein radikal formuliertes *psychologisches Modell*, das die Innenorientierung betont. Er ist der Mensch »mit Charakter«, dessen Prinzipien mit seinem Verhalten übereinstimmen. Er kommt ohne Selbstüberwachung aus und benötigt – überspitzt formuliert – nur eine Kümmerform der Selbstdarstellungskompetenz. Ein literarisches Beispiel liefert Goethes »Faust«. Seinem Famulus Wagner rät Faust, sich nicht um »blinkende« Rhetorik zu kümmern. Besondere Darstellungskünste seien nicht erforderlich: »Es trägt Verstand und rechter Sinn mit wenig Kunst sich selber vor« (Vers 546–557).

Was bei der fast karikaturhaften Polarisierung im Self-Monitoring-Ansatz vollkommen verloren geht, ist die Auffassung, dass wir

Abb. 15.1 Persönlichkeitsdarstellerin

durch unsere Selbstdarstellung in erster Linie beabsichtigen können, zentrale Merkmale unserer Persönlichkeit zu vermitteln. Bei Snyder finden wir nur die Kombination von hohem Selbstkongruenzmotiv und niedriger Ausprägung der Selbstdarstellungskompetenz (schwache Selbstüberwacher) sowie von niedrigem Selbstkongruenzmotiv und hoher Ausprägung der Selbstdarstellungskompetenz (starke Selbstüberwacher). Personen, die sowohl ausgeprägte Interaktionskompetenzen aufweisen als auch motiviert sind, sich so darzustellen, wie sie sich selbst sehen, bleiben im Snyderschen Ansatz unberücksichtigt (Laux & Renner, 2002).

Man könnte solche Personen als *Persönlichkeitsdarsteller* bezeichnen, um zu betonen, dass bei ihnen nicht, wie bei den starken Selbstüberwachern, der chamäleonartige Wechsel im situationsangepassten Verhalten im Vordergrund steht, sondern die bewusste Vermittlung zentraler Merkmale ihrer eigenen Persönlichkeit (vgl. Abb. 15.1). Es geht ihnen darum, sich so darzustellen, wie sie sich selber sehen. Dass es sich bei der Persönlichkeitsdarstellung ebenfalls um einen dramaturgischen Vorgang handelt, lässt sich mit Müller-Freienfels (1927, S. 233) vermuten, nach dem auch »das Echte theatralischer Hilfen bedarf, um zur Geltung zu kommen«.

Persönlichkeitsdarsteller und starke Selbstüberwacher lassen sich auf die beiden Gattungen von Schauspielern beziehen, die der Schauspieler Will Quadflieg (1979) beschreibt. Er spricht vom *Charakterspieler*, »... der hinter jeder Maskenandeutung immer derselbe bleibt, als Person immer durchaus spürbar und präsent«

(S. 64). Im Gegensatz zum Charakterspieler als Persönlichkeitsdarsteller stellt sich der zweite Schauspielertypus – man könnte ihn als *Verwandlungskünstler* bezeichnen – vollkommen unterschiedlich dar. Seine eigene Persönlichkeit verschwindet hinter der Film- oder Bühnenfigur. Robert de Niro gehört zur Gruppe der Verwandlungskünstler, bei ihm geht die Verwandlung bis ins Physische hinein. Als »Taxidriver« ist er abgemagert, als »Raging Bull« aufgedunsen und fett.

15.2 Persönlichkeitseigenschaften als Produkte von Selbstdarstellung

Im letzten Abschnitt wurden Persönlichkeitseigenschaften als potenzielle Prädiktoren für die aktuelle Selbstdarstellung aufgefasst. Damit wurde also die aktuelle Selbstdarstellung zumindest teilweise als Folge oder Manifestation einer Persönlichkeitseigenschaft (z. B. Self-Monitoring) interpretiert. In expliziter Umkehrung dieser Wirkungsrichtung soll im Folgenden nun der Frage nachgegangen werden, ob Persönlichkeitseigenschaften nicht auch als Produkte von Selbstdarstellung aufgefasst werden können (vgl. Mummendey, 1995). Ist es möglich, dass aus aktuellen Selbstdarstellungen stabile Verhaltensbereitschaften entstehen?

15.2.1 Self-defining-feedback

Einen generellen Rahmen für die Erklärung von Persönlichkeitseigenschaften über den Weg von chronifizierten Selbstdarstellungen bietet das Paradigma des dynamischen Interaktionismus. Der dynamische Interaktionismus – auch als transaktionaler Ansatz (Lazarus, 1999) oder reziproker Determinismus (Bandura, 1978) bezeichnet – geht von einer wechselseitigen Einflussnahme zwischen Person und Umwelt aus (vgl. Kap. 12). Im speziellen Fall sozialer Interaktionen wird dabei die Umwelt durch andere Personen repräsentiert. In der gegenwärtigen Persönlichkeitspsychologie fasst man den dynamischen Interaktionismus häufig dezidiert als Gegenposition zum Eigenschaftsansatz auf. Bei den reziproken Beeinflussungen zwischen Personen handele es sich – so argumentieren viele Vertreter dieses Modells – um einen ständigen Veränderungsprozess, der sich nicht mit der Annahme stabiler Eigenschaften vertrage. Im folgenden Abschnitt soll am Beispiel der Selbstdarstellung gezeigt

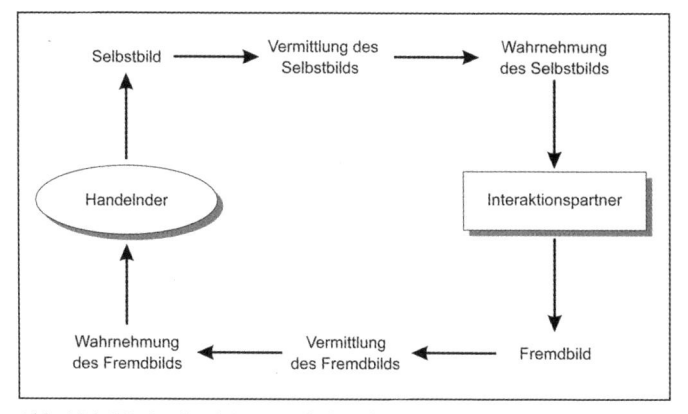

Abb. 15.2 Wechselbeziehung zwischen Selbst- und Fremdbild

werden, dass Eigenschaftsansatz und dynamisch-interaktive Sichtweise durchaus vereinbar sind.

Selbstdarstellung ist ein Prozess, der damit beginnt, dass der Akteur dem Adressaten gegenüber Selbstbilder zum Ausdruck bringt, auf die der Adressat gegebenenfalls reagiert. Im nächsten Schritt rufen die vom Akteur wahrgenommenen Reaktionen des Adressaten unter bestimmten Bedingungen Veränderungen dieser Selbstbilder hervor. Formal gesehen handelt es sich um ein Beispiel für eine transaktionale oder dynamisch-interaktive Persönlichkeitsauffassung, denn es findet eine wechselseitige Beeinflussung von Selbstdarsteller und externem Adressaten statt. Beim Darsteller – so wird von vielen Vertretern des Selbstdarstellungsmodells angenommen – können häufig gezeigte Reaktionen des Adressaten nicht nur in kurzfristigen, sondern ebenfalls in langfristigen Veränderungen von Selbstbildern resultieren (vgl. Abb. 15.2).

Auch wenn uns eine solche Interpretation in Form eines *self-defining-feedbacks* sehr »modern« erscheint, so lassen sich doch ihre wesentlichen Züge sowohl bei Mead (1934) als auch bereits bei Richard Müller-Freienfels nachweisen. In seinem Buch »Philosophie der Individualität« (1921) unterscheidet Müller-Freienfels sieben Erscheinungsweisen der Individualität. Eine von ihnen sieht der Autor als *Innenbild*, das so etwas wie eine subjektive Gesamtvorstellung unserer Individualität umfasst. Das *Außenbild* beschreibt er dagegen als die Vorstellung anderer Personen von unserem Selbst. Heutzutage sprechen wir meistens von den Eindrücken, die andere von uns haben, bzw. von Fremdbildern. Entscheidend ist nun die Aussage von Müller-Freienfels, dass das Außenbild auf das Innenbild zurückwirkt:

> Wir spiegeln uns gleichsam in den anderen. Unser Selbstbewusstsein wurzelt, so widerspruchsvoll das klingt, zum guten Teil im Bewusstsein anderer von uns ... Der Reiz des Ruhmes liegt in dieser Rückstrahlung des Außenbildes auf das Innenbild (1921, S. 28).

Einschränkend möchten wir darauf hinweisen, dass die Wirksamkeit des self-defining-feedbacks durch – wiederum habituelle – motivationale und kognitive Tendenzen moderiert wird. Personen lassen sich nicht von jeder beliebigen Rückmeldung anderer beeinflussen, sondern selegieren, konstruieren und verzerren soziale Informationen oder verändern aktiv ihre soziale Umwelt. In der Regel werden vor allem solche Selbstbilder gegenüber diskrepanten sozialen Rückmeldungen verteidigt, die von der Person selbst als wichtig, zentral und positiv bewertet werden.

15.2.2 Selbstbehinderung

Die Angstabwehrstrategie der *Selbstbehinderung* (Self-Handicapping) kann als ein anschauliches Beispiel für die eben beschriebene »Rückstrahlung« angesehen werden (vgl. Schlenker & Weigold, 1992). Selbstbehinderung wird definiert als die Zurückführung von befürchtetem oder tatsächlich stattgefundenem Versagen in Bewertungssituationen auf die eigene Angst (vgl. Abb. 15.3). Jemand, der fürchtet, in einer Prüfung zu scheitern und damit als inkompetent aufzufallen, könnte z. B. sagen »Ich vergesse bestimmt, was ich sagen wollte, weil ich furchtbar nervös bin.« Die Symptome der Angst werden funktionalisiert, d. h. strategisch genutzt mit dem Ziel, von vermeintlichen oder vorhandenen Defiziten im Kompetenzbereich abzulenken. Ein erwünschtes, aber nicht allzu persönlich bedeutsames Selbstbild, nämlich das des Nichtängstlichen, des Nichtaufgeregten, wird »geopfert« zugunsten eines wesentlich zentraleren Selbstbilds, nämlich das des Kompetenten, des Leistungsfähigen. Wenn dadurch die Reduktion der Selbstwertbedrohung erreicht wird, kommt es zu einer emotionalen Erleichterung. Unter theoretischem Gesichtspunkt erweist sich diese Strategie als ebenso komplex wie faszinierend:

(1) Angst in sozialen Situationen entsteht, weil man an seiner Fähigkeit zweifelt, ein bestimmtes Selbstbild zu vermitteln (Schlenker & Leary, 1982).

(2) Die Angstsymptome werden für eine Selbstbildvermittlung benutzt, die von Kompetenzdefiziten ablenkt.

(3) Ist die Darstellung erfolgreich, vermindert sich die Selbstwertbedrohung; emotionale Erleichterung setzt ein.

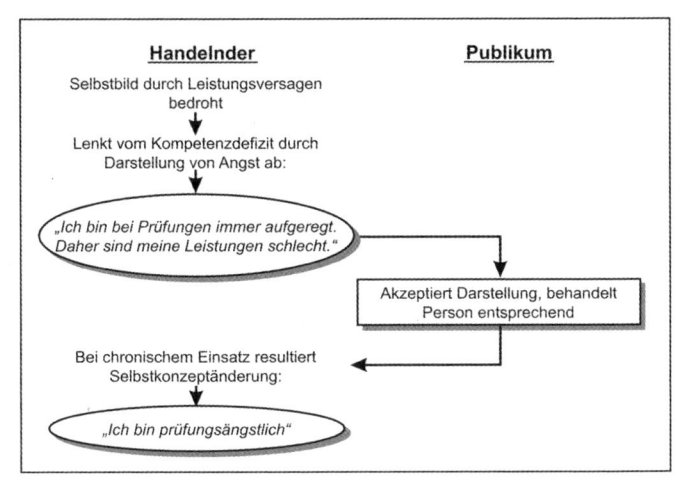

```
         Handelnder                        Publikum
   Selbstbild durch Leistungsversagen
              bedroht
               ↓
   Lenkt vom Kompetenzdefizit durch
      Darstellung von Angst ab:
               ↓
   ╭─────────────────────────────╮
   │ „Ich bin bei Prüfungen immer aufgeregt. │──╮
   │  Daher sind meine Leistungen schlecht." │  │
   ╰─────────────────────────────╯  │
                                    ↓
                          ┌──────────────────────────┐
                          │ Akzeptiert Darstellung, behandelt │
                          │    Person entsprechend           │
                          └──────────────────────────┘
               ↑                    │
   Bei chronischem Einsatz resultiert ←┘
       Selbstkonzeptänderung:
               ↓
   ╭─────────────────────────────╮
   │   „Ich bin prüfungsängstlich"   │
   ╰─────────────────────────────╯
```

Abb. 15.3 Selbstbehinderung

Dem Motto »Lieber ängstlich als dumm erscheinen« kommt offenbar eine besonders große Bedeutung zu bei der Bewältigung von Prüfungs- bzw. Leistungsangst. So konnte ermittelt werden, dass Hochprüfungsängstliche ihre Prüfungsangst strategisch einsetzen (vgl. Schlenker & Leary, 1982).

Der Einsatz von Self-Handicapping zieht Schwierigkeiten beim Erfassen von Angst nach sich, weil sich Selbstbehinderer das Instrument der Angstskala bei der Darstellung ihrer Angstsymptomatik zunutze machen. Hat der Proband eine schlechte Leistung erzielt, kann er sich z. B. sagen: »Während der Testdurchführung war ich sehr nervös – es ist daher kein Wunder, dass ich so schlecht abgeschnitten habe.« Entsprechend hoch fällt der im Anschluss an die Leistungssituation erhobene Zustandsangstwert aus (vgl. Laux & Glanzmann, 1986).

Die Angstabwehrstrategie des Self-Handicapping wurde in die zurzeit aktuellen Angst- bzw. Prüfungsangsttheorien bisher nicht integriert. Angstangaben in Fragebogen werden vielmehr als authentischer Ausdruck der empfundenen Angst interpretiert (vgl. Kap. 12.1.1). In Spielbergers Trait-State-Angstmodell ist zwar berücksichtigt, dass Zustandsangst den Einsatz defensiver Bewältigungsstrategien hervorrufen kann, aber die Angaben über die Zustandsangst werden nicht als mögliche Widerspiegelungen defensiver Bewältigungsformen interpretiert.

Wird die Strategie des Self-Handicapping gewohnheitsmäßig über einen langen Zeitraum hinweg eingesetzt, ist sie mit Kosten für das Selbstbild der betreffenden Person verbunden: Ihre Interaktionspartner gewinnen zunehmend den Eindruck, es handele sich um eine ängstliche Person, und – schlimmer noch – sie selbst übernimmt im Lauf der Zeit diese Einschätzung. Mit anderen Worten: Zu Beginn der Selbstdarstellung versucht man die Interaktionspartner zu täuschen, in dem man vorgibt, Angst vor der bevorstehenden Prüfung zu haben. Am Ende jedoch hat man sich selbst getäuscht. Was als harmloser Kaschierungsversuch begann, endet mit einer ziemlich massiven Selbstkonzeptänderung in Richtung Ängstlichkeit. Damit soll nicht gesagt werden, dass Ängstlichkeit in Selbstdarstellung aufgeht, denn beim Self-Handicapping stehen berichtetes Selbstbild und Fremdbild im Fokus, nicht jedoch andere Indikatoren für die Eigenschaft Ängstlichkeit wie z. B. körperliche Reaktionen.

Habituelle Selbsttäuschungen, ersichtlich z. B. in sog. Lebenslügen, können wie Self-Handicapping als Resultat reziproker Beeinflussungen, die über einen langen Zeitraum hinweg wirken, aufgefasst werden (vgl. Abb. 15.3). Mit den Worten von Müller-Freienfels:

> Wo er [der Mensch] nicht die Realität einer Harmonie zwischen seinem Ich und der Welt erreichen kann, lässt er sich mit der Illusion genügen. Und um diese Illusion aufrechtzuerhalten, verhält er sich selbst so, als ob die Illusion Wirklichkeit wäre. Das heißt, statt sein Leben in roher Wirklichkeit zu leben, inszeniert er für sich selbst und seinesgleichen ein ideelles Schauspiel, dessen Nichtrealität er ›verdrängt‹. Es gehört zu den merkwürdigsten Geheimnissen der Seele, dass das möglich ist; die Seele täuscht sich über sich selbst, um diese kunstvolle Illusion durchzuführen. Sie täuscht nicht nur andere, sondern vor allem sich selbst! (1927, S. 234).

15.2.3 Selbstextension

Zu den langfristigen Effekten von solch defensiven Selbstschutzstrategien existiert ein positives Pendant, nämlich die intendierte Darstellung eines Selbstbilds von Kompetenz und Sicherheit, das mit dem Zustand und dem Selbstkonzept der sich darstellenden Person überhaupt nicht übereinstimmt (vgl. Laux, 1986). So kann z. B. eine sozial ängstliche Person versuchen, die in einer Präsentationssituation verspürte Angst und Unsicherheit mittels der Kontrolle des Emotionsausdrucks und des »Sich-selbstsicher-Gebens« zu verbergen. Ist diese Art der nichtauthentischen Darstellung erfolgreich und wird oft wiederholt, so ist die Wahrscheinlichkeit recht groß, dass eine Erweiterung des Selbstkonzepts hin zu mehr Selbstsicherheit und Kompetenz stattfindet, eben eine Extension des Selbstkonzepts oder kürzer: eine *Selbstextension* (Laux, 1986).

Der Gedanke, dass Personen die Rollen, die sie spielen, »werden« können, stellt die grundlegende Annahme der »Fixed Role Therapy« von Kelly (1955) dar, die in Kapitel 5 beschrieben wurde. Dieses experimentelle Verfahren zur Aktivierung von Persönlichkeitsveränderungen ermutigt den Klienten, im Schutzraum der Rolle neue Verhaltensweisen zu erproben, die seinem bisherigen Selbstkonzept nicht entsprechen. Er wird sozusagen aufgefordert, die imaginäre Person zu überprüfen und damit die starke Selbstfixierung aufzugeben. Verläuft diese Vorgehensweise optimal, dann unterstützen die Reaktionen der Interaktionspartner (z. B. Familienmitglieder, Freunde) auf die neue Selbstdarstellung die Änderung des individuellen Konstruktsystems und die Neudefinition von Beziehungsmustern. Die Klienten vergessen im Laufe des Rollenspiels letztendlich die Tatsache, dass sie eine Rolle spielen, d. h., es scheint ein Prozess begonnen zu haben, in dem sich die neuen Selbstkonzepte der gespielten Persönlichkeit nach und nach in die alten Selbstbilder integrieren bzw. diese ersetzen.

Zentraler Gedanke ist folglich: Personen vermitteln in sozialen Interaktionen bestimmte Selbstbilder. Die Adressaten reagieren auf diese Selbstbilder und spiegeln sie somit zurück. Nimmt man eine zeitliche Kontinuität solcher *self-defining-feedbacks* über viele Situationen und Jahre hinweg an, so erscheint es wahrscheinlich, dass die konkrete, momentane Selbstdarstellung immer wieder ausgeführt wird und so zur Gewohnheit werden kann. Dieser habituelle Selbstdarstellungsstil kann dann letztlich als zeitlich stabile Persönlichkeitseigenschaft angesehen werden.

15.2.4 Internalisierungen

Beim Self-Handicapping und bei der Fixierten Rollentherapie wurden Selbstbildveränderungen als Folgen der öffentlichen Darstellung des Selbst aufgefasst. Arkin und Baumgardner (1986) sprechen von *Internalisierung*. Dabei handelt es sich um einen Prozess, bei dem Personen zu privaten Sichtweisen über sich selbst (z. B. Selbstbildern) auf der Basis von bereits ausgeführtem selbstinterpretativem Verhalten gelangen (vgl. Tice, 1994). Das Ergebnis eines Internalisierungsprozesses ist ein »carry-over-Effekt« von »draußen« (vom öffentlichen Verhalten) nach »drinnen« (vgl. Rhodewalt, 1998). Es lassen sich zwei verschiedene »Wege« unterscheiden, durch die Personen auf der Basis ihrer öffentlichen Selbstdarstellungen bestimmte private, persönliche Sichtweisen über sich selbst annehmen oder internalisieren (vgl. Arkin & Baumgardner, 1986).

Beim *sozialen* Weg erfasst und interpretiert der Darsteller die Reaktionen der anderen auf sein Verhalten. Diese Interpretationen wirken sich dann gegebenenfalls auf sein Selbstkonzept und sein Selbstwertgefühl aus. Beim sozialen Weg gibt es demnach zwei Mediatoren: die Reaktionen der anderen und die Interpretation durch den Darsteller. Einerseits scheinen Personen das Feedback anderer generell zu akzeptieren und zugeschriebene Merkmale zu internalisieren. Typisch ist der Befund, dass Personen sich – zumindest kurzfristig – extravertierter oder introvertierter einschätzen, wenn ihnen vorher entsprechende Ausprägungen zugeschrieben wurden (Fazio, Effrein & Fallender, 1981). Andererseits scheinen Personen aber auch zu versuchen, solche Rückmeldungen abzuwehren, die den eigenen, insbesondere positiv bewerteten Selbstbildern widersprechen.

Der *personale* Internalisierungsweg basiert auf der Annahme, dass Personen ihre eigenen Selbstdarstellungen in ähnlicher Weise wahrnehmen und interpretieren wie ein externer Beobachter. Veränderungen des Selbstkonzepts und des Selbstwerts ergeben sich der Selbstwahrnehmungstheorie von Bem (1972) entsprechend als Schlussfolgerungen aus der Selbstdarstellung. Dabei geht es implizit um die Frage: »Durch welches Merkmal muss ich gekennzeichnet sein, nachdem ich mich so wie jetzt verhalten bzw. dargestellt habe?« Beim personalen Weg gibt es demnach nur einen Mediator: die Interpretation des eigenen Verhaltens. Während der soziale Weg an klassische Vorstellungen vom *looking-glass self* (»Wir sehen uns selbst so, wie wir glauben, von anderen gesehen zu werden«) nach Cooley oder vom »sozialen Selbst« nach James erinnert, spielen beim personalen Weg mit seiner starken Konzentration auf die Beobachtung und Interpretation des eigenen Verhaltens Informationen aus sozialer Rückmeldung zumindest theoretisch keine Rolle. Ein Beispiel für den personalen Weg der Internalisierung ist Self-Modeling.

15.2.5 Self-Modeling

Dürer schuf ein ideales Selbstbildnis als Modell für sein zukünftiges Handeln (siehe Abb. 14.2): Er war sozusagen sein Selbstmodell. Schade, dass es damals die Videotechnik noch nicht gab! Dürer hätte sich nämlich einer Videomethode bedienen können, mit der er die Annäherung an sein Selbstmodell schneller und kontrollierter erreicht hätte. Diese Methode wird als *Self-Modeling* bezeichnet. Beim Self-Modeling werden dem Probanden Videoaufnahmen der eigenen Person als Modell für erwünschtes Verhalten präsentiert.

Im Gegensatz zu den üblichen Feedback-Verfahren werden beim Self-Modeling nur gelungene, nahezu ideale Verhaltensweisen der eigenen Person zurückgemeldet. Das Self-Modeling-Verfahren wurde im Rahmen der Verhaltenstherapie entwickelt. Es wurde von uns mit dem Ziel weiterentwickelt, Veränderungen in zentralen Selbstbildern zu erreichen (zusammenfassend Renner, 2002).

Im Self-Modeling-Verfahren geht es darum, diejenigen faktischen Selbstbilder, die einengen oder negativer Natur sind, zu überwinden und Erfahrungen mit der Realisierung von erwünschten potenziellen Selbstbildern zu sammeln. Das Self-Modeling-Verfahren stimuliert sowohl die Auswahl und Gestaltung von Selbstbildern (im Rollenspiel) als auch die Wiedergabe von Selbstbildern durch das Ansehen des Self-Modeling-Films. Der besondere Clou beim Self-Modeling ist die videotechnische Erweiterung des begrenzten Darstellungsspielraums. Dort, wo die momentane, reale Darstellung noch nicht zufriedenstellend gelingt, wird eine künstliche Ausdehnung in Richtung Idealbild durch technische Mittel wie Schnitt oder Einfügen von Videomaterial ermöglicht.

Exkurs: Self-Modeling bei Redeangst

Ein konkretes Beispiel für die Anwendung der Self-Modeling-Methode ist ein von uns entwickeltes Trainingsprogramm zur Reduktion von Redeängstlichkeit (Renner, Laux & Schiepek, 1993; Renner, 2002). Das Self-Modeling-Training umfasst die folgenden 6 Stufen:

Stufe 1 – Rede vor einem simulierten Publikum: Jede Trainingsteilnehmerin hält zunächst eine kurze Rede vor einem simulierten Publikum und wird dabei videografiert. Das simulierte Publikum ist Teil eines Videofilms, der mögliche Situationen vor einem Referat berücksichtigt (z. B. Weg zur Universität, Betreten des Hörsaals, der sich nach und nach füllt). Der Film endet mit dem subjektiven »Kamera-Blick« in ein großes Hörsaal-Publikum, vor dem die Trainingsteilnehmerin ihre Rede hält.
Stufe 2 – Erfassung intendierter Veränderungswünsche: Unmittelbar im Anschluss sieht sich die Trainingsteilnehmerin gemeinsam mit dem Trainingsleiter die videografierte Rede an. Dabei identifiziert sie sowohl positive Merkmale ihres Vortrags, die beibehalten werden können, als auch Veränderungswünsche und damit negative Aspekte der gehaltenen Rede. Die Veränderungswünsche bilden als vorläufige Ziele einen Ausgangspunkt für Übungen innerhalb der nächsten Stufe.
Stufe 3 – Rollenspiele/Übungen zur Optimierung der Darstellung: In der dritten Stufe führt die Trainingsteilnehmerin speziell modifizierte Übungen aus der (Laien-)Theaterpraxis durch. Diese betreffen unterschiedliche Darstellungsaspekte wie Mimik, Gestik, Sprechtempo, Körperhaltung u.Ä., die in Form von kurzen Rollenspielen durchgeführt werden.

Die Rollenspielübungen sollen der Trainingsteilnehmerin helfen, mit dem eigenen Darstellungsrepertoire zu experimentieren sowie neue Darstellungsmöglichkeiten zu entdecken. Jede Teilnehmerin entscheidet selbst, welche dieser Übungen sie ausprobieren möchte, und hat auch die Möglichkeit, eigene Übungsvorschläge einzubringen. Bei der konkreten Durchführung der Übungen wird die Trainingsteilnehmerin stets videografiert und kann daher beim anschließenden Videofeedback kontrollieren, ob das aktuelle Darstellungsexperiment ihren persönlichen Vorstellungen entspricht oder nicht. Im letzteren Fall kann das Videofeedback wertvolle Hinweise liefern, welche Aspekte der Darstellung verändert werden müssen, und Ideen für ein erneutes Darstellungsexperiment stimulieren. Aus dem rekursiven (d. h. wiederholt rückgekoppelten) Prozess – Darstellung, Videofeedback, erneute Darstellung – entwickelt sich ein personspezifisches Redner-Idealbild.

Stufe 4 – Auswahl von Szenen für den Self-Modeling-Film und Schnitt: Nachdem eine ausreichende Anzahl von videografierten Darstellungsexperimenten vorliegt, in denen der jeweils personspezifische Redestil verwirklicht ist, wählt die Trainingsteilnehmerin selbst aus, welche dieser Szenen in welcher Reihenfolge zu ihrem Self-Modeling-Film zusammengeschnitten werden. Der Trainingsleiter weist die Teilnehmerin auf alle Möglichkeiten der zur Verfügung stehenden Schnitttechnik hin (z. B. Beseitigung von Versprechern, »ähs« etc.), d. h., für die Teilnehmerin bestehen auch im Nachhinein noch Gestaltungsmöglichkeiten.

Stufe 5 – Ansehen des Self-Modeling-Films mit Imaginationsphase: Die Trainingsteilnehmerin sieht sich ihren geschnittenen Self-Modeling-Film in mehreren Sitzungen an und lässt den gesamten Film bzw. für sie besonders gut imaginierbare Aspekte nach jedem Ansehen noch einmal »vor ihrem inneren Auge« ablaufen.

Stufe 6 – Erneute Rede vor simuliertem Publikum: In dieser letzten Phase hält die Teilnehmerin nochmals eine Rede, die nach demselben Muster abläuft wie in Stufe 1. Abschließend beurteilt die Teilnehmerin ihre eigenen Fortschritte im Vergleich zur ersten Rede und zieht ein Gesamtresümee.

Unserer Ansicht nach sind der personale und soziale Internalisierungsweg in verschiedenen Phasen der Selbstkonzeptformation und -veränderung unterschiedlich wichtig und bedeutsam. Im Fall von Redeängstlichkeit scheint es notwendig, dass eine Person über Selbstwahrnehmungsprozesse (personaler Weg) *zuerst* eine zumindest ansatzweise positive Vorstellung von sich selbst in Referatsituationen entwickelt, damit Komplimente von anderen überhaupt akzeptiert werden (sozialer Weg). Die folgende Aussage einer Trainingsteilnehmerin am Ende des Abschlussinterviews stützt diese Annahme: »Es kann zwar jeder sagen, das war gut, aber man glaubt es einfach nicht, man muss sich erst selbst sehen« (d. h. über das Videofeedback eines Referats ein positives Bild von sich gewinnen). Sobald aber »im Ansatz« eine positive Sichtweise der eigenen Person in Referatsituationen entwickelt wurde, sind soziale Rückmeldungen zur weiteren Stabilisierung und Konsolidierung bedeutsam, damit im Lauf der Zeit u. U. sogar ein positives faktisches Selbstbild entstehen kann (Renner, 2002).

16 Eine Selbstdarstellungsinterpretation von Eigenschaften
(Lothar Laux und Georg Merzbacher)

Können auch die »fünf robusten Basisdimensionen« der Persönlichkeit unter dem Gesichtspunkt von habitueller Selbstdarstellung interpretiert werden? Lässt sich also jeder der fünf Persönlichkeitsfaktoren zu einem wesentlichen Anteil als Selbstdarstellungsstil begreifen, der sich im Zuge von unzähligen Transaktionen herausgebildet hat?

16.1 Das Beispiel Big Five

Die theoretische Ausarbeitung eines solchen Interpretationsansatzes kann hier nur angedeutet werden. Sie müsste damit beginnen, die einzelnen Selbstdarstellungsformen zu identifizieren, die als Verhaltensbasis für jeden der fünf Faktoren bzw. für die jeweiligen Fassetten infrage kommen. Um dieses Vorgehen exemplarisch zu veranschaulichen, greifen wir auf die Zusammenstellung der diversen Selbstdarstellungstechniken von Mummendey (1995) zurück, der u. a. die Taxonomien von Tedeschi, Lindskold und Rosenfeld (1985) sowie von Jones und Pittman (1982) als Quellen heranzieht.

Sich als kompetent darstellen z. B. bezeichnet eine Strategie, die darauf abzielt, eigene Leistungen und Fähigkeiten hervorzuheben. Wie unschwer zu erkennen ist, entspricht diesen Strategien auf der Seite der Big Five die Fassette *Kompetenz* des Faktors *Gewissenhaftigkeit* (Beispielitem: »Ich bin eine in vielem kompetente Person«). Eine andere Strategie der Selbstdarstellung zielt darauf ab, als beispielhaft erscheinen zu wollen. Auch hier ergeben sich inhaltliche Übereinstimmungen – und zwar mit Gewissenhaftigkeit in Form der Fassette *Pflichtbewusstsein*. Ein weiteres Beispiel, das einem unmittelbar ins Auge springt, betrifft den Big-Five-Faktor *Verträglichkeit* (siehe Tab. 16.1).

Tab. 16.1 Inhaltliche Ähnlichkeiten zwischen Selbstdarstellungsstrategien und Big Five

Strategien der Selbstdarstellung		Fassetten und Items der Fünf Faktoren	
Bezeichnung der Strategie	Verhalten	Fassette/ Faktor	Item aus dem NEO-PI-R
Kompetenz signalisieren (competence)	sich als kompetent und effektiv darstellen	Kompetenz/ Gewissenhaftigkeit	Ich bin eine in vielem kompetente Person.
Beispielhaft erscheinen (exemplification)	sich als vorbildlich, beispielhaft, integer darstellen	Pflichtbewusstsein/ Gewissenhaftigkeit	Ich versuche, alle mir übertragenen Aufgaben gewissenhaft zu erledigen.
Sich beliebt machen (ingratiation)	schmeicheln, Gefallen tun, freundlich sein, loben	Altruismus/ Verträglichkeit	Ich versuche zu jedem, dem ich begegne, freundlich zu sein.
	sich kooperativ zeigen	Entgegenkommen/ Verträglichkeit	Ich würde lieber mit anderen zusammenarbeiten, als mit ihnen zu wetteifern.
	Understatement betreiben	Bescheidenheit/ Verträglichkeit	Ich bemühe mich, bescheiden zu sein.

Wie diese Beispiele zeigen, sind die Kerninhalte der Selbstdarstellungsstrategien, die ja im Rahmen sozialpsychologischer Untersuchungen vollkommen unabhängig vom Fragebogen zur Erfassung der Big Five und ihrer Fassetten (NEO-PI-R, vgl. Kap. 10) entwickelt wurden, dennoch in ähnlichen Formulierungen in der Bezeichnung der Fassetten bzw. in den entsprechenden Items enthalten. Abgesehen davon, dass es sich hier nur um einen exemplarischen Vergleich handelt, sollte man den Hauptunterschied natürlich nicht übersehen: Bei den Strategien der Selbstdarstellung geht es um das explizite Verfolgen von Interaktionszielen: Die Akteure streben die Vermittlung bestimmter Selbstbilder an bzw. das Erzeugen eines bestimmten Eindrucks beim Gegenüber. Dagegen sollen sie sich im Persönlichkeitsfragebogen instruktionsgemäß »nur« beschreiben.

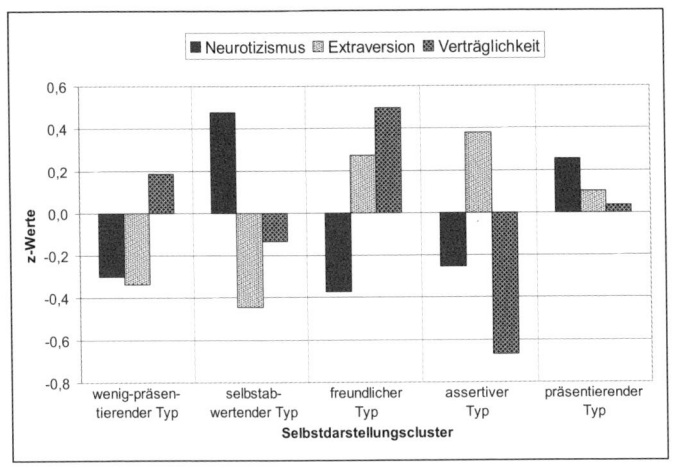

Abb. 16.1 Unterschiede zwischen den fünf Selbstdarstellungsclustern

Beschreiben bedeutet, dass sie mithilfe der Items Selbstbilder zum Ausdruck bringen. Dies kann aber durchaus etwas mit Selbstdarstellung zu tun haben. Sie können z. B. motiviert sein, dem Diagnostiker gegenüber ganz bestimmte Selbstbilder zu vermitteln. In diesem Fall werden also die Items des Fragebogens verwendet, um sich selbst darzustellen. Ein Indiz für solch eine Selbstdarstellungsinterpretation wäre es, wenn in Abhängigkeit von Adressat und Erfassungskontext verschiedene Selbstbilder dargestellt würden. Dies müsste sich in unterschiedlichen Werten auf den eingesetzten Persönlichkeitsskalen niederschlagen (vgl. Kap. 16.2).

Wie groß der Überschneidungsbereich bei der Erfassung von Persönlichkeitseigenschaften und Selbstdarstellungstechniken ist bzw. wie beide Bereiche auf der Ebene von Selbstbeschreibungen zusammenhängen, hat Merzbacher (2008) systematisch untersucht. Persönlichkeitseigenschaften wurden mit dem NEO-PI-R, Techniken der Selbstdarstellung (z. B. Eigenwerbung, Selbstbehinderung, Liebenswürdigkeit, Rechtfertigen) mit einem eigens konstruieren Inventar erfasst. Gestützt auf ein clusteranalytisches Vorgehen konnten fünf Typen habitueller Selbstdarstellung bestimmt werden: (1) wenig präsentierend, (2) selbstabwertend, (3) freundlich, (4) assertiv und (5) präsentierend.

Als Nächstes untersuchte Merzbacher, wie sich die Typen im Hinblick auf die Faktoren und Fassetten der Big Five unterschieden: Hauptergebnis war, dass die drei Faktoren Neurotizismus, Extraversion und Verträglichkeit am stärksten zwischen den Typen differenzierten: Auf dem Faktor Neurotizismus beschrieben sich der wenig präsentierende, der freundliche und der assertive Typ als emotional stabil, der selbstabwertende und präsentierende Typ dagegen als eher emotional labil. Auf der Skala Extraversion wiesen der freundliche und der assertive Typ die höchsten Ausprägungen auf, während der wenig präsentierende und der selbstabwertende Typ die niedrigsten Werte hatten. Auf der Skala Verträglichkeit stachen die Werte des freundlichen Typs gegenüber den besonders niedrigen des assertiven Typs hervor.

Insgesamt ließen sich die Unterschiede zwischen den fünf Selbstdarstellungstypen sowohl für die Werte auf der Faktoren- als auch auf der Fassettenebene funktional stimmig interpretieren. Dabei ergaben sich zwischen diesen hierarchisch bestimmten Niveaus durchaus markante Unterschiede. Beispielsweise weist der assertive Typ insgesamt eine emotional-stabile Selbstbeschreibung auf. Für die Auflösungsebene der Fassetten resultiert aber eine persönlichkeitsdynamisch interessante Abweichung: Hier fallen die erhöhten Werte des assertiven Typs für die Fassetten Reizbarkeit und Impulsivität auf, während er dagegen auf den übrigen vier Neurotizismusfassetten Ängstlichkeit, Depression, soziale Befangenheit und Verletzlichkeit unterdurchschnittliche Werte aufweist.

16.2 Situative Identitäten

Für den Bereich der Sportlerpersönlichkeit hat der Sozialpsychologe Mummendey (1995) situative Beeinflussungen von Fragebogenwerten nachweisen können. In einem Experiment wurden drei Gruppen von Sporttreibenden jeweils unter einer von drei Bedingungen des Impression-Managements (Eindruckslenkung) bzw. der Selbstdarstellung mit Persönlichkeitsfragebogen und Selbstkonzeptskalen untersucht. Eine Gruppe wurde privat, in einer nicht sportbezogenen Situation angesprochen. Sie mussten zu der Ansicht gelangen, sie seien zufällig, zumindest aber ohne jeden sportlichen Bezug in die Stichprobe geraten (Bedingung: keine Sportsituation). Eine zweite Gruppe wurde in einem sportbezogenen Kontext untersucht. Sie wurden beim Training oder über den Trainer mit dem ausdrücklichen Hinweis angesprochen, man wolle Sportler untersuchen (Bedingung: Sportsituation). Unter einer dritten Bedingung wurden die Sporttreibenden wie unter der zweiten Bedingung untersucht; zusätzlich erhielten sie aber den Hinweis, sie sollten die Antworten so geben, »dass sich ein möglichst positives Bild von ihnen als Sportler ergibt« (Bedingung: idealer Sportler). Die Untersuchung wurde sowohl mit Gelegenheits- als auch mit Leistungssportlern durchgeführt. Wesentliches Ergebnis war, dass Leistungssportler sich unter der Bedingung *Sportsituation* als psychisch stabiler (positiver, leistungsfähiger, toleranter) beschrieben als außerhalb eines sportlichen Kontexts. Sie fühlten sich in der Sportsituation offenbar in ihrer für sie bedeutsamen Identität als Sportler angesprochen. Die Selbstbeschreibung der Gelegenheitssportler war in Bezug auf die Sportsituation entgegengesetzt: Ihre Identität wird nicht wesentlich über die Definition als Sportler bestimmt (siehe Abb. 16.2).

Geht man davon aus, dass Selbstbilder die subjektive Seite von Persönlichkeitseigenschaften darstellen, ergibt sich folgende Interpretation: Je nach situativem Kontext werden unterschiedliche Selbstbilder aus der Gesamtheit der Selbstbilder aktualisiert bzw. die gleichen Selbstbilder werden mehr oder weniger stark zum Ausdruck gebracht. Mit anderen Worten: Wir nutzen bei unserer Identitätsbeschreibung einen gewissen situativ bestimmten Spielraum. Die dargestellten Selbstbilder stehen somit für *situative Identitäten* (vgl. Mummendey, 1995).

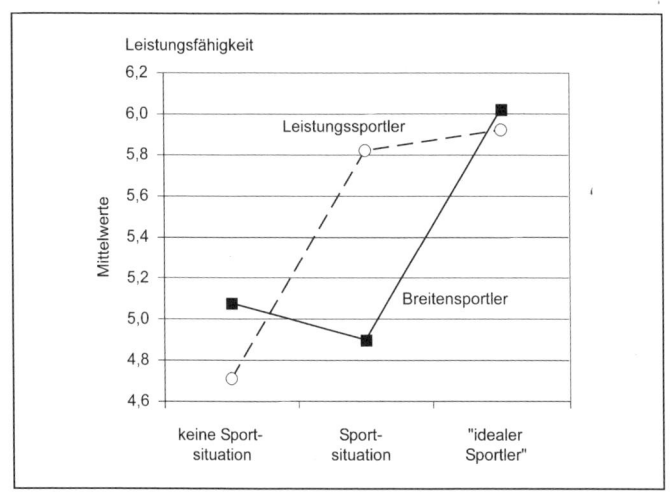

Abb. 16.2 Selbstbeschreibung der Leistungsfähigkeit von 72 Sportlern mit niedrigem (Breitensportler) und hohem sportlichen Leistungsniveau (Leistungssportler) unter drei verschiedenen Impression-Management-Bedingungen

16.3 Evolutionspsychologische Überlegungen

Wer über das Thema Selbstdarstellung schreibt, sollte selbst nicht durch Selbstanpreisung auffallen. Die Leser sind den Autoren viel geneigter, wenn sie sich etwas herabsetzen, also Understatement betreiben: Wir wollen daher schnell hinzufügen, dass der amerikanische Persönlichkeitspsychologe Hogan eine viel elaboriertere Interpretation der Big Five unter dem Gesichtspunkt von Eindruckslenkung vorgenommen hat (Hogan & Briggs, 1986; siehe auch Hogan & Ones, 1997). Im Rahmen seiner *sozioanalytischen* Theorie geht Hogan davon aus, dass der Mensch, dessen evolutionär bedingtes Hauptcharakteristikum es ist, in Gruppen zu leben, vor allem nach *sozialem Status* und nach *sozialer Akzeptanz* strebt. Mittel hierfür sind unsere Selbstdarstellungen bzw. Selbstinterpretationen, die unseren Interaktionspartnern als Basis für das Persönlichkeitsbild dienen, das sie sich von uns machen. Solche Fremdbilder oder Außenbilder (nach Müller-Freienfels, 1921) werden von Hogan und Ones als *Reputationen* bezeichnet. Diese Reputationen sind nach Hogan und Ones nichts anderes als die in Trait-Begriffen formulierten fünf Persönlichkeitsfaktoren. Unsere Interaktionspartner beurteilen demnach unseren Status und unsere Akzeptanz mithilfe der Adjektive aus den Big Five. Nach dieser Auffassung sind also die auf Big-Five-Adjektive gestützten Fremdbeurteilungen gleichzusetzen mit Reputationen (Außenbildern), die in maßgeblicher Weise aus unseren Selbstdarstellungen resultieren. Eine evolutionspsychologische Auffassung vertritt auch Goldberg (1981):

Unterschiede in Bezug auf Persönlichkeitseigenschaften haben sich entwickelt, weil sie evolutionären Aufgaben wie dem Überleben oder der erfolgreichen Fortpflanzung dienen. Nach dieser Lesart sind z. B. Eigenschaften wie Dominanz, Freundlichkeit und emotionale Stabilität von besonderer Bedeutung für die Partnerwahl, Gewissenhaftigkeit und Verträglichkeit vor allem wichtig für das Überleben der Gruppe. Die personbeschreibenden Bezeichnungen, auf denen die fünf Faktoren beruhen, haben sich nach Goldberg ergeben, damit wir andere Menschen im Hinblick auf besonders relevante Interaktionsmerkmale beurteilen können (lexikalische Hypothese, vgl. Kap. 10). Dies gilt besonders dann, wenn wir es mit einer uns fremden Person zu tun haben. Wir würden zu gern die Antworten auf die folgenden fünf Fragen erfahren (Goldberg, 1981, S. 161; siehe ausführlich Kap. 10):

(1) Ist X aktiv und dominant oder passiv und unterwürfig?
(2) Ist X verträglich oder unverträglich?
(3) Kann ich mich auf X verlassen?

(4) Ist X verrückt oder zurechnungsfähig?
(5) Ist X klug oder dumm?

Über Goldberg hinausgehend lässt sich noch annehmen, dass der *Fremde* – wenn er »klug« ist – die von uns favorisierten Antworten auf die fünf Fragen vermutlich mehr oder weniger kennt und sich mit seinen Möglichkeiten der Selbstdarstellung bemühen wird, die erwünschten Persönlichkeitsbilder zu vermitteln. So wird er vermutlich versuchen, weder zu dominant noch zu passiv, eher freundlich als abweisend, eher ausgeglichen als launisch, eher zuverlässig als unzuverlässig und eher intelligent als dumm zu erscheinen. Mit anderen Worten: Die evolutionspsychologische Interpretation der Big Five lässt sich durch eine Selbstdarstellungsinterpretation der Big Five ergänzen. Damit soll nicht zum Ausdruck gebracht werden, dass die vermittelten Selbstbilder primär als Verstellungen oder Täuschungen aufgefasst werden müssen. Menschen ist es zumeist sehr wichtig, anderen einen Eindruck von sich zu vermitteln, der mit dem Selbstbild korrespondiert. Kongruenz und Diskrepanz zwischen Selbstbild und Fremdbild ist das Thema des nächsten Abschnitts.

16.4 Vergleich zwischen Selbstbild und Fremdbild

Wie in Kapitel 10 dargestellt wurde, sind die Korrelationen von Selbstbeurteilungen und Fremd- bzw. Bekanntenbeurteilungen im Bereich der Fünf Faktoren von mittlerer Höhe. Diese Befunde bedeuten einerseits, dass wir anderen Personen Eindrücke von uns vermitteln, die unseren Selbstbildern im Großen und Ganzen entsprechen. Andererseits weisen diese Ergebnisse auf mögliche Spielräume für Abweichungen zwischen Selbst- und Fremdurteil hin.

Für solche Diskrepanzen kommen viele Faktoren infrage. Wie Validitätsuntersuchungen zeigen, können manche Eigenschaften besser im Selbstbericht, andere besser im Fremdbericht beurteilt werden. Eigenschaften, die stark auf intern erlebten Vorgängen beruhen, sog. *innere* Eigenschaften, können vom Individuum im Selbstbericht mitgeteilt werden, während sie von Beobachtern aufgrund von äußeren Zeichen erschlossen werden müssen. Hochängstliche Personen z. B. können Angsterlebnisse unmittelbar im Selbstbericht mitteilen, während Beobachter darauf angewiesen sind, Ängstlichkeit gestützt auf bestimmte Symptome wie Zittern, feuchte Hände, zögerndes Sprechen etc. abzuleiten. Umgekehrt können Personen aber schlechter ihr eigenes Verhalten, das unmittelbar mit ihren äußeren Eigenschaften zusammenhängt, beurteilen. So können sie z. B. schlechter als Beobachter einschätzen, wie charmant sie sich verhalten – es sei denn, sie sind in der Lage, sich in die Perspektive anderer zu versetzen und sich vorzustellen, welchen Eindruck sie auf andere machen (siehe ausführlich Johnson, 1997).

Die Sachlage wird noch komplizierter dadurch, dass Personen ihre inneren Eigenschaften zum Teil entweder nicht kennen oder aber nicht darstellen wollen. Im sog. Johari-Fenster (benannt nach Joe Luft und Harry Ingram) werden diese Möglichkeiten in systematischer Form veranschaulicht (siehe Abb. 16.3). Das Johari-Fenster stellt gleichzeitig eine Basis dar, um Zielsetzungen für Trainingsmaßnahmen abzuleiten (vgl. Hossiep & Paschen, 2003, Hinweise für Teilnehmer »Selbstbild, Fremdbild und Persönlichkeit«).

Im Fenster *Öffentliche Person* ist das Verhalten repräsentiert, das der Person bewusst und von ihr intendiert ist. Sie weiß auch, dass die anderen ihr Verhalten wahrnehmen können. Dazu gehören auch Selbstbilder, die man anderen mitteilen möchte, ungeachtet dessen, ob einem das tatsächlich im gewünschten Maße gelingt.

Im Bereich der *»Privatperson«* befindet sich das Verhalten, das der Person bekannt ist, den anderen aber nicht. In diesem Quadrat des geheimen Bereichs ist die *strategische Selbstdarstellung* angesiedelt: Bestimmte Eigenschaften sollen verborgen bleiben, von anderen wiederum soll das Publikum glauben, sie würden die Person kennzeichnen.

Der *»blinde Fleck«* betrifft das Verhalten, das der Person selbst nicht bewusst, für andere aber wahrnehmbar ist und auch deren Fremdbild beeinflusst. Hier wären z. B. Gewohnheiten zu nennen (z. B. Gesten, Mimik einer Führungskraft), die der Person selbst nicht (mehr) auffallen. In diesem Fall haben die Beobachter also bessere Informationen über die Person als sie selbst:

> Für eine realistische Einschätzung kann es nützlich sein, gerade diesen Bereich zu thematisieren, um eventuelle Unsicherheiten und Diskrepanzen zwischen Selbstbild- und Fremdbild abzubauen und neue Impulse hinsichtlich der Wirkung auf andere zu erhalten (Hossiep & Paschen, 1998, Hinweise für Teilnehmer »Selbstbild, Fremdbild und Persönlichkeit«, S. 11).

Forschungen im arbeits- und organisationspsychologischen Bereich zeigen deutlich, dass es wichtig ist, die Fremdbeurteilung der Arbeitskollegen und der Vorgesetzten zu kennen und zu verstehen. So folgen ja z. B. Beförderungsmaßnahmen, Gehaltszusagen usw. häu-

	der Person selbst	
Verhaltensbereiche	bekannt	unbekannt
anderen Personen — bekannt	Selbstbild Fremdbild — öffentliche Person	Selbstbild Fremdbild — blinder Fleck
anderen Personen — unbekannt	Selbstbild Fremdbild — Privatperson	Selbstbild Fremdbild — Unbekanntes

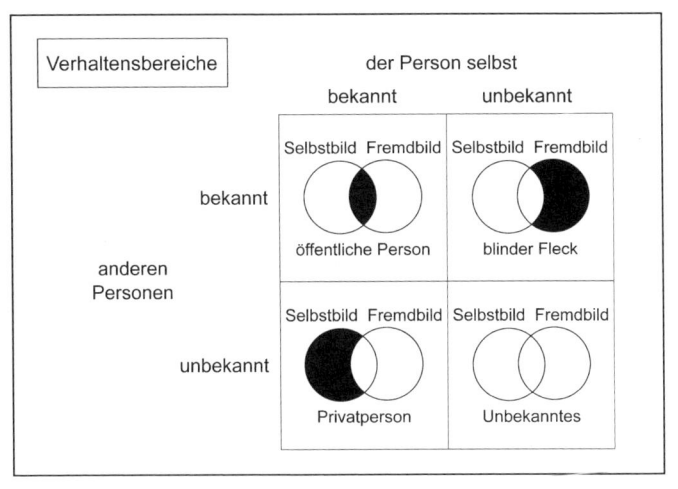

Abb. 16.3 Das Johari-Fenster (adaptiert nach Hossiep & Paschen, 2003)

fig unmittelbar aus der Vorgesetzteneinschätzung (Atwater & Yammarino, 1997).

Schließlich umfasst das vierte Quadrat »*Unbekanntes*«, das also weder der Person noch den Beobachtern bekannt ist. Dieser unbewusste Bereich lässt sich z. B. durch Entdecken von Potenzialen etwa im Rahmen ressourcenbezogener Coachingmaßnahmen verkleinern (vgl. Kap. 10.6).

Die Bereiche des »blinden Flecks« und der »Privatperson« machen darauf aufmerksam, dass eine Auffassung von Persönlichkeit, die sich ausschließlich auf das Selbsturteil stützt, zu kurz greift. Um ein Gesamtbild der Persönlichkeit zu erhalten, ist es notwendig, auch die Einschätzung von Interaktionspartnern, Bekannten, Fremdbeurteilern etc. einzubeziehen.

Im Managementbereich sind die Möglichkeiten eines differenzierten Feedbacks von unterschiedlichen Gruppen von Beobachtern erkannt worden: Beim sog. *360°-Feedback* wird von relevanten Personen (also von Vorgesetzten, Kollegen, Mitarbeitern, Kunden) ein Feedback eingeholt und mit dem Selbsturteil der Führungskraft verglichen. Die Führungskraft wird also aus unterschiedlichen Perspektiven eingeschätzt. So erhält sie einen Einblick darin, wie ihr Führungsstil aus unterschiedlichen Sichtwinkeln wahrgenommen wird und wie dieser das Verhalten von Mitarbeitern und Kollegen beeinflusst. Wichtig für das Gelingen der 360°-Beurteilung ist die Anonymität der Feedbackgeber sowie die Erstellung eines ausführlichen Feedbackberichts. Dieser Bericht sollte eine differenzierte

Darstellung der Selbst- und Fremdeinschätzungen beinhalten und als Basis für Entwicklungsmaßnahmen in Richtung auf eine teamorientierte Führungskultur bilden (siehe Rathgeber, 2005).

Für Trainings- und Interventionsmaßnahmen liegen die Vorteile einer solchen Doppelbetrachtung auf der Hand: Ein bewusster fortwährender Vergleich von intendiertem Selbstbild und resultierendem Außenbild bietet die besten Chancen für die berufliche und private Weiterbildung (vgl. Hossiep & Paschen, 2003, Hinweise für Teilnehmer »Selbstbild, Fremdbild und Persönlichkeit«). Zwei Wirkungsrichtungen sind hier von Bedeutung: Die Darstellung des Selbstbilds kann das Fremdbild beeinflussen, ebenso wie das Fremdbild in Form direkter Rückmeldungen einen Einfluss auf das Selbstbild nehmen kann.

IV Herausforderungen

In diesem Teil des Buchs sollen aktuelle Herausforderungen für die Persönlichkeitspsychologie erörtert werden, die sich durch das Aufkommen *pluralistischer* Menschenbilder ergeben. Damit sind Konzeptionen gemeint, welche die Persönlichkeit nicht als integrierte Einheit auffassen, sondern durch die Vielheit und Heterogenität von Selbstkonzepten gekennzeichnet sehen. Auf die Fragwürdigkeit von Einheitsauffassungen wiesen bereits Philosophen wie Montaigne und Nietzsche sowie Schriftsteller wie Musil und Benn, neuerdings auch Botho Strauß hin. Die Tendenz zum pluralen Subjekt zeigt sich deutlich in der derzeitigen Literatur, Kunst, Philosophie, Soziologie und Psychologie (Welsch, 1990; vgl. Abb. 17.1). Am extremsten tritt Fernando Pessoa für eine pluralistische Sichtweise ein:»Ich bin die lebendige Bühne, auf der verschiedene Schauspieler auftreten, die verschiedene Stücke aufführen« (1987; zitiert nach Welsch, 1993, S. 285).

Von den Vertretern pluralistischer Theorien werden grundlegende persönlichkeitspsychologische Positionen wie die Einzigartigkeit der Persönlichkeit oder die Annahme von Eigenschaften als basale Komponenten der Persönlichkeit infrage gestellt. Die Möglichkeit, Erleben und Verhalten gestützt auf äußere oder innere Faktoren vorherzusagen, wird von ihnen ebenfalls bezweifelt. Der Darstellung dieser Positionen widmet sich Kapitel 17. Theoretiker des Pluralismus kritisieren darüber hinaus die Dominanz des autonomen maskulinen Selbst gegenüber dem beziehungsorientierten Selbst der Frau und treten für die Überwindung kulturell geprägter geschlechtsspezifischer Muster ein – ein Ansatz, der in Kapitel 18 näher charakterisiert wird.

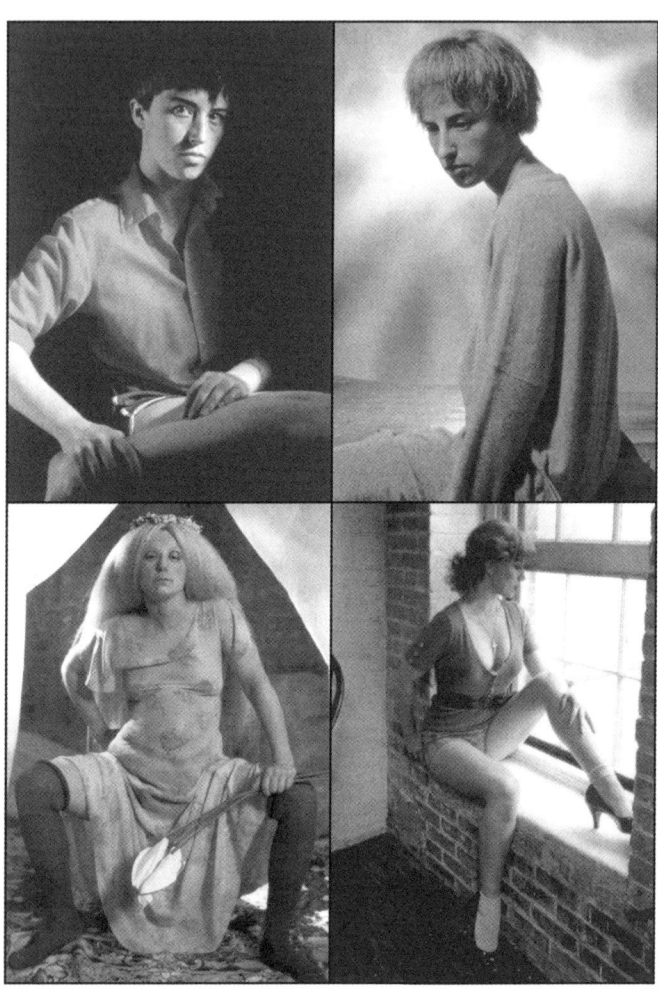

Abb. 17.1 Cindy Sherman (vier Fotografien »Untitled« 1978, 1982, 1984, 1993; aus Felix & Schwander, 1995; Courtesy of the Artist and Metro Pictures, New York, NY, USA).

Auf jedem der Bilder hat sich die Künstlerin selbst aufgenommen. Trotzdem ist es nicht möglich, die Bilder als Ausdruck einer einzigen Identität zu interpretieren. Cindy Sherman demonstriert nicht den Fassettenreichtum ihrer Person, sondern die Vielfalt vollkommen unterschiedlicher Identitäten (vgl. Welsch, 1990). Die pluralistische Auffassung wird hier mit künstlerischen Mitteln auf die Spitze getrieben.

17 Auf dem Weg zum pluralen Subjekt

(Lothar Laux und Karl-Heinz Renner)

Die Idee eines Subjekts, das durch Vielheit und nicht durch Einheit gekennzeichnet ist, wurde schon in früheren Jahrhunderten erörtert. Neu ist – so konstatiert Welsch (1993, S. 283), ein Hauptvertreter postmoderner Philosophie im deutschsprachigen Raum –, dass die innere Pluralisierung von der Ausnahme zur Regel wird: »Die Individuen definieren sich nicht mehr durch eine einzige, monolithische Identität, sondern durch das Vermögen interner Pluralität.« Pluralität gilt heute als wichtigstes Merkmal postmoderner Theorie. Die Postmoderne tritt für die Vielheit von Denkansätzen, Handlungsformen und Lebensweisen ein: Traditionelle Sinngebungen, Ideologien, universelle Gesetze, »letzte« Begründungen etc. werden abgelehnt. Fausts anspruchsvolles Streben nach einem zentralen Erklärungsprinzip (»Dass ich erkenne, was die Welt im Innersten zusammenhält«) wäre demnach überholt.

Im Gegensatz zur Philosophie und zur Soziologie findet man in der gegenwärtigen Psychologie explizit pluralistische Ansätze bisher nur vereinzelt. Der Sozialpsychologe Heiner Keupp moniert, dass die Psychologie in ihrem »mainstream« von einem Subjektverständnis ausginge, das historisch-gesellschaftliche Veränderungen nicht berücksichtige. Die Suche nach universellen Gesetzmäßigkeiten psychischen Funktionierens bestimme immer noch ihr Hauptziel: »Dabei wird ein implizites Subjektverständnis vorausgesetzt ... : das autonome, männliche Subjekt, das kognitive Kontrolle über seine innere und äußere Natur ausübt« (Keupp et al., 1999, S. 13).

In seinem eigenen Ansatz verfolgt Keupp (1988) die Idee einer *Patchwork-Identität*. Er betont, dass Personen heutzutage unter widersprüchlichen und komplexen Bedingungen leben, die eine Entwicklung der Identität zu einem einheitlichen Gesamtbild kaum noch zulassen. Die heutige Identitätsbildung sei vergleichbar mit dem Herstellen eines Fleckerlteppichs. Solch ein »Crazy Quilt« lebe von einer wilden Verknüpfung von Formen und Farben und bringe damit schöpferisches Potenzial zum Ausdruck. Den Fleckerlteppich hebt Keupp vom traditionellen Muster ab, das durch Geschlossenheit und Gleichförmigkeit gekennzeichnet ist und damit dem klassischen Identitätsbegriff entspricht.

Die Pluralisierungstendenz in der Gesellschaft ist nach Keupp zwar mit einem Zugewinn persönlicher Freiheit verbunden, aber auch mit der Notwendigkeit ihrer Gestaltung. Pluralisierung wird hier deutlich in ihrer Ambivalenz gesehen. Die Chancen und Risiken der heutigen Lebensbedingungen, ihre Janusköpfigkeit, hebt ebenfalls der Soziologe Ulrich Beck (1996) in seiner *Individualisierungstheorie* hervor: Mit der Freisetzung des Individuums aus Bindungen und Traditionen sieht er die »Fröste der Freiheit« hereinbrechen: Der Einzelne muss die Suppe auslöffeln, die er sich selbst eingebrockt hat. In diesem Zusammenhang weist Chur (2000) auf die wachsende Bedeutung von »Schlüsselkompetenzen« hin, einem Schlagwort, das sich derzeit großer Beliebtheit erfreut, z. B. im Rahmen von Stellenbeschreibungen oder in Diskussionen über die Qualität universitärer Ausbildung: Mithilfe von Schlüsselkompetenzen wie aktiver Orientierung, zielbewusstem Handeln, selbstgesteuertem Lernen und sozialer Kompetenz könne sich ein Mitglied der heutigen Gesellschaft einen individuellen Halt schaffen – einen Halt, der angesichts einer komplexen und offenen Lebenswelt nicht mehr durch Rückgriff auf feste äußere Strukturen und vorgegebene Handlungsmuster zu erreichen sei.

Keupp betont ebenfalls die Notwendigkeit gewisser persönlicher Grundeigenschaften: Basale Selbstsicherheit und Ambiguitätstoleranz (Fähigkeit, Vieldeutigkeit zu ertragen) sind für ihn persönliche Voraussetzungen, die eine erfolgreiche *Patchwork-Identitätsarbeit* erst ermöglichen. Dagegen lehnt der amerikanische Sozialpsychologe und Wissenschaftstheoretiker Kenneth J. Gergen das Festhalten an stabilen Persönlichkeitseigenschaften grundsätzlich ab; er sieht auch das Ende der Vorhersagbarkeit menschlichen Verhaltens nahen. Mit seinen Thesen stellt Gergen damit zentrale Merkmale gegenwärtiger Persönlichkeitspsychologie infrage. Den Hintergrund für seine Argumentation liefert seine postmoderne Position des sozialen Konstruktivismus (Gergen, 2002), der auch in der Psychologie zunehmend an Bedeutung gewinnt.

17.1 Soziale Sättigung: vom autonomen Selbst zum Beziehungsselbst

Es gehört zu den basalen Aufgabenstellungen der Persönlichkeitspsychologie und der psychologischen Diagnostik, individuelles Verhalten und Erleben vorherzusagen. Selbst Vertreter unterschiedlicher theoretischer Grundpositionen wie Situationismus, Dispositionismus und Interaktionismus stimmen in dem Ziel einer möglichst genauen Verhaltensvorhersage überein (vgl. Buse & Pawlik, 1996). Dies gilt selbst für viele Anhänger idiographischer Methodik: Wenn sie eine Abkehr von nomothetisch-gruppenstatistischen Vorgehensweisen fordern, geht es ihnen um den Nachweis, dass sich individuelles Verhalten in einer gesetzmäßigen, idiographisch vorhersagbaren Weise manifestiert (vgl. Kap. 13).

Es ist daher schon eine Art Bildersturm, wenn Kenneth Gergen uns zu verstehen gibt, die bisherige Aufgabenstellung einer möglichst genauen Verhaltensvorhersage sei nicht länger möglich; sie basiere auf einem Menschenbild, das zunehmend an Gültigkeit verliere:

> Meine These lautet nun, dass die abendländische Kultur einen grundlegenden Wandel ihrer Konzeptionen des Selbst vollzieht. Bestimmte Ausdrücke zur Beschreibung einer Person verschwinden: das Selbst als Träger von Eigenschaften wie Tiefgründigkeit, Engagement und Charakterstärke, Eigenschaften, die vorhersagbar, authentisch und berechenbar sind, gerät zunehmend unter Beschuss (1990, S. 192).

Kern von Gergens Auffassung ist, dass das Verhalten von Menschen mithilfe von dispositionellen und situativen Prädiktoren nicht länger zuverlässig vorhergesagt werden kann. Insbesondere die Annahme, dass Menschen durch persönliche Eigenschaften bestimmt sind, interpretiert Gergen als Grundprinzip einer individualistischen Ideologie. Alle Prinzipien dieser Ideologie gingen davon aus, »... dass Menschen innere Neigungen besitzen, Persönlichkeitszüge, Einstellungen, Werte, moralische Prinzipien, Selbstwertgefühl – und dass diese inneren Neigungen ihr Verhalten bestimmen« (Gergen, 1996, S. 167). Damit ist unter postmodernen Lebensbedingungen Schluss:

> Die Persönlichkeitsmerkmale, die Zeit und Umstände überdauern, und das Gefühl persönlicher Stabilität, das für ein erfolgreiches und gut funktionierendes Leben notwendig ist, gehen aus den Augen verloren (Gergen, 1996, S. 279).

Genau genommen geht Gergen bei der Formulierung seiner provokanten Thesen von drei Phasen in der Entwicklung der Psychologie aus: (1) Seiner Auffassung nach ist die Denkstruktur der frühen Psychologie stark durch die romantische Tradition geprägt. Die wahre Identität des Menschen wurde in einer tiefen, geheimnisvollen und irrationalen Innenwelt vermutet. Vor diesem Hintergrund sind die Werke von Freud und Jung entstanden. (2) Daran schloss sich die modernistische Phase an, in der die Vorstellung vom Menschen als Maschine dominiert. Nach der modernistischen Konzeption soll das Handeln eines Menschen wissenschaftlich erfassbar, zuverlässig und vorhersagbar sein. (3) Derzeit erleben wir nach Gergen das Ende der modernistischen Phase und das Herannahen des postmodernen Zeitalters, mit dem ein Wandel in den Grundauffassungen von Wissenschaft, Kunst, Gesellschaft und Individuum verbunden ist.

Es sei hier angemerkt, dass Gergens Verständnis von Postmoderne von anderen postmodernen Autoren als »Epochenmissverständnis« zurückgewiesen wird (vgl. Gimmler & Sandbothe, 1993): Die Postmoderne ist keine neue Epoche, die – wie der Begriff »post« suggeriert – als »Nachmoderne« auf die Moderne folgt. Die Postmoderne greift die Themen der Moderne auf, ebenso aber die Themen vergangener Epochen und Kulturen. Entscheidend ist der offene Umgang mit den Themen, das Eintreten für die Vielheit von Denkansätzen.

Den Hauptgrund für den konstatierten Wandel sieht Gergen in der ungeheuren Zunahme sozialer Kontakte: Die Anzahl der Menschen, zu denen wir eine Beziehung haben, hat stark zugenommen, ebenso die Zeit, die beruflich und privat für Interaktionen mit anderen Menschen aufgewendet wird. Dabei ist eine Begegnung von Angesicht zu Angesicht keine notwendige Voraussetzung mehr für eine Beziehung. Über neue Kommunikationstechnologien (z. B. Mail- und Chatkontakte) lassen sich Beziehungen über große räumliche und zeitliche Spannen aufrechterhalten. Hinzu kommen die Beziehungen zu Medienfiguren, die sich als Folge von Fernseh-, Film- und Videokonsum ergeben. Durch das Vermehren von direkten und indirekten Beziehungen bewegen wir uns nach Gergen auf einen Zustand *sozialer Sättigung* (social saturation) zu.

Die unmittelbare Auswirkung der sozialen Sättigung soll in einer Art »Besetzung des Selbst« mit Wertvorstellungen und Lebensweisen anderer Personen bestehen:

> Jeder von uns wird zunehmend eine bunte Mischung von Potenzialen, wobei jedes Potenzial eine oder mehrere Beziehungen, in die wir uns einlassen, darstellt ... Nach einem ernsthaften Gedankenaustausch mit einem Kommunisten aus Bologna erscheint eine bestimmte Form des Kommunismus durchaus plausibel; nach einem exquisiten Abendessen mit einem Pariser büßt die enthaltsam-gesunde Lebens- und Ernährungsweise enorm an Anziehungskraft ein. Lernt man die Lebenswelt der Japaner kennen, wird das Ideal von individueller Leistung fraglich (Gergen, 1990, S. 195).

Gergen geht mit seiner Besetzungsthese von einer überaus starken, unidirektionalen Beeinflussung des Einzelnen durch soziale Beziehungen aus (vgl. Kap. 12). Dass Personen soziale Informationen aktiv bearbeiten, auswählen oder sogar vermeiden können, wird von ihm vernachlässigt (vgl. den reziproken Interaktionismus von Bandura, Kap. 12.3).

Nach Gergen untergräbt die Besetzung durch Wertvorstellungen und Lebensweisen anderer sowohl romantische als auch modernistische Auffassungen und hat einen extremen *Perspektivismus* zur Folge: Wir beschreiben uns selbst aus vielen verschiedenen Perspektiven und handeln diesen Perspektiven entsprechend auch ganz unterschiedlich. Häufig sind die übernommenen Wertvorstellungen und Lebensentwürfe unvereinbar: »Hamlets Scheidewegfrage scheint allzu einfach, denn längst stehen nicht mehr Sein oder Nichtsein zur Debatte, sondern welcher der mannigfachen Seinsformen man sich verschreiben soll« (Gergen, 1996, S. 138). So können unsere multiplen Perspektiven leicht die Ursache für einen permanenten Konfliktzustand werden (vgl. Abb. 17.2).

Soziale Sättigung bringt auch eine Expansion der eigenen Unzulänglichkeit mit sich. Die Massenmedien und unsere Interaktionspartner überschütten uns mit Informationen, die Kriterien unserer Selbstbewertung ansprechen. So fragt Gergen ironisch:

> Ist man ausreichend abenteuerlich, sauber, weitgereist, belesen, niedrig im Cholesterinspiegel, schlank, gut im Kochen, freundlich, geruchsfrei, gut frisiert, sparsam, einbruchsgesichert, familienorientiert? Die Liste ist ohne Ende (Gergen, 1996, S. 136).

Solche Selbstbewertungskriterien werden nach Gergen nur allzu leicht internalisiert und können dann jederzeit den internen Monolog bestimmen. Beim Versuch, diesen Kriterien zu genügen, entsteht ein allgemeines Gefühl eigener Unzulänglichkeit.

17.2 Diskussion der drei Kontroversen

Hinsichtlich der drei Kontroversen, die im Mittelpunkt dieser Buchkonzeption stehen, nimmt Gergen jeweils eine Extremposition ein, die kurz diskutiert werden sollen:

17.2.1 Einzigartigkeit versus Generalisierbarkeit

Die Grundannahme, dass der Mensch durch Einzigartigkeit z. B. in Form von persönlichen Eigenschaften gekennzeichnet ist, wird von Gergen als Ausdruck einer typisch westlichen Ideologie des Individualismus »entlarvt«. Gergen (1996; 2002) veranschaulicht seine Interpretation mit Beispielen von »self-narratives«, also von erzählten Lebensgeschichten: Er zeigt auf, dass Lebensgeschichten in erster Linie kulturelle Erzählweisen widerspiegeln, z. B. in Form der

Abb. 17.2 Permanenter Konfliktzustand (nach Gergen, 1996; Abbildung im Original erschienen in: Gergen, The Saturated Self: Dilemmas of Identity in Comtemporary Life. Basic Books, New York, Perseus Books Group.)

für unsere westliche Kultur typischen Geschichten von Erfolg oder Misserfolg, Geschichten mit Happyend oder tragische Geschichten. Lebensgeschichten stellen daher nach Gergen eher »Soziobiografien« als individuell gestaltete, autonome Autobiografien dar.

In Autobiografien kommen aber unserer Meinung nach nicht nur die typischen Erzählweisen einer Kultur zum Ausdruck. Autobiografien können auch einzigartige »Narrationen« enthalten, die für das Individuelle eines Lebens stehen. Nach Bruner (1999), einem ebenfalls einflussreichen Vertreter narrativer Ansätze, drückt sich die *Individualisierung* besonders deutlich im »Markieren« von Wendepunkten aus. Das sind Episoden, in denen der Erzähler auf eine entscheidende Änderung seiner Meinung oder Überzeugung aufmerksam macht. Durch Wendepunkte wird das Individuelle, das Besondere vom Erwartungsgemäßen, Gewöhnlichen abgehoben: Bruner bringt das Beispiel eines Collegeschülers, dessen vorrangiges Ziel es war, in die Footballmannschaft seiner Highschool aufgenommen zu werden, was ihm schließlich gelang. Während eines Spiels wird er von seinem Trainer aufgefordert, einen gegnerischen Rückpassspieler durch Körpereinsatz zu »erledigen«. In seiner Lebenserzählung hebt der ehemalige Schüler hervor, dass die Episode für ihn der Auslöser war, die Footballmannschaft zu verlassen und sich mit moralischer Integrität auseinanderzusetzen. Er wendet sich schließlich von der Highschool-Kultur ab, engagiert sich in der Gemeindearbeit und wird zum Vietnamgegner: »Man spürt, dass eine andere Autobiographie entstanden wäre, wenn sie *vor* dem Bruch geschrieben worden wäre« (Bruner, 1999, S. 18).

17.2.2 Person versus Situation

Wie schon gesagt, interpretiert Gergen die zunehmende Vielheit und Widersprüchlichkeit von »Seinspotenzialen« als Ursache für eine drastisch abnehmende Vorhersagekraft sowohl von Persönlichkeitseigenschaften wie von situativen Faktoren. Diese These steht in deutlichem Kontrast zu den Befunden neuerer eigenschaftszentrierter Ansätze, die auf die hohe Stabilität von Eigenschaften im zeitlichen Verlauf aufmerksam machen und damit auf die Chance, Verhalten und Erleben vorherzusagen (vgl. Kap. 10). Nun muss man die markanten Schlussfolgerungen aus solchen Studien nicht unbedingt teilen, aber man sollte sich mit ihnen argumentativ auseinandersetzen. Gergen diskutiert diese Befunde ebenso wenig wie die bekannten sozialpsychologischen Studien, welche die besondere Durchschlagskraft von »starken« Situationen und damit deren prädiktive Stärke proklamieren (z. B. das Stanford-Gefängnisexperiment, Kap. 1). Man kann Gergen allerdings zugutehalten, dass er solche Befunde aufgrund seiner wissenschaftstheoretischen Position kaum beachten muss. Wissenschaftliche Befunde werden für ihn erst dann relevant, wenn sie z. B. als Informationen in Fachzeitschriften und Lehrbüchern auftauchen und dadurch neue Diskurse und »subjective positions« anregen, die sich Personen zu eigen machen können (vgl. Zielke, 2007).

Gergen hat seine Thesen bisher mit anschaulichen, eher anekdotischen Beispielen belegt. In einer explorativen Studie erfassten Renner und Laux (2000a) *soziale Sättigung* und verwandte Konstrukte mithilfe von Persönlichkeitsskalen, die nach den üblichen methodischen Kriterien entwickelt wurden. Ein großer Teil der studentischen Stichprobe stimmten den in Fragebogenitems übersetzten Aussagen von Gergen zur sozialen Sättigung zu. Es erwies sich aber als notwendig, zwei Gruppen innerhalb der Gruppe sozial gesättigter Personen zu unterscheiden, die ganz unterschiedlich mit sozialen Situationen umgehen. In Anlehnung an die Klassifikation der Selbstdarstellungsstile könnte man sie als *protektive* und *akquisitive* Pluralisten bezeichnen (vgl. Kap. 15.1). Bei den protektiven Pluralisten ist die Übernahme von Sichtweisen, Einstellungen und Lebensformen anderer mit dem Wunsch verbunden, sich so darzustellen, dass Missbilligung vermieden wird. Soziale Sättigung geht bei ihnen mit einer starken Außengeleitetheit einher. Sie präsentieren sich in einer Form, die sie nicht verletzbar macht, mit der sie aber auch keine »sozialen Gewinne« erzielen können. Dagegen gehen akquisitive Pluralisten positiv mit postmoderner Vielheit um. Sie experimentieren mit Wertvorstellungen und Lebensformen anderer Personen. Aus einer Position hohen Kompetenz- und Selbstwertgefühls heraus ist für sie interne Pluralisierung kein passiver Vorgang des Sich-Besetzen-Lassens wie bei Gergen, sondern eine aktive Gestaltungsaufgabe.

17.2.3 Außen- oder Innensicht

Personen definieren sich nach Gergen immer weniger als autonome selbstständige Einheiten. Das Selbst wird nicht mehr als persönlicher Besitz angesehen, als etwas, das einem selbst gehört:

> Das Selbst ist nunmehr nichts als ein Knotenpunkt in der Verkettung von Beziehungen. Jeder Mensch lebt in einem Netzwerk von Beziehungen und wird in jeder von ihnen jeweils unterschiedlich definiert (Gergen, 1990, S. 197).

Die Innenperspektive der Persönlichkeit wird offenbar ersetzt durch die beziehungsbestimmte Außensicht, das autonome private Selbst weicht dem öffentlichen, sozial konstruierten Selbst. Das Selbst scheint sich mehr außerhalb als innerhalb der Person zu befinden. Solche Vorstellungen erinnern sehr stark an das schon von Allport beschriebene Modell der externen Wirkung (vgl. Kap. 1.3). Das Selbst wird weitgehend aus der Perspektive der Interaktionspartner beschrieben: »Ohne andere gibt es kein Selbst« (Gergen, 1996, S. 289).

Die postmoderne Wende stellt für das Konzept des autonomen Selbst eine ernsthafte Herausforderung dar. Akzeptiert man nämlich die These vom Aufkommen des Beziehungsselbst, hieße es, Abschied nehmen von althergebrachten Persönlichkeitskonstrukten. Im »Innern« begründete Persönlichkeitseigenschaften, Konzepte wie »wahres« Selbst, Gewissen, Motive, Intuition, Leidenschaft verlieren nach Gergen an Bedeutung. Selbst Gefühle werden nun als Beziehungskomponenten betrachtet:

> Meine Depression ist demnach nicht mehr ein Stück von mir; sie entsteht aus der Art und Weise meiner Beziehung zu anderen. Sie ist vergleichbar mit einer Tanzbewegung zweier oder mehrerer Tänzer, die nur aus dem Zusammenhang des komplexen Tanzes heraus Sinn macht. Es ist daher ›unsere Depression‹; ich bin nur ihr Träger (Gergen, 1990, S. 198).

Die Verschiebung vom autonomen, in sich ruhenden Selbst zum Beziehungsselbst ist von einigen Vertretern der Postmoderne nicht nur beschrieben, sondern auch vehement gefordert worden. Der Leitspruch von Fernando Pessoa lautet: »Sei plural wie das Universum!« Wie bereits zitiert, beschreibt er sich selbst als lebendige Bühne, auf der verschiedene Schauspieler auftreten, die verschiedene Stücke aufführen.

Bei dieser Pluralisierungseuphorie sollte allerdings die banale Tatsache nicht übersehen werden, dass selbst Personen mit ausgeprägter Pluralitätsneigung klar abgegrenzte individuelle Organismen bleiben: Das Beziehungsselbst bedarf immer eines Individuums als Träger – so dicht und komplex das Netzwerk von Beziehungen zwischen den einzelnen Trägern auch sein mag (Renner & Laux, 2000b; Vollmer, 2000).

17.3 Unitas multiplex: die zielbezogene Organisation der Persönlichkeit

Postmoderne Persönlichkeitsauffassungen sind mit einem schwierigen Problem belastet: Dem Problem der Einheit des Selbst angesichts der Vielheit. Die Frage ist nämlich, wie bei der Vielheit und Inkohärenz der verschiedenen Selbstanteile eine mehr oder weniger einheitliche Organisation und Steuerung möglich sein soll, die Menschen überhaupt handlungsfähig macht. Welche Form von Organisation in einem sozial-konstruierten »Beziehungspotenziale-Selbst« denkbar ist, wird von Gergen gar nicht erörtert. Dagegen halten Keupp et al. (1999) das Herstellen einer Organisation oder Kohärenz für unverzichtbar, da ohne sie schwerwiegende Identitätsstörungen auftreten könnten.

Grundsätzlich schließt die Konfrontation mit fragmentierten Erfahrungen und komplexen, z. T. widersprüchlichen Lebensbedingungen nicht aus, dass Personen ein kohärentes Selbstkonzept entwickeln. Es lässt sich sogar empirisch zeigen, dass solche Erfahrungen als Belastung erlebt werden und erst recht ein Bedürfnis nach Kontinuität und Kohärenz in der eigenen Lebensgeschichte wecken (Keupp et al., 1999). Eine Möglichkeit, der Unsicherheit über die eigene Identität zu begegnen, ist das Erzählen der Lebensgeschichte: »Geschichten gegen das Chaos« (vgl. Ernst, 1996; McAdams, 2002). Die erzählerische Interpretation der eigenen Lebensgeschichte kann in Selbstvergewisserung und Stabilisierung resultieren und als Chance für die Entwicklung persönlicher Kohärenz und Identität begriffen werden.

Mit dem Problem von Einheit und Vielheit hat sich bereits William Stern, der Schöpfer der Differentiellen Psychologie, auseinandergesetzt. Stern zweifelt nicht an der Vielheit der Person, wie die folgende Passage verdeutlicht (Stern, 1930):

> …: der eben noch unter den schweren Konsequenzen seines verantwortungsvollen Berufs stehende Politiker lässt in der nächsten Stunde diese ganze Ernstschicht seines Daseins versinken und hebt die infantile Schicht spielhafter Gegenwartsfreude an die Oberfläche, indem er sich voller Inbrunst dem Tennissport hingibt oder im Bade tummelt. Er kann scheinbar unvermittelt ein ganz anderer Mensch sein, weil eben so viele Menschenformen in den verschiedenen Tiefenlagen seines Daseins vorhanden und in Bereitschaft sind (S. 53 f.).

Wie aktuell – um nicht zu sagen wie »postmodern« – diese Aussage Sterns ist, erschließt sich unmittelbar aus dem folgenden Zitat von Gergen:

> Mit der sozialen Sättigung birgt allmählich jeder eine riesige Bevölkerung mit versteckten Fähigkeiten in sich – man könnte ein Bluessänger, Zigeuner, Aristokrat oder Krimineller sein. Jede dieser Identitäten ist latent vorhanden und könnte unter den geeigneten Bedingungen lebendig werden (Gergen, 1996, S. 127)

Für Stern kann aus dieser Vielheit des Erlebens und Verhaltens, die empirisch vorliegt, niemals die Einheit der Person abgeleitet werden. Daher führt er die Kategorie der *Vieleinheit* als theoretischen Leitgedanken in die Psychologie ein. Das passende Einheitsmodell angesichts der Vielheit ist für ihn die Einheit in der Mannigfaltigkeit, die Vieleinheit oder *Unitas multiplex* (Stern, 1923).

Die Unitas multiplex wird nach Stern durch Zielstrebigkeit erreicht. Kerngedanke ist, dass die Ziele, die eine Person anstrebt, zu einer Vereinheitlichung der Vielheit ihrer Selbstaspekte führen. Bei einem Examenskandidaten z. B. wird die Vielheit der potenziell möglichen Kognitionen, Handlungen und Eigenschaften auf das bewusste selbstbezogene Ziel »Ich möchte das Examen bestehen« hin vereinheitlicht bzw. gebündelt. Dass Ziele und vor allem Zielstrebigkeit einen möglichen Schlüssel zur Lösung des Problems der Einheit angesichts der Vielheit des Selbst liefern, ist ein Beleg für die Aktualität des Klassikers William Stern (vgl. Renner & Laux, 1998; 2000b).

18 Frauen: Identität durch Beziehung

Postmoderne Theoretiker wie die französischen Philosophen Derrida oder Lyotard sehen die abendländische Vorstellung vom autonomen individualistischen Ich als maskulin geprägt an. Sie heben das *männlichkeitsfixierte* – auch *androzentristisch* oder sogar *phallogozentristisch* genannte – Selbstbild vom *pluralen beziehungsorientierten* Selbstbild der Frau ab (vgl. Welsch, 1993). Nach der traditionellen Favorisierung der Männerrolle treten sie nun aber nicht für die Privilegierung des herkömmlichen Frauenbilds ein: Sie lehnen vielmehr solche feministischen Theorien ab, die die Gleichstellung der Frau anstreben, da hier letztlich nur eine Angleichung der Frau an den Mann erfolgt. Ihre Kritik wendet sich ebenfalls gegen die feministische Differenztheorie, die in der Frau das ganz »andere« Wesen sieht. Diese Sichtweise sei nur eine in das Gegenteil gekehrte männliche Denkform. *Ziel* ist vielmehr eine dritte Form von Feminismus, welche die Frau als Figur des Übergangs, der Pluralität betrachtet, und damit die tief eingeschliffenen geschlechtsspezifischen Muster überwindet. Der neue »Subjekttypus« soll idealerweise *androgyn* sein – also maskuline und feminine Eigenschaften in sich vereinigen – oder einfach *menschlich*: »Er kann von Frauen und Männern auf unterschiedliche Weise realisiert werden – aber vor allem auf *individuell* unterschiedliche, nicht so sehr auf geschlechtsspezifische Weise« (vgl. Welsch, 1993, S. 297). Dies sind nicht nur kühne philosophische Vorschläge. Wie in den folgenden Abschnitten gezeigt werden soll, findet man vergleichbare Vorstellungen und entsprechende empirische Untersuchungen auch in der Persönlichkeitspsychologie.

18.1 Kritik am androzentristischen Menschenbild

Von der postmodernen Kritik am androzentristischen Menschenbild ergeben sich deutliche Beziehungen zur feministischen Psychologie. Die deutsche Sozialpsychologin Schmerl (1998) z. B. beklagt den Androzentrismus in der Psychologie. Sie spricht vom »male main stream«, der in der Vergangenheit zu eklatanten Fehlern in der psychologischen Forschung geführt habe. An zentralen Kritikpunkten nennt sie beispielsweise: (a) die Unterrepräsentanz weiblicher Versuchspersonen in Forschungsarbeiten, (b) Setzung der männlichen Ergebnisse als Norm, der weiblichen als defizitäre Abweichung, (c) einseitige Suche nach Geschlechtsunterschieden und deren bevorzugte Publikation durch Autoren und Herausgeber. Die konventionelle psychologische Forschung habe darüber hinaus im Fall gefundener Verhaltensunterschiede zwischen Männern und Frauen besonders schnell zu biologischen Erklärungen gegriffen:

> Frauen sind – das von der Psychologie bevorzugte biomedizinische Modell legt es nahe – wesentlich mehr von ihrer Natur und ihrer Biologie gesteuert als Männer; oder: sie sind mehr Natur und Biologie als Männer (Schmerl, 1998, S. 226).

18.2 Frauen und interpersonelles Selbst

Die neuere Psychologie hat einige Konzepte entwickelt, die den Vorstellungen postmoderner Theoretiker vom pluralen Selbst nahe kommen. Markus und Cross (1990) z. B. sprechen vom *interpersonellen* Selbst. Danach sind andere Personen (z. B. Freunde, Ehepartner, Eltern, Kinder, Mitarbeiterinnen und Mitarbeiter) und die Beziehung, die man zu ihnen hat, im Selbstkonzept repräsentiert. Sie bilden besonders aktive und integrale Teile des Selbstkonzepts. Empirische Untersuchungen zeigen, dass Frauen sich in der Tat mehr als Männer durch ein interpersonelles Selbstkonzept kennzeichnen lassen: Die Komponenten ihres Selbstkonzepts erweisen sich als vernetzter. Sie beschreiben sich mehr durch ihre Beziehungen, denken mehr an andere und erinnern sich auch mehr an die Merkmale von Bezugspersonen. Ihre Identität ist somit in einen Kontext von Beziehungen eingebunden (vgl. Asendorpf, 2007).

Carol Gilligan (1982) meint, dass es für Frauen – z. B. beim Thema Abtreibung – charakteristisch sei, Lösungen zu finden, die Freunde, Familienmitglieder etc. und deren Gefühle einbeziehen. Sie suchen nicht primär nach allgemeinen moralischen Prinzipien: Moralische Entscheidungen ergeben sich als Folge eines interpersonellen Austauschs (vgl. Gergen, 1996).

18.3 Geschlechtsunterschiede und deren Inszenierung

Abgesehen vom Selbstkonzept sind die zweifelsfrei empirisch nachgewiesenen Unterschiede zwischen den Geschlechtern eher gering und sprechen insgesamt kaum dafür, dass Frauen und Männer sich grundsätzlich im kognitiven und emotionalen Bereich unterscheiden (Alfermann, 1996, 2005). Die Feministinnen Maccoby und Jacklin (1974) kamen in ihrem viel zitierten Standardwerk »*The psychology of sex-differences*«, in dem mehr als 1600 empirische Untersuchungen ausgewertet wurden, zu dem Fazit, dass Geschlechtsunterschiede nur in vier Bereichen nachweisbar sind: Mädchen haben ausgeprägtere verbale Fähigkeiten, Jungen weisen ein besseres visuell-räumliches Vorstellungsvermögen und bessere mathematische Fähigkeiten auf. Als einziger Unterschied im affektiven Bereich wurde die höhere Aggressivität der Jungen festgestellt.

Selbst diese wenigen Unterschiede scheinen sich in den letzten Jahren zu verflüchtigen. Alfermann (1996, S. 160) fasst das Ergebnis ihrer Bestandsaufnahme mit den Worten zusammen: »Der auffallendste Befund zu den Geschlechtsunterschieden besteht darin, dass sie sich in den vergangenen 2 Jahrzehnten weiter verringert haben.« Dass Frauen bei verbalen Fähigkeiten besser sind als Männer scheint nach Asendorpf (2007) nur noch für den unteren Extrembereich zu gelten. Asendorpf kommt ebenfalls zu dem Fazit, dass Jungen im Allgemeinen im mathematischen Bereich nicht besser sind als Mädchen. Nur bei sehr hoher und sehr niedriger mathematischer Fähigkeit seien Jungen überrepräsentiert. Die besseren räumlichen Fähigkeiten der Männer – insbesondere bei Aufgaben, die ein gedankliches Rotieren von Würfeln erfordern (mentale Rotation) – erweisen sich nach Asendorpf als deutlich kulturabhängig: Sie können in westlichen Industriegesellschaften, nicht jedoch für nomadisierende Fischer und Jäger nachgewiesen werden. Schließlich gilt die höhere Aggressivität der Männer nur für die offenen physischen und verbalen Formen, nicht jedoch für andere Formen aggressiven Verhaltens wie die Schädigung persönlicher Beziehungen, z. B. durch Gerüchte oder Aufkündigung von Freundschaften. Beziehungsaggressionen sind bei Mädchen ausgeprägter als bei Jungen (vgl. zusammenfassend Asendorpf, 2007).

Obwohl also in unserer Kultur die Geschlechtsunterschiede in psychischen Merkmalen eher niedrig ausfallen, sind die sozialen Konsequenzen der Geschlechtszugehörigkeit immer noch groß und bekanntlich zuungunsten der Frauen verteilt. Als Begründung für die Benachteiligung von Frauen müssen vermeintliche Unterschiede zwischen Männern und Frauen herhalten, die regelrecht zugunsten der Männer inszeniert werden.

Nach Bischof-Köhler (1992) macht sich bei der durchgängigen Höherbewertung alles Männlichen das tierische Erbe bemerkbar. Männer seien aufgrund des alten Imponierdrangs die besseren Spezialisten in der Selbstinszenierung: »Was immer sie angehen, sie vermögen ihrer Tätigkeit das Odium des Spektakulären, des Besonderen zu verleihen« (S. 277).

Wie sehr in der Vergangenheit auch die wissenschaftliche Theorienbildung der Inszenierung von Geschlechtsunterschieden diente, geht aus folgendem Zitat von Rudinger und Bierhoff-Alfermann (1979; zitiert nach Alfermann, 1996, S. 186) hervor:

> Als man wusste, dass die Männer absolut gesehen ein größeres Gehirn hatten als Frauen, war die Gehirngröße entscheidend für die intellektuelle Kapazität. Als man feststellte, dass Frauen ein relativ (zum Körpergewicht) größeres Gehirn als Männer hatten, waren die Frontallappen der Sitz höherer geistiger Funktionen, denn Männer hatten relativ größere Frontallappen als Frauen. Als die Theorie lautete: die Parietallappen seien von größerer Bedeutung für Intellekt, stellte man fest, dass Frauen tatsächlich kleinere Parietallappen hatten. Theorie (und Daten) machten alle notwendigen Mutationen mit, um die männliche Überlegenheit zu ›beweisen‹.

18.4 Der Blick zurück und der Blick nach vorn: Soziobiologie und Androgynie

Für die Interpretation von Geschlechtsunterschieden bietet die Psychologie eine Vielfalt von Theorien an (siehe zusammenfassend Asendorpf, 2007). Sie beruhen z. T. auf grundverschiedenen Menschenbildern. Die Spannbreite reicht vom soziobiologischen Ansatz bis hin zum Androgyniekonzept.

18.4.1 Soziobiologische Erklärungsansätze

Sie gehen davon aus, dass sich durch natürliche Selektion bei Männern und Frauen unterschiedliche Fortpflanzungsstrategien entwickelt haben, um die Nachkommenzahl zu optimieren (vgl. Asendorpf, 2007): Da ein Mann theoretisch mehr Kinder zeugen als eine Frau gebären kann, setzen Männer mehr auf eine quantitative, Frauen mehr auf eine qualitative Strategie. Aus den geschlechtsspezifisch optimalen Fortpflanzungsstrategien leiten Soziobiologen Hypothesen über Geschlechtsunterschiede ab. Beispielsweise sollten Männer bei Frauen als Geschlechtspartnerinnen großen Wert auf Jugendlichkeit und attraktives Aussehen (anmutiger Gang, glänzende Haare etc.) als Indikatoren für Fruchtbarkeit legen. Frauen muss es darauf ankommen, einen Mann als Geschlechtspartner zu finden, der die notwendigen Ressourcen für ihre Kinder mitbringt (hoher materieller und sozialer Status). Besonders gut aussehend oder jung muss er nicht sein!

Wie erklären Soziobiologen mithilfe solcher Präferenzen Geschlechtsunterschiede? Nehmen wir z. B. den durchgängig nachgewiesenen Befund, dass Männer eifersüchtiger als Frauen auf sexuelle Untreue reagieren, während Frauen eifersüchtiger reagieren, wenn der Partner eine enge emotionale Beziehung zu anderen Frauen eingeht. Für den Mann ist das Fremdgehen der Frau eine Bedrohung, weil er nicht sicher sein kann, dass das Kind, das sie zur Welt bringt, seine Gene hat. Er »investiert« möglicherweise seine Fürsorge nicht nur in ein fremdes Kind, sondern – schlimmer noch – seine eigenen Gene sind vom Aussterben bedroht. Der Mann wird also bemüht sein, sexuelle Kontakte seiner Frau mit anderen Männern zu unterbinden. Die Frau kann dagegen immer sicher sein, dass ihr kein Kuckucksei ins Nest gelegt wird, ohne dass sie es merkt. Aber auch für die Frau ist der Seitensprung des Manns eine Bedrohung: Es besteht die Gefahr, dass er der neuen Frau und möglichen Kindern einen Teil seiner Ressourcen zukommen lässt, zumindest dann, wenn eine engere emotionale Bindung vorliegt (vgl. Hejj, 1996).

Ein anderer Bereich soziobiologischer Argumentation betrifft geschlechtsspezifische Unterschiede beim Kennenlernen von Frauen und Männern (Hejj, 1996). Entsprechende Normen sind seit langem in der Ratgeberliteratur niedergelegt. Sie bringen zum Ausdruck, dass von Männern und Frauen ganz unterschiedliches Verhalten beispielsweise während eines ersten Rendezvous erwartet wird. Erfassen lassen sich solche Unterschiede mithilfe von *kognitiven Skripts*. Ein Skript ist vergleichbar mit einem Drehbuch für einen Film. Es legt fest, wie und in welcher Reihenfolge die einzelnen Handlungsschritte ablaufen. Hejj hat deutsche Studierende gebeten, mindestens zwanzig Handlungen und Ereignisse aufzuzählen, die bei einem ersten Rendezvous eine Rolle spielen, und diese nach der Reihenfolge ihres Vorkommens zu ordnen. Den soziobiologischen Hypothesen entsprechend müssten Frauen häufiger als Männer in solchen »Dating-Drehbüchern« angeben, dass sie sich besonders sorgfältig um ihr Äußeres kümmern und dass sie sich Gedanken machen, wie sie mit den sexuellen Annäherungen des Manns umgehen sollen. Zur traditionellen Rollenerwartung im Sinne der Soziobiologie würde ebenfalls zählen, dass Männer häufiger angeben, dass sie zum Rendezvous auffordern, sich um die Organisation kümmern, die Kosten übernehmen, vom Beruf sprechen und den Körperkontakt initiieren (Hejj, 1996). In Tabelle 18.1 werden ein Datingskript einer Frau und eines Manns wiedergegeben, das soziobiologischen Erwartungen entspricht.

18.4.2 Androgynie

Der soziobiologische Ansatz hebt die Unterschiedlichkeit geschlechtstypischer Einstellungen und Verhaltensweisen mit dem Hinweis auf deren genetische Verankerung hervor. Er repräsentiert damit solche Ansätze, die Geschlechtsunterschiede auf grundlegende Unterschiede in den Hirnstrukturen zurückführen. Die Vertreter dieses Ansatzes »blicken zurück«, da sie geschlechtstypische Präferenzen analysieren, die im Laufe der menschlichen Evolution entstanden sind. Während Soziobiologen die Unterschiede zwischen den Geschlechtern betonen, sind die Anhänger des *Androgyniekonzepts* von der Möglichkeit einer weitgehenden Annäherung überzeugt. Von ihnen wird Androgynie als erstrebenswertes Ideal angesehen, das mit mehr Flexibilität, kompetenterem Handeln und psychischer Gesundheit verbunden ist und insbesondere den Frauen größere Entfaltungsmöglichkeiten verheißt (Alfermann, 1994; Bierhoff-Alfermann, 1989). Sie »blicken nach vorn«, wenn sie die Überwindung von kulturell geprägten Geschlechtsstereotypen zugunsten einer Orientierung am Individuellen anstreben.

Lange Zeit wurden Maskulinität und Femininität als zwei Pole einer einzigen Dimension konzipiert. Maskulinität umfasst Eigenschaften, die als typisch für Männer gelten und daher dem männlichen Stereotyp entsprechen. Ebenso ist Femininität als Bündel von Eigenschaften definiert, die mit dem weiblichen Stereotyp korrespondieren und daher als typisch für Frauen angesehen werden. Dieses Ein-Faktor-Modell basiert also auf einer postulierten Übereinstimmung von biologischem und psychologischem Geschlecht.

Tab. 18.1 Wie verläuft ein erstes Rendezvous? (nach Hejj, 1996, S. 185 ff., Texte gekürzt)

Datingskript einer Frau (26 Jahre)	Datingskript eines Mannes (24 Jahre)
• Mindestens 1 Std. vor dem Kleiderschrank stehen und überlegen, was anziehen (10 Sachen anprobieren) • Vor dem Spiegel auf- und ablaufen Duschen, welches Parfum? • Haare zig-mal sprayen und anders frisieren etc. • Überlegen, ob's der Richtige ist (Traummann) oder es nur eine vorübergehende Beziehung sein wird • Falls 2. auch nicht schlecht, da erster Eindruck sympathisch – nette Zeit • Evtl. nötige Verhütungsmittel einpacken • Ständiges Checken im Spiegel • Zwischendrin nachchecken auf dem Klo, ob Lippenstift nicht verschmiert ist • Kein gefährliches Kleckeressen bestellen • Zwischendrin Zähne putzen • Nicht zu laut lachen • Konversation • Hierbei: mit Finger am Weinglas spielen • Locken aus dem Haar ziehen • Mit Zunge Lippen umranden • Blickkontakt etc. • Verabschiedung: oft verabschieden, dann dennoch nicht gleich gehen • Nachgeben und dennoch nicht viel erlauben • Kein neues Datum ausmachen, kein »Wann sehen wir uns wieder«, kein »Bis zum ...« • Mit einem »Vielleicht« gehen	• Wohnung aufräumen • Frische Bettwäsche aufziehen • Getränke kaufen • Geld holen • Baden • Rasieren • Kleider aussuchen • Parfümieren • Lachen • Vom Beruf erzählen • Zum Essen einladen • Großzügig sein • Vom Sekt zu Hause erzählen • Platten auflegen • Schlechte Busverbindungen aufzeigen • Über Sternzeichen reden • Ggf. küssen • In die Augen schauen • Augenfarbe merken • Sektkorken knallen lassen • Morgens Taxi rufen

Eine Abweichung vom Ideal der geschlechtsspezifischen Persönlichkeitsentwicklung war bisher für das einzelne Individuum mit großen psychischen Kosten verbunden. Eine Frau, die z. B. im Zusammenhang mit der Ausübung eines typisch männlichen Berufs eher männliche Eigenschaften entwickelt, wird nach diesem Modell als Abweichlerin, als Außenseiterin angesehen.

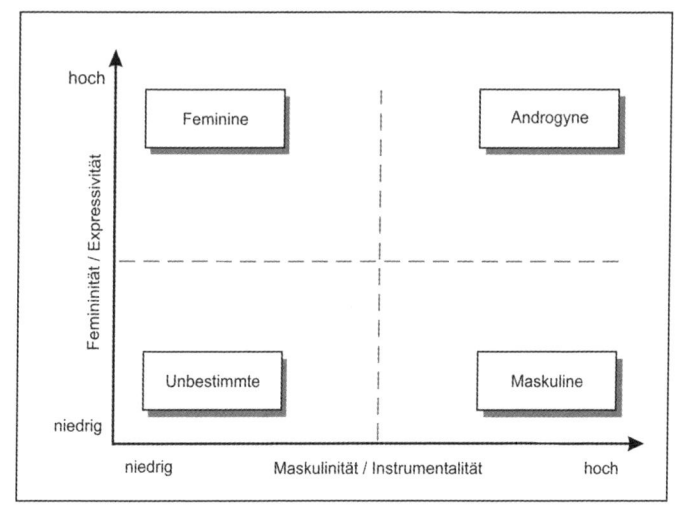

Abb. 18.1 Typeneinteilung der Geschlechtsrollenidentität nach dem Androgyniekonzept (Alfermann, 1994)

Die Übereinstimmung von biologischem und psychologischem Geschlecht wird nun vom Androgynie-Ansatz infrage gestellt: Jedes Individuum, Mann oder Frau, kann unabhängig vom biologischen Geschlecht auf zwei voneinander unabhängigen Dimensionen, einer Maskulinitäts- und einer Femininitätsdimension, jeden beliebigen Punkt einnehmen. Gab es nach dem klassischen Modell nur maskuline Männer oder feminine Frauen, so sind nun vier Typen von Personen denkbar (vgl. Abb. 18.1): Erstens hoch maskuline und zugleich niedrig feminine, zweitens hoch feminine und zugleich niedrig maskuline sowie drittens die Unbestimmten, die sich auf beiden Dimensionen als niedrig einschätzen und schließlich viertens die Androgynen. Das sind diejenigen Personen, die sich sowohl mit positiven maskulinen (klug, kräftig, aktiv, unabhängig, entschlossen) als auch mit positiven femininen Eigenschaften (hilfsbereit, freundlich, einfühlsam, herzlich) beschreiben. Sie entsprechen sowohl dem männlichen Stereotyp von Kompetenz, Leistungsbereitschaft und Durchsetzungsfähigkeit als auch dem weiblichen von Emotionalität und Fürsorglichkeit:

> Diese Kombination in einer Person wird als erstrebenswertes (Zwischen)Ziel der Sozialisation von Menschen in unserer Gesellschaft angesehen, dem langfristig die Überschreitung von Geschlechtsrollengrenzen folgen soll. Menschen sollen ihre Rollen individuell nach ihren Fähigkeiten und

Möglichkeiten übernehmen und gestalten können, nicht aber aufgrund ihres biologischen Geschlechts (Alfermann, 1994, S. 75).

Nach bisherigen Befunden ist Androgynie offenbar für Frauen erstrebenswerter als für Männer. Frauen können ihren Spielraum durch eher maskuline Verhaltensweisen vergrößern, ohne Sanktionen fürchten zu müssen, da sie ja ebenfalls durch feminine Verhaltensweisen gekennzeichnet sind. Alfermann (1994) bezweifelt, ob sich der Zugewinn an Femininität für Männer im gleichen Maße belohnend auswirkt. Wie jedoch die hohe Attraktivität des Konstrukts *Emotionale Intelligenz* im Managementbereich zeigt (Goleman,1996), scheint es auch für männliche Führungskräfte bedeutsamer zu werden, zusätzlich zu den maskulinen Führungsqualitäten Empathie, Intuition und soziale Kompetenz zu erwerben.

Zurück zum Ausgangspunkt, dem pluralen Menschenbild der Postmoderne:

> Man könnte dies alles [die Entwicklung zur Androgynie] als Eindeutigkeitsverlust registrieren. Vielleicht sollte man es aber als Vielheitsgewinn verbuchen. Oder stellen wir die Frage so: Dient die zweifellos größer gewordene Komponentenbeimischung nur einem Abbau von Geschlechterdifferenzen? Oder dient sie darüber hinaus zu einem Kompetenzzuwachs der Subjekte, wie er gerade in einer zunehmend pluralen Welt nötig wird, um in und *mit* dieser Pluralität leben zu können – statt *gegen* sie leben zu müssen? (Welsch, 1993, S. 299).

V Neue Anwendungsgebiete

19 Persönlichkeitspsychologische Aspekte der Internetnutzung

(Karl-Heinz Renner)

Nach einer Umfrage von TNS Infratest sind im Jahr 2007 60,2 % aller Deutschen online. Die Attraktivität des Internets hängt sicher auch damit zusammen, dass Menschen in diesem virtuellen Raum vieles von dem tun können, was sie schon immer außerhalb des Internet getan haben bzw. tun wollten, z. B. sich informieren, mit anderen kommunizieren, kaufen und verkaufen, sich selbst präsentieren, Unterhaltung und Zerstreuung suchen, Freunde finden, flirten, sich verlieben u. v. a. m. Da Persönlichkeitsmerkmale relevant sind, um solche Verhaltensweisen im so genannten »Real Life« erklären und vorhersagen zu können, liegt die Vermutung nahe, dass ähnliche Zusammenhänge zwischen interindividuellen Unterschieden und dem medienvermittelten Verhalten auch im virtuellen Raum bestehen könnten. Die Persönlichkeit des Nutzers sollte in der Internetforschung deshalb stärker als bisher berücksichtigt werden, um Verhalten im virtuellen Raum erklären und vorhersagen zu können. Die Internetnutzung kann natürlich nicht allein mithilfe von Persönlichkeitsmerkmalen erklärt werden. Finanzielle, bildungs- und ortsbezogene, aber auch kulturelle und situative Bedingungen, die mit Persönlichkeitsmerkmalen interagieren können, sind selbstverständlich ebenso potenziell relevant. Im Folgenden sollen einige Perspektiven der persönlichkeitspsychologischen Internetforschung aufgezeigt werden (vgl. ausführlich Renner, Schütz & Machilek, 2005).

19.1 Das Internet als Ressource für die Entwicklung und Veränderung von Persönlichkeit

Die These, nach der bestimmte Internetdienste als »Laboratorien« zur Identitätskonstruktion genutzt werden können, wurde besonders durch Sherry Turkles (1998) Studien in so genannten MUDs (multiple-user-dungeons) bekannt (vgl. Kap. 3.1.4). Dabei handelt es sich um programmierte virtuelle Räume, die den Nutzern die Möglichkeit bieten, selbstgewählte Rollen zu spielen und zu entwickeln. Turkle berichtet in ihrem Buch von Spielern, die ihre positiven Erfahrungen im MUD (z. B. die Entdeckung und Entwicklung neuer Kompetenzen) auf das Real Life übertragen konnten. Auch für die zunächst nur web-basierte Auseinandersetzung mit marginalisierten Identitätsaspekten, wie Homosexualität, in entsprechenden Newsgroups sind positive Effekte u. a. für die Selbstakzeptanz der Betroffenen nachgewiesen worden (z. B. McKenna & Bargh, 1998). MUDs und auch Newsgroups bieten Schutzräume, in denen Personen anonym und ohne riskante Konsequenzen neue Formen der Kommunikation und Selbstdarstellung erproben, über ihre Probleme mit Gleichgesinnten sprechen und soziale Unterstützung erhalten können. Vor dem Hintergrund dieser Befunde wäre zu prüfen, ob und unter welchen Bedingungen bestimmte Internetdienste gerade auch im Jugendalter positive Effekte für die Identitätsarbeit haben und helfen können herauszufinden, wer man ist bzw. wer man sein möchte.

MUDs und Newsgroups sind rein textbasierte virtuelle Räume, d. h., die Spieler bzw. Teilnehmer können ihr Aussehen, ihr Handeln und das, was sie sagen wollen, lediglich durch Worte vermitteln, die sie eintippen. Mittlerweile stehen grafisch aufwändige und technisch deutlich weiterentwickelte virtuelle Welten zur Verfügung. Zu den bekanntesten zählen Second Life (SL) und World of Warcraft (WoW). SL bietet den Spielern eine dreidimensionale Umgebung, die sie selbst gestalten können, und die Möglichkeit, einen so genannten Avatar zu erschaffen, einen virtuellen und grafisch ziemlich detaillierten Stellvertreter, mit dem sie ihre Persönlichkeit im virtuellen Raum visualisieren und zum Ausdruck bringen können. WoW ist ein Massive Multiplayer Online Role-Playing Game (MMORPG), in dem Tausende von Spielern gleichzeitig agieren können. In dem abenteuerbasierten Spiel WoW geht es darum, Punkte zu sammeln, indem man bestimmte Aufgaben und Missionen (sog. Quests) erfüllt (z. B. gegen Monster kämpfen). Bisher liegen nur wenige psychologische Studien zu SL und WoW vor. Ähnlich wie MUDs und Newsgroups scheinen aber auch diese technisch aufwändigeren virtuellen Welten von einigen Spielern genutzt zu werden, um verschiedene Identitätsaspekte zu explorieren und angestrebte potenzielle Selbstbilder umzusetzen (Bessiere, Seay & Kiesler, 2007).

19.2 Persönlichkeitsmerkmale und Internetsucht

Persönlichkeitsmerkmale wie Selbstwirksamkeitserwartungen, Selbstregulationskompetenzen und Medienkompetenz kommen in dynamischer Wechselwirkung mit anderen Merkmalen als potenzielle Bedingungen sowohl für funktionalen, aber auch für dysfunktional-süchtigen Internetgebrauch infrage (Six, Gimmler & Schröder, 2005). Zu klären, welcher Einfluss solchen sozial-kognitiven Personvariablen bei der Internetsucht zukommt, ist von entscheidender Bedeutung für die Entwicklung von Interventionsmaßnahmen. Internetsucht gilt mittlerweile als ein ernstzunehmendes Störungsphänomen, das nach Auffassung einiger Forscher in klinische Klassifikationssysteme aufgenommen werden sollte. In Deutschland haben André Hahn und Matthias Jerusalem (2001) in einer Online-Studie verschiedene Kriterien der Internetsucht mithilfe von Fragebogenskalen erfasst. Zu diesen Kriterien gehörten z. B. die Einengung des Verhaltensraums (d. h., der größte Teil des Tages wird im Internet verbracht), ein Verlust der Kontrolle über die Internetnutzung, Toleranzentwicklung sowie Entzugserscheinungen und negative private und berufliche Konsequenzen infolge der Internetaktivitäten. 3,2 % der 8 266 Teilnehmerinnen und Teilnehmern der Studie wurden nach diesen Kriterien als internetsüchtig klassifiziert. Bei diesen 3,2 % handelt es sich hauptsächlich um Jugendliche und Heranwachsende, die insbesondere Chats, Foren und Newsgroups deutlich häufiger nutzten als unauffällige nicht süchtige Internetnutzer.

19.3 Persönlichkeitspsychologische Forschung im Internet

Die Datensammlung über das Internet unterliegt zwar einigen Einschränkungen (z. B. können nur Personen mit Internetzugang erreicht werden) und ist mit speziellen, medienbedingten Problemen verbunden (z. B. Mehrfachbeantwortung eines Fragebogens durch dieselbe Person). Dennoch ist das Internet für die persönlichkeitspsychologische Forschung eine wichtige Ressource, deren Bedeutung in Zukunft vermutlich noch zunehmen wird. Studien mit mehreren tausend Teilnehmerinnen und Teilnehmern können über das Internet mit relativ geringem finanziellen Aufwand durchgeführt werden und ermöglichen zudem Vergleiche zwischen Personen verschiedener Kulturkreise. So stellten Foster, Campbell und Twenge (2003) mithilfe eines Online-Fragebogens fest, dass Narzissmus in individualistischen Kulturen (z. B. USA, Europa) wie erwartet höher ausgeprägt ist als in kollektivistischen Kulturen (z. B. Asien).

19.4 Wie genau lassen sich Persönlichkeitsmerkmale im Internet einschätzen?

Wenn Personen online gehen, dann tun sie das manchmal gerade auch, um neue Bekannte kennen zu lernen, neue Freundschaften zu schließen oder sogar, um den Mann bzw. die Frau »fürs Leben« zu finden. Ein profanerer, aber nicht minder wichtiger Grund ist die Suche nach neuen Mitarbeitern im Internet. Ob wir mit einem Fremden im Internet Freundschaft schließen, uns in ihn oder sie verlieben, ob wir ihn oder sie zu einem Bewerbungsgespräch einladen, wird auch damit zusammenhängen, ob wir die betreffende Person sympathisch, offen, attraktiv, kompetent, zuverlässig und verträglich etc. einschätzen. Bisher liegen nur wenige Studien zur Frage vor, wie genau sich Persönlichkeitsmerkmale im Internet einschätzen lassen. Auf privaten Homepages scheinen insbesondere die Offenheit und die Extraversion der Besitzer und Besitzerinnen zutreffend eingeschätzt werden zu können (Marcus, Machilek & Schütz, 2006). Wie genau sich internet-vermittelte Persönlichkeitsmerkmale von Fremden beurteilen lassen, kann von zentraler Bedeutung für den Erfolg privater und beruflicher Selbstdarstellungen im Internet sein. Natürlich ist die Genauigkeit der Personwahrnehmung nur ein möglicher Erfolgsfaktor. In einer Studie von Wolf, Spinath und Fuchs (2005) stellte sich heraus, dass die selbst- und fremdeingeschätzte Gewissenhaftigkeit von Männern, die auf Online-Kontaktseiten (z. B. www.neu.de) um eine Partnerin warben, negativ mit dem Beziehungserfolg assoziiert war. »Beziehungserfolg« war operationalisiert als tatsächlich entstandene Beziehung nach einem Treffen auf eine Online-Kontaktanzeige hin. Gewissenhaftigkeit (und damit verbundene Merkmale, wie »strebsam, tüchtig, fleißig, genau, gründlich«) scheint mittlerweile als »Sekundärtugend« bei der Partnerwahl im Internet eine geringe oder eventuell sogar negative Rolle zu spielen: Männer, die sich in ihrer Online-Kontaktanzeige als besonders gewissenhaft darstellen oder so wahrgenommen werden, machen auf interessierte Frauen möglicherweise einen etwas langweiligen Eindruck.

20 Innovation und Persönlichkeit

(Lothar Laux und Claudia Schmitt)

Unter Innovation wird die Entwicklung, Einführung und Anwendung neuer Ideen, Prozesse oder Produkte verstanden (vgl. Maier, Streicher, Jonas & Frey, 2007). Gesellschaft und Wirtschaft sind auf Innovationen angewiesen, um im internationalen Wettbewerb mithalten zu können. Innovationskraft wird immer mehr als Faktor angesehen, der über Erfolg oder Misserfolg von Unternehmen entscheidet. Innovationen sichern demnach Überlebensfähigkeit und Wohlstand (vgl. Schuler & Görlich, 2007).

20.1 Einflussfaktoren innovativen Verhaltens

Im Rahmen der Persönlichkeitspsychologie wurde vor allem die Frage untersucht, welche Merkmale eine innovative bzw. kreative Persönlichkeit ausmachen. *Kreativität* und *Innovation* werden oft synonym verwendet. Häufig wird aber auch unterschieden zwischen Kreativität als der Disposition bzw. dem Bedingungskomplex für die Generierung neuer Ideen und Innovation für die nachfolgende Durchsetzung, Einführung und Verbreitung von Ideen, z. B. im Sinne einer wirtschaftlichen Nutzung und Vermarktung.

20.1.1 Personebene

Während Guilford (1971) bei der Beschreibung der Disposition Kreativität die Relevanz intellektueller Kompetenzen betont, heben andere Autoren die Bedeutung nicht intellektueller Merkmale, also Persönlichkeitsmerkmale im engeren Sinn, hervor.

Persönlichkeitsmerkmale: Gestützt auf den Einsatz von Persönlichkeitsfragebogen wurde ermittelt, dass sich kreative von nicht kreativen Personen vor allem durch hohe Offenheit für neue Erfahrungen charakterisieren lassen. Verbunden damit ist eine erhöhte Ambiguitätstoleranz, also die Wahrscheinlichkeit, dass jemand Vieldeutigkeit ertragen bzw. Sachverhalte auf verschiedenartige Weise verstehen kann (Schuler & Görlich, 2007). Als weitere Merkmale von Kreativen werden hohe Selbstsicherheit, geringe Gewissenhaftigkeit sowie intrinsische Motiviertheit (z. B. Enthusiasmus, Meistern von Herausforderungen, Selbstverwirklichung) aufgeführt (Maier et al., 2007). Einen besonderen Unterschied macht auch die geringe Konventionalität aus. Freuds Theorie der Libidoentwicklung im Kindesalter stellte einen ungeheuren Affront gegenüber dem Menschenbild seiner Epoche dar. »Ohne ein immenses Maß an Nonkonformität hätte er nicht die Kultur des zwanzigsten Jahrhunderts prägen … können« (Schuler & Görlich, 2007, S. 16). Bei manchen Kreativen manifestiert sich der Nonkonformismus in sehr ausgeprägter Form: Sie weisen Züge von Dominanz, Eigenwilligkeit und Unverträglichkeit auf.

Die Funktion eines solchen Profils von Persönlichkeitsmerkmalen lässt sich zumindest teilweise systemtheoretisch interpretieren: Gemäß der Systemperspektive resultiert Kreativität aus der Interaktion von drei Instanzen: Individuum, Feld und Domäne. Der Zugang zur Domäne (z. B. einer künstlerischen Disziplin) als Teil unserer Kultur wird vom Feld kontrolliert, das im Hinblick auf die Domäne mit Definitionsmacht ausgestattet ist (z. B. Leiter von Museen und Galerien, Kunstkritiker, Lehrende an Kunsthochschulen). Das Individuum, das neue Ideen hervorbringt, bedarf der Anerkennung dieses Feldes, um den Zutritt in die Domäne zu erreichen. Ob ein Produkt überhaupt als kreativ bewertet wird, hängt nämlich maßgeblich von der Bewertung des Feldes ab (vgl. Kreativität als Relation, Spiel & Westmeyer, 2005). Csikszentmihalyi (1999) zieht das folgende Resümee: (1) Nur Personen mit einer ausgeprägten Motivation und Durchsetzungskraft erlangen den Zugang zur Domäne, um dann ihre kreative Variation veröffentlichen zu können. (2) Personen, die Innovationen hervorrufen, weisen Persönlichkeitsmerkmale auf, die den Regelbruch begünstigen. (3) Die Fähigkeit, das Feld von den besonderen Vorzügen der neuen Idee, bzw. des neuen Produkts, zu überzeugen, stellt einen wichtigen Aspekt persönlicher Kreativität dar.

In einer eigenen Studie, in der er Personen aus Kunst, Wissenschaft, Wirtschaft und Politik interviewte, kommt Csikszentmihalyi (2007) zu dem Schluss, dass sich Hochkreative vor allem durch eine ausgeprägte *Komplexität* von anderen Personen unterscheiden. Damit ist gemeint, dass sie Denk- und Handlungstendenzen zeigen, die bei den meisten Menschen getrennt auftreten. Kreative vereinen widersprüchliche Extreme in sich. Bei einem Kreativen ist die Wahrscheinlichkeit recht hoch, dass er sich z. B. sowohl diszipliniert als auch spielerisch verhält, dass er schöpferische Fantasie ebenso wie einen bodenständigen Realitätssinn zum Ausdruck bringt oder dass er traditionelles Verhalten mit bilderstürmerischem Aufbegehren verbindet. Während die meisten anderen Menschen nur einen Pol ausleben, verfügen Kreative nach Csikszentmihalyi über die volle Bandbreite von Eigenschaften, die jeweils durch ein dialektisches Spannungsverhältnis verbunden sind. Es handelt sich um eine Interpretationsrichtung, die deutlich an der komplexen Psychologie von C. G. Jung und seiner Ganzwerdung als Ziel der Persönlichkeitsentwicklung orientiert ist (vgl. Kap. 6.2).

Intelligenz und Kreativität: Die Art des Zusammenhangs zwischen Intelligenz und Kreativität wird in den einschlägigen Theorien höchst unterschiedlich konzipiert. Es gibt die Auffassung einer partiellen Überschneidung, ebenso wie die Vorstellung einer Deckungsgleichheit oder – ganz im Gegenteil – einer vollkommenen Unabhängigkeit beider Konstrukte.

Die Unterscheidung von zwei grundlegenden kognitiven Prozessen durch Guilford (1971), nämlich divergentem und konvergentem Denken, scheint zunächst die Unabhängigkeit beider Bereiche zu betonen. Beim *divergenten Denken* kommt es darauf an, möglichst viele verschiedene Ideen zu generieren. Die Gesamtzahl der im Sinne der Aufgabenstellung akzeptablen Lösungen stellt ein Maß für *Ideenflüssigkeit* dar. Unter den Lösungen eines Testteilnehmers können sich Lösungen befinden, die von vielen Teilnehmern geliefert werden, aber auch seltene Antworten, die im Extremfall nur von ihm stammen: Die statistische Seltenheit ist nach Guilford ein Kriterium für *Originalität*. Ein anderes (besseres) Kriterium ist die Hochwertigkeit von Ideen (z. B. sehr clevere, treffende Ideen). Um originelle Lösungen zu erzielen, müssen nach Guilford alltägliche offensichtliche Bedeutungen von Reizvorlagen, Ereignissen etc. neu interpretiert, also transformiert werden (vgl. Abb. 20.1). Nach Guilford (1971, S. 166) stellen die Faktoren der divergenten Produktion (Ideenflüssigkeit, Originalität und viele weitere) die Basisfähigkeiten für die Leistungen Hochkreativer dar.

Beim *konvergenten Denken* kommt es vor allem darauf an, eine einzige richtige Lösung zu finden. Auf diesem Prinzip beruhen die herkömmlichen Intelligenztests (vgl. Kap. 2.4.1). Geht man von den derzeit dominierenden Modellvorstellungen aus, spielt auch das konvergente Denken eine beträchtliche Rolle beim kreativen Pro-

Abb. 20.1 Vorlage für originelle Deutungen
Diese einfache Strichzeichnung wurde von mehr als 100 Studierenden interpretiert (vgl. Laux & Renner, 2006). Experten schätzten die Mehrzahl der Deutungen als naheliegend, nur wenig über eine Beschreibung der Reizkonfiguration hinausgehend ein – z. B. Streichhölzer, aufgehende Sonne, Kompass, Grashügel mit Gräsern. Wenige Lösungen (ca. 2 Prozent) wurden als sehr originell im Sinne von außergewöhnlich, clever, komisch etc. beurteilt. Sie verdeutlichen die von Guilford angenommene Transformationsleistung – z. B. Skala für Winkelmessungen im Joghurt für sich drehende Kulturen, Vollversammlung der Stricher, Aufbauanleitung für einen Ikea-Schrank, Installation von Joseph Beuys: Magerquarkfilzröllchen, springende Laus in Phasen aufgenommen, Zirkel mit Schluckauf, Spur eines stotternden Scheibenwischers, Gymnastikstunde für Senioren: Wir üben Liegen auf dem Rücken, Mann beim Pinkeln mit hoher Streuung in der Superzeitlupe.

blemlösen (Sternberg, 1999). So bestehen z. B. nach Maier et al. (2007) die meisten kreativen Problemlöseaktivitäten aus zwei sich abwechselnden Prozessen: In den ersten Phasen des Innovationsprozesses ist das divergente Denken gefordert; für eine Anwendung und Prüfung der Vielfalt der generierten Ideen ist eher konvergentes Denken notwendig (vgl. Abb. 20.2).

Über die unterschiedlichen Denkprozesse hinausgehend konstatieren Schuler und Görlich (2007, S. 19) für den wirtschaftlichen Bereich, dass für die Ideenumsetzung ganz andere Fähigkeiten und Eigenschaften (z. B. Überzeugungskraft, unternehmerisches Handeln, Teams bilden können, Macht ausüben) erforderlich sind als für die Ideengenerierung (Kreative versus Innovatoren). Sie regen

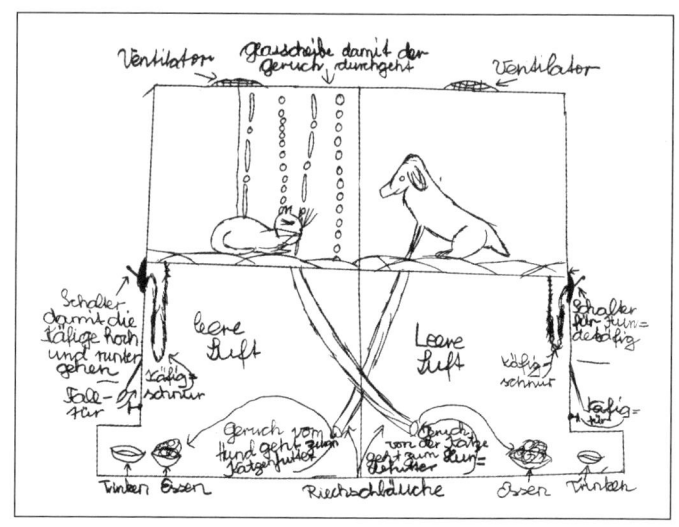

Abb. 20.2 Hund und Katze (Created by Dr. Edward de Bono, © 1973. Reproduced with permission from MICA Management Resources (UK) Inc. All rights reserved. No reproduction allowed without prior permission.)

Die Zeichnung stammt von der neunjährigen Schülerin Eva. Die Aufgabe, die der Kreativitätsforscher de Bono stellte, lautete: »Zeige, wie du einen Kampf zwischen Hund und Katze verhindern würdest.« Traditionelle Lösungen der Schüler basieren darauf, dass Hund und Katze in getrennte Käfige gesetzt werden. De Bono analysiert den fantasievollen Lösungsvorschlag von Eva mit folgenden Worten:

»Ein eher schrittweiser Prozess einer gegenseitigen kulturellen Assimilation. Hund und Katze leben in getrennten Behausungen. Aber von der Katze führt ein Schlauch bis in die Nähe des Hundefutters und vom Hund ein Schlauch bis in die Nähe des Katzenfutters. Das bedeutet, dass die Katze beim Fressen den Geruch des Hundes um ihr Futter herum wahrnimmt und auf diese Weise den Hundegeruch mit guten Dingen zu verbinden lernt. Entsprechend kann der Hund, wenn er frisst, die Katze riechen und so lernen, den Katzengeruch mit gutem Futter zu verbinden« (de Bono, 1973, S. 32).

Die Zeichnung stellt ein Beispiel für eine hochwertige originelle Lösung dar. Ihre Überprüfung gemäß dem konvergenten Denkprinzip fällt ebenfalls sehr positiv aus: Mit ihrer Lösung orientiert sich Eva am Prinzip des klassischen Konditionierens.

daher an, die Verantwortung für die wirtschaftliche Umsetzung von Ideen in andere Hände zu legen als die Produktion der Ideen.

20.1.2 Teamebene

Personen in Teams und Organisationen sind auf die Unterstützung durch Dritte zur Realisierung und Durchsetzung von Innovationen angewiesen (Maier et al., 2007). Hier soll nur die Teamebene mit einem personbezogenen Einflussfaktor, dem Führungsstil, berücksichtigt werden.

Zu den empirisch nachgewiesenen, effizienten innovationsfördernden Einflüssen auf der Teamebene gehört der transformationale Führungsstil (vgl. Rathgeber & Jonas, 2005). In seinem Mittelpunkt steht die wechselseitige Weiterentwicklung von Führungsperson und Mitarbeitern hin zu gemeinsamen Zielsetzungen und höheren Werte-Standards. Diese gegenseitige »Transformation« wird von der Führungskraft u. a. durch modellhafte Vorbildwirkung, charismatische Ausstrahlung und Vermittlung von Visionen initiiert. Es gehört zu den markanten Effekten dieses Führungsstils, dass zwischen außergewöhnlicher Leistung und Wohlbefinden kein Antagonismus besteht: »High performance« und »well-being« treten gemeinsam auf. Transformationale Führung ermöglicht eine erhöhte Anpassungsfähigkeit gegenüber zunehmendem Wettbewerb und Innovationsdruck und trägt so dazu bei, die Gestaltungspotenziale aller Organisationsmitglieder zu nutzen. So setzen transformationale Führungspersönlichkeiten im Sinne einer *fordernden*, intellektuell stimulierenden Führung Impulse, Probleme gemeinsam aus unkonventionellen Perspektiven zu betrachten und damit traditionelle Sichtweisen aufzubrechen (vgl. Gebert, 2002). Sie propagieren den Wert von Innovationen sowohl im Team als auch in der Organisation insgesamt. Jack Welch, der ehemalige CEO (Chief Executive Officer) von General Electric, führt in seiner Autobiografie dazu aus:

> Eine der wichtigsten Aufgaben eines Unternehmensleiters besteht darin, das geistige Potenzial aller Mitarbeiter auszuschöpfen.
> Das Geheimnis ist dabei, die besten Ideen aufzuspüren und im Unternehmen zu verbreiten. Ich versuchte stets, für die Ideen aller Mitarbeiter offen zu sein. Anschließend mussten die besten Ideen im gesamten Unternehmen quer durch alle Ebenen und Bereiche verbreitet werden (Welch, 2003, S. 391).

Über die Komponente der *fördernden* Führung werden gleichzeitig individuelle Stärken der Mitarbeiter und das Zutrauen in die eigene Leistung ausgebaut und damit die Veränderungsfähigkeit der Mitarbeiter gesteigert. Außerdem belegen Untersuchungen, dass die Loyalität zum Vorgesetzten die Bereitschaft begünstigt, sich im Team für Erneuerungen zu engagieren. Transformationalen Führungskräften kommt also die Rolle eines Innovationskatalysators in Unternehmen zu.

20.2 Förderung von Innovationen

Auf allen Ebenen können Trainings- und Interventionsmaßnahmen zur Förderung innovativen Verhaltens eingesetzt werden. Hier sollen nur einige Beispiele für stärker personbezogene Ansätze genannt werden.

(1) Kreativitätstechniken: Fast unüberschaubar ist inzwischen das Angebot an Techniken zur Ideenfindung. Higgins (2006) z. B. führt 101 kreative Problemlösetechniken (systematisch-analytische und intuitiv-phantasieanregende) auf, die er in individuelle und gruppenbezogene Techniken unterteilt.

(2) Flexibilitätserhöhung: Entsprechende Trainingsprogramme zielen auf eine Überwindung von Rollenkonserven und eine Erweiterung des persönlichen Rollenrepertoires ab. Neu ist der Ansatz der »Ten faces of innovation« von Kelley (2005). Er unterscheidet zehn Personae bzw. Rollen, die mit Innovationen zu tun haben, etwa die Persona des »Anthropologen«, der Menschen in natürlichen Situationen neugierig und unvoreingenommen beobachtet – so wie ein Forscher das Geschehen in einer fremden Kultur studieren würde. Wenn das Ziel z. B. in der Entwicklung von »healthy snack foods« besteht, werden die Verbraucher über einen längeren Zeitraum »im Feld« beobachtet und befragt, etwa in Mensen, Kantinen, Supermärkten und sogar zu Hause beim Vorbereiten und Verzehr von Mahlzeiten. Eine Vielzahl von erfolgversprechenden Einsichten und Möglichkeiten sind der Lohn des aufwändigen Vorgehens (vgl. Kelley, 2005). Eine andere Rolle ist die des »Experimentators«, der auf dem Weg zum marktreifen Produkt oder Prozess vor allem Prototypen herstellt und erprobt. Schließlich sei noch der »Fremdbestäuber« (cross-pollinator) genannt, der z. B eine clevere Lösung für ein industrielles Problem in einem ganz anderen Bereich entdeckt – etwa in der Kunst – und anschließend erfolgreich überträgt.

Wie die Bezeichnung vermuten lässt, sind die Innovationspersonae nicht als stabile Persönlichkeitsmerkmale konzipiert. Die Übernahme von Innovationsrollen, die im Repertoire einer Person noch nicht vorhanden sind, soll aber nach Kelley zu einer Erhöhung der persönlichen Flexibilität führen – mit dem Ziel, möglichst viele Rollen dem jeweiligen Anlass entsprechend einsetzen zu können (vgl. auch Kap. 3.1 Persona: Ein antiker Begriff und seine Renaissance).

(3) Promotorenmodell: Promotoren werden in der Anfangsphase einer Innovation eingesetzt, um Widerstände auszuräumen und eine höhere Akzeptanz gegenüber den geplanten Veränderungen zu erreichen. Man unterscheidet den (1) Fach-Promotor, der das kreative Potenzial aufweist, (2) den Macht-Promotor, der über die personel-

len und finanziellen Mittel verfügt und (3) den Prozess-Promotor, der die Organisationsabläufe kennt (Maier et al., 2007).

(4) Innovationscoaching: Coaching mit dem Ziel der Innovationsförderung rekurriert insbesondere auf die Ausbildung transformationaler Kompetenzen: das Entwerfen und der Ausdruck von Visionen, die Fähigkeit, sich selbst und andere durch inspirierende Impulse zu motivieren und zu kreativen Leistungen zu stimulieren sowie das Fördern der Wertschätzung der Individualität anderer. Zudem stellt die explizite Förderung von Pluralitätskompetenz (Renner & Laux, 2000) ein Modul des Innovationscoachings dar.

(5) Open innovation: Es gehört zu den Zielen aktueller betriebswirtschaftlicher Innovationsansätze, den Kunden nicht nur als Wertempfänger, sondern auch als Wertschöpfer zu begreifen (vgl. Reichwald & Piller, 2006). Damit sollen neue Markt- und Wettbewerbsvorteile erschlossen werden. Open innovation bezeichnet dabei die Einbeziehung ausgewählter Kunden (lead customers) in alle Phasen des Innovationsprozesses. Sie nehmen damit aktiv an der Entwicklung von Produkten teil. Wir schlagen vor, sie in Zukunft in ein individualisiertes Innovationscoachingprogramm einzubeziehen – analog zu den Führungskräften und Mitarbeitern im Unternehmen.

20.3 Coaching mit persönlichen Werten

Die Förderung von Innovationen bleibt oberflächlich und vordergründig, wenn ihr nicht eine Auseinandersetzung mit persönlichen Werten vorausgeht. Doch was sind Werte?

> Werte sind das für eine Person Wünschbare, das für sie Wertvolle, Wichtige und Kostbare. Werte sind immer positiv besetzt, sie verweisen auf die Zukunft. Werte sind Leitlinien des Handelns, sie helfen, die »Spreu vom Weizen« zu trennen. Werte prägen die Identität und färben die Selbstdarstellung: Wer über Werte verfügt, kann Sinn erleben (Hauke, 2004, S. 103).

Eine Führungskraft ohne Sensibilität gegenüber antagonistischen Wertorientierungen kann auf Dauer nicht für die Entwicklung von Innovationen eintreten. Schwartz (1992) hat beispielsweise zehn Wertedomänen identifiziert. Zwei davon stehen unmittelbar mit innovativem Verhalten in Verbindung: (1) *Anregung* (z. B. Begeisterung, Neuheit und Herausforderung im Leben) und (2) *Selbstverwirklichung* (z. B. unabhängiges Denken und Handeln, Schaffen, Erforschen, Kreativität, Freiheit). Der übergeordnete Wertebereich dieser Domänen wäre *Offenheit für Veränderungen*. Dem gegenüber steht der Wertebereich *Erhalten* mit den Domänen *Tradition* (z. B. Verpflichtung und Akzeptanz gegenüber Kultur und Religion), *Konformität* (z. B. Zurückhalten von Impulsen, die soziale Erwartungen verletzen können) und *Sicherheit* (z. B. Harmonie und Stabilität von Beziehungen). Die Pole *Erhalten* versus *Offenheit für Veränderungen* stellen in ihren gegensätzlichen Zielsetzungen also Antagonisten dar: Einerseits soll der Status quo erhalten bleiben, andererseits sollen neue, nicht vertraute Horizonte und Möglichkeiten entdeckt werden. In Zeiten übermäßigen Wettbewerbs und Innovationsdrucks müssen Führungskräfte im Coachingprozess so betreut werden, dass sie eine Balance zwischen antagonistischen Wertorientierungen finden können:

> Wer … für Veränderungen offenbleibt, kann Bedingungen schaffen, die das Erhaltenswerte in die veränderte Situation mit hinüber nimmt. Wandel bringt Turbulenzen und Ungewissheiten mit sich. Wer Systeme erfolgreich verändern will, braucht einen Bestand, auf den er sich in solch schwierigen Zeiten zurückziehen kann. Hier sind die Abläufe wohltuend bekannt, vieles ist vorhersehbar. Hier sind alle Beteiligten im Auge des Sturms, finden sich auf vertrautem Boden wieder, können auftanken für weitere anstrengende Veränderungsprozesse (Hauke, 2004, S. 107).

Ein konstruktiver Umgang mit Innovationsprozessen erfordert also permanente Wandlungsfähigkeit im Denken und Handeln, zugleich bedarf es aber auch der Fähigkeit, sich sicherheitsstiftende Orientierungspunkte zu verschaffen. Die Mitautorin dieses Kapitels spricht in diesem Zusammenhang von »wertebasierter Flexibilität«, die als Anforderung an Individuen herangetragen wird. Ihre modelltheoretischen Überlegungen gehen von folgenden Fragen aus: Wie und unter welchen Voraussetzungen gelingt es Personen, eine der jeweiligen Situation angemessene und erfolgreiche Balance zwischen widersprüchlich erscheinenden Bedürfnissen und Handlungstendenzen zu finden? Darf man eine spezifische Kompetenz vermuten, die der Integration vermeintlicher Werte-Antagonisten zugrunde liegt? Wie lässt sich im Rahmen von Coaching oder anderen Interventionsmaßnahmen eine auf Wertereflexion basierende Flexibilität fördern?

Bereits Stern (1923) hat mit seiner Beschreibung der Introzeption auf die Möglichkeit der Zusammenführung von Eigen- und Fremdzielen bzw. persönlichen und sozialen Werten aufmerksam gemacht. Auch neuere Theorien bemühen sich darum, Entweder-Oder-Positionen in eine Sowohl-Als-Auch-Berücksichtigung zu überführen, so etwa die Theorie integralen Handelns von Wilber (2001) oder – stärker auf den Arbeitskontext bezogen – die Überlegungen von Gardner, Csikszentmihalyi und Damon (2005). Diese Autoren definieren *gute Arbeit* als gemeinsame Realisation von *Spitzenleistung* und *sozialer Verantwortung*:

> Die Lebensqualität der Zukunft wird davon abhängen, ob wir in der Lage sind, auch unter diesen neuen, veränderten Bedingungen noch ›Gute Arbeit‹ zu leisten. Wenn die Grundlagen für ›Gute Arbeit‹ – Spitzenleistung und Ethik – in einem harmonischen Verhältnis zueinander stehen, dann führen wir ein erfülltes und von der Gesellschaft belohntes Leben. Andernfalls wird das Individuum oder die Gemeinschaft, oder auch beide, leiden (Gardner et al., S. 39).

Gerade wenn es um Innovationen (Spitzenleistung) geht, müssen persönliche und soziale Werte (Ethik) demnach bedacht und integriert werden.

21 Neurotransmitter und Persönlichkeit: das »wahre Selbst« der Zukunft?

Neurowissenschaftlich orientierte Temperamentsforscher versuchen unsere Persönlichkeit mithilfe von Neurotransmittern (chemische Substanzen, die Informationen von einem Neuron zum anderen weiterleiten) zu erforschen (vgl. Clark & Watson, 1999; Hennig & Netter, 2005; Pervin et al., 2005): Dopamin z. B. hängt mit positiver Emotionalität und Annäherungsverhalten zusammen – es gilt als »Wohlfühl«-Substanz. Serotonin ist bei Stimmungen und Impulsivität im Spiel. Ein Mangel an Serotonin soll mit Depressionen einhergehen. Medikamente wie Prozac® und Paxil® (sog. Selektive Serotonin-Wiederaufnahmehemmer, SSRIs) werden erfolgreich zur Behandlung von Patienten mit Depressionen, Phobien und Zwängen eingesetzt.

Problematisch ist nun, dass diese Medikamente in zunehmendem Maße von eigentlich psychisch gesunden Menschen eingenommen werden. Sie leiden nicht unter psychischen Störungen, sondern haben nur mit den üblichen alltäglichen Missstimmungen, Ängsten und Unsicherheiten zu tun. Um sich besser zu fühlen, den gesellschaftlichen Erwartungen entsprechend locker und gut drauf zu sein, greifen sie immer mehr zu »Stimmungsaufhellern«.

Besonders Prozac® hat als »Glückspille« für Furore gesorgt. Es ist zwar noch nicht zum »Grundnahrungsmittel« avanciert, scheint aber zeitweise in den USA und England sehr häufig »konsumiert« worden zu sein: Die BBC berichtete 2004 über Befürchtungen der Ökologen, dass sich in England Prozac®-Rückstände im Trinkwasser ausbreiten und das Nervensystem der Fische irritieren könnten (vgl. Siefer & Weber, 2008). Für viele Kritiker ist Prozac® (in Deutschland »Fluctin®«) zum Inbegriff der Manipulation durch Drogen geworden: Es wird in einem Atemzuge mit »Designer-Persönlichkeit« oder »kosmetischer Psychopharmakologie« genannt. Prozac® gilt als eine Art Glückspille, vergleichbar mit Soma, einer Droge, die in Huxleys »Schöne neue Welt« die Herrschenden dem Volk verabreichen, um es gefügig und steuerbar zu machen.

Der Psychiater und Drogenforscher Kramer (1995) berichtet, dass die Einnahme des Medikaments – auch bei Personen ohne Depressionen – nicht nur Stimmung und Sozialverhalten, sondern vor allem das Selbstwertgefühl dramatisch und nachhaltig positiv beeinflusst. Voller Erstaunen fassten die Konsumenten ihr verändertes Lebensgefühl mit Worten zusammen wie: »Ich bin zum ersten Mal ich selbst« oder »Ich habe zum ersten Mal den Eindruck, mein wahres Selbst zu sein«. Diese Aussagen sind sehr bemerkenswert und werfen viele Fragen auf:

- Wer waren diese Menschen denn in all den Jahren vorher, wenn nicht sie selbst?
- Bedeuten diese Ergebnisse, dass zumindest für die Personen, die auf Prozac® ansprechen, die erlebte Authentizität nur eine Frage der Neurobiologie ist, eine Ausdrucksform eines optimierten Serotoninspiegels?
- Wie unterscheidet sich das Erlebnis eines medikamentös hervorgerufenen Selbstwertgefühls von demjenigen, das sich lebensgeschichtlich durch erfolgreiche Bewältigung von Widerständen, Stress und Krisen geformt hat?
- »Und was sagt man dem Menschen, der meint, erst durch die Psychopille gelange er zu seinem wahren Ich?« (Siefer & Weber, 2008, S. 101).

Im Kern machen solche Fragen auf die Notwendigkeit aufmerksam, übergeordnete Theorien zu entwickeln, die erlebnisbezogene persönlichkeitspsychologische Phänomene mit objektiven neurowissenschaftlichen Prozessen verknüpfen. Diese faszinierende Zukunftsaufgabe wird nicht einfach zu lösen sein, da solch eine Integrationsleistung die Überwindung unterschiedlicher, wenn nicht sogar widersprüchlicher Menschenbilder und Vorgehensweisen verlangt (vgl. Kap. 5.6 sowie Jüttemann, 2004; Schneewind, 1999).

Empfohlene Lehr- und Handbücher zur Persönlichkeitspsychologie

Amelang, M., Bartussek, D., Stemmler, G. & Hagemann, D. (2006). *Differentielle Psychologie und Persönlichkeitsforschung* (6. Aufl.). Stuttgart: Kohlhammer.

Asendorpf, J. B. (2007). *Psychologie der Persönlichkeit* (4. Aufl.). Berlin: Springer.

Herrmann, T. (1991). *Lehrbuch der empirischen Persönlichkeitsforschung* (6. Aufl.). Göttingen: Hogrefe.

Hjelle, L. A. & Ziegler, D. J. (1992). *Personality theories. Basic assumptions, research, and applications.* New York: McGraw-Hill.

Hogan, R., Johnson, J. & Briggs, S. (Eds.). (1997). *Handbook of personality psychology.* New York: Academic Press.

Maltby, J., Day, L. & Macaskill, A. (2007). *Personality, individual differences and intelligence.* London: Pearson.

Mischel, W. (2003). *Introduction to personality* (7th ed.). New York: Harcourt Brace College Publishers.

Pervin, L. A. (1996). *The science of personality.* New York: Wiley.

Pervin, L. A., Cervone, D. & John, O. P. (2005). *Persönlichkeitstheorien* (5. Aufl.). München: Reinhardt.

Pervin, L. A. & John, O. P. (Eds.). (2001). *Handbook of personality. Theory and research* (2nd ed.). New York: Guilford Press.

Sader, M. & Weber, H. (2000). *Psychologie der Persönlichkeit* (2. Aufl.). München: Juventa.

Schneewind, K. A. (1992). *Persönlichkeitstheorien I und II* (2. Aufl.). Darmstadt: Wissenschaftliche Buchgesellschaft.

Weber, H. & Rammsayer, T. (Hrsg.) (2005). *Handbuch der Persönlichkeitspsychologie und Differentiellen Psychologie.* Göttingen: Hogrefe.

Informationen im Internet

Übersichten zu Persönlichkeitstheorien

http://www.personality-project.org
 Persönlichkeitstheorien, Informationen zur institutionellen Verankerung der Persönlichkeitsforschung (Research labs, conferences, advice for students, Organizations)
http://personalityresearch.org
 Persönlichkeitstheorien, Tipps für Studierende und Dozenten

Fachgruppen/Sektionen in akademischen Gesellschaften und Verbänden

http://www.dgps.de/fachgruppen/diff_psy
 Internetseiten der Fachgruppe Differentielle Psychologie, Persönlichkeitspsychologie und Psychologische Diagnostik in der Deutschen Gesellschaft für Psychologie
http://www.spsp.org
 Internetseiten der Society for Personality and Social Psychology in der American Psychological Association
http://www.personality-arp.org
 Internetseiten der Association for Research in Personality, die zum Ziel hat, Persönlichkeitsentwicklung, -struktur und -dynamik aus multidisziplinärer Perspektive zu erforschen

Fachzeitschriften

http://www.dpgs.de/fachgruppen/diff_psy/frames/frames-verlage.html
 Eine Übersicht und Links zu persönlichkeitspsychologischen Fachzeitschriften, Tests und Verlagen

Verwendete Literatur

Adams-Webber, J. R. (1994). Fixed-Role-Therapie. In R. J. Corsini (Hrsg.), *Handbuch der Psychotherapie* (S. 216–230). Weinheim: PVU.
Alfermann, D. (1994). Im Einklang mit sich selbst und dem Leben. In H. Meesmann & B. Sill (Hrsg.), *Androgyn. »Jeder Mensch in sich ein Paar!?«. Androgynie als Ideal geschlechtlicher Identität* (S. 73–91). Weinheim: Deutscher Studien Verlag.
Alfermann, D. (1996). *Geschlechterrollen und geschlechtstypisches Verhalten.* Stuttgart: Kohlhammer.
Alfermann, D. (2005). Geschlechtsunterschiede. In H. Weber & T. Rammsayer (Hrsg*.), Handbuch der Persönlichkeitspsychologie und Differentiellen Psychologie* (S. 305–317). Göttingen: Hogrefe.
Allport, G. W. (1937). *Personality: A psychological interpretation.* New York: Holt, Rinehart & Winston (dt.: Persönlichkeit. Struktur, Entwicklung und Erfassung der menschlichen Eigenart. Meisenheim: Hain, 1949).
Allport, G. W. (1965). *Letters from Jenny.* New York: Harcourt Brace Jovanovich.
Allport, G. W. (1966). *Pattern and growth in personality* (4th ed.). New York: Holt, Rinehart & Winston (dt.: Gestalt und Wachstum in der Persönlichkeit [3. Aufl.]. Meisenheim: Hain, 1970).
Allport, G. W. (1967). Gordon W. Allport. In E. G. Boring & G. Lindzey (Eds.), *A history of psychology in autobiography* (Vol. 5, pp. 1–25). New York: Appleton-Century-Crofts.
Amelang, M. (1991). Einstellungen zu Liebe und Partnerschaft: Konzepte, Skalen und Korrelate. In M. Amelang, H. J. Ahrens & H. W. Bierhoff (Hrsg.), *Attraktion und Liebe. Formen und Grundlagen partnerschaftlicher Beziehungen* (S. 153–196). Göttingen: Hogrefe.
Amelang, M. (1993). Liebe: Zustand oder Eigenschaft? In L. Montada (Hrsg.), *Bericht über den 38. Kongress der Deutschen Gesellschaft für Psychologie in Trier 1992* (Bd. 2, S. 475–483). Göttingen: Hogrefe.
Amelang, M., Bartussek, D., Stemmler, G. & Hagemann, D. (2006). *Differentielle Psychologie und Persönlichkeitsforschung* (6. Aufl.). Stuttgart: Kohlhammer.
Amelang, M. & Borkenau, P. (1984). Versuche einer Differenzierung des Eigenschaftskonzepts: Aspekte intraindividueller Variabilität und differentieller Vorhersagbarkeit. In M. Amelang & H. J. Ahrens (Hrsg.), *Brennpunkte der Persönlichkeitsforschung* (Bd. 1, S. 89–107). Göttingen: Hogrefe.

Anastasi, A. (1971). *Differential psychology: Individual and group differences in behavior* (3rd ed.). New York: Mc Millan.

Andresen, B. (1995). Risikobereitschaft (R) – der sechste Basisfaktor der Persönlichkeit: Konvergenz multivariater Studien und Konstruktexplikation. *Zeitschrift für Differentielle und Diagnostische Psychologie, 16*, 210–236.

Angleitner, A. & Borkenau, P. (1985). Deutsche Charakterkunde. In T. Herrmann & E. D. Lantermann (Hrsg.), *Persönlichkeitspsycholgie. Ein Handbuch in Schlüsselbegriffen* (S. 48–58). Wien: Urban & Schwarzenberg.

Angleitner, A. & Ostendorf, F. (2004). *NEO-PI-R. NEO-Persönlichkeitsinventar nach Costa und McCrae*. Revidierte Fassung. Göttingen: Hogrefe.

Angleitner, A., Ostendorf, F. & John, O. P. (1990). Towards a taxonomy of personality descriptors in German: A psycho-lexical study. *European Journal of Personality, 4,* 89–118.

Arkin, R. M. & Baumgardner, A. H. (1986). Self-presentation and self-evaluation: Process of self-control and social control. In R. F. Baumeister (Ed.), *Public self and private self* (pp. 75–98). New York: Springer.

Asendorpf, J. B. (2007). *Psychologie der Persönlichkeit* (4. Aufl.). Berlin: Springer.

Asendorpf, J. B. (2000). Idiographische und nomothetische Ansätze in der Psychologie. *Zeitschrift für Psychologie, 208,* 72–90.

Atwater, L. E. & Yammarino, F. J. (1997). Self-other rating agreement: A review and model. *Research in Personnel and Human Resources Management, 15,* 121–174.

Atwood, G. E. & Tomkins, S. S. (1976). On the subjectivity of personality theory. *Journal of the History of the Behavioral Sciences, 12,* 166–177.

Bandura, A. (1978). The self system in reciprocal determinism. *American Psychologist, 33,* 344–358.

Bandura, A. (1979). *Sozial-kognitive Lerntheorie*. Stuttgart: Klett-Cotta.

Bannister, D. & Fransella, F. (1981). *Der Mensch als Forscher (Inquiring Man). Die Psychologie der persönlichen Konstrukte*. Münster: Aschendorff.

Baumeister, R. F. (Ed.). (1986). *Public self and private self*. New York: Springer.

Bauer, S. (2007). *Persönlichkeitscoaching für Lehrkräfte. Entwicklung und Erprobung einer Konzeption auf der Basis von Einzelfällen*. Saarbrücken: Verlag Dr. Müller.

Beck, U. (1996). *Risikogesellschaft. Auf dem Weg in eine andere Moderne*. Frankfurt a. M.: Suhrkamp.

Becker, P. (1996). Wie big sind die Big Five? *Zeitschrift für Differentielle und Diagnostische Psychologie, 17,* 209–221.

Bem, D. J. (1972). Self-perception theory. In L. Berkowitz (Ed.), *Advances in experimental social psychology* (Vol. 6, pp. 1–62). New York: Academic Press.

Bem, D. J. & Allen, A. (1974). On predicting some of the people some of the time: The search for crosssituational consistencies in behavior. *Psychological Review, 81,* 506–520.

Bessiere, K., Seay, F. & Kiesler, S. (2007). The ideal self. Identity exploration in World of Warcraft. *CyberPsychology & Behavior, 10,* 530–535.

Bierhoff, H. W. & Grau, I. (1999). *Romantische Beziehungen. Bindung, Liebe, Partnerschaft.* Bern: Hans Huber.

Bierhoff, H. W., Grau, I. & Ludwig, A. (1993). *Marburger Einstellungs-Inventar für Liebesstile (MEIL).* Göttingen: Hogrefe.

Bierhoff, H. W. & Klein, R. (1991). Dimensionen der Liebe: Entwicklung einer deutschsprachigen Skala zur Erfassung von Liebesstilen. *Zeitschrift für Differentielle und Diagnostische Psychologie, 12,* 53–71.

Bierhoff-Alfermann, D. (1989). *Androgynie. Möglichkeiten und Grenzen der Geschlechterrollen.* Opladen: Westdeutscher Verlag.

Bischof-Köhler, D. (1992). Geschlechtstypische Besonderheiten im Konkurrenzverhalten. In G. Krell & M. Osterloh (Hrsg.), *Personalpolitik aus der Sicht von Frauen. Frauen aus der Sicht der Personalpolitik* (S. 251–281). München: Hampp.

Block, J. (1995). A contrarian view of the five-factor approach to personality description. *Psychological Bulletin, 117,* 187–215.

Bolger, N. (1990). Coping as a personality process: A prospective study. *Journal of Personality and Social Psychology, 59,* 525–537.

Böning, U. & Fritschle, B. (2005). *Coaching fürs Business. Was Coaches, Personaler und Manager über Coaching wissen müssen.* Bonn: manager-Seminare.

Borkenau, P. (1993). *Anlage und Umwelt: Eine Einführung in die Verhaltensgenetik.* Göttingen: Hogrefe.

Bortz, J. (2004). *Statistik für Sozialwissenschaftler* (6. Aufl.). Berlin: Springer.

Bortz, J. & Döring, N. (2003). *Forschungsmethoden und Evaluation* (4. Aufl.). Berlin: Springer.

Brande, L. van den (1994). *Training in getting to know a person. The method of programmed biographies.* Dissertation, Faculté de Psychologie et des Sciences de l'Éducation, University de Liège.

Breuer, F. (1991). *Wissenschaftstheorie für Psychologen. Eine Einführung* (5. Aufl.). Münster: Aschendorff.

Bromley, D. B. (1977). *Personality description in ordinary language.* New York: Wiley.

Bronnen, B. (1995). *Eifersucht. Die schwarze Schwester der Liebe.* München: Beck.

Bruner, J. S. (1999). Self-making and world-making. Wie das Selbst und seine Welt autobiografisch hergestellt werden. *Journal für Psychologie, 7,* 11–21.

Brunstein, J. C. & Maier, G. W. (1996). Persönliche Ziele: Ein Überblick zum Stand der Forschung. *Psychologische Rundschau, 47,* 146–160.

Buse, L. & Pawlik, K. (1996). Konsistenz, Kohärenz und Situationsspezifität individueller Unterschiede. In K. Pawlik (Hrsg.), *Enzyklopädie der Psychologie. Grundlagen und Methoden der Differentiellen Psychologie* (S. 269–300). Göttingen: Hogrefe.

Buss, D. M. & Shackelford, T. K. (1997). Susceptibility to infidelity in the first year of marriage. *Journal of Research in Personality, 31,* 193–221.

Byrne, D. (1964). Repression-Sensitization as a dimension of personality. In B. A. Maher (Ed.), *Progress in experimental personality research* (Vol. 1, pp. 169–220). New York: Academic Press.

Campbell, W. K., Foster, C. A. & Finkel, E. J. (2002). Does self-love lead to love for others? A story of narcissistic game playing. *Journal of Personality and Social Psychology, 83,* 340–354.

Cattell, R. B. (1965). *The scientific analysis of personality.* Hartmondsworth, Middlesex, England: Penguin Books.

Chur, D. (2000). Zur Produkt- und Prozeßqualität universitärer (Aus-)Bildung. In U. Sonntag, S. Gräser, C. Stock & A. Krämer (Hrsg*.), Gesundheitsfördernde Hochschulen* (S. 186–205). Weinheim: Juventa.

Ciarrochi, J., Forgas, J. P. & Mayer, J. D. (Eds.). (2001). *Emotional intelligence in everyday life. A scientific inquiry.* Philadelphia: Psychology Press.

Clark, L. A. & Watson, D. (2001). Temperament: A new paradigm for trait psychology. In L. A. Pervin & O. P. John (Eds.), *Handbook of personality. Theory and research* (2nd ed., pp. 399–423). New York: Guilford Press.

Costa, P. T. & McCrae, R. R. (1992). *NEO-PI-R: Professional Manual.* Odessa, FL: Psychological Assessment Resources.

Costa, P. T. & McCrae, R. R. (1994). »Set like plaster?« Evidence for the stability of adult personality. In T. Heatherton & J. Weinberger (Eds.), *Can personality change?* (pp. 21–40). Washington, DC: American Psychological Association.

Csikszentmihalyi, M. (1999). Implications of a systems perspective for the study of creativity. In R. Sternberg (Ed.), *Handbook of creativity* (pp. 313–338). Cambridge: Cambridge University Press.

Csikszentmihalyi, M. (2007). *Kreativität. Wie Sie das Unmögliche schaffen und Ihre Grenzen überwinden* (7. Aufl.). Stuttgart: Klett-Cotta.

De Bono, E. (1973). *Kinderlogik löst Probleme.* Bern: Scherz.

Delacour, J. G. (1982). *Das große Lexikon der Charakterkunde.* Köln: Vehling-Verlag.

De Waele, J. P. & Harré, R. (1979). Autobiography as a psychological method. In G. P. Ginsburg (Ed.), *Emerging strategies in social psychological research* (pp. 177–224). New York: Wiley.

Dörner, D. (1999). *Bauplan für eine Seele.* Reinbek: Rowohlt.

Dostojewski, F. (1987). *Der Doppelgänger.* Stuttgart: Reclam.

Dudycha, G. J. (1936). An objective study of punctuality in relation to personality and achievement. *Archives of Psychology, 29,* 1–53.

Eberhard, K. & Eberhard, G. (1997). *Typologie und Therapie der depressiven Verstimmungen.* Göttingen: Vandenhoeck & Ruprecht.

Ellenbogen, G. C. (1988). Oraler Sadismus und die vegetarische Persönlichkeit. In G. C. Ellenbogen (Hrsg.), *Journal für seelische Ratschläge* (S. 43–45). Frankfurt a. M.: Wolfgang Krüger.

Ellis, A. (1979). Liebes- und Sexualprobleme bei Frauen. In A. Ellis & R. Grieger (Hrsg.), *Praxis der rational-emotiven Therapie* (S. 118–134). München: Urban & Schwarzenberg.

Endler, N. S., Edwards, J. M. & Vitelli, R. (1991). *Endler Multidimensional Anxiety Scales (EMAS)*. Los Angeles, CA: Western Psychological Services.

Epstein, S. (1993). Trait theory as personality theory: Can a part be as great as the whole? *Psychological Inquiry, 4,* 120–122.

Ernst, H. (1996). *Psychotrends. Das Ich im 21. Jahrhundert*. München: Piper.

Ertel, S. (1988). Gauquelins Planetenhypothese: Stein des Anstoßes oder Prüfstein der Vernunft? *Psychologische Rundschau, 39,* 179–190.

Eysenck, H. J. (1980). *Intelligenz. Struktur und Messung*. Berlin: Springer.

Eysenck, H. J. (1991). Dimensions of personality: 16, 5 or 3? – Criteria for a taxonomic paradigm. *Personality and Individual Differences, 12,* 773–790.

Eysenck, H. J. & Nias, D. (1982). *Astrologie. Wissenschaft oder Aberglaube*. München: dtv.

Fahrenberg, J. (2002). *Psychologische Interpretation. Biographien – Texte – Tests*. Bern: Hans Huber.

Fazio, R. H., Effrein, E. A. & Fallender, V. J. (1981). Self-perceptions following social interactions. *Journal of Personality and Social Psychology, 41,* 232–242.

Felix, Z. & Schwander, M. (Hrsg.). (1995). *Cindy Sherman. Photoarbeiten 1975–1995*. München: Schirmer/Mosel.

Fiedler, P. (2000). *Integrative Psychotherapie bei Persönlichkeitsstörungen*. Göttingen: Hogrefe.

Fiedler, P. (2007). *Persönlichkeitsstörungen* (6. Aufl.). Weinheim: PVU.

Fisseni, H.-J. (2003). *Persönlichkeitspsychologie. Ein Theorienüberblick* (5. Aufl.). Göttingen: Hogrefe.

Folkman, S. & Lazarus, R. S. (1988a). Coping as a mediator of emotion. *Journal of Personality and Social Psychology, 54,* 466–475.

Folkman, S. & Lazarus, R. S. (1988b). *Manual for the Ways of Coping Questionnaire*. Palo Alto, CA: Consulting Psychologists Press.

Foster, J. D., Campbell, W. K. & Twenge, J. M. (2003). Individual differences in narcissism: Inflated self-views across the lifespan and around the world. *Journal of Research in Personality, 37,* 469–486.

Freud, A. (1936). *Das Ich und die Abwehrmechanismen*. Wien: Imago.

Freud, S. (1900). *Die Traumdeutung. Gesammelte Werke. Bd. 2 und 3* (3. Aufl., 1961). Frankfurt a. M.: S. Fischer.

Freud, S. (1933). *Neue Folge der Vorlesungen zur Einführung in die Psychoanalyse. Gesammelte Werke. Bd. 15* (3. Aufl., 1961). Frankfurt a. M.: S. Fischer.

Freud, S. (1941). *Abriß der Psychoanalyse. Gesammelte Werke. Bd. 17* (4. Aufl., 1966). Frankfurt a. M.: S. Fischer.

Fromm, E. (1985). *Anatomie der menschlichen Destruktivität*. Reinbek: Rowohlt.

Gangestead, S. W. & Snyder, M. (2000). Self-Monitoring: Appraisal and reappraisal. *Psychological Bulletin, 126,* 530–555.

Gardner, H. (1991). *Abschied vom IQ. Die Rahmentheorie der vielfachen Intelligenzen*. Stuttgart: Klett-Cotta.

Gardner, H., Csikszentmihalyi, M. & Damon, W. (2005). *Good Work! Für eine neue Ethik im Beruf*. Stuttgart: Klett-Cotta.
Gebert, D. (2002). *Führung und Innovation*. Stuttgart: Kohlhammer.
Genazino, W. (1984). *Die Botschaft der Posen. Über Autorenfotos*. Unveröffentlichtes Manuskript, Deutschlandfunk.
Gergen, K. J. (1990). Die Konstruktion des Selbst im Zeitalter der Postmoderne. *Psychologische Rundschau, 41,* 191–199.
Gergen, K. J. (1996). *Das übersättigte Selbst. Identitätsprobleme im heutigen Leben*. Heidelberg: Auer.
Gergen, K. J. (2002). *Konstruierte Wirklichkeiten. Eine Hinführung zum sozialen Konstruktivismus*. Stuttgart: Kohlhammer.
Gilligan, C. (1982). *In a different voice*. Cambridge: Harvard University Press.
Gimmler, A. & Sandbothe, M. (1993). Unsere alltägliche Postmoderne. In D. Reigber (Hrsg.), *Frauen-Welten. Marketing in der postmodernen Gesellschaft – ein interdisziplinärer Forschungsansatz* (S. 230–281). Düsseldorf: Econ.
Goffman, E. (1959). *Wir alle spielen Theater. Die Selbstdarstellung im Alltag*. München: Piper.
Goldberg, L. R. (1981). Language and individual differences: The search for universals in personality lexicons. In L. Wheeler (Ed.), *Review of personality and social psychology* (Vol. 2, pp. 141–166). Beverly Hills, CA: Sage.
Goleman, D. (1996). *Emotionale Intelligenz*. München: Carl Hanser.
Graumann, C. F. (1975). Person und Situation. In U. Lehr & F. Weinert (Hrsg.), *Entwicklung und Persönlichkeit* (S. 15–24). Stuttgart: Kohlhammer.
Groeben, N. & Westmeyer, H. (1975). *Kriterien psychologischer Forschung*. München: Juventa.
Gröner, H. (Hrsg.). (1992). *Psycho-Begriffe in Bildern*. München: Ernst Reinhardt.
Gröner, H. & Kessemeier, S. (Hrsg.). (1988). *Normal – wer ist das schon? Karikaturen zum Umgang mit Menschen*. München: Ernst Reinhardt.
Guilford, J. P. (1971). *The nature of intelligence*. London: McGraw-Hill.
Hahn, A. & Jerusalem, M. (2001). Internetsucht: Jugendliche gefangen im Netz. In J. Raitel (Hrsg.), *Risikoverhaltensweisen Jugendlicher. Erklärungen, Formen und Prävention* (S. 279–294). Opladen: Leske + Budrich.
Haney, D., Banks, C. & Zimbardo, P. (1973). Interpersonal dynamics in a simulated prison. *International Journal of Criminology and Penology, 1,* 69–97.
Hartenbach, W. (1993). *Was Ohren verraten. Begabung, Chancen, Genialität*. Frankfurt a. M.: Ullstein.
Hauke, G. (2004). Die Herausforderung starker Dauerbelastungen: Navigation durch wertorientiertes Strategisches Coaching. In G. Hauke & K. D. Sulz (Hrsg.), *Management vor der Zerreißprobe – Oder: Zukunft durch Coaching?* (S. 93–120). München: CIP-Medien.

Heidenreich, E. (1998). *Also... Die besten Kolumnen aus Brigitte*. Reinbek: Rowohlt.

Hejj, A. (1996). *Traumpartner. Evolutionspsychologische Aspekte der Partnerwahl*. Berlin: Springer.

Hergovich, A. (2005). *Die Psychologie der Astrologie*. Bern: Hans Huber.

Herrmann, T. (1980). Die Eigenschaftenkonzeption als Heterostereotyp. Kritik eines persönlichkeitspsychologischen Geschichtsklischees. *Zeitschrift für Differentielle und Diagnostische Psychologie, 1,* 7–16.

Herrmann, T. (1991). *Lehrbuch der empirischen Persönlichkeitsforschung* (6. Aufl.). Göttingen: Hogrefe.

Herzog, W. (1984). *Modell und Theorie in der Psychologie*. Göttingen: Hogrefe.

Higgins, J. M. (2006). *101 creative problem solving techniques. The handbook of new ideas for business*. Florida: New Management Publishing Company.

Hildenbrock, A. (1986). *Künstlicher Mensch und Doppelgänger in der deutsch- und englischsprachigen Literatur*. Stauffenburg: Colloquium.

Hitzler, R. (1992). Der Goffmensch. Überlegungen zu einer dramatischen Anthropologie. *Soziale Welt, 43,* 449–461.

Hjelle, L. A. & Ziegler, D. J. (1992). *Personality theories. Basic assumptions, research, and applications*. New York: McGraw-Hill.

Hodapp, V. (1991). Das Prüfungsängstlichkeitsinventar TAI-G: Eine erweiterte und modifizierte Version mit vier Komponenten. *Zeitschrift für Pädagogische Psychologie, 5,* 121–130.

Hofstätter, P. R. (1977). *Persönlichkeitsforschung*. Stuttgart: Kröner.

Hogan, J. & Ones, D. S. (1997). Conscientiousness and integrity at work. In R. Hogan, J. Johnson & S. Briggs (Eds.), *Handbook of personality psychology* (pp. 849–866). New York: Academic Press.

Hogan, R. & Briggs, S. R. (1986). A socioanalytic interpretation of the public and the private selves. In R. F. Baumeister (Ed.), *Public self and private self* (pp. 179–188). New York: Springer.

Hogan, R., Johnson, J. & Briggs, S. R. (Eds.). (1997). *Handbook of personality psychology*. New York: Academic Press.

Hossiep, R. & Paschen, M. (2003). *Das Bochumer Inventar zur berufsbezogenen Persönlichkeitsbeschreibung – BIP* (2. Aufl.). Göttingen: Hogrefe.

Jaccard, J. & Dittus, P. (1990). Idiographic and nomothetic perspectives on research methods and data analysis. In C. Hendrick & M. S. Clark (Eds.), *Research methods in personality and social psychology* (pp. 312–351). Newbury Park, CA: Sage.

James, W. (1890). *The principles of psychology*. New York: Holt, Rinehart & Winston.

Johnson, J. A. (1997). Units of analysis for the description and exploration of personality. In R. Hogan, J. Johnson & S. Briggs (Eds.), *Handbook of personality psychology* (pp. 73–93). New York: Academic Press.

Jones, E. E. & Nisbett, R. E. (1971). *The actor and observer: Divergent perceptions of the causes of behavior*. Morristown, NJ: General Learning Press.

Jones, E. E. & Pittman, T. S. (1982). Toward a general theory of strategic self presentation. In J. Suls (Ed.), *Psychological perspectives on the self* (Vol. 1, pp. 231–262). Hillsdale, NJ: Erlbaum.
Jung, C. G. (1921/1997). *Typologie*. München: dtv.
Jung, C. G. (1962). *Erinnerungen, Träume und Gedanken*. Zürich: Rascher.
Jung, C. G. (1971). *Gesammelte Werke. Bd. 7*. Olten: Walter.
Jüttemann, G. (Hrsg.). (1990). *Komparative Kasuistik*. Heidelberg: Asanger.
Jüttemann, G. (1995). *Persönlichkeitspsychologie. Perspektiven einer wirklichkeitsgerechten Grundlagenwissenschaft*. Heidelberg: Asanger.
Jüttemann, G. (Hrsg.). (2004). *Psychologie als Humanwissenschaft. Ein Handbuch*. Göttingen: Vandenhoeck & Ruprecht.
Jüttemann, G. & Thomae, H. (Hrsg.). (1998). *Biographische Methoden in den Humanwissenschaften*. Weinheim: PVU.
Keller, B. (1988). Psycho-Logik der Forschung. In G. C. Ellenbogen (Hrsg.), *Journal für seelische Ratschläge* (S. 38–39). Frankfurt a. M.: Wolfgang Krüger.
Kelley, T. (2005). *The ten faces of innovation*. New York: Doubleday.
Kelly, G. A. (1955). *The psychology of personal constructs, Vol. 1 and 2*. New York: Norton.
Kelly, G. A. (1973). Fixed role therapy. In R. M. Jurjevich (Ed.), *Direct psychotherapy: 28 originals* (pp. 394–422). Coral Gables, FLA: University of Miami Press.
Keupp, H. (1988). Auf der Suche nach der verlorenen Identität. In H. Keupp (Hrsg.), *Riskante Chancen. Das Subjekt zwischen Psychokultur und Selbstorganisation* (S. 131–151). Heidelberg: Asanger.
Keupp, H., Ahbe, T., Gmür, W., Höfer, R., Mitzscherlich, B., Kraus, W. & Straus, F. (1999). *Identitätskonstruktionen. Das Patchwork der Identitäten in der Spätmoderne*. Reinbek: Rowohlt.
Kluckhohn, C. & Murray, H. A. (1953). Personality formation: The determinants. In C. Kluckhohn, H. A. Murray & D. Schneider (Eds.), *Personality in nature, society and culture* (pp. 53–67). New York: Knopf.
Koch, M. (1960). Die Begriffe Person, Persönlichkeit und Charakter. In P. Lersch & H. Thomae (Hrsg.), *Handbuch der Psychologie* (Bd. 4, S. 3–29). Göttingen: Hogrefe.
Kohlmann, C. W. & Hock, M. (2005). Stressbewältigung. In H. Weber & T. Rammsayer (Hrsg.), *Handbuch der Persönlichkeitspsychologie und Differentiellen Psychologie* (S. 374–382). Göttingen: Hogrefe.
Kossack, H.-C. (1992). *Studium und Prüfungen besser bewältigen*. München: Quintessenz.
Krahé, B. (1992). *Personality and social psychology. Towards a synthesis*. London: Sage.
Kramer, P. D. (1995). *Glück auf Rezept. Der unheimliche Erfolg der Glückspille Fluctin*. München: Kösel.
Kretschmer, E. (1977). *Körperbau und Charakter. Untersuchungen zum Konstitutionsproblem und zur Lehre von den Temperamenten* (26. Aufl.). Berlin: Springer.
Krohne, H. W. (1996). *Angst und Angstbewältigung*. Stuttgart: Kohlhammer.

Krohne, H. W. & Egloff, B. (1999). *Das Angstbewältigungs-Inventar (ABI)*. Frankfurt: Swets Test Services.

Krohne, H. W. & Schmukle, S. C. (2006). *Das Inventar State-Trait-Operations-Angst (STOA). Manual*. Frankfurt a. M.: Harcourt Test Services.

Lamiell, J. T. (2003). *Beyond individual and group differences. Human individuality, scientific psychology, and William Stern's critical personalism*. London: Sage.

Lamiell, J. T. (2006). William Stern (1871–1938) und der »Ursprungsmythos« der Differentiellen Psychologie. *Journal für Psychologie, 14*, 253–273.

Langermann und Erlencamp, U. Freiin von (1970). *Reaktionsformen auf Belastung bei älteren Menschen*. Dissertation, Universität Bonn.

Laux, L. (1986). A self-presentational view of coping with stress. In M. H. Appley & R. Trumbull (Eds.), *Dynamics of stress* (pp. 233–253). New York: Plenum Press.

Laux, L. (2000). Persönlichkeitspsychologie in interaktionistischer Sicht. *Zeitschrift für Psychologie, 208*, 242–266.

Laux, L., Friedel, H., Maier, H. & Renner, K.-H. (2002). Wie Psychologen sich selbst darstellen. In G. Jüttemann & H. Thomae (Hrsg.), *Persönlichkeit und Entwicklung* (S. 229–261). Weinheim: Beltz.

Laux, L. & Glanzmann, P. (1986). A self-presentational view of test anxiety. In R. Schwarzer, H. M. van der Ploeg & C. D. Spielberger (Eds.), *Advances in test anxiety research* (Vol. 5, pp. 31–37). Hillsdale, NJ: Erlbaum.

Laux, L. & Glanzmann, P. (1996). Angst und Ängstlichkeit. In M. Amelang (Hrsg.), *Enzyklopädie der Psychologie. Temperaments- und Persönlichkeitsunterschiede* (S. 107–151). Göttingen: Hogrefe.

Laux, L., Glanzmann, P., Schaffner, P. & Spielberger, C. D. (1981). *Das State-Trait-Angstinventar (STAI). Theoretische Grundlagen und Handanweisung*. Weinheim: Beltz.

Laux, L. & Renner, K.-H. (1994). Ich möchte, daß die Leute meine Seele sehen. Selbstdarstellung und Selbstinterpretation. *Forschungsforum. Berichte aus der Otto-Friedrich-Universität Bamberg, 6*, 105–115.

Laux, L. & Renner, K.-H. (2002). Self-monitoring und Authentizität: Die verkannten Selbstdarsteller. *Zeitschrift für Differentielle und Diagnostische Psychologie, 23* (2), 129–148.

Laux, L. & Renner, K.-H. (2005). Selbstdarstellung. In H. Weber & T. Rammsayer (Hrsg.), *Handbuch der Persönlichkeitspsychologie und Differentiellen Psychologie* (S. 486–492). Göttingen: Hogrefe.

Laux, L. & Renner, K.-H. (2006). Persönlichkeit in der Inszenierungskultur. In G. Jüttemann (Hrsg.), *Handbuch Psychologie als Humanwissenschaft* (S. 181–197). Göttingen: Vandenhoeck & Rupprecht.

Laux, L. & Weber, H. (1985). Gordon W. Allport. In T. Herrmann & E.-D. Lantermann (Hrsg.), *Persönlichkeitspsychologie. Ein Handbuch in Schlüsselbegriffen* (S. 239–249). München: Urban & Schwarzenberg.

Laux, L. & Weber, H. (1990). Bewältigung von Emotionen. In K. R. Scherer (Hrsg.), *Enzyklopädie der Psychologie. Psychologie der Emotion* (S. 560–629). Göttingen: Hogrefe.

Laux, L. & Weber, H. (1993). *Emotionsbewältigung und Selbstdarstellung*. Stuttgart: Kohlhammer.

Lavater, J. C. (1969). *Physiognomische Fragmente. Bd. 4*. Zürich. Füssli.

Lazarus, R. S. (1999). *Stress and emotion. A new synthesis*. New York: Springer.

Lazarus, R. S. & Cohen, J. B. (1978). Environmental Stress. In J. Altman & J. F. Wohlwill (Eds.), *Human behavior and the environment* (pp. 89–127). New York: Plenum Press.

Lazarus, R. S., Opton, E. M., Nomikos, M. S. & Rankin, N. O. (1965). The principle of short-circuiting of threat: Further evidence. *Journal of Personality, 33,* 622–635.

Lazarus-Mainka, G. & Siebeneick, S. (2000). *Angst und Ängstlichkeit*. Göttingen: Hogrefe.

Leary, M. R. (1996). *Self-presentation. Impression management and interpersonal behavior*. Boulder: Westview Press.

Lee, J. A. (1973). *The colors of love*. Englewood Cliffs, NJ: Prentice-Hall.

Lee, J. A. (1988). Love-styles. In R. J. Sternberg & M. L. Barnes (Eds.), *The psychology of love* (pp. 38–67). New Haven, CT: Yale University Press.

Lehr, U. & Thomae, H. (Hrsg.). (1987). *Formen seelischen Alterns. Ergebnisse der Bonner Gerontologischen Längsschnittstudie (BOLSA)*. Stuttgart: Enke.

Lelord, F. & André, C. (2001). *Der ganz normale Wahnsinn. Vom Umgang mit schwierigen Menschen*. Leipzig: Kiepenheuer.

Lersch, P. (1970). *Aufbau der Person* (11. Aufl.). München: Barth.

Liebel, H. (1999). *Angewandte Psychologie. Psychologie als Beruf*. Stuttgart: Kohlhammer.

Liebert, R. M. & Spiegler, M. D. (1998). *Personality: Strategies and issues* (8. Aufl.). Homewood: Dorsey Press.

Löhlein, H. A. (1980). *Handbuch der Astrologie. Liebe, Ehe, Partnerwahl, Beruf, Begabung*. München: Goldmann.

Maccoby, E. E. & Jacklin, C. N. (1974). *The psychology of sex-differences*. Standford: University Press.

Magnusson, D. (1992). Back to the phenomena: Theory, methods, and statistics in psychological research. *European Journal of Psychology, 6,* 1–14.

Magnusson, D. & Endler, N. S. (1977). *Personality at the crossroads: Current issues in interactional psychology*. Hillsdale, NJ: Erlbaum.

Magnusson, D. & Törestad, B. (1993). A holistic view of personality: A model revisted. *Anual Review of Psychology, 44,* 427–452.

Mahoney, P. J. (1989). *Der Schriftsteller Sigmund Freud*. Frankfurt a. M.: Suhrkamp.

Maier, G. W., Streicher, B., Jonas, E. & Frey, D. (2007). Innovation und Kreativität. In D. Frey & L. von Rosenstiel (Hrsg.), *Enzyklopädie der Psychologie, Themenbereich D, Serie III, Band 6, Wirtschaftspsychologie* (S. 809–855). Göttingen: Hogrefe.

Marcus, B., Machilek, F. & Schütz, A. (2006). Personality in cyberspace: Personal websites as media for personality expressions and impressions. *Journal of Personality and Social Psychology, 90,* 1014–1031.

Markus, H. & Cross, S. (1990). The interpersonal self. In L. A. Pervin (Ed.), *Handbook of personality, theory and research* (pp. 576–608). New York: Guilford Press.

Markus, H. & Nurius, P. (1986). Possible selves. *American Psychologist, 41*, 858–866.

May, K. (1985). Mein Leben und Streben. In E. A. Schmid (Hrsg.), *»Ich«. Karl May. Leben und Werk* (S. 25–292). Bamberg: Karl-May-Verlag.

Mayo, J., White, O. & Eysenck, H. J. (1978). An empirical study of the relation between astrological factors and personality. *Journal of Social Psychology, 105,* 229–236.

McAdams, D. P. (1992). The five-factor model in personality: A critical appraisal. *Journal of Personality, 60,* 329–361.

McAdams, D. P. (1994). Can personality change? Levels of stability and growths in personality across the life-span. In T. Heatherton & J. Weinberger (Eds.), *Can personality change?* (pp. 299–313). Washington, DC: American Psychological Association.

McAdams, D. P. (2001). *The person. An integrated introduction to personality psychology* (3rd ed.). New York: Harcourt Brace College Publishers.

McAdams, D. P. (2002). *Das bin Ich. Wie persönliche Mythen unser Selbstbild formen.* Hamburg: Kabel.

McAdams, D. P. & Pals, J. L. (2006). A new Big Five: Fundamental principles for an integrative science of personality. *American Psychologist, 61,* 204–217.

McCrae, R. R. & Costa, P. T. (1986). Personality, coping, and coping effectiveness in an adult sample. *Journal of Personality, 54,* 385–405.

McCrae, R. R. & Costa, P. T. (1990). Personality in adulthood. New York: Guilford Press.

McCrae, R. R., Costa, P. T., Ostendorf, F., Angleitner, A., Hrebícková, M., Avia, M. D., Sanz, J., Sánchez-Bernardos, M. L., Kusdil, M. E., Woodfield, R., Saunders, P. R. & Smith, P. B. (2000). Nature over nurture: Temperament, personality, and life span development. *Journal of Personality and Social Psychology, 78,* 173–186.

McCullogh, M. E., Emmons, R. A., Kilpatrick, S. D. & Mooney, C. N. (2003). Narcissists as »victims«: The role of narcissism in the perception of transgressions. *Personality and Social Psychology Bulletin, 29,* 885–893.

McKenna, K. Y. A & Bargh, J. A. (1998). Coming out in the age of the Internet: Identity demarginalization through virtual group participation. *Journal of Personality and Social Psychology, 75,* 681–694.

McMartin, J. (1995). *Personality psychology. A student-centered approach.* London: Sage.

Mead, G. H. (1934). *Mind, self and society.* Chicago: University of Chicago Press.

Mertens, W. (1975). *Sozialpsychologie des Experiments. Das Experiment als soziale Interaktion.* Hamburg: Hoffmann und Campe.

Merz, F. (1992). Ferdinand Merz. In E. G. Wehner (Hrsg.), *Psychologie in Selbstdarstellungen* (Bd. 3., S. 175–201). Bern: Hans Huber.

Merzbacher, G. (2008). *Persönlichkeitsbeschreibung aus selbstdarstellungs- und eigenschaftstheoretischer Sicht.* Dissertation, Universität Bamberg.

Mischel, W. (1968). *Personality and assessment.* New York: Wiley.

Mischel, W. (1977a). The interaction of person and situation. In D. Magnusson & N. S. Endler (Eds.), *Personality at the crossroads: Current issues in interactional psychology* (pp. 333–352). Hillsdale, NJ: Erlbaum.

Mischel, W. (1977b). On the future of personality measurement. *American Psychologist, 32,* 246–254.

Mischel, W. (1979). On the interface of cognition and personality. *American Psychologist, 34,* 740–754.

Mischel, W. (2003). *Introduction to personality* (7th ed.). New York: Harcourt Brace College Publishers.

Mischel, W. & Shoda, Y. (1995). A cognitive-affective system theory of personality: Reconceptualizing situations, dispositions, dynamics, and invariance in personality structure. *Psychological Review, 102,* 246–268.

Mogel, H. (1985). *Persönlichkeitspsychologie.* Stuttgart: Kohlhammer.

Morf, C. C. & Rhodewalt, F. (2001). Unravelling the paradoxes of narcissism: A dynamic self-regulatory processing model. *Psychological Inquiry, 12,* 177–196.

Müller-Freienfels, R. (1921). *Philosophie der Individualität.* Leipzig: Felix Meiner.

Müller-Freienfels, R. (1927). *Geheimnisse der Seele.* München: Delphin.

Mummendey, H. D. (1995). *Psychologie der Selbstdarstellung* (2. Aufl.). Göttingen: Hogrefe.

Nisbett, R., Caputo, C., Legant, P. & Marecek, J. (1973). Behavior as seen by the actor and as seen by the observer. *Journal of Personality and Social Psychology, 27,* 154–165.

Nolting, H.-P. & Paulus, P. (2002). *Psychologie lernen. Eine Einführung und Anleitung* (6. Aufl.). Weinheim: PVU.

Nowack, W. & Kammer, D. (1987). Self-presentation: Social skill and inconsistency as in dependent facets of self-monitoring. *European Journal of Personality Psychology, 1,* 61–77.

Oldham, J. M. & Morris, L. B. (1995). *Ihr Persönlichkeitsprofil. Warum Sie genau so denken, lieben und sich verhalten, wie Sie es tun.* München: Kabel.

Ostendorf, F. & Angleitner, A. (1993). Enthusiasts contra pessimists. *Psychological Inquiry, 4,* 159–161.

Ostendorf, F. & Angleitner, A. (in Vorbereitung). *NEO-Persönlichkeitsinventar nach Costa und McCrae, revidierte Form (NEO-PI-R).* Göttingen: Hogrefe.

Paczensky, S. von (1979). *Der Testknacker. Wie man Karriere-Tests erfolgreich besteht.* Reinbek: Rowohlt.

Paulhus, D. L. (1998). Interpersonal and intrapsychic adaptiveness of trait self-enhancement: A mixed blessing? *Jounal of Personality and Social Psychology, 74,* 1197–1208.

Pawlik, K. (1996). Differentielle Psychologie und Persönlichkeitsforschung: Grundbegriffe, Fragestellungen, Systematik. In K. Pawlik

(Hrsg.), *Enzyklopädie der Psychologie. Grundlagen und Methoden der Differentiellen Psychologie* (S. 3–30). Göttingen: Hogrefe.

Pawlik, K. & Buse, L. (1979). Selbst-Attribuierung als differentiellpsychologische Moderatorvariable: Nachprüfung und Erklärung von Eysencks Astrologie-Persönlichkeit-Korrelationen. *Zeitschrift für Sozialpsychologie, 10,* 54–69.

Pekrun, R. (1996). Geschichte der Differentiellen Psychologie und Persönlichkeitspsychologie. In K. Pawlik (Hrsg.), *Enzyklopädie der Psychologie. Grundlagen und Methoden der Differentiellen Psychologie* (S. 83–123). Göttingen: Hogrefe.

Pervin, L. A. (1981). *Persönlichkeitspsychologie in Kontroversen.* München: Urban & Schwarzenberg.

Pervin, L. A. (1984). Idiographic approaches to personality. In N. S. Endler & J. V. McHunt (Eds.), *Personality and the behavioral disorders* (Vol. 1, pp. 261–282). New York: Wiley.

Pervin, L. A. (1996). *The science of personality.* New York: Wiley.

Pervin, L. A., Cervone, D. & John, O. P. (2005). *Persönlichkeitstheorien* (5. Aufl.). München: Reinhardt.

Pervin, L. A. & John, O. P. (Eds.). (1999). *Handbook of personality. Theory and research* (2nd ed.). New York: Guilford Press.

Petermann, F. (1996). *Einzelfalldiagnostik in der Klinischen Praxis.* Weinheim: Beltz.

Plomin, R., DeFries, J. C., McClearn, G. E. & Rutter, M. (1999). *Gene, Umwelt und Verhalten. Einführung in die Verhaltensgenetik.* Bern: Hans Huber.

Quadflieg, W. (1979). Wir spielen immer. Erinnerungen. Frankfurt a. M.: S. Fischer.

Rastetter, D. (1997). Frauen, die besseren Führungskräfte? *Journal für Psychologie, 5,* 43–55.

Rathgeber, K. (2005). Multiperspektivische Führungsbeurteilung: Was bringt sie? In K. Jonas, G. Keilhofer & J. Schaller (Hrsg.), *Human Resource Management im Automobilbau.* Bern: Hans Huber.

Rathgeber, K. & Jonas, K. (2003). Transformationale Führung: Mehr Leistung, weniger Stress? In P. Creutzfeldt (Hrsg.), *Die gesunde Organisation. Grundlagen, Konzepte, Praxis* (S. 55–75). Düsseldorf: Müller.

Rattner, J. (1990). *Klassiker der Tiefenpsychologie.* München: PVU.

Rauen, C. (2008). *Coaching* (2. Aufl.). Göttingen: Hogrefe.

Reemtsma, J. P. (1995). *Mehr als ein Champion. Über den Stil des Boxers Muhammad Ali.* Reinbek: Rowohlt.

Reichwald, R. & Piller, F. (2006). *Interaktive Wertschöpfung. Open innovation, Individualisierung und neue Formen der Arbeitsteilung.* Wiesbaden: Gabler.

Reinecker, H. (1995). *Fallbuch der Klinischen Psychologie. Modelle psychischer Störungen.* Göttingen: Hogrefe.

Remnick, D. (2000). *King of the world. Der Aufstieg des Cassius Clay oder Die Geburt des Muhammad Ali.* Berlin: Berlin Verlag.

Renner, K.-H. (2002). *Selbstinterpretation und Self-Modeling bei Redeängstlichkeit.* Göttingen: Hogrefe.

Renner, K.-H. & Laux, L. (1998). Williams Stern unitas multiplex und das Selbst in der Postmoderne. *Psychologie und Geschichte, 8,* 3–17.

Renner, K.-H. & Laux, L. (2000a). Soziale Sättigung: Das Ende der Persönlichkeitstests in der Postmoderne? *Zeitschrift für Differentielle und Diagnostische Psychologie, 21,* 279–294.

Renner, K.-H. & Laux, L. (2000b). Unitas multiplex, purposiveness, individuality. Contrasting Stern's conception of the person with Gergen's saturated self. *Theory & Psychology, 10,* 831–846.

Renner, K.-H., Laux, L. & Schiepek, G. (1993). Self-Modeling. Die eigene Person als Video-Vorbild. *Forschungsforum. Berichte aus der Otto-Friedrich-Universität Bamberg, 5,* 149–156.

Renner, K.-H., Schütz, A. & Machilek, F. (Hrsg.). (2005). *Internet und Persönlichkeit. Differentiell-psychologische und diagnostische Aspekte der Internetnutzung.* Göttingen: Hogrefe.

Rheinfelder, H. (1928). Das Wort »Persona« – Geschichte seiner Bedeutung mit besonderer Berücksichtigung des französischen und italienischen Mittelalters. *Beiheft 77 zur Zeitschrift für Romanische Philologie.* Halle: Niemmeyer.

Rhodewalt, F. (1998). Self-presentation and the phenomenal self: The »carryover effect« revisited. In J. M. Darley & J. Cooper (Eds.), *Attribution and social interaction – The legacy of Edward E. Jones* (pp. 373–421). Washington, DC: American Psychological Association.

Rogers, C. R. (2006). *Entwicklung der Persönlichkeit* (16. Aufl.). Stuttgart: Klett-Cotta.

Rohracher, H. (1975). *Charakterkunde* (13. Aufl.). Wien: Urban & Schwarzenberg.

Rorty, R. (1988). Freud und die moralische Reflexion. In R. Rorty (Hrsg.), *Solidarität oder Objektivität? Drei philosophische Essays* (S. 38–81). Stuttgart: Reclam.

Rost, J. (2005). Persönlichkeit. In J. Straub, W. Kempf & H. Werbik (Hrsg.), *Psychologie. Eine Einführung* (5. Aufl., S. 499–529). München: dtv.

Roxin, C. (1983). Karl May, das Strafrecht und die Literatur. In H. Schmiedt (Hrsg.), *Karl May* (S. 130–159). Frankfurt a. M.: Suhrkamp.

Runyan, W. (1981). Why did van Gogh cut off his ear? The problem of alternative explanations in psychobiography. *Journal of Personality and Social Psychology, 40,* 1070–1077.

Runyan, W. (1983). Idiographic goals and methods in the study of lives. *Journal of Personality, 51,* 413–437.

Sader, M. & Weber, H. (2000). *Psychologie der Persönlichkeit* (2. Aufl.). München: Juventa.

Saß, H., Wittchen, H.-W. & Zaudig, M. (1998). *Diagnostisches und statistisches Manual Psychischer Störungen DSM-IV* (2. Aufl.). Göttingen: Hogrefe.

Schaub, H. (2001). *Persönlichkeit und Problemlösen: Persönlichkeitsfaktoren als Parameter eines informationsverarbeitenden Systems.* Weinheim: Beltz.

Schauffler, B. (2000). *Frauen in Führung! Von Kompetenzen, die erkannt und genutzt werden wollen.* Bern: Hans Huber.

Schaumburg, M. & Feldmann-Vogel, R. (1987). *Das vorgestellte Ich. Plastische Selbstdarstellung suchtmittelabhängiger Frauen*. Freiburg: Lambertus.

Schlenker, B. R. & Leary, M. R. (1982). Social anxiety and self-presentation: A conceptualization and model. *Psychological Bulletin, 92,* 641–669.

Schlenker, B. R. & Pontari, B. A. (2000). The strategic control of information: Impression management and self-presentation in daily life. In A. Tesser, R. Felson & J. Suls (Eds.), *Perspectives on the self and identity* (pp. 199–232). Washington, DC: American Psychological Association.

Schlenker, B. R. & Weigold, M. F. (1992). Interpersonal processes involving impression regulation and management. *Annual Review of Psychology, 43,* 133–168.

Schmerl, C. (1998). Feminismus und (deutsche) Psychologie – Versuch einer Zwischenbilanz. *Zeitschrift für Politische Psychologie, 6,* 223–240.

Schmidt, H.-D. (1986). *Grundriss der Persönlichkeitspsychologie*. Frankfurt a. M.: Campus.

Schmitt, N. (1990). *Konsistenz als Persönlichkeitseigenschaft? Moderatorvariablen in der Persönlichkeits- und Einstellungsforschung*. Berlin: Springer.

Schmitz, B. (2000). Auf der Suche nach dem verlorenen Individuum: Vier Theoreme zur Aggregation von Prozessen. *Psychologische Rundschau, 51,* 83–92.

Schneewind, K. A. (1992). *Persönlichkeitstheorien I und II* (2. Aufl.). Darmstadt: Wissenschaftliche Buchgesellschaft.

Schneewind, K. A. (1999). Das Menschenbild in der Persönlichkeitspsychologie. In R. Oerter (Hrsg.), *Menschenbilder in der modernen Gesellschaft. Konzeptionen des Menschen in Wissenschaft, Bildung, Kunst, Wirtschaft und Politik* (S. 22–39). Stuttgart: Enke.

Schuler, H. (Hrsg.). (2005). *Lehrbuch der Personalpsychologie* (2. Aufl.). Göttingen: Hogrefe.

Schuler, H. & Görlich, Y. (2007). *Kreativität*. Göttingen: Hogrefe.

Schulz von Thun, F. (1990). *Miteinander reden. Stile, Werte und Persönlichkeitsentwicklung. Bd. 2*. Reinbek: Rowohlt.

Schütz, A. (2003). *Psychologie des Selbstwertgefühls. Von Selbstakzeptanz bis Arroganz* (2. Aufl.). Stuttgart: Kohlhammer.

Schütz, A., Selg, H. & Lautenbacher, S. (2005). *Psychologie. Eine Einführung in ihre Grundlagen und Anwendungsfelder* (3. Aufl.). Stuttgart: Kohlhammer.

Schwartz, S. H. (1992). Universals in the content and structure of values: Theoretical advances and empirical tests in 20 countries. *Advances in Experimental Social Psychology, 25,* 1–65.

Schwarzer, R. (2000). *Streß, Angst und Handlungsregulation*. Stuttgart: Kohlhammer.

Selg, H. (2002). *Sigmund Freud – Genie oder Scharlatan? Eine kritische Einführung in Leben und Werk*. Kohlhammer: Stuttgart.

Selg, H., (1992). Überblick über die Forschungsmethoden. In H. Selg, J. Klapprott & R. Kamenz (Hrsg.), *Forschungsmethoden der Psychologie* (S. 12–95). Stuttgart: Kohlhammer.

Selg, H., Mees, U. & Berg, D. (1997). *Psychologie der Aggressivität* (2. Aufl.). Göttingen: Hogrefe.

Shoda, Y., Mischel, W. & Wright, J. C. (1994). Intraindividual stability in the organization and patterning of behavior: Incorporating psychological situations into the idiographic analysis of personality. *Journal of Personality and Social Psychology, 67,* 674–687.

Siefer, W. & Weber, C. (2008). *Ich. Wie wir uns selbst erfinden.* München: Piper.

Six, U., Gimmler, R. & Schröder, A. (2005). Determinanten funktionalen bis dysfunktional-süchtigen Internetgebrauchs. In K.-H. Renner, A. Schütz & F. Machilek (Hrsg.), *Internet und Persönlichkeit. Differentiellpsychologische und diagnostische Aspekte der Internetnutzung.* (S. 223–237). Göttingen: Hogrefe.

Snyder, C. R., Higgins, R. L. & Stucky, R. J. (2005). *Excuses. Masquerades in search of grace.* New York: Percheron Press.

Snyder, M. (1987). *Public appearances. Private realities. The psychology of self-monitoring.* New York: Freeman.

Spiel, C. & Westmeyer, H. (2005). Kreativität. In H. Weber & T. Rammsayer (Hrsg.), *Handbuch der Persönlichkeitspsychologie und Differentiellen Psychologie* (S. 333–341). Göttingen: Hogrefe.

Spielberger, C. D. (1972). Anxiety as an emotional state. In C. D. Spielberger (Ed.), *Anxiety: Current trends in theory and research* (Vol. 1, pp. 23–49). New York: Academic Press.

Spielberger, C. D., Gorsuch, R. L. & Lushene, R. E. (1970). *Manual for the State-Trait-Anxiety Inventory.* Palo Alto, CA: Consulting Psychologists Press.

Srivastava, S., John, O. P., Gosling, S. D. & Potter, J. (2003). Development of personality in early and middle adulthood: Set like plaster or persistent change? *Journal of Personality and Social Psychology, 84,* 1041–1053.

Starker, U. & Dörner, D. (1997). Kognitive, emotionale und motivationale Determinanten des Handelns und die Prognose ihrer Wirklichkeit. In R. H. Kluwe (Hrsg.), *Strukturen und Prozesse intelligenter Systeme* (S. 233–253). Wiesbaden: Deutscher Universitätsverlag.

Stern, P. (1988). *C. G. Jung. Prophet des Unbewussten.* München: Piper.

Stern, W. (1911). *Die Differentielle Psychologie in ihren methodischen Grundlagen.* Leipzig: Barth (Nachdruck der 2. Aufl., Hrsg. K. Pawlik, Göttingen: Huber, 1994).

Stern, W. (1923). *Die menschliche Persönlichkeit. Person und Sache, Bd. 2* (3. Aufl.). Leipzig: Barth.

Stern, W. (1930). *Studien zur Personwissenschaft. Erster Teil: Personalistik als Wissenschaft.* Leipzig: Barth.

Sternberg, R. (Ed.). (1999). *Handbook of creativity.* Cambridge: Cambridge University Press.

Strohschneider, S. (1991). Problemlösen und Intelligenz: Über die Effekte der Konkretisierung komplexer Probleme. *Diagnostica, 37,* 353–371.

Sweetmann, D. (1990). *Vincent van Gogh: 1853–1890.* Düsseldorf: Claassen.

Tedeschi, J. T., Lindskold, S. & Rosenfeld, P. (1985). *Introduction to social psychology*. New York: West Publishing Company.

Tewes, U. (1991). *HAWIE-R. Hamburger-Wechsler Intelligenztest für Erwachsene*. Bern: Hans Huber.

Theophrast (o. J.). *Charakterbilder* (H. Rüdiger, Übers.). Leipzig: Dieterich'sche Verlagsbuchhandlung.

Thomae, H. (1968, 1996). *Das Individuum und seine Welt. Eine Persönlichkeitstheorie* (1. Aufl., 3. Aufl.). Göttingen: Hogrefe.

Thomae, H. (1992). Hans Thomae. In E. G. Wehner (Hrsg.), *Psychologie in Selbstdarstellungen* (Bd. 3, S. 305–327). Bern: Hans Huber.

Thorne, A. (1989). Conditional patterns, transference, and the coherence of personality across time. In D. M. Buss & N. Cantor (Eds.), *Personality psychology: Recent trends and emerging directions* (pp. 149–159). New York: Springer.

Tice, D. M. (1994). Pathways to internalization: When does overt behavior change the self-concept? In T. M. Brinthaupt & R. P. Lipka (Eds.), *Changing the self. Philosophies, techniques, and experiences* (pp. 229–250). New York: State University Press.

Trull, T. J., Widiger, T. A. & Burr, R. (2001). A structured interview for the assessment of the Five-Factor Model of Personality: Facet-Level relations of the axis II personality disorders. *Journal of Personality, 69*, 175–198.

Turkle, S. (1998). *Leben im Netz. Identität in Zeiten des Internet*. Reinbek: Rowohlt.

Völker, U. (Hrsg.). (1980). *Humanistische Psychologie*. Weinheim: Beltz.

Vollmer, F. (2000). Personality psychology and postmodernism. *Journal of Research in Personality, 34*, 498–508.

Vossel, G. & Zimmer, H. (1998). *Psychophysiologie*. Stuttgart: Kohlhammer.

Waller, N. G. & Shaver, P. R. (1994). The importance of nongenetic influences on romantic love styles: A twin-family-study. *Psychological Science, 5*, 268–274.

Walter, J. L. & Peller, J. E. (2004). *Lösungs-orientierte Kurztherapie. Ein Lehr- und Lernbuch* (6. Aufl.). Dortmund: Modernes Leben.

Watson, D. & Clark, L. A. (1984). Negative affectivity: The disposition to experience aversive emotional states. *Psychological Bulletin, 96*, 465–490.

Watson, D. & Hubbard, B. (1996). Adaptational style and dispositional structure: Coping in the context of the Five-Factor Model. *Journal of Personality, 64*, 737–774.

Weber, H. (2005). Idiographische und nomothetische Ansätze. In H. Weber & T. Rammsayer (Hrsg.), *Handbuch der Persönlichkeitspsychologie und Differentiellen Psychologie* (S. 127–136). Göttingen: Hogrefe.

Weber, H. & Laux, L. (1994). Bewältigung und Wohlbefinden. In A. Abele & P. Becker (Hrsg.), *Wohlbefinden: Theorie, Empirie, Diagnostik* (2. Aufl., S. 139–154). Weinheim: Juventa.

Weber, H. & Rammsayer, T. (Hrsg.). (2005). *Handbuch der Persönlichkeitspsychologie und Differentiellen Psychologie*. Göttingen: Hogrefe.

Weigel, H. (1974). *Apropos Theater*. München: Artemis.
Weigelt, H. J. (1991). *K. Lavater*. Göttingen: Vandenhoeck & Ruprecht.
Welch, J. (2003). *Was zählt. Die Autobiografie des besten Managers der Welt*. Ulm: Ullstein.
Wellek, A. (1966). *Die Polarität im Aufbau des Charakters. System der konkreten Charakterkunde* (3. Aufl.). München: Francke.
Welsch, W. (1990). *Ästhetisches Denken*. Stuttgart: Reclam.
Welsch, W. (1993). »ICH ist ein anderer«. Auf dem Weg zum pluralen Subjekt? In D. Reigber (Hrsg.), *Frauen-Welten. Marketing in der postmodernen Gesellschaft – ein interdisziplinärer Forschungsansatz* (S. 282–318). Düsseldorf: Econ.
Westmeyer, H. (1999). Konstruktivismus und Psychologie. *Zeitschrift für Erziehungswissenschaft, 2,* 507–525.
Westmeyer, H. (2005). Lerntheoretische Ansätze. In H. Weber & T. Rammsayer (Hrsg.), *Handbuch der Persönlichkeitspsychologie und Differentiellen Psychologie* (S. 81–92). Göttingen: Hogrefe.
White, G. L. & Mullen, P. E. (1989). *Jealousy*. New York: Guilford Press.
Wicklund, R. A. (1979). Selbstzentrierte Aufmerksamkeit, Selbstkonsistenz und Moralität. In L. Montada (Hrsg.), *Brennpunkte der Entwicklungspsychologie* (S. 399–407). Stuttgart: Kohlhammer.
Wiggins, J. S. , Renner, K. E., Clore, G. L. & Rose, R. J. (1976). *Principles of personality*. Reading: Addison-Wesley.
Wilber, K. (2001). *Ganzheitlich Handeln. Eine integrale Vision für Wirtschaft, Politik, Wissenschaft und Spiritualität*. Freiamt: Arbor.
Windelband, W. (1894). *Geschichte und Naturwissenschaft*. Straßburg: Heitz.
Wirth, B. P. (2000). *Alles über Menschenkenntnisse, Charakterkunde und Körpersprache*. Landsberg: Moderne Industrie.
Wolf, H., Spinath, F. & Fuchs, C. (2005). Kontaktsuche im Internet: Erfolgsfaktoren und die Rolle der Persönlichkeit. In K.-H. Renner, A. Schütz & F. Machilek (Hrsg.), *Internet und Persönlichkeit. Differentiell-psychologische und diagnostische Aspekte der Internetnutzung* (S. 205–219). Göttingen: Hogrefe.
Wolfe, R. N., Lennox, R. D. & Cutler, B. L. (1986). Getting along and getting ahead: Empirical support for a theory of protective and acquisitive self-presentation. *Journal of Personality and Social Psychology, 50,* 356–361.
Wollschläger, H. (1976). *Karl May. Grundriss eines gebrochenen Lebens*. Zürich: Diogenes.
Wottawa, H. (1981). Allgemeine Aussagen in der psychologischen Forschung: Eine Fiktion. In W. Michaelis (Hrsg.), *Bericht über den 32. Kongreß der Deutschen Gesellschaft für Psychologie in Zürich 1980* (S. 131–136). Göttingen: Hogrefe.
Wuttke, D. (1980). Dürer und Celtis: Von der Bedeutung des Jahres 1500 für den deutschen Humanismus: »Jahrhundertfeier als symbolische Form«. *The Journal of Medieval and Renaissance Studies, 10,* 73–129.
Yablonsky, L. (1998). *Psychodrama. Die Lösung emotionaler Probleme durch das Rollenspiel* (3. Aufl.). Stuttgart: Klett-Cotta.

Zeller, M. (1987). Kärrner, Tintensäufer, Lohnschreiber. Fällige Erinnerungen an einen der erfolgreichsten Schriftsteller. *Die Zeit, 16,* 45–47.
Zielke, B. (2007). *Sozialer Konstruktionismus. Psychologische Diskurse.* Göttingen: Vandenhoeck & Ruprecht.
Zimmer, D. E. (1990). *Tiefenschwindel. Die endlose und beendbare Psychoanalyse.* Reinbek: Rowohlt.
Zurcher, B. (1985). *Vincent van Gogh. Leben und Werk.* München: Hirmer.

Sachregister

16 PF-Test 52
360°-Feedback 285

ABC-Modell 84 f.
ABI (Angstbewältigungsinventar) 232
Abwehrmechanismus 97 f., 226
Adressat 84, 249, 269, 273, 279
– externer 252, 269
– interner 249
Als-ob-Verhalten 108
Analogie 94, 96 f., 103, 109, 248
Androgyniekonzept 302, 304, 306
Androzentrismus 300
Angst 30, 97, 99, 220 ff., 227 f., 231, 260 f., 265, 270 ff., 321
– Angst als Eigenschaft, Ängstlichkeit 174, 177, 219, 220, 245, 264, 266, 272, 283
– Angst als Zustand, Zustandsangst 70, 219, 220 f., 230 ff., 271
– Angstbewältigung 232
– Trait-State-Angstmodell 219, 221, 271
Ansatz
– attributionstheoretischer 202 f., 206
– behavioristischer 90
– biografisch-narrativer 93
– biologischer 92
– eigenschaftsbezogener 91 f., 159, 244, 268
– eigenschaftstheoretischer 174
– evolutionspsychologischer 92, 177, 282
– humanistischer 91, 255
– klientenzentrierter 71, 118
– lösungsorientierter 171 f.
– phänomenologischer 92 f.
– psychoanalytischer 71, 90, 94, 96
– psychodynamischer 91 ff., 199, 202
– sozial-kognitiver 92 f., 236
– sozioanalytischer 282
– soziobiologischer 302, 304
– verhaltensbezogener 90, 92 f.
Astrologie 61 ff., 65 ff.
Attributionsforschung 203
Aufgaben der Persönlichkeitspsychologie 69, 72, 138, 147 f.
Außenbild 22 ff., 246 f., 269, 282, 286
Außensicht 21, 246, 296
Autobiografie 114 f., 120, 160, 251, 294, 317
Autonomie 92, 161, 238, 290
– funktionelle 113 f.

BE-Modell (Bewältigungs-Emotions-Modell) 232
Bewältigung 29, 84, 97, 99, 166 f., 223 f., 226, 228, 230, 232, 271
– emotionsfokussierte 224
– problemfokussierte 224
Bewältigungsform 29, 98, 178, 227 ff., 231, 233
– defensive 226, 271
– intrapsychische 226
– positiv konnotierte 226
Bewältigungsreaktion 226, 229 ff.
Bewältigungsstil 229, 232 f.
Bewertung 38 ff., 74, 84 f., 222 f., 225, 313
Beziehungsselbst 290, 297
Big Five (siehe auch Fünf-Faktoren-Modell) 37, 71,

174 ff., 178 ff., 183, 185, 189 ff., 230, 277, 279, 282 f.
Biografisierung 121 f.
BIP 193 ff., 197
Blinder Fleck 284 f.
bottom-up 157 f., 245

CAPS (kognitiv-affektives Persönlichkeitssystem) 239, 242
Charakter 26, 49 ff., 55 ff., 66, 99 f., 213, 266
Charakter-
– kunde 51, 58, 162 f., 165
– spieler 267
– typen 96
charakteristische Adaptation 187, 189
Charakterologie, literarische 54, 213
Clusteranalyse 182 f.
Coaching 19 ff., 197 f., 285, 319 f.

Daseins-
– technik 166, 168 ff., 186
– thema 166, 168 ff.
Daten (L-, Q-, T- Daten) 43
Datengewinnung 34, 43
defensive Neubewertung 226
Designer-Persönlichkeit 322
Differentielle Psychologie 26 f., 31 ff., 125 f., 129, 134, 298
Disposition 130, 133 ff., 188, 199, 219, 230, 240, 312
Dispositionismus 198 f., 206, 217, 290
divergentes Denken 314 f.
Doppelgänger(-erlebnis) 16
Drei-Ebenen-Modell 137 f.
DSM-IV 214, 216

EB-Modell (Emotions-Bewältigungs-Modell) 232
Echtheit 249, 255
Eigenschaft 18, 20 f., 23 f., 30, 33 f., 41, 43, 45 f., 51 ff., 55, 61, 70, 78 f., 92, 132 ff., 165, 173, 177, 179 f., 184 ff., 189 ff., 198 ff., 207, 211, 217, 219, 229 f., 233, 236 f., 239, 243, 245, 247, 251, 268, 272, 277, 282 ff., 287, 291, 293, 299, 304 ff., 314 f.
Eigenschafts-
– problematik 174, 203, 206, 213, 239
– test 212 f.
– theorie 21, 31, 92, 191, 202, 213, 236, 239
Einzelfallstudie 34, 42, 123, 138 f., 144
Einzigartigkeit 15 ff., 31, 44, 48, 114, 123, 125, 134 f., 200, 211, 287, 293
Emotionale Labilität 53, 63 ff., 71, 175, 177, 179, 186, 230
Erklärungshypothesen 139, 143, 146, 148
Erwartungseffekt 41
Experiment 19 ff., 37 ff., 163, 166, 208, 210, 222, 280
Exploration 164 ff., 169, 173
Extraversion 35, 53, 59, 63 ff., 70 f., 80, 114 f., 117, 126, 129, 135, 174 ff., 179, 186, 190, 192 f., 201 f., 215, 266, 279 f., 311

Faktorenanalyse 36 f., 175, 184
Femininität 304, 306 f.
feministische Psychologie 300
Fixierte Rollentherapie 104, 106, 110, 273
Fixierung 99
Forschungsstrategie 26, 34, 43, 71, 123, 135, 158
Fremdbild 194, 269, 272, 283 f.
Fünf-Faktoren-Modell (siehe auch Big Five) 173 f., 176, 178 ff., 184, 193, 232, 247

Gene 28, 80, 82
Generalisierbarkeit 15, 42, 44, 123, 293
Genotyp 207
Geschlechtsunterschiede 27, 300 ff.

Gesetz 17, 124, 128, 136 f.
Gesetzmäßigkeit 17, 27, 48, 125 f., 136 ff., 145, 150, 155 ff., 159, 199, 289
Gewissenhaftigkeit 174 ff., 179, 183, 192 ff., 277, 282, 311, 313
Gütekriterien 44

HAWIE 36
Histrionensyndrom 109
Hypothesenvielfalt 142

Ideenflüssigkeit 314
Identitätskonstruktion 50, 309
idiographisch 17, 44, 123 ff., 131, 133, 135 ff., 156 ff., 163 f., 166, 187, 205, 211, 242, 245 f., 291
idiographische Methodik 124, 135 f., 291
idiographisch-nomothetisches Vorgehen 156 f., 174
Individualisierung 290, 295
Individualität 15 ff., 46, 119, 126, 131, 133 f., 159, 178, 200, 269, 319
Inhaltsanalyse 44, 135, 167
Innenbild 24, 269
Innensicht 21, 246, 296
Innovation 312 f., 317 ff., 321
Instanzen(-lehre) 96, 103, 313
Inszenierung 260, 301 f.
Intelligenz 34 f., 37, 41, 71, 128, 259, 314
– emotionale 254, 307
– soziale 254
Intelligenzdiagnostik 36, 130
Intelligenztest 33, 36, 43, 126, 128, 149, 201, 314
Interaktionismus 173, 198 f., 217, 222, 290, 292
– dynamischer 218, 222, 234, 264, 268
– mechanistischer, unidirektionaler 218 f., 229, 264
interindividuell 28, 30, 33, 99, 135, 159, 192, 219, 245, 265, 308

Internalisierung 67, 273
– personaler Weg 274, 276
– sozialer Weg 274, 276
Internetforschung 308
interpersonelles Selbst 300
Interventionsformen 71
intraindividuell 33, 34, 137, 139, 145, 156, 165, 192, 242 ff.
Introversion 59, 61, 63 f., 66, 71, 114 f., 117, 126, 129, 135, 179, 202

Johari-Fenster 284 f.

Kohärenz 120, 185, 215, 244 f., 298
Komparationsforschung 126, 129
komparative Kasuistik 157
Kompetenz
– interpersonelle 254, 261
– intrapersonelle 254
– soziale 149, 194 ff., 265, 307
Komplexität 42, 146, 205, 229, 313
Konfliktmodell 97
Konsistenz 18, 21, 32, 201, 204, 206 f., 211 ff., 244
– temporäre 201
– transsituative 173, 200 f., 211, 213 f., 244
Konsistenzparadox 202
Konstitutionstypologie 58, 60
Konstrukt 104, 106
– deskriptives 70, 80
– explikatives 70, 80
konstruktiver Alternativismus 104
Konstrukttheorie 95, 104
konvergentes Denken 314 f.
Körperbautypen 59, 61
Korrelative Methode (Korrelationsforschung) 34 f., 43, 126, 129
Kreativität 34 f., 314
Kriterien für Theorien 69, 87
Kritischer Personalismus 130

Lebensfilm 159 f.
Leistungstest 34

Leitbild 114, 136, 158, 161, 167
- idiographisches 159, 163
- normatives 163
lexikalische Hypothese 174 f., 177, 181
Libido 94
Liebesstil 72, 74 ff., 87 ff., 237
looking-glass self 274

Maske 45 ff., 49 f., 258, 267
Maskulinität 304, 306
Menschenbild 103, 111 f., 120, 158, 172, 291, 300, 302, 307, 313, 322
- androzentrisches 300
- philosophisches 111
- pluralistisches 287
Merkmal
- differentielles 130
- generelles 129
- individuelles 42, 130
Metapher 90, 94 ff., 103 f., 110
Modell
- der äußeren Wirkung 23, f.
- der inneren Struktur 24
- der Persönlichkeitsebenen 185, 188
- metaphorisches 26, 90, 95
Moderatorvariable 65
Motive 42, 254, 262 f.
MUD 48 ff., 309
multiples Selbst 49

Narzissmus 311
NEO-PI-R 176 f., 278 f.
Neubewertung 225, 228
Neurotizismus 63, 162, 174, 184, 192, 230, 232, 279 f.
Neurotransmitter 321
New Big Five 188 f.
nomothetisch 17, 44, 123 ff., 128, 131, 133 ff., 156 ff., 163, 183, 205, 211, 243, 245, 291

Objektivität 44
Ödipuskomplex 99, 101
Offenheit für Erfahrungen 174 f., 177, 186, 191, 311, 313
Originalität 314

Pansexualismus 94, 122
Patchwork-Identität 289 f.
Persona 26, 45 ff., 318
persönliche Anliegen 185 f., 189
persönliche Disposition 133 ff., 159, 205, 211
Persönlichkeit 28
- als Prozess 165 f.
- deskriptive Bedeutung 22
- evaluative Bedeutung 22
Persönlichkeits-
- beschreibung 70, 72, 154, 182, 193
- coaching 195, 197
- darstellung 266 f.
- definition 71
- eigenschaft 35, 37, 41, 62, 65, 68, 79 f., 82, 126, 137, 149, 157, 174, 177, 181, 185, 188, 190, 193, 200 f., 204, 207 f., 222, 230 ff., 256, 264, 268, 273, 279, 281 f., 290, 295, 297
- erklärung 70, 80
- kohärenz 239, 242 ff.
- stil 215
- störung 100, 213 ff., 217
- test 33 f., 71, 81
- typen 157, 182 f., 266
- variable 35, 40 f., 63, 201
- veränderung 25, 71, 84, 104, 181, 273
- vorhersage 71, 82
- züge 214, 291
Persönlichkeitstheorie
- Beurteilung 87
- implizite 26, 61 f.
- pluralistische 287
Person-Situations-Debatte 55, 198, 218, 239, 243
personzentriertes Vorgehen 182
Perspektivismus 293
Phänotyp 207
Phasen(-lehre) 100 f., 319
Phrenologie 55
Physiognomik 55
Planetenpersönlichkeit 68
plurales Subjekt 287, 289

Postmoderne 289, 292, 297, 299 f., 307
Profil 28, 131 f., 135, 182, 186, 193, 196, 243, 245, 313
Prognose 147 ff., 152 ff.
programmierte Biografie 147, 149
Psychoanalyse 90, 92, 95 ff., 102 f.
Psychographie 126, 129, 131, 133
Psychologie
- Allgemeine 27, 40, 126
- Differentielle 27, 30, 32 ff., 125 ff., 129 f., 134, 192, 298
psychologische Biografik 158 f.
psychosexuelle Entwicklung 99 f., 313
Psychotizismus 179

qualitative und quantitative Forschung 128
quasi-juristisches Verfahren 144

Rational-Emotive-Therapie (RET) 84
Reaktions-
- form 166 ff., 171, 186
- hierarchie 171
Redeangst 249, 275
Reliabilität 44
Repression-Sensitization 229, 232
Resilienz 183
Ressourcen 50, 68, 172, 187, 194 f., 198, 216, 285, 303
Retrognose 145
reziproker Determinismus 234, 268
Rolle 19, 45 ff., 84, 105 ff., 141 f., 144 f., 149 f., 156, 187, 189, 191, 203, 208, 234, 257, 273, 299, 304, 306, 309, 312, 317 f.
Rollensketch 106 ff.
Rollenspiel 73, 84, 107, 109, 197 f., 257, 265, 273, 275

Schauspieler 45 ff., 94, 109, 227, 251, 265 ff., 287, 297
Schoko-Fin 150 f., 157

Second Life (SL) 309
Selbst-
- attribuierungshypothese 65, 68
- aufmerksamkeit 210, 264
- behinderung (Self-Handicapping) 264, 270 f., 279
- charakterisierung 106 f.
- darstellung 42, 120, 212, 246 ff., 251 f., 255 f., 260, 264, 266, 268 f., 272 ff., 277 ff., 282 ff., 296, 309, 311, 319
- enthüllung 255
- extension 272
- glorifikation 255
- idealisierung 255
- inszenierung 252, 261, 302
- interpretation 247, 251 f., 254, 256 f., 260, 262 f., 282
- kongruenz 255
- konzept 187, 237, 255, 272 ff., 280, 287, 298, 300 f.
- regulation 236, 310
- überwacher 212 f.
- überwachung 265
- wert 80, 98, 255 f., 264, 266, 270, 274, 291, 296, 322
Selbstbild 24 f., 106, 109, 166, 189, 193 f., 196, 247 ff., 251 f., 255, 262 f., 269 f., 272 ff., 278, 281, 283 f., 286, 299
- faktisches 254 f., 277
- plurales 299
- potenzielles 253, 255, 259, 261, 310
Selbstkonzept 234
Selbstwert 118, 221, 223
self-defining-feedback 254, 261, 268 ff., 273
Self-Modeling 249, 274 f.
Self-Monitoring 212, 252, 264 ff., 268
- akquisitives 266
- protektives 266
Situation (starke/schwache) 199, 206 f.
Situationismus 173, 198 f., 202, 206, 217, 229, 290
situative Identitäten 280 f.

soziale Sättigung 290, 292 f., 296
Stabilität 18, 78, 173, 185, 190 f., 200 f., 291, 295, 320
Stanford-Gefängnisexperiment (siehe auch Zimbardo-Experiment) 20 f., 138, 173, 295
State-Trait-Angstinventar (STAI) 220 f.
Stil 52, 75, 151 f., 155, 214, 232 f., 252, 262 f., 266
Störvariable 38 ff.
Stress- und Bewältigungs-
- modell 229
- theorie 38, 222
Stressbewältigung 174, 186, 222 f., 229, 232, 236

Temperament 26, 33, 50, 52 ff., 56, 59 ff., 321
Temperamentstypologie 53
Test 34, 37, 43 f., 70, 131, 163, 207 f.
Theater 45 ff., 50, 169, 227, 260
Thematischer Apperzeptionstest (TAT) 208, 250
Therapie 69, 71, 84, 102, 105, 109, 118 f., 171 f., 189, 216, 249
top-down 157 f., 245
Transformationale Führung 317
Typus 26, 50, 52 f., 115, 162, 165, 279

Übertragung 102
Unitas multiplex (Vieleinheit) 297 f.

Validität 44, 211, 283
Variable
- abhängige (AV) 38, 42, 217, 222
- unabhängige (UV) 38, 40 f., 217, 222
variablenzentriertes Vorgehen 182
Variationsforschung 126
Verdrängung 97 f.
Verhaltens-
- genetik 71
- ursache 146, 205
Vermeidung (kognitive) 168, 226, 232 f.
Verstellung 249, 251, 283
Versuchspersonen-(Vp-)Motive 42
Versuchsplan 40
Verträglichkeit 174 ff., 179, 186, 192 f., 215, 232, 278 f., 282
Verwandlungskünstler 268
Videomethode, Videofeedback 274, 276
Vigilanz 232 f.

Ways of Coping Questionnaire (WOCQ) 226, 230
Wechselwirkungseffekt 40
Wenn-Dann-
- Beziehung 144, 245
- Hypothese 145
- Profil 243, 245
- Zusammenhänge 61
Werte 131, 239, 245, 291, 317, 319 ff.
Widerstand 19, 97, 102
Wohlbefinden 227, 317
World of Warcraft (WoW) 309

Zimbardo-Experiment (siehe auch Stanford-Gefängnisexperiment) 20, 208
Zwillingsforschung 82

Personenregister

Adams-Webber, J. R. 109
Adler, A. 115
Alfermann, D. 301 f., 304, 306 f.
Allen, A. 211 f.
Allport, G. W. 17, 22 ff., 45 ff., 51, 93, 112 ff., 124, 130 ff., 159, 163, 205, 211
Amelang, M. 33, 40, 52 f., 60, 75, 79 f., 82, 175 f., 179, 207, 211
Anastasi, A. 32
André, C. 217
Andresen, B. 179
Angleitner, A. 51, 175 f., 184
Aristoteles 51
Arkin, R. M. 273
Asendorpf, J. B. 69, 87, 124, 156 f., 175, 180, 183, 300 ff.
Atwater, L. 285
Atwood, G. E. 113 ff., 117, 119 ff.

Bandura, A. 72, 93, 234 f., 268, 292
Banks, C. 19
Bannister, D. 109
Bargh, J. A. 309
Bartussek, D. 33
Bauer, S. 195
Baumeister, R. F. 247
Baumgardner, A. H. 273
Beck, U. 290
Becker, P. 179
Bem, D. J. 211 f., 274
Berg, D. 243
Bessiere, K. 310
Bierhoff, H. W. 76 ff., 83 f., 89
Bierhoff-Alfermann, D. 302, 304
Bischof-Köhler, D. 302
Block, J. 30, 182
Böning, U. 194

Boethius, A. M. S. 47
Bolger, N. 230
Borkenau, P. 51, 71, 211
Bortz, J. 35 ff., 128
Brande, L. van den 147 ff., 152
Breuer, F. 70, 87
Briggs, S. R. 282
Bromley, D. B. 144
Bronnen, B. 86
Bruner, J. S. 295
Brunstein, J. C. 186
Burr, R. 215
Buse, L. 62, 65, 67, 290
Buss, D. M. 92, 238
Byrne, D. 229

Campbell, W. K. 237 f., 311
Caputo, C. 205
Cattell, R. B. 43 f., 52, 71 f., 135, 162, 179
Cervone, D. 34
Chur, D. 290
Ciarrochi, J. 254
Clark, L. A. 230, 321
Clore, G. L. 94
Cohen, J. B. 225
Cooley, C. H. 274
Coping 167, 223, 230
Costa, P. T. 93, 176, 190 f., 230 f.
Cross, S. 300
Csikszentmihalyi, M. 313 f., 321
Cutler, B. L. 266

Damon, W. 321
Daumier, V. H. von 105
DeFries, J. C. 71
Delacour, J. G. 58
Derrida, J. 299
Dilthey, W. 51

Dittus, P. 156
Döring, N. 35, 128
Dörner, D. 71, 95, 150, 156

Eberhard, G. 182
Eberhard, K. 182
Edwards, J. M. 221
Effrein, E. A. 274
Egloff, B. 232
Ellis, A. 84 f.
Ellenbogen, G. C. 100 f.
Emmons, R. A. 237 f.
Endler, N. S. 217 f., 221 f., 242
Epstein, S. 184
Ernst, M. 298
Ertel, S. 68
Eysenck, H. J. 53 f., 62, 64, 68, 128, 162, 179

Fahrenberg, J. 44
Fallender, V. J. 274
Fazio, R. M. 274
Feldmann-Vogel, R. 249
Fiedler, P. 214 ff.
Finkel, E. J. 237
Fisseni, H.-J. 51
Folkman, S. 226 ff., 230
Forgas, J. P. 254
Foster, C. A. 237
Foster, J. D. 311
Fransella, F. 109
Freud, A. 97, 103, 226
Freud, S. 71 f., 90, 93 ff., 99, 102 ff., 110 ff., 115, 121, 138, 199, 226
Frey, D. 312
Friedel, H. 252
Fritschle, B. 194
Fromm, E. 20
Fuchs, C. 311

Gall, F. J. 55 f.
Gangestead, S. W. 265
Gardner, H. 254, 321
Gauquelin, M. 68
Gaymann, P. 255
Gebert, D. 317
Genazino, W. 248

Gergen, K. J. 165, 290 ff., 295 ff., 301
Geßner, A. 259
Gilligan, C. 301
Gimmler, A. 292
Gimmler, R. 310
Glanzmann, P. 219 ff., 271
Goffman, E. 248, 256, 266
Goldberg, L. R. 174 f., 178, 282 f.
Goleman, D. 254, 307
Görlich, Y. 312 f., 315
Gorsuch, R. L. 220
Gosling, S. D. 192
Grau, I. 76 ff., 83 f., 89
Graumann, C. F. 199
Groeben, N. 70, 87, 145
Gröner, H. 255, 263
Guilford, J. P. 312, 314

Hagemann, D. 33
Hahn, A. 310
Haney, D. 19 f.
Harré, R. 147
Hartenbach, W. 57 f.
Hauke, G. 319 f.
Heidenreich, E. 80
Hejj, A. 303, 305
Helmholtz, H. v. 96
Hennig, J. 321
Hergovich, A. 68
Herrmann, T. 16, 18, 26, 43, 48, 70, 173, 218, 263
Herzog, W. 94 f., 110
Higgins, J. M. 318
Higgins, R. 249
Hildenbrock, A. 16
Hippokrates 53, 55
Hitzler, R. 266
Hjelle, L. A. 34, 111
Hock, M. 233
Hodapp, V. 222
Hofstätter, P. R. 61
Hogan, J. 282
Hossiep, R. 193, 284 ff.
Hubbard, B. 232

Ingram, H. 284

Jaccard, J. 156
Jacklin, C. N. 301
Jaensch, E. 51
James, W. 191, 274
Jaspers, K. 51
Jerusalem, M. 310
John, O. P. 34, 175, 192
Johnson, J. A. 284
Jonas, E. 312
Jonas, K. 317
Jones, E. E. 203 f., 251, 277
Jung, C. G. 46, 93 f., 113 ff., 120
Jüttemann, G. 29, 146, 157, 192, 322

Kamenz, R. 35
Kammer, D. 265
Kant, E. 51
Keller, B. 101
Kelley, T. 318
Kelly, G. 26, 69, 72, 93, 95, 104, 106 ff., 110 f., 273
Kessemeier, S. 255
Keupp, H. 289, 298
Kiesler, S. 310
Kilpatrick, S. D. 237
Klages, L. 51
Klapprott, J. 35
Klein, R. 78
Kluckhohn, C. 137
Koch, M. 45, 48, 51 f.
Kohlmann, C. W. 233
Kohut, H. 237
Kossack, H.-C. 224
Krahé, B. 18
Kramer, P. D. 322
Kretschmer, E. 51, 58 ff.
Krohne, H. W. 30, 218, 221, 226, 232 f.
Krueger, F. 51

Lamiell, J. T. 130 f.
Langermann und Erlencamp, U. Freiin von 169, 171
Laux, A. 61
Laux, L. 45, 61, 112, 131, 136, 139, 146, 193, 219 ff., 226, 228, 248, 252, 255, 264, 266 f., 271 f., 275, 277, 289, 296 f., 299, 312, 315, 319
Lavater, J. C. 55 f.
Lazarus, R. S. 30, 38 f., 98, 222 f., 225 ff., 234, 268
Lazarus-Mainka, G. 218
Leary, M. R. 263, 270 f.
Lee, J. A. 72, 74 ff., 82 ff., 88 f.
Legant, P. 205
Lehr, U. 166
Lelord, F. 217
Lennox, R. D. 266
Lersch, P. 51
Liebel, H. 193
Liebert, R. M. 34 f.
Lindskold, S. 277
Löhlein, H. A. 62 ff., 68
Lubin, A. J. 143
Ludwig, A. 76
Luft, J. 284
Lushene, R. E. 220
Lyotard, J.-F. 299

Maccoby, E. E. 301
Machilek, F. 308, 311
Magnusson, D. 29, 166, 217 f., 222, 242
Mahoney, P. J. 97
Maier, G. W. 186, 312 f., 315, 317, 319
Maier, H. 252
Mann, S. 160 f.
Marcus, B. 311
Marecek, J. 205
Markus, H. 253, 300
Mayer, J. D. 254
Mayo, J. 62, 64 f.
McAdams, D. P. 29, 178, 180, 183, 185 ff., 192, 298
McClearn, G. E. 71
McCrae, R. R. 93, 176, 187 f., 190 ff., 230 f.
McCullogh, M. E. 237
McKenna, K. Y. A. 309
McMartin, J. 23, 30
Mead, G. H. 269
Mees, U. 243
Mertens, W. 42

Merz, F. 252
Merzbacher, G. 15, 277, 279
Mischel, W. 21, 31, 34, 71, 91, 93, 198 ff., 207 f., 210 f., 213 f., 229, 239 ff.
Mogel, H. 29
Mooney, C. N. 237
Morf, C. 236
Morris, L. B. 214, 216
Mullen, P. E. 84
Müller-Freienfels, R. 267, 269, 272, 282
Mummendey, H. D. 264, 268, 280 f.
Murray, H. A. 137

Netter, P. 53, 321
Nias, D. 64, 68
Nisbett, R. E. 203 ff.
Nolting, H.-P. 70
Nomikos, M. S. 38
Nowack, W. 265
Nurius, P. 253

Oldham, J. M. 214, 216
Ones, D. S. 282
Opton, E. M. 38
Ostendorf, F. 174 f., 184

Paczensky, S. v. 250
Pals, J. L. 188 ff.
Paschen, M. 193, 284 ff.
Paulhus, D. L. 237
Paulus, P. 70
Pawlik, K. 32 f., 62, 65, 67, 129, 156, 290
Pekrun, R. 51, 62
Peller, J. E. 172
Pervin, L. A. 28 ff., 34, 85, 113, 156, 158, 199, 321
Petermann, F. 128
Pfahler, G. 51
Piller, F. 319
Pittman, T. S. 251, 277
Plaßmann, T. 263
Plomin, R. 71
Pontari, B. A. 248, 251, 256
Porta, G. B. 55
Potter, J. 192

Quadflieg, W. 267

Rankin, N. O. 38
Rastetter, D. 197
Rathgeber, K. 286, 317
Rattner, J. 121 f.
Rauen, R. 194
Reemtsma, J. P. 260 ff.
Reich, W. 93, 121 f.
Reichwald, R. 319
Reinecker, H. 42
Remnick, D. 260 ff.
Renner, K.-H. 45, 94, 236, 248, 252, 255, 262, 264, 266 f., 275, 277, 289, 296 f., 299, 308, 315, 319
Rheinfelder, H. 45, 47
Rhodewalt, F. 236, 273
Riemann, R. 71
Robinson, F. P. 224
Rogers, C. 71, 90, 93, 113, 118
Rohracher, H. 51 ff., 55, 59
Rorty, R. 103
Rose, R. J. 94
Rosenfeld, P. 277
Rost, J. 32
Roth, E. 112, 139, 146
Rothacker, E. 51, 160
Roxin, C. 259
Rudinger, G. 302
Runyan, W. 123, 134, 137 ff., 142 ff.
Rutter, M. 71

Sader, M. 29
Sandbothe, M. 292
Saß, H. 214, 216
Schaffner, P. 220
Schaub, H. 149
Schauffler, B. 197
Schaumburg, M. 249
Schiepek, G. 275
Schlenker, B. R. 248, 251, 254 ff., 259, 270 f.
Schmerl, C. 300
Schmidt, H.-D. 97
Schmitt, C. 312
Schmitt, N. 265

Schmitz, B. 124, 156, 158
Schmukle, S. C. 221
Schneewind, K. A. 33, 71, 88, 111, 322
Schröder, A. 310
Schuler, H. 194, 312 f., 315
Schulz von Thun, F. 262
Schütz, A. 256 f., 308, 311
Schwartz, S. H. 319
Schwarzer, S. 218
Seay, F. 310
Selg, H. 35, 41, 44, 71, 100, 243
Shackelford, T. K. 238
Shaver, P. R. 81 f.
Shazer, S. de 171 f.
Shoda, Y. 239, 242 f., 245 f.
Siebeneick, S. 218
Siefer, W. 322
Six, U. 310
Snyder, C. R. 249
Snyder, M. 212 f., 265, 267
Spiegler, M. D. 34 f.
Spiel, C. 313
Spielberger, C. D. 219 f., 271
Spielhagen, C. 193
Spinath, F. M. 71, 311
Spranger, E. 51
Srivastava, S. 192
Starker, U. 150, 156
Stemmler, G. 33
Stern, P. 115 f., 120
Stern, W. 124 ff., 133, 159, 163, 298, 320
Sternberg, R. 315
Streicher, B. 312
Strindberg, A. 247 f.
Strohschneider, S. 149
Stucky, R. J. 249
Sweetmann, D. 139

Tedeschi, J. T. 277
Tewes, U. 36
Theophrast 51, 54, 213
Thomae, H. 93, 128, 146, 156, 158 ff., 171 f., 180 f., 186, 246
Thorne, A. 180
Tice, D. M. 273

Tomkins, S. S. 113 ff., 117, 119, 120 ff.
Törestad, B. 29
Trull, T. J. 215
Turkle, S. 49 f., 309
Twenge, J. M. 311

Vitelli, R. 221
Völker, U. 91
Vollmer, F. 297
Vossel, G. 38, 160

Waele, J. P. de 147
Wahrig, G. 72
Waller, N. G. 81 f.
Walter, J. L. 171 f.
Watson, D. 230, 232, 321
Watson, J. B. 90
Weber, C. 322
Weber, H. 29, 124, 131, 136, 226, 228, 255
Weigel, H. 227
Weigelt, H. J. 55
Weigold, H. F. 254 f., 259, 270
Welch, J. 317
Wellek, A. 17, 51, 162 f.
Welsch, W. 287, 289, 299, 307
Westmeyer, H. 70, 87, 145, 165, 239, 313
White, G. L. 84
White, O. 62
Wicklund, R. A. 210
Widiger, T. A. 215
Wiggins, J. S. 94
Wilber, K. 320
Windelband, W. 124 ff., 136
Wirth, B. P. 58
Wittchen, H.-W. 214
Wolf, H. 311
Wolfe, R. N. 266
Wollschläger, H. 257, 259
Wottawa, H. 157
Wright, J. C. 242
Wuttke, D. 252

Yablonsky, L. 109
Yammarino, F. J. 285

Zaudig, M. 214
Zeller, M. 257, 259
Ziegler, D. J. 34, 111
Zielke, B. 295

Zimbardo, P. 19 f., 41, 173, 208
Zimmer, D. E. 99, 102 f.
Zimmer, H. 38, 160
Zurcher, B. 141

Dieter Ulich/Rainer M. Bösel
Einführung in die Psychologie

4., überarb. und erw. Auflage 2005
286 Seiten mit 11 Abb. Kart.
€ 18,–
ISBN 978-3-17-018414-5
Urban-Taschenbücher, Band 551
Grundriss der Psychologie, Band 2

Psychologie erklären ist das Anliegen dieses Buches, also eine Einübung in psychologisches Sehen, Denken und Arbeiten. Es geht um Orientierung, Überblick, Durchblick. Das Buch bildet eine notwendige Voraussetzung und ideale Ergänzung zu themenspezifischen Lehrbüchern. Nicht untergehen in der Fülle des Stoffes, der Fragestellungen und Methoden; den Wald vor lauter Bäumen noch sehen können – dazu soll das Buch verhelfen.

Diese um neuro- und evolutionspsychologische Beiträge erweiterte Auflage enthält folgende Hauptteile: Fragestellungen und Aufgaben der Psychologie, Hauptströmungen der Psychologie, Forschung und Theorienbildung, Teildisziplinen der Psychologie.

W. Kohlhammer GmbH · 70549 Stuttgart